ISBN: 978-1-4452-1683-6

c/o Forschungszentrum Katastrophenrecht e.V. (FZK)
Institut für Öffentliches Recht und Völkerrecht
Unter den Linden 9 – 11, 10099 Berlin

http://fzk.rewi.hu-berlin.de/

Dr. Michael Kloepfer ist Professor für Staats- und Verwaltungsrecht, Europarecht, Umweltrecht, Finanz- und Wirtschaftsrecht an der Humboldt-Universität zu Berlin. Er ist seit 2007 Präsident des Forschungszentrums Katastrophenrecht e.V.

Dr. Klaus Meßerschmidt ist außerplanmäßiger Professor an der Humboldt-Universität zu Berlin und daneben als Rechtsanwalt tätig.

Unser besonderer Dank gilt Frau Sandra Deye für ihre tatkräftige Unterstützung.

Übersicht

Geleitwort der Professoren

Das Thema „Katastrophen und Recht" hat fast ebenso viele Facetten wie der Katastrophenbegriff. Das Spektrum der juristischen Fragestellungen reicht von den kompetenz- und organisationsrechtlichen Problemen des Katastrophenschutzrechts bis hin zur Grundrechtsgeltung im Katastrophenfall und zur „Katastrophengerechtigkeit" im Sinne einer diskriminierungsfreien Katastrophenprävention und Katastrophenhilfe. Die internationale Katastrophenhilfe wiederum führt in heikle souveränitätsrechtliche Gefilde, wenn man an die „aufgedrängte" Katastrophenhilfe gegenüber zum Katastrophenschutz unwilligen oder unfähigen Regimes denkt. Schließlich ist die grundsätzliche Frage zu beachten, inwieweit die Verhinderung und notfalls Vorbereitung auf den Ausnahmezustand die Rechtsordnung insgesamt verändert und vielleicht sogar verändern muss. Diese bedrückende Frage stellt sich vor allem vor dem Hintergrund der terroristischen Bedrohung, die Deutschland nur sporadisch und punktuell erlebt, die sich aber auch – man denke an Israel – zu einer permanenten und ubiquitären Bedrohung auswachsen kann und die – bei Lichte besehen – als solche selbst in Deutschland besteht. Die öffentliche Diskussion leidet hierbei nicht selten unter in grundsätzlichen Einstellungen, Vorurteilen und Phobien begründeten Widersprüchen: So sind risikoaverse Umweltschützer nicht zwangsläufig ebenso risikoavers in der Frage der inneren Sicherheit. Umgekehrt gilt vielfach das Gleiche. Insofern sind die „Gesetze der Angst", wie sie der amerikanische Rechtswissenschaftler *Sunstein*, querschnitthaft analysiert hat, nicht immer stringent.

In Anbetracht der denkbar unterschiedlichen Herangehensweisen an die die menschliche Zivilisation seit jeher begleitende Bedrohung durch „Großschadensereignisse", wie man in der ebenso dürren wie praktikablen Sprache juristischer Legaldefinitionen die biblische Sintflut nicht anders als „Ground Zero" bzw. „9/11" bezeichnen mag, ist das Kolleg vom ersten Tag an einem ausgewogenen Ansatz gefolgt: Weder der reine Pragmatismus professioneller Katastrophenschützer noch die fragwürdige Faszination des Schreckens, wie sie etwa im Genre des Katastrophenfilms ausgereizt wird, bestimmten die Haltung der Studierenden, deren unaufgeregtes wissenschaftliches Interesse auch durch die rechtspolitische Polarisierung zwischen Risikoverdrängern einerseits und Propagandisten des Notstands in der Tradition eines *Carl Schmitt* andererseits nicht aus der Balance zu bringen war. Dies ermöglichte es beispielsweise, sich mit der notwendigen Nüchternheit den Kompetenzkonflikten zuzuwenden, die hinter manchen konkurrierenden Kon-

zepten von Katastrophen-, Bevölkerungs- und Zivilschutz stehen. Insofern spielt freilich auch die Gnade der weitgehend fehlenden eigenen Katastrophenerfahrung eine Rolle. Die mediale Vermittlung des breiten Spektrums von Naturkatastrophen, technischen und terroristischen Katastrophen wie auch die Vorahnung gesellschaftlicher Krisen und der – in den Kollegzeitraum fallende – Eintritt in die Weltfinanz- und Weltwirtschaftskrise vermögen die Distanz zwischen Normalitätserleben und Katastrophendiskurs nur bedingt zu überbrücken. Es ist denn auch eine Grundschwierigkeit des Katastrophenschutzrechts, das allerdings nur einen Ausschnitt von Katastrophenszenarien zu erfassen vermag, im Normalzustand den Katastrophenfall denken, simulieren, vermeiden und vorbereiten zu müssen. Zugleich oszilliert das politische Denken zwischen Katastrophenverdrängung und Katastrophenobsession: Einerseits mobilisieren Katastrophendiskurse – die Klimakatastrophe ist nur das aktuellste Beispiel – politische Handlungsbereitschaft, andererseits richten sich Teile der Gesellschaft gemütlich am Abgrund ein, wie jüngst die französische *Le Monde* die deutschen Verhältnisse charakterisierte.

In seinem Essay über die „Katastrophengesellschaft", der den Erfolg des populärwissenschaftlichen Bestsellers über die „Risikogesellschaft" vergeblich einzustellen versucht, beschreibt der Autor *Ulrich Treusch* das Faszinosum der Katastrophe als Gesprächsgegenstand. Es dürfte mit dem eigenen geistigen Klima der Studienstiftung des Deutschen Volkes zusammenhängen, dass dem Kolleg „Katastrophen und Recht" solcher zweifelhafter Zuspruch erspart blieb. Umso höher ist das Verdienst der Kollegiatinnen und Kollegiaten einzuschätzen, über vier Semester einem nicht immer aufregenden, sondern insbesondere bei der Erarbeitung eines Katastrophenschutzgesetzes, die sich das Kolleg auferlegt hatte, auch mit Kärrnerarbeit verbundenen Forschungsthema treu geblieben zu sein. Nicht nur die Vielzahl, sondern auch die Qualität der Beiträge, von denen hier nur ein Teil präsentiert werden kann, dokumentieren das Engagement der Studierenden, das im Universitätsalltag inzwischen eher selten geworden ist. Dass diese Leistung zwischen Studium, Auslandsstudium, Examina und der Vielzahl anderer akademischer und sozialer Aktivitäten, wie sie heute anscheinend erwartet werden, erbracht werden konnte, verdient hohe Anerkennung.

Keinen Eingang in diese Auswahl haben die „kulturellen Zwischenrufe" gefunden. Die Teilnehmerinnen und

Teilnehmer haben diesen Programmpunkt begeistert aufgegriffen und uns mit manchem unerwarteten Fund aus Literatur und bildender Kunst überrascht. Da wir Dozenten uns in dieser Abteilung der „Zwischenrufe" versagt haben, nutzt der Zweitunterzeichner dieses Geleitwort als letzte Gelegenheit, seinen liebsten Katastrophen-Text den Kollegiatinnen und Kollegiaten ans Herz zu legen. Es handelt sich um die Erzählung „Die Republik des Südkreuzes" des russischen Symbolisten *Valerij Brjussow*. Im ersten Jahrzehnt des 20. Jahrhunderts geschrieben, schildert diese Novelle den Zusammenbruch einer technisch hoch entwickelten, sozialstaatlich präzeptoral gesteuerten Zivilisation in multiplen Katastrophen, deren Ausgangspunkt nicht technisches Versagen, die widrige Natur oder Pandemien sind (all dies spielt sich ab), sondern eine mentale Epidemie bildet. *Brjussow* gehört damit zu jenen Visionären, die nicht nur die historischen Mega-Katastrophen des 20. Jahrhundert antizipiert haben, sondern beschreibt auch jene aus technischen, sozialen, kulturellen, natürlichen und juridischen Elementen zusammengefügte Komplexität der Katastrophe. In der „unglücklichen Hauptstadt der Republik des Südkreuzes" scheitert zwar die Katastrophenbekämpfung. Am Ende steht dennoch nicht der Weltuntergang, vielmehr berichtet der Autor in der Rolle des Korrespondenten des „Nordeuropäischen Abendblatts" von der Wiedereröffnung der ersten Hotels und eines kleinen „Café chantant" für Aufbauhelfer und Katastrophentouristen.

Wir hoffen, dass die Kollegiatinnen und Kollegiaten, denen wir alles Glück auf ihrem Lebensweg und – wie uns allen – das Ausbleiben von Katastrophenerfahrungen wünschen, der Gedanke an die Gefährdung unserer Zivilisation, der dem Katastrophendiskurs zugrunde liegt, weiter beschäftigen wird, ohne dass hieraus eine juristische Spezialisierung erwachsen muss. Wir verbinden dies mit dem Dank an alle Teilnehmerinnen und Teilnehmer für ihr Engagement – ja teilweise Begeisterung – für die Thematik und für eine intensive wissenschaftliche Zusammenarbeit unter dem Motto: „Hilfe durch Recht für Menschen in Not!"

Prof. Dr. Michael Kloepfer

Prof. Dr. Klaus Meßerschmidt

Grußwort der Stipendiaten

Der vorliegende Sammelband dokumentiert die Arbeit der Arbeitsgruppe Eins (AG 1), "Katastrophen und Recht" des Zweiten Gesellschaftswissenschaftlichen Kollegs der Studienstiftung des deutschen Volkes von September 2007 bis April 2009. Während vier Semestern fand das Kolleg jeweils eine Woche abwechselnd in Ellwangen und in Berlin statt. Hinzu kam für die AG 1 ein Zwischentreffen in Berlin

Das Gesellschaftswissenschaftliche Kolleg führt motivierte Studierende zusammen und bietet ihnen die Möglichkeit sich mit aktuellen Fragen von Politik, Gesellschaft und Wirtschaft auseinanderzusetzen. Über zwei Jahre hinweg widmen sich die Studierenden in verschiedenen Arbeitsgruppen der wissenschaftlichen Bearbeitung dieser Themen. Dazu treffen sie sich in vier einwöchigen Arbeitsphasen in aufeinander folgenden vorlesungsfreien Zeiten und gegebenenfalls bei zusätzlichen Zwischentreffen. Die Kontinuität der Arbeit über mehrere Semester hinweg ermöglicht eine intensivere Auseinandersetzung mit einem Thema und einen engeren Kontakt zu den Dozenten als dies der normale Lehrbetrieb der Universitäten vorsieht. Die fachliche Vertiefung im Rahmen der Arbeitsgruppen wird durch interdisziplinäre Vernetzungseinheiten mit den anderen Arbeitsgruppen und abendliche Vorträge der Dozenten ergänzt.

Im Rahmen dieses Kollegs befassten wir, Studierende der Rechtswissenschaften sowie anderer Fächer, in der Arbeitsgruppe „Katastrophen und Recht" unter der Leitung von Herrn Prof. Dr. Michael Kloepfer und Herrn Prof. Dr. Klaus Meßerschmidt (beide HU Berlin) uns mit dem geltenden deutschen Katastrophenschutzrecht und den Herausforderungen, denen es sich zu stellen hat. Eine zentrale Aufgabe bildete die Anfertigung eines Musterkatastrophenschutzgesetzes für die deutschen Bundesländer. Darüber hinaus hielten wir aber auch Referate zu verschiedenen Problemfeldern des Katastrophenschutzrechts, untersuchten die Gesetzgebung zur Terrorismusbekämpfung und zeichneten die Verarbeitung von Katastrophen in Kunst und Literatur nach.

Die erste Sitzung des zweiten Gesellschaftlichen Kollegs, die vom 7. bis zum 12. Oktober 2007 in Ellwangen stattfand, war der Einführung in die Grundlagen des Katastrophenschutzrechts gewidmet. Dazu hielt jeder von uns ein Referat zu den unterschiedlichen Problematiken. Diese Referate dienten als Ausgangspunkt für Diskussionen juristischer aber auch interdisziplinärer Aspekte von Katastrophenereignissen. Außerdem wurden Katastrophenexpertisen zu Gefahrenlagen wie z.B. kritischen Infrastrukturen, Wirbelstürmen oder Erdbeben vorgestellt. Während einige Referate bereits Verbindungen zu anderen Fachrichtungen herstellten, widmeten sich die ebenfalls vorgestellten „Kulturellen Zwischenrufe" explizit dem Thema Katastrophendarstellung und -verarbeitung in der Kunst.

Im Februar 2008 hielten wir ein zweitägiges Zwischentreffen an der HU Berlin ab. Hier wurden verschiedene Aspekte des Oder-Hochwassers im Jahre 1997 beleuchtet. Exemplarisch haben wir so den Ablauf einer Katastrophe und dabei auftretender praktischer Probleme analysieren können. Außerdem führte uns Herr Prof. Dr. Klaus Meßerschmidt in die Techniken der Legistik ein.

Während der zweiten Phase des Kollegs, die vom 9. bis zum 15. März 2008 in Berlin stattfand, setzten wir uns in einer weiteren Referatsrunde sowohl mit nationalen als auch internationalen und europarechtlichen Aspekten des Katastrophenschutzes auseinander. Die Themen reichten von völkerrechtlichen Interventionen bei Katastrophen, über die Problematik von Katastrophenflüchtlingen hin zum Aufbau der Katastrophenschutzverwaltung in Deutschland. Im Laufe der Woche bereiteten wir außerdem die Herangehensweise an den Gesetzesentwurf vor. Abgerundet wurde die Arbeitsphase durch die gemeinsame Lektüre und kritische Reflektion des Buches „Laws of Fear. Beyond the Precautionary Principle" des amerikanischen Rechtswissenschaftlers Cass R. Sunstein.

Die dritte Kollegwoche in Ellwangen dauerte vom 5. bis zum 10. Oktober 2008. Einen großen Teil der gemeinsamen Arbeitszeit nahm die Diskussion und Überarbeitung der während der Zeit zwischen den Kollegphasen erstellten Gesetzesentwürfe und -begründungen ein. Kritische Punkte wurden heftig diskutiert, Kompromisse gefunden und die einzelnen Abschnitte aufeinander abgestimmt. Im Rahmen mehrerer Referate und der gemeinsamen Lektüre des umstrittenen Buches „Selbstbehauptung des Rechtsstaats" von Otto Depenheuer untersuchten wir darüber hinaus die Problematik terroristischer Katastrophen und die Reaktionsmöglichkeiten des Staates hierauf. Die Brisanz des Themas wurde in einer gut besuchten arbeitsgruppenübergreifenden Diskussion des Buches von Depenheuer bestätigt.

Die letzte Phase des Kollegs fand vom 29. März bis zum 4. April 2009 erneut in Berlin statt. Sie diente vorrangig der Schlussredaktion des Gesetzentwurfs, wurde jedoch auch durch einige Referate und eine gemeinsame Lektüre des Buches „Rechtsstaat oder Ausnahmezustand?" von Wolfgang Hetzer – als Antwort auf die Position Depenheuers – bereichert. Zudem stand ein Besuch beim Bundesministerium des Innern auf dem Programm, wo die Arbeitsgruppe mit Herrn Dr. Schmidt, Leiter der für Krisenmanagement und Bevölkerungsschutz zuständigen Abteilung KM, und Herrn Du Bois (ebenfalls Abteilung KM) aktuelle rechtspolitische Entwicklungen des Katastrophenschutzes diskutierte.

Dieser Band enthält Auszüge aus den schriftlichen Arbeiten all unserer Arbeitssitzungen sowie das gemeinsam erarbeitete Mustergesetz samt Begründung. Die Debatte um die Terrorismusbekämpfung ist hier ebenfalls dokumentiert. Als Unterstützung und Erleichterung für künftige Forschungsvorhaben im Bereich des Katastrophenschutzrechts schließt dieser Sammelband mit einer Bibliographie der verwendeten Quellen.

Herzlich danken möchten wir an dieser Stelle unseren beiden Dozenten, ohne deren kontinuierlichen Engagement, diese AG nicht hätte tagen und der Ideenaustausch und die intensive Lernerfahrung nicht hätte stattfinden können.

Die Teilnehmer der AG 1 im Mai 2009
Klaas Hendrik Eller
Oda Christiane Goetzke
David Haubner
Anna Hofmann
Karoline Meyer
Soleiman Mohsseni
Dirk Müllmann
Christoph Schmidt
Lisa Scholten
Gregor Semieniuk
Alexander Steinforth
Christoph Tometten
Bontje Zängerling

Musterentwurf eines Katastrophenschutzgesetzes

Erarbeitet durch die **Arbeitsgruppe „Katastrophen und Recht"** im Rahmen des 2. Gesellschaftswissenschaftlichen Kollegs der Studienstiftung des deutschen Volkes

I. Gesetzesentwurf

1. Teil: Ziele, Begriffe, Konkurrenzen

§ 1 Zweck
Dieses Gesetz dient dem schnellen und wirksamen Katastrophenschutz. Dies ist insbesondere durch das Zusammenwirken der zuständigen Behörden, Hilfsorganisationen und Dritten innerhalb und außerhalb des Landes zu gewährleisten. Dazu sind alle im Einzelfall erforderlichen Ressourcen einzusetzen.

§ 2 Begriff
(1) Katastrophe im Sinne dieses Gesetzes ist ein Großschadensereignis, das zu einer gegenwärtigen Gefahr für Leib, Leben oder die lebensnotwendige Versorgung einer Vielzahl von Menschen, für die Umwelt, für Tiere, für erhebliche Sachwerte oder für sonstige bedeutende Rechtsgüter führt und bei dem Schutz und Hilfe nur dadurch wirksam möglich sind, dass die Katastrophenschutzbehörde mit den im Katastrophenfall mitwirkenden Behörden, Hilfsorganisationen und Dritten durch ein Zusammenwirken unter einheitlicher Leitung der Katastrophenschutzbehörde tätig werden.
(2) Katastrophenschutz umfasst die Vorbereitung der Katastrophenbekämpfung (Katastrophenvorsorge), die Katastrophenbekämpfung sowie die Beseitigung von Katastrophenschäden zum Schutze der Allgemeinheit (Katastrophennachsorge).

§ 3 Anwendungsbereich
Andere Vorschriften zum Katastrophenschutz bleiben unberührt, soweit sie diesem Gesetz nicht widersprechen.

2. Teil : Organisation und Maßnahmen des Katastrophenschutzes

1. Abschnitt: Organisation des Katastrophenschutzes

§ 4 Aufgabenträger
Die Katastrophenschutzbehörden sind
1. als untere Katastrophenschutzbehörden die Landkreise und kreisfreien Städte
2. als obere Katastrophenschutzbehörde das Landesministerium des Inneren

§ 5 Zuständigkeiten
(1) Zuständig für den Katastrophenschutz sind die unteren Katastrophenschutzbehörden, soweit dieses Gesetz nichts anderes bestimmt.
(2) Die obere Katastrophenschutzbehörde ist für den Katastrophenschutz zuständig, wenn Gefahren für das Gebiet mehrerer, unterer Katastrophenschutzbehörden bestehen und zentral organisierte Maßnahmen erforderlich sind. Sie unterstützt die unteren Katastrophenschutzbehörden bei der Ausfüllung ihrer Aufgaben und ist für die Landesgrenzen überschreitende Zusammenarbeit zuständig.
(3) Die obere Katastrophenschutzbehörde kann im Einzelfall den unteren Katastrophenschutzbehörden Weisungen erteilen, die Aufgabenerfüllung im Katastrophenschutz sicherzustellen. Im Falle einer Überforderung der unteren Katastrophenschutzbehörde bei der Katastrophenbekämpfung übernimmt die obere Katastrophenschutzbehörde die Aufgaben der unteren.

§ 6 Mitwirkende beim Katastrophenschutz
Beim Katastrophenschutz können auf Anforderung der Katastrophenschutzbehörden mitwirken
1. Einheiten und Einrichtungen öffentlicher und privater Hilfsorganisationen, soweit sie ihre Bereitschaft hierzu erklärt haben und in ihrer Struktur, Ausstattung und Eignung von der oberen Katastrophenschutzbehörde anerkannt sind (Träger),
2. Sonstige Helfer, die sich zur Hilfeleistung beim Katastrophenschutz freiwillig verpflichtet haben,
3. Stellen des Bundes, der Länder, Kreise, Gemeinden im Rahmen zulässiger Amtshilfe und anderer Staaten oder Länder aufgrund völkerrechtlicher Vereinbarungen oder Staatsvertrag und
4. die von Katastrophenschutzbehörden zu Hilfeleistungen beim Katastrophenschutz herangezogenen natürlichen und juristischen Personen sowie Personenvereinigungen.

2. Abschnitt: Maßnahmen der Katastrophenschutzbehörden

1. Unterabschnitt : Katastrophenvorsorge

§ 7 Maßnahmen der unteren Katastrophenschutzbehörde
(1) Die untere Katastrophenschutzbehörde ist im Rahmen ihrer Zuständigkeit verpflichtet, notwendige Maßnahmen zu ergreifen, insbesondere
1. die regelmäßige Ermittlung möglicher Schadenslagen und des Stands der eigenen Vorbereitungsmaßnahmen zu ermitteln und die zur Mitwirkung bei der Katastrophenabwehr in Betracht kommenden Kräfte und Mittel zu erfassen und diese an die übergeordnete Behörde zu übermitteln,
2. Katastrophenschutzpläne sowie erforderlichenfalls die Erstellung und Fortschreibung von objektbezogenen Einsatzplänen.
3. die Aus- und Weiterbildung von im Katastrophenschutz Beschäftigten, sowie Überwachung von deren Einsatzfähigkeit.
4. die Erstellung einer übergemeindlichen Gefahren- und Risikoanalyse und Feststellung von Schutzzielen für ihr Gebiet.

5. die Aufstellung, Abstimmung, Fortschreibung und Veröffentlichung von überörtlichen Alarm- und Einsatzplänen.

6. das Ergreifen notwendiger Maßnahmen zur wirksamen Vorsorge von Katastrophen.

7. die Bereitstellung und Gewährleistung einer Einsatzleitung für den Katastropheneinsatz.

8. die Bereitstellung und Koordinierung der für den Katastrophenschutz notwendigen technischen und personellen Ausstattung.

9. die Abstimmung mit benachbarten Kreisen.

(2) Auf Anforderung der unteren Katastrophenschutzbehörde können Maßnahmen durch Gemeinden im Zuständigkeitsbereich der unteren Katastrophenschutzbehörde erfasst werden.

§ 8 Maßnahmen der oberen Katastrophenschutzbehörde

(1) Die obere Katastrophenschutzbehörde ist im Rahmen ihrer Zuständigkeit verpflichtet, notwendige Maßnahmen zu ergreifen, insbesondere

1. Unterstützung der unteren Katastrophenschutzbehörde bei Lufteinsätzen, Gefahrenanalyse sowie Katastrophen- und Informationsmanagement.

2. Festlegung landesweit gültiger Alarmierungs- und Warnsignale sowie Prüfnormen.

3. Bildung einer Landeskatastropheninformationszentrale (LKIZ).

4. Einrichtung und Unterhalt von Aus- und Fortbildungseinrichtungen für den Katastrophenschutz.

5. Bildung eines Katastrophenbeirats mit Teilnehmern aus Vertretern der Landesverbände und beim Katastrophenschutz mitwirkenden Trägern sowie Landesfeuerwehren.

6. Erstellung einer landesweiten Gefahren- und Risikoanalyse und Feststellung von Schutzzielen.

7. Aufstellung, Abstimmung, Fortschreibung und Veröffentlichung von landesweiten Alarm- und Einsatzplänen.

8. Abhalten landesweiter Katastrophenschutzübungen.

(2) Die obere Katastrophenschutzbehörde ist befugt im Einzelfall die durch dieses Gesetz getroffene Aufgabenverteilung zu prüfen. Der zuständige Landesminister des Inneren ist befugt, durch diese Rechtsverordnung den besonderen örtlichen Begebenheiten anzupassen.

2. Unterabschnitt: Katastrophenbekämpfung

§ 9 Maßnahmen der Katastrophenschutzbehörde

(1) Die Katastrophenschutzbehörde trifft alle erforderlichen Maßnahmen zur Katastrophenbekämpfung. Dabei stellt sie sicher, dass diese aufeinander abgestimmt sind.

(2) Die Katastrophenschutzbehörden haben insbesondere

1. auf den Schutz gefährdeter Rechtsgüter im Sinne von §2 Abs.1 vor den Einwirkungen des Katastrophengeschehens hinzuwirken;

2. den Einsatz von Kräften, die zur Bekämpfung des Katastrophengeschehens und zur Minderung seiner Auswirkungen geeignet und verfügbar sind, anzuordnen und zu leiten;

3. erforderliche Hilfestellungen anzufordern;

4. Auskunftsstellen zur Erfassung von Personen zum Zwecke der Vermisstensuche und der Familienzusammenführung einzurichten;

5. die Sammlung von Schadensmitteilungen zu veranlassen;

6. die Versorgung der betroffenen Bevölkerung vorzusehen.

(3) Die Katastrophenschutzbehörden sollen die Einrichtung von Auskunftsstellen dem Deutschen Roten Kreuz (Suchdienst) übertragen. Die in den Auskunftsstellen personenbezogenen Daten dürfen nur zum Zwecke der Vermisstensuche und der Familienzusammenführung verarbeitet oder sonst genutzt werden. Sie sind zu löschen, wenn sie für diese Zwecke nicht mehr benötigt werden.

3. Unterabschnitt: Katastrophennachsorge und -nachbereitung

§ 10 Nachsorge

Die Katastrophenschutzbehörde trifft alle erforderlichen Maßnahmen zur Katastrophennachsorge.

§ 11 Nachbereitung

(1) Unter Beteiligung der Mitwirkenden beim Katastrophenschutz sind die Einsätze zur Abwehr von Katastrophen durch die Katastrophenschutzbehörden nachzubereiten.

(2) Die Katastrophenschutzbehörden legen den kommunalen Bürgervertretungen und Landesparlamenten Berichte, die unter Beteiligung der Bevölkerung erstellt wurden vor.

3. Teil: Katastrophenbekämpfung

§ 12 Katastrophenalarm

(1) Die Katastrophenschutzbehörde stellt den Zeitpunkt des Eintritts einer Katastrophe fest, bestimmt das Katastrophengebiet und löst Katastrophenalarm aus. Der Katastrophenalarm ist die Bekanntgabe des Eintritts einer Katastrophe an die Öffentlichkeit. Die obere Katastrophenschutzbehörde sowie, soweit erforderlich, auch die benachbarten Katastrophenschutzbehörden sind unverzüglich zu unterrichten.

(2) Der Katastrophenalarm kann auch ausgelöst werden, wenn tatsächliche Anhaltspunkte für die Annahme bestehen, dass eine Katastrophe eintreten kann. Absatz 1 gilt im Übrigen entsprechend.

(3) Liegen die Voraussetzungen einer Katastrophe nicht mehr vor, so hat die Katastrophenschutzbehörde den Zeitpunkt des Entfallens der Katastrophe festzustellen und den Katastrophenalarm aufzuheben.

§ 13 Zentrale Einsatzleitung

(1) Die Katastrophenschutzbehörde leitet den Katastrophenbekämpfungseinsatz, insbesondere durch Weisungen gemäß § 13 I, und stellt dabei sicher, dass alle Maßnahmen aufeinander abgestimmt sind. Die örtlichen Behörden der Gefahrenabwehr sind zu beteiligen.

(2) Die Mitwirkenden beim Katastrophenschutz sind verpflichtet, den Weisungen der Katastrophenschutzbehörde Folge zu leisten.

(3) Die Katastrophenschutzbehörde bestellt einen örtlichen Einsatzleiter.

§ 14 Örtliche Einsatzleitung

(1) Der örtliche Einsatzleiter leitet nach den Weisungen der Katastrophenschutzbehörde alle Maßnahmen der Katastrophenbekämpfung vor Ort. Zu diesem Zwecke kann er den dort eingesetzten Kräften Weisungen erteilen.

(2) Der örtliche Einsatzleiter hat zu seiner Unterstützung einen Katastrophenschutzstab zu bilden. Dieser soll aus fachlich geeigneten Personen bestehen.

(3) Bis zur Übernahme der Leitung der Katastrophenbekämpfung durch den von der Katastrophenschutzbehörde bestellten örtlichen Einsatzleiter nimmt die am Einsatzort ranghöchste Führungsperson einer Einheit oder Einrichtung des Katastrophenschutzdienstes dessen Aufgaben wahr.

§ 15 Nachbarschaftshilfe und überörtliche Hilfe

(1) Auf Anforderung haben sich benachbarte Katastrophenschutzbehörden gegenseitig Hilfe zu leisten, soweit dadurch nicht dringende eigene Aufgaben wesentlich beeinträchtigt werden (Nachbarschaftshilfe). Sie ordnen den Einsatz von Einheiten und Einrichtungen des Katastrophenschutzes an.

(2) Reicht die Nachbarschaftshilfe nicht aus, so fordert die Katastrophenschutzbehörde bei der oberen Katastrophenschutzbehörde überörtliche Hilfe an.

(3) Die Pflicht zur überörtlichen Hilfeleistung umfasst auch einen Einsatz außerhalb des Landes. Einsätze in einem anderen Bundesland bedürfen der vorherigen Anzeige bei der oberen Katastrophenschutzbehörde, Einsätze im Ausland der Zustimmung der oberen Katastrophenschutzbehörde. Dies gilt nicht, wenn der Einsatz aufgrund von Vereinbarungen erfolgt. Ist eine sofortige Hilfeleistung geboten, kann sie ohne vorherige Anzeige bei oder Zustimmung der oberen Katastrophenschutzbehörde erfolgen.

(4) Bei Katastropheneinsätzen im Gebiet einer anderen Katastrophenschutzbehörde unterstehen die eingesetzten Kräfte den Weisungen dieser Behörde.

4. Teil: Helfer im Katastrophenschutz

§ 16 Helfer im Katastrophenschutz

(1) Helfer im Katastrophenschutz sind Personen, die sich ehrenamtlich und ohne hierzu gesetzlich verpflichtet zu sein gegenüber dem Träger der Einheit oder Einrichtung für eine bestimmte oder unbestimmte Zeit zum Dienst im Katastrophenschutz verpflichten, soweit ihre Mitwirkungspflicht nicht bereits auf Grund der Zugehörigkeit zum Träger besteht.

(2) Personen, die entgeltlich im Katastrophenschutz tätig sind, werden Helfern nach Absatz 1 nur gleichgestellt, sofern sich aus dem Beschäftigungsverhältnis nichts anderes ergibt.

(3) Wehr- und Ersatzdienstleistende werden Helfern nach Absatz 1 nur gleichgestellt, sofern gesetzliche Regelungen dem nicht entgegenstehen.

(4) Spontanhelfer im Sinne dieses Gesetzes sind natürliche Personen, die in Katastrophenfällen Hilfe leisten, ohne hierzu verpflichtet zu sein.

§ 17 Pflichten

(1) Der Dienst im Katastrophenschutz umfasst insbesondere die Pflicht zur Teilnahme an Einsätzen zum Katastrophenschutz sowie an Übungen, Lehrgängen und sonstigen Ausbildungsveranstaltungen. Die Helfer können aufgrund ihrer Verpflichtung im Sinne des § 16 Absatz 1 von den Trägern der Katastrophenschutzeinheit hierzu herangezogen werden. Der Träger der Katastrophenschutzeinheit hat sie rechtzeitig zur Teilnahme an geplanten Übungen und Aus- und Fortbildungen aufzufordern. Die Aus- und Fortbildungen sollen außerhalb der üblichen Arbeitszeit stattfinden und 40 Stunden jährlich nicht unterschreiten.

(2) Der Helfer hat seinen Arbeitgeber oder Dienstherrn von der Verpflichtung im Sinne des § 16 Absatz 1 zu unterrichten. Darüber hinaus muss auch bei der Teilnahme an Aus- und Fortbildungslehrgängen, die während der vertraglich vereinbarten Arbeitszeiten stattfinden, eine Mitteilung erfolgen. Die Unterrichtung soll möglichst frühzeitig erfolgen.

§ 18 Rechtsverhältnis

Rechte und Pflichten der Helfer im Sinne des § 16 Absatz bestehen nur im Verhältnis zu dem Träger, gegenüber dem sie sich zum Katastrophenschutz verpflichtet haben. Dies gilt nur, sofern gesetzliche Regelungen dem nicht entgegenstehen.

§ 19 Auswirkungen der Helferstellung auf laufendes Beschäftigungsverhältnis

(1) Den Helfern im Katastrophenschutz dürfen aus dem Dienst im Katastrophenschutz keine Nachteile im Arbeits- oder Dienstverhältnis erwachsen. Insbesondere ist eine Kündigung oder Entlassung, die sich auf die Tätigkeit als Helfer im Katastrophenschutz stützt, unzulässig.

(2) Nehmen Helfer im Katastrophenschutz während der Arbeits- oder Dienstzeit an Einsätzen, Übungen sowie Aus- und Fortbildungen teil, sind sie für die Dauer der Teilnahme, bei Einsätzen auch für einen notwendigen Zeitraum danach, von der Arbeits- oder Dienstpflichten freizustellen. Der Dienstherr oder Arbeitgeber kann dies jedoch ablehnen, sofern zwingende öffentliche oder betriebliche Interessen einer Freistellung entgegenstehen.

§ 20 Lohnfortzahlung, Verdienstausfall

(1) Der Arbeitgeber oder Dienstherr ist verpflichtet, dem Helfer im Katastrophenschutz für Zeiten im Sinne von § 19 Absatz 2 Arbeitsentgelt oder die Dienstbezüge einschließlich Nebenleistungen und Zulagen fortzuzahlen, die sie ohne Teilnahme am Katastrophenschutz erhalten hätten. Dem privaten Arbeitgeber wird der Betrag auf Antrag von dem jeweiligen Träger der Katastrophenschutzeinheit erstattet. Bei behördlich angeordneten Einsätzen, Übungen sowie Aus- und Fortbildungsmaß-

nahmen hat die anordnende Behörde die Lohnersatzkosten zu tragen.

(2) Einem Helfer im Katastrophenschutz, der nicht Arbeitnehmer ist, wird der Verdienstausfall bei Teilnahme an Einsätzen, Übungen sowie Aus- und Fortbildungsmaßnahmen auf Antrag von dem jeweiligen Träger der Katastrophenschutzeinheit ersetzt. Die oberste zuständige Behörde wird ermächtigt, Höchstgrenzen durch Rechtsverordnung festzulegen

(3) Helfern, die Sozialleistungen aus öffentlichen Mitteln erhalten, sind Leistungen weiterzugewähren, die sie ohne den Dienst im Katastrophenschutz erhalten hätten.

§ 21 Ersatz von Auslagen, Aufwandsentschädigung

(1) Helfer im Katastrophenschutz erhalten auf Antrag die durch die Ausübung des Dienstes einschließlich der Teilnahme an der Aus- und Fortbildung entstehenden notwendigen Auslagen von dem jeweiligen Träger der Katastrophenschutzeinheit ersetzt.

(2) Helfer, die regelmäßig über das übliche Maß hinaus ehrenamtlich Dienst leisten, erhalten zusätzlich eine Aufwandsentschädigung. Andere Helfer können eine Aufwandsentschädigung erhalten. Die zuständige Behörde wird ermächtigt, in Absprache mit der jeweiligen Katastrophenschutzbehörde die Aufwandsentschädigung festzusetzen.

§ 22 Sachschäden von Helfern

(1) Sachschäden, die Helfern im Katastrophenschutz bei Ausübung oder in infolge ihre Dienstes einschließlich der Aus- und Fortbildung entstehen, sind auf Antrag von dem jeweiligen Träger der Katastrophenschutzeinheit zu ersetzen, sofern der Betroffene den Schaden nicht vorsätzlich oder grob fahrlässig verursacht hat und ein anderweitiger Ersatzanspruch nicht besteht. Satz 1 gilt entsprechend für die vermögenswerten Versicherungsnachteile, die Helfer im Katastrophenschutz als Eigentümer oder Halter eines eingesetzten Kraftfahrzeugs erleiden. Die Höhe der zu ersetzenden Versicherungsnachteile bemisst sich nach den Verhältnissen zum Zeitpunkt der Entscheidung über den Antrag. Schadensersatzansprüche des Betroffenen gegen Dritte gehen auf den jeweiligen Träger der Katastrophenschutzeinheit in Höhe des von ihnen geleisteten Ersatzes über.

(2) Sofern Helfer im Katastrophenschutz Kraftfahrzeuge anderer Personen benutzen, gilt Absatz 1 entsprechend. Der jeweilige Träger der Katastrophenschutzeinheit hat die Helfer insoweit von Schadensersatzansprüchen der Eigentümer oder Halter der Kraftfahrzeuge freizustellen.

§ 23 Personenschäden von Helfern

(1) Entstehen Helfern im Katastrophenschutz im Rahmen ihrer Helfertätigkeit gesundheitliche Schäden, so hat der zuständige Träger der Katastrophenschutzeinheit Entschädigung in entsprechender Anwendung der Bestimmungen über die Unfallversicherung nach dem Siebten Buch Sozialgesetzbuch zu gewähren.

(2) Helfern im Katastrophenschutz, die während eines Einsatzes einer besonderen psychischen Belastung ausgesetzt waren, ist eine psychologische Nachbetreuung anzubieten. Der Träger der jeweiligen Katastrophenschutzeinheit hat die anfallenden Kosten zu tragen.

§ 24 Schäden durch Helfer

Die Haftung für Schäden, die ein Helfer in Ausübung des Dienstes im Katastrophenschutz einem Dritten zufügt, und die Zulässigkeit des Rückgriffs gegen den Helfer bestimmen sich nach § 839 des Bürgerlichen Gesetzbuches und Artikel 34 des Grundgesetzes. Haftende Körperschaft im Sinne von Artikel 34 des Grundgesetzes ist der jeweilige Träger der Katastrophenschutzeinheit.

§ 25 Bescheinigungspflicht

Auf Verlangen des Helfers ist der Träger der Einrichtung bzw. die Katastrophenschutzbehörde dazu verpflichtet, eine Bescheinigung über die Verpflichtung zum Dienst oder die Teilnahme an Einsätzen und Aus- und Fortbildungen auszustellen.

§ 26 Spontanhelfer

Auf Spontanhelfer sind die Regelungen der §§ 19 – 25 anwendbar, sofern der zuständige Einsatzleiter der Tätigkeit des Spontanhelfers zustimmt.

5. Teil: Hilfs- und Leistungspflichten

§ 27 Hilfspflichten der Bevölkerung

(1) Jede natürliche und juristische Person ist verpflichtet, bei der Katastrophenbekämpfung und –nachsorge nach ihren Fähigkeiten und Kenntnissen Hilfe zu leisten, wenn sie dazu von der Katastrophenschutzbehörde oder dem örtlichen Einsatzleiter aufgefordert wird.

(2) Zur Hilfeleistung dürfen natürliche Personen herangezogen werden, sofern sie das 16. Lebensjahr vollendet haben. Personen, die noch nicht das 18. Lebensjahr vollendet haben, dürfen zur Hilfeleistung nur außerhalb der Gefahrenzone herangezogen werden. Die Hilfeleistung kann nur verweigern, wer durch sie einer erheblichen eigenen Gefahr ausgesetzt würde oder höherrangige Pflichten verletzen müsste.

§ 28 Pflichten der Inhaber von Fahrzeugen und Geräten

Die Eigentümer, Besitzer und Halter von Fahrzeugen aller Art, Zugtieren, Maschinen, Werkzeugen, Anlagen, Einrichtungen, Geräten und sonstigen geeigneten Hilfsmitteln haben zu dulden, dass diese sowie deren Zubehör auf Anordnung der Katastrophenschutzbehörde oder des örtlichen Einsatzleiters für die Katastrophenbekämpfung und -nachsorge in Anspruch genommen werden. Wer in seinem Geschäftsbetrieb üblicherweise Instandsetzungen vornimmt, hat in diesem Rahmen auch erforderliche Ersatz- und Zubehörteile sowie Betriebsmittel bereitzustellen.

§ 29 Pflichten der Inhaber von Grundstücken, Bauwerken, Luftfahrzeugen und Schiffen

(1) Eigentümer und Besitzer von Grundstücken, Bauwerken, Luftfahrzeugen oder Schiffen haben zu dulden, dass eingesetzte Kräfte und andere beim Einsatz dienstlich anwesende Personen ihre Grundstücke, Bauwerke, Luftfahrzeuge oder Schiffe betreten und benutzen, soweit dies zur Bekämpfung der Katastrophe und für die

unmittelbar anschließende Beseitigung erheblicher Katastrophenschäden erforderlich ist. Sie haben Roh-, Hilfs- und Betriebsmittel, die sich in ihrem Besitz befinden oder auf ihrem Grundstück gewonnen werden können, für den Einsatz bereitzustellen.

(2) Eigentümer und Besitzer der von einer Katastrophe betroffenen und der diesen benachbarten Grundstücke, Bauwerke und Schiffe haben außerdem Maßnahmen zu dulden, die die Katastrophenschutzbehörde oder der örtliche Einsatzleiter zur Katastrophenbekämpfung oder zur unmittelbar anschließenden Beseitigung erheblicher Katastrophenschäden anordnet, wie die Räumung von Grundstücken und Bauwerken sowie die Beseitigung von Bauwerken, Einfriedungen und Pflanzen.

(3) Eigentümer, Besitzer und sonstige Nutzungsberechtigte von Grundstücken und baulichen Anlagen haben auf behördliche Anordnung die Anbringung von Alarm- und Warneinrichtungen sowie Hinweisschildern für Zwecke des Brandschutzes, der Hilfeleistung und des Katastrophenschutzes ohne Entschädigung zu dulden. Dabei sind vorrangig Gebäude, die einem öffentlichen Zweck dienen, zu nutzen.

§ 30 Pflichten der Eigentümer, Besitzer und Betreiber von Anlagen mit besonderem Gefahrenpotenzial

(1) Eigentümer, Besitzer oder Betreiber von baulichen Anlagen oder Betrieben, die besonders brand- oder explosionsgefährdet sind oder von denen im Falle eines Brandes, einer Explosion oder eines sonstigen schweren Unfalls mit Gefahren für die Gesundheit oder das Leben einer größeren Zahl von Menschen, für Tiere, erhebliche Sachwerte oder die Umwelt ausgehen können, sind verpflichtet, die Katastrophenschutzbehörde bei der Katastrophenvorsorge besonders zu unterstützen. Sie haben der Katastrophenschutzbehörde die für die Alarm- und Einsatzplanung notwendigen Informationen und die erforderliche Beratung zu gewähren, sowie sie bei einem Schadensereignis in der Anlage über zweckmäßige Maßnahmen der Gefahrenabwehr unverzüglich, sachkundig und umfassend zu beraten. Die Katastrophenschutzbehörde kann die erhaltenen Angaben unter Wahrung des Betriebs- und Geschäftsgeheimnisses begutachten lassen.

(2) Darüber hinaus können die Eigentümer, Besitzer oder Betreiber von der Katastrophenschutzbehörde verpflichtet werden, zum Zwecke der Verhütung oder Bekämpfung von Bränden, Explosionen oder sonstigen Gefahr bringenden Ereignissen

1. die in der Anlage erforderlichen Ausrüstungen und Einrichtungen bereit zu stellen, zu unterhalten und für deren ordnungsgemäße Bedienung zu sorgen,

2. für die Bereitstellung von ausreichenden Löschmittelvorräten und anderen notwendigen Materialien in der Anlage zu sorgen,

3. alle weiteren notwendigen organisatorischen Vorkehrungen zu treffen, insbesondere

a) betriebliche Alarm- und Gefahrenabwehrpläne aufzustellen und fortzuschreiben,

b) Übungen durchzuführen,

c) sich an Übungen der Aufgabenträger zu beteiligen, die ein Schadensereignis in der betreffenden Anlage zum Gegenstand haben sowie

4. eine jederzeit und insbesondere auch bei Ausfall des öffentlichen Fernmeldenetzes verfügbare und gegen Missbrauch geschützte Verbindung zur zuständigen Leitstelle einzurichten und zu unterhalten.

(3) Die Einlagerung oder Verarbeitung von Sachen und Stoffen mit besonderer Brand-, Explosions- oder sonstiger Gefahr und das Erfordernis, im Falle von Bränden besondere Löschmittel einzusetzen sind der zuständigen Feuerwehr unverzüglich anzuzeigen. Soweit eine regelmäßig aktuelle Information über Ort, Art und Besonderheiten des Lager- oder Verarbeitungsgutes nicht auf andere Art und Weise sichergestellt wird, sind an den Zugängen zu den Lager- oder Verarbeitungsstätten entsprechende Hinweise über das aufbewahrte Gut anzubringen.

(4) Die Katastrophenschutzbehörde kann die Anlagenbetreiber verpflichten, Sirenen zur Warnung und Unterrichtung der Bevölkerung innerhalb und außerhalb des Betriebsgeländes aufzubauen, zu unterhalten und bei Bedarf zu betreiben.

§ 31 Räumung, Absperrung und Sicherung des Katastrophengebietes

(1) Die Katastrophenschutzbehörde kann die von einer Katastrophe betroffenen oder bedrohten Gebiete und ihre Zugangs- und Zufahrtsgebiete zu Sperrgebieten erklären.

(2) Soweit dies zur Bekämpfung einer Katastrophe erforderlich ist, kann die Katastrophenschutzbehörde Anordnungen zur Räumung, Absperrung oder Sicherung des Sperrgebietes, insbesondere des Einsatzortes, treffen. Sie kann die Entfernung von Fahrzeugen aus dem Sperrgebiet anordnen.

§ 32 Gesundheitswesen

(1) Hochschulkrankenhäuser und -kliniken sowie die Träger der Krankenhäuser, die in den Krankenhausplan des Landes aufgenommen worden sind, haben Alarm- und Einsatzpläne aufzustellen und fortzuschreiben sowie mit der Brandschutz-, Rettungsdienst- und Katastrophenschutzbehörde abzustimmen. Sie haben der Katastrophenschutzbehörde die Pläne zur Verfügung zu stellen. Die Katastrophenschutzbehörde kann Ausnahmen von der Verpflichtung nach Satz 1 und 2 zulassen. In die Alarm- und Einsatzpläne sind insbesondere organisatorische Maßnahmen zur Erweiterung der Aufnahme- und Behandlungskapazität aufzunehmen. Die in Satz 1 genannten Einrichtungen können von der Katastrophenschutzbehörde verpflichtet werden, Übungen durchzuführen.

(2) In ihrem Beruf tätige Ärzte, Psychotherapeuten, Zahnärzte, Tierärzte, Apotheker und Angehörige sonstiger Gesundheitsberufe sind verpflichtet, sich für die besonderen Anforderungen einer Hilfeleistung bei der Katastrophenbekämpfung und -nachsorge fortzubilden. Sie können verpflichtet werden, an von der Katastrophenschutzbehörde angeordneten Übungen teilzunehmen.

(3) Die Landesärztekammer und die Landesapothekerkammer übermitteln der zuständigen Behörde auf deren Anforderung durch vom Innenministerium erlassene Rechtsverordnung festgelegte Daten der niedergelassenen Kammermitglieder. Niedergelassene Angehörige der

unter Absatz 2 genannten Berufe übermitteln der Behörde auf deren Anforderung entsprechende Daten des bei ihnen tätigen Krankenpflege-, Röntgen- oder medizinisch-technischen Laborpersonals. Die zur Übermittlung der Daten Verpflichteten unterrichten die betroffenen Personen von der Datenübermittlung. Der zuständige Minister regelt durch Rechtsverordnung die Pflicht zur Übermittlung bekannt gewordener Änderungen und Ergänzungen der Daten sowie die Modalitäten der Verarbeitung und Löschung der Daten.

§ 33 Wegfall der aufschiebenden Wirkung von Rechtsbehelfen

Widerspruch und Anfechtungsklage gegen die aufgrund von §§ 27 bis 29 sowie 31 erlassenen Anordnungen haben keine aufschiebende Wirkung.

6. Teil: Entschädigung und Kosten

1. Abschnitt: Entschädigungen

§ 34 Entschädigungen

(1) Sind nach diesem Gesetz getroffene Maßnahmen rechtswidrig und erleidet jemand durch diese einen Schaden, so ist ihm eine angemessene Entschädigung zu gewähren.

(2) Eine Entschädigung nach Absatz 1 ist auch bei einer rechtmäßigen Maßnahme zu gewähren, wenn ein Nichtverantwortlicher oder unbeteiligter Dritter einen Schaden erleidet und eine Entschädigung zur Abwendung von unbilligen Härten geboten ist.

§ 35 Art, Inhalt und Umfang der Entschädigung

(1) Eine Entschädigung erfolgt grundsätzlich nur bei Vermögensschäden. Für Gewinnausfälle ist eine Entschädigung nur zur Abwendung unbilliger Härten zu gewähren. Eine Entschädigung wird auch für Schäden an Leib, Leben und Freiheit gewährt. § 844 Absatz 2 Bürgerliches Gesetzbuch gilt entsprechend.

(2) Eine Entschädigung wird nicht gewährt, wenn die Maßnahmen zum Schutz des Geschädigten, der zu seinem Haushalt gehörenden Personen oder seiner Betriebsangehörigen sowie seines Vermögens getroffen worden sind.

(3) Stehen dem Verpflichteten oder Geschädigten Ansprüche gegen Dritte zu, die er unmittelbar aufgrund der Verpflichtung oder des Schadens erhält, so ist die Entschädigung nur gegen Abtretung der Ansprüche zu gewähren.

2. Abschnitt: Kosten

§ 36 Kostentragung durch das Land

(1) Das Land trägt die Kosten für die in § 8 genannten Maßnahmen.

(2) Den Stadt- und Landkreisen gewährt das Land Zuschüsse zu den Kosten nach § 37.

(3) Den privaten Trägern des Katastrophenschutzes im Sinne des § 6 gewährt das Land Zuschüsse zu ihren Aufwendungen für Aufstellung, Ausbildung, Ausstattung und Unterbringung von Einheiten und Einrichtungen des Katastrophenschutzes. Eine Förderung der Mitwirkenden im Katastrophenschutz im Sinne des § 6 durch die kreisfreien Städte und Landkreise bleibt unberührt.

(4) Das anordnende Land erstattet den Mitwirkenden im Katastrophenschutz die Kosten, die diesen bei einem Katastropheneinsatz außerhalb der Landesgrenzen nach § 12 entstehen und die nicht von anderer Seite übernommen werden. Verwaltungskosten werden nicht erstattet.

§ 37 Kostentragung durch die Landkreise und kreisfreien Städte

Die Landkreise und kreisfreien Städte tragen die Kosten, die während der Katastrophenbekämpfung und -nachsorge in ihrem Gebiet und der Mitwirkung bei der unmittelbar anschließenden vorläufigen Beseitigung erheblicher Katastrophenschäden entstehen durch
1. Leistungen zur Entschädigung an Dritte nach § 34,
2. die vertragliche Heranziehung Dritter,
3. den Einsatz der Mitwirkenden im Katastrophenschutz, soweit dieser auf Anforderung der Katastrophenschutzbehörde erfolgte,
4. die Unterstützung durch andere Länder und durch den Bund.

§ 38 Kostentragung durch die im Katastrophenschutz Mitwirkenden

(1) Die privaten Hilfsorganisationen und Betreiber von Anlagen tragen die sich aus der Erfüllung ihrer Aufgaben nach diesem Gesetz ergebenden Kosten selbst.

(2) Die Kosten, die Eigentümern, Besitzern und Betreibern von Anlagen mit besonderem Gefahrenpotenzial dadurch entstehen, dass sie ihre Pflichten nach § 30 erfüllen, sind von ihnen zu tragen.

§ 39 Aufwendungsersatz für Katastropheneinsätze

(1) Zum Aufwendungsersatz sind verpflichtet
1. die Verursacher der Katastrophengefahr,
2. die Inhaber der tatsächlichen Gewalt oder die Eigentümer einer die Katastrophengefahr auslösenden Sache oder eines die Katastrophengefahr auslösenden Tieres. Mehrere Verpflichtete haften als Gesamtschuldner.

(2) Die nach §§ 36 – 38 zur Kostentragung Verpflichteten können Ersatz der notwendigen Aufwendungen, die ihnen durch Einsätze bei Katastrophen entstanden sind, von den in Absatz 1 Verpflichteten verlangen. Ansprüche aufgrund anderer gesetzlicher Regelungen, insbesondere des bürgerlichen Rechts, bleiben hiervon unberührt.

(3) Auf Aufwendungsersatz aufgrund von Absatz 1 Satz 1 kann ganz oder teilweise verzichtet werden, soweit eine Inanspruchnahme der Billigkeit widerspricht. Ob und inwieweit eine Inanspruchnahme der Billigkeit widerspricht oder unverhältnismäßig ist, entscheidet die Katastrophenschutzbehörde.

§ 40 Katastrophenschutzfonds

(1) Das für den Katastrophenschutz zuständige Ministerium unterhält und verwaltet einen Katastrophenschutzfonds. Der Katastrophenschutzfonds ist ein staatliches Sondervermögen ohne eigene Rechtspersönlichkeit.

(2) Zweck des Fonds ist es, die Kostenträger bei Aufwendungen für Katastrophenvorsorge und –bekämpfung zu unterstützen, um unzumutbare Belastungen des Trägers der Aufwendungen abzuwenden, wenn dies nicht durch Inanspruchnahme anderer Leistungen möglich ist.

(3) Die Landkreise und kreisfreien Städte leisten jährlich Beiträge zum Katastrophenschutzfonds. Die Höhe dieser Beiträge wird durch eine Rechtsverordnung des zuständigen Ministeriums festgelegt. Das Land leistet jährlich den doppelten Beitrag, den die Landkreise und kreisfreien Städte zusammen erbringen.

7. Teil: Schlussvorschriften

§ 41 Einschränkungen von Grundrechten

Durch Maßnahmen nach den §§ 27 - 32 dieses Gesetzes kann das Recht auf körperliche Unversehrtheit (Artikel 2 Abs. 2 Satz 1 des Grundgesetzes), das Recht auf informationelle Selbstbestimmung (Artikel 2 Abs. 1 in Verbindung mit Artikel 1 Abs. 1 des Grundgesetzes), die Freiheit der Person (Artikel 2 Abs. 2 Satz 2 des Grundgesetzes), die Versammlungsfreiheit (Artikel 8 des Grundgesetzes), die Freizügigkeit (Artikel 11 des Grundgesetzes), die Unverletzlichkeit der Wohnung (Artikel 13 des Grundgesetzes) und die Eigentumsfreiheit (Artikel 14 des Grundgesetzes) eingeschränkt werden.

II. Begründung

0. Vorbemerkung

Die oben aufgeführten Vorschriften sollen als Vorschlag eines Gesetzesentwurfs verstanden werden. Im gesamten Gesetzesentwurf wird die männliche Wortform verwendet. Dies beruht auf Gründen der einfacheren Verständlichkeit und auf der gängigen Praxis in der Gesetzgebung.

A. Problem

Der Jurist, in seinem Bestreben, Ordnung durch Regeln in die menschliche Gesellschaft zu bringen, sieht sich durch die Katastrophe vor eine besondere Herausforderung gestellt. Die Katastrophe als Störung der Normalität durch Normen zu regeln scheint geradezu ein Widerspruch in sich zu sein. Doch gebietet es der freiheitliche demokratische Rechtsstaat auch in einer solchen Ausnahmelage seine eigenen Werte zu verteidigen und somit Klarheit zu schaffen bezüglich dessen, was erlaubt, geboten oder verboten sein soll.

Katastrophen werfen aus rechtlicher Sicht das Problem auf, dass sie sich weder in ihrem Eintreten noch ihrem Verlauf regulieren lassen, sich nicht an sachliche und räumliche Kompetenzzuordnungen halten und sehr viele Regelungsbereiche gleichzeitig betreffen (können).

Gerade im Bundesstaat wirft dies Probleme auf: Grundsätzlich trägt jede Körperschaft die Verantwortung für die Erfüllung der ihr grundgesetzlich zugeordneten Aufgaben selbst. Dabei ist die im Grundgesetz vorgesehen Kompetenzverteilung zwischen Bund und Ländern zwingend und kann auch nicht durch einvernehmliche Lösungen ohne Grundgesetzänderung aufgehoben werden (BVerfGE 26, 281 (296); BVerfGE 32, 145 (156); BVerfGE 63, 1 (39); Jarass/Pieroth, GG, Art. 20, Rn 8). Die eigene Staatsqualität der Länder gebietet zudem, die Souveränität anderer Länder zu achten, und verhindert so ein beliebiges Tätigwerden auf fremdem Gebiet.

Die verfassungsrechtliche Gesetzgebungskompetenz bezüglich des Katastrophenschutzes besitzen gem. Art. 70 GG die Länder. Im Rahmen ihrer Zuständigkeit haben die Bundesländer 16 unterschiedliche Landesgesetze zum Katastrophenschutz entwickelt.

Der Bund hat – von eher punktuellen Bereichen abgesehen – vor allem die Kompetenz im Bereich des Zivilschutzes (Art. 73 I Nr. 1 GG) sowie bei der Vermeidung von Katastrophen (z.B. im Umweltrecht). Ansonsten besteht nur die Möglichkeit, im Rahmen der Amtshilfe nach Art. 35 GG tätig zu werden.

In der Praxis hat der Bund den Ländern jedoch, aufbauend auf seine Zuständigkeit für den Schutz der Bevölkerung im Verteidigungsfall, schon immer bei der Bewältigung von Großschadensereignissen – unabhängig von ihrer Ursache – Hilfe geleistet. Die Länder greifen im Bereich des Katastrophenschutzes auf die vorhandenen Ressourcen zurück. Durch das Fehlen von einfachgesetzlichen Regelungen und die dadurch entstehende Undurchsichtigkeit von Ge- und Verboten erhöht sich die Gefahr des verfassungswidrigen Handelns. Die fehlende bundeseinheitliche Koordination der Katastrophenschutzbehörden bedingen teils ein kostenaufwändiges Nebeneinader von Ressourcen oder wiederum Lücken im Katastrophenschutz. Zum anderen besteht die Gefahr, dass effektive und effiziente Hilfe die Opfer von Katastrophen nicht rechtzeitig und ausreichend erreicht. Zudem sorgt das vielschichtige Zuständigkeitsgeflecht für eine nicht nur für die Betroffenen der Katastrophe, sondern auch und vor allem bei den Helfern für eine bisweilen undurchsichtige Rechtslage. Die Rechtsunsicherheit der Helfer wird zusätzlich dadurch verschärft, dass deren Rechte bislang oft nur rudimentär geregelt waren. Somit wird ihre Einbindung zur Katastrophenabwehr und -bekämpfung erschwert. Insgesamt erschweren sowohl die fehlende praktische Koordination des Katastrophenschutzes als auch die fehlende Rechtseinheit das Funktionieren eines effizienten integrierten Hilfeleistungssystems.

Die Notwendigkeit der Vereinheitlichung der einfachgesetzlichen Grundlage bezüglich des Eingreifens im Katastrophenfall wurde von Bund und Ländern erkannt und in einer gemeinsam verabredeten „Neuen Strategie zum Schutz der Bevölkerung in Deutschland" (Beschluss der Ständigen Konferenz der Innenminister und -senatoren der Länder vom 5./6. Juni 2002) niedergelegt.

B. Ziel

Der Schutz der Bevölkerung vor besonderen Gefahren, vor denen sie sich aus eigener Kraft nicht schützen kann, ist eine der vornehmsten Aufgaben des modernen Staates (Referentenentwurf Bevölkerungsschutzgesetz, S. 9).
Die Gefahrenabwehr, die nicht auf polizeilicher Basis beruht, wird in Deutschland traditionell in ein vertikal gegliedertes, subsidiäres und maßgeblich auf Ehrenamtlichkeit und Freiwilligkeit beruhendes System etabliert (Referentenentwurf Bevölkerungsschutzgesetz, S. 9). Historisch gesehen hat sich das System bewährt.

Der Bund darf im Katastrophenschutz im Rahmen der Amtshilfe gem. Art. 35 GG tätig werden, die eigentliche Kompetenz des Katastrophenschutzes liegt bei den Ländern.
Nach dem Ende des Kalten Krieges änderte sich die Bedrohungslage, die bei der Ausgestaltung des Bundesengagements im Einzelfall angemessen berücksichtigt werden muss. Vor allem das Engagement im Zivilschutz als Teilgebiet des Katastrophenschutzes – für den der Bund nach Art. 73 Abs. I Nr. 1 GG ausschließlich zuständig ist – wurde wegen der veränderten Gefahrenlage stark verringert. Diese Veränderungen hatten auch Auswirkungen auf den Katastrophenschutz: So wurden seit den 1990er Jahren etwa Alarmeinrichtungen abgeschaltet, Medikamentendepots aufgelöst und Hilfskrankenhäuser und Schutzräume geschlossen.
Das notwendige Vorsorgebedürfnis besteht heute nicht mehr in erster Linie gegenüber einer klassischen

militärischen Auseinandersetzung. Eher liegen so genannte asymmetrische Bedrohungslagen mit kaum kalkulierbarem Gewaltpotential nichtstaatlicher Stellen vor. Die technisierte, vernetzte und komplexe Gesellschaft erhöht die Verletzlichkeit des Staates als neue Gefahrenquelle.

Daneben werden aber auch die Risiken und Schadenwirkungen durch extreme Naturereignisse seit Jahren größer und wohl auch künftig weiter zunehmen.

Das nationale Notfallvorsorgesystem muss sich an diesen aktuellen Bedrohungslagen ausrichten und orientieren. Entscheidend ist vor allem ein effektives Krisenmanagement, das die verschiedenen – nationalen und erforderlichenfalls auch internationalen – Ressourcen optimal zusammenführt.

Zur Gewährleistung von effizienten und einheitlichen Hilfeleistungssystemen wird dieses Mustergesetz vorgelegt. Es soll dazu dienen, im Interesse der Bevölkerung einen bestmöglichen Katastrophenschutz zu schaffen bzw. zu gewährleisten. Damit sollen die Auswirkungen eine Katastrophe minimiert werden. Außerdem soll es die Rechtssicherheit bei staatlichen wie nichtstaatlichen, organisierten, wie spontan im Katastrophenschutz Tätigen fördern. Dazu soll vor allem beitragen, dass trotz einer Landeskompetenz der Katastrophenbekämpfung im gesamten Bundesgebiet (annähernd) gleiche Rechtsverhältnisse bei Katastrophen gelten. Zugleich sollen die Regelungen die flexible Reaktion auf unvorhersehbare Katastrophenereignisse ermöglichen.

Ein besonderes Augenmerk soll zudem auf der Einbindung von Hilfsorganisationen und Privatpersonen liegen: Die hier liegenden Potentiale für den Katastrophenschutz sollen bestmöglich nutzbar gemacht werden.

Der vorgelegte Entwurf greift dazu auf die bereits vorhandenen Strukturen der Landeskatastrophengesetze zurück, will aber zugleich Anregungen für die weitere Diskussion geben und soll zudem die in der "Neuen Strategie" vereinbarten Grundsätze implementieren.

Die Harmonisierungstendenzen des Katastrophenschutzes auf europäischer Ebene betreffen zwar derzeit die Konkurrenz zwischen Landes- und Bundesgesetzgebung auf dem Gebiet des Katastrophenschutzes (noch) nicht. Nichtsdestotrotz ist eine erfolgreiche Einbettung der Länder in die auf Bundesebene mit EU-rechtlichen Grundlagen etablierten Gefahrenabwehrstrategien von enormem Vorteil für einen effizienten Katastrophenschutz. Vor allem würde dies die Einbindung des deutschen Katastrophenschutzes in das europäische Gemeinschaftsverfahren „Förderung einer verstärkten Zusammenarbeit bei Katastrophenschutzeinsätzen" verbessern.

C. Einzelerläuterungen

1. Teil: Ziele, Begriffe, Konkurrenzen

Zu § 2 – Begriff
Abs. 1
Die Begriffsdefinitionen für die Katastrophe und den Katastrophenschutz sind zwar nicht in allen bisherigen Landesgesetzen dem Wortlaut nach gleich. Es wird aber allgemein angenommen, dass Katastrophen Großschadensereignisse sind, die eine Überforderung für die grundsätzlich zuständigen Kräfte bedeuten und eine einheitliche Leitung erfordern (Wörterbuch der Ständigen Konferenz für Katastrophenvorsorge und Katastrophenschutz (www.katastrophenvorsorge.de/pub/publications/wbuch-SKK.pdf); siehe auch *Kloepfer*, Katastrophenschutzrecht, VerwArch 2007, 163 (167)) In unserem Entwurf wurden diese Elemente übernommen.

Die Definition der Katastrophe ist nicht an die formale Ausrufung eines Katastrophenfalls geknüpft. Dies ermöglicht es, trotz des in der Praxis oft fließenden Übergangs zwischen "normalen" Gefahren und Katastrophen jederzeit und ohne großen bürokratischen Aufwand die erforderlichen Maßnahmen im Katastrophenfall treffen zu können (vgl. etwa Böttcher et. al., Brand- und Katastrophenschutzgesetz Thüringen, § 1, Rn 3).

Der Begriff „Großschadensereignis" meint eine große Anzahl von Betroffenen und/oder einen sehr großen Schadensumfang (Kloepfer, Katastrophenschutzrecht, VerwArch 2007,163 (167)). Damit eine Katastrophe vorliegt, muss es sich um eine gegenwärtige Gefahr des Schadenseintritts für die genannten Rechtsgüter handeln. Hierbei ist vom polizeilichen Gefahrenbegriff auszugehen. Sofern ein Schadensereignis noch nicht unmittelbar bevorsteht, besteht noch keine Gefahr im Sinne des Entwurfs. Daher berührt er gerade die Zuständigkeiten im Bereich der Katastrophenvermeidung nicht. Sobald durch die Katastrophe ein Schaden eingetreten ist, aber keine weitere Gefahr mehr ausgeht (d.h. vor allem im Bereich der Katastrophenvermeidung), ist der Anwendungsbereich des Gesetzes ebenfalls nicht (mehr) eröffnet (Eisinger et. al., Brand- und Katastrophenschutzrecht, Rettungsdienst" § 1 LBKG, Punkt 1.1)

Die lebensnotwendige Versorgung von Menschen bedeutet unter anderem die Versorgung mit Flüssigkeit, Nahrungsmitteln, Medikamenten, Hygienemöglichkeiten und Energie.
Der Schutz von sonstigen bedeutenden Rechtsgütern ist hier bewusst weit gewählt und umfasst etwa absolut geschützte Rechte oder bedeutende Kulturgüter.

Abs. 2
Katastrophenschutz umfasst bewusst nicht die Katastrophenvermeidung. Diese wird speziell in anderen Rechtsbereichen wie zB dem Baurecht und dem Umweltrecht geregelt. Die Beschränkung auf die genannten Bereiche im Umgang mit der Katastrophe folgt auch bereits aus der Verwendung des Gefahrenbegriffs im oben ausgeführten Sinne und ist

daher deklaratorisch.

Die Beschränkung der Katastrophennachsorge auf die Schadensbeseitigung zum Schutz der Allgemeinheit soll eine allgemeine Zuständigkeit für einen Wiederaufbau bzw. eine Sanierung ausschließen und den zeitnahe Rückkehr zum rechtlichen „Normalfall" ermöglichen.

Zu § 3 - Anwendungsbereich
Dieses Gesetz soll für den speziellen Fall der Gefahrenabwehr eingreifen, in dem eine qualifizierte Gefahr in Form einer Katastrophe vorliegt. Hierzu sollen die ohnehin für die Gefahrenabwehr zuständigen Stellen eingebunden und bereits bestehende Befugnisse zur Abwehr der Gefahr bestehen bleiben, was über § 3 erreicht wird.

2. Teil : Organisation und Maßnahmen des Katastrophenschutzes

Zu § 4 - Aufgabenträger
Der aktuelle Gesetzesentwurf sieht, abweichend von der bisher üblichen und in den meisten Bundesländern im Katastrophenschutz vorherrschenden Organisationsstruktur, eine zwei statt einer dreigliedrigen Struktur vor. In der ursprünglichen Planung der Vorbereitungsgruppe für diesen Abschnitt war zunächst auch ein Weiterbestehen dieser alten Organisationsform vorgesehen. Die Gliederung sollte dabei in die Gemeinden als untere Katastrophenschutzbehörden, die Landkreise und kreisfreien Städte als mittlere und das zuständige Landesministerium für Inneres als obere Katastrophenschutzbehörde vorgenommen werden. Die bisher in vielen Ländergesetzen mit der Katastrophenorganisation betrauten Regierungsbezirke wurden hierbei bewusst ausgeklammert. Dies hatte verschiedene Gründe. Zunächst scheint die Einrichtung des Regierungsbezirks, gerade in den norddeutschen Staaten, eine aussterbende Institution zu sein, sodass zum einen die Verlagerung von Aufgaben auf eine Behörde, die möglicherweise bald oder bereits nicht mehr existiert, als sinnlos empfunden werden musste. Weiterhin sollte die Organisation so weit wie möglich, den Anforderungen des Subsidiaritätsprinzips im Art. 25 GG folgend, auf die kleinste, zu der Aufgabenbewältigung befähigten Struktur erfolgen. Gerade für die vorgesehenen Aufgaben im Planungs- und Notfallorganisationsbereich schienen und scheinen, wie in der im jetzigen Entwurf in §4 enthaltene Öffnungsklausel zugunsten der kleinsten Kommuneneinheiten zeigt sind die Gemeinden die geeigneten, weil örtlich und zuständig in der Nähe der Bürger, Einrichtungen, um speziell auf die örtlichen Gegeben- und Besonderheiten zugeschnittene Katastrophenverhinderungs- und Bewältigungsstrategien zu entwickeln. Sie verfügen über das detailreichste Wissen über die Strukturen in ihrem Umfeld und sind dadurch besonders kompetent, die Fähigkeiten und Beschränkungen der staatlichen Institutionen, der Privatwirtschaft sowie der Bürger vor Ort einzuschätzen.
In der Diskussion um den Vorschlag der dreigliedrigen Organisationsstruktur kristallisierten sich jedoch Bedenken der Arbeitsgruppe heraus, ob wirklich alle Gemeinden finanziell und von der organisatorischen Ausstattung

dazu in der Lage wären, die ihnen zugedachten Aufgaben auch zu erfüllen. Dennoch herrschte Einigkeit darüber, dass eine Verlagerung des Katastrophenschutzes zu den direkt Betroffenen, d.h. auf die hierarchisch geringste Stufe, gewünscht, wenn nicht sogar notwendig sein würde. Zugleich sollten die Mitteilungs- und Befehlswege innerhalb der Organisation so flach wie möglich sein, sodass ein Wegfall der dritten Ebene sinnvoll schien, um nicht eine zwischengeschaltete, aber eigentlich überflüssige Stufe zu erhalten, die lediglich aus Tradition weiter bestehen würde. Die bisher von dieser mittleren Ebene wahrgenommenen Aufgaben konnten zudem angemessen auf die beiden anderen Katastrophenschutzbehörden aufgeteilt werden. Somit einigte sich die Gruppe auf das Entfallen der mittleren Ebene und die Einrichtung von lediglich unteren und oberen Katastrophenschutzbehörden. Um aber gleichzeitig die Fähigkeiten einzelner Gemeinden und dort bestehende Kompetenzen im Katastrophenschutz in Anspruch nehmen zu können, wurde eine Öffnungsklausel zugunsten der Gemeinden formuliert, welche die Möglichkeit bietet, bestehende Katastrophenschutzstrukturen weiterhin zu nutzen. Insbesondere für die Erstellung wirksamer, ortsspezifischer Notfall- und Alarmpläne scheint dieses unerlässlich. Gleichzeitig gewährt dieser Abschnitt den Landesbehörden im Bedarfsfall die Möglichkeit sinnvolle Aufgabenzuordnungen, insbesondere das katastrophenrechtliche Zusammenlegen von kreisfreien Städten und den sie umgebenden Kreisen, vorzunehmen.
Auch wenn die hier beschriebene Struktur wesentliche Neuerungen bietet, so hat sie doch die Katastrophenschutzorganisation nicht neu erfunden. In vielen Punkten, gerade bei den Zuständigkeiten in der Katastrophenvorbereitung, wurden die bisher bestehenden Kompetenzen beibehalten und gegebenenfalls um solche der zuvor bestehenden mittleren Behörde erweitert.
Es ergibt sich heute damit das Bild, das regionale und örtliche Katastrophen direkt in flachen, überschaubaren und den Menschen zugänglichen Kreis- und gegebenenfalls Gemeindehierarchien geregelt werden, bei überregionaler Betroffenheit aber direkt, ohne Reibungsverluste die höchste Behörde zuständig wird. Dies garantiert nicht nur die grundgesetzlich den Gemeinden zugesprochene subsidiäre Zuständigkeit, sondern stellt auch einen optimalen Einsatz der verfügbaren Ressourcen sicher und ermöglicht für die Fälle der Vorbereitung und Bewältigung von katastrophalen Notfällen optimale Transparenz und Nachvollziehbarkeit.
Für die Stadtstaaten Berlin, Bremen und Hamburg wäre die hier beschriebene Organistationsstruktur entsprechend anzuwenden, sodass nicht die dort nicht vorhandenen Kreise, sondern vielmehr die Bezirke der Stadt als untere Katastrophenschutzbehörde zuständig wären, während auch hier das dem Ministerium entsprechende Organ des Stadtstaates als obere Katastrophenschutzbehörde fungieren soll.

Zu § 5 – Zuständigkeiten
Abs. 1
In Anlehnung an das Motiv der Zweigliedrigkeit, die Katastrophenschutzbehörden soll dem Subsidiaritätsprinzip des Art. 25GG entsprechend auch die grundsätz-

liche Zuständigkeitsvermutung auf die unterste Zuständigkeitsebene verlagert werden.. Die Aufgaben und Probleme müssen möglichst auf der untersten Hierarchiestufe, nahe an den Menschen gelöst und Pläne soweit möglich auf die besonderen örtlichen Gegebenheiten abgestimmt werden. Durch diese Verlagerung an die Wurzel sollen die Einsatzkräfte befähigt werden, selbst Einfluss auf die Einsatzführung und –organisation zu nehmen, somit ihr spezielles Wissen über die Örtlichkeiten nutzbar zu machen und zugleich im Einsatzfall eine besonders effektive Leitung und Notfallbekämpfung durchzuführen, sodass die im Ernstfall besonders begrenzten zeitlichen Ressourcen durch vorhandenes Wissen über die Durchführung der Katastrophenbekämpfung geschont werden, der Einsatz also effektiver und ohne Reibungsverluste durch Orientierungsabläufe von Statten geht.

Abs. 2

1.Satz: Die Zuständigkeit der oberen Katastrophenschutzbehörde bezüglich der Koordination der unteren Katastrophenschutzbehörden ist die logische Konsequenz aus ihrem Wissensvorsprung aufgrund ihrer Befähigung, den Überblick über die einzelnen Maßnahmen und Pläne der unteren Katastrophenschutzbehörden zu erhalten und zu bewahren. Gemäß § 7 (1) Nr.1 sind die unteren Katastrophenschutzbehörden verpflichtet, der oberen Katastrophenschutzbehörde ihre Einsatzpläne und Gefahrenszenarien mitzuteilen. Die obere Katastrophenschutzbehörde verfügt damit als einzige über ein komplettes Bild möglicher Gefahren- und Katastrophenlagen in ihrem Zuständigkeitsbereich und nur sie kann daher die Notwendigkeit eines gezielten Vorgehens gegen gesteigerte Katastrophenherde erkennen und die den einzelnen Katastrophenschutzbehörden zugeordneten Einsatzkräfte auch über die Grenzen der und besonders ihrer unteren Katastrophenschutzbehörde optimal koordinieren. Dies schließt auch ein zu erkennen, an welchen geographischen Berührungsstellen von unteren Katastrophenschutzbehörden sich Gefahrenquellen dergestalt ballen, dass sie im Ernstfall den Einsatz auch ortfremder Kräfte erforderlich machen oder auch Gefahrenquellen einander so beeinflussen, dass ein gemeinsames, konzentriertes Vorgehen verschiedener unteren Katastrophenschutzbehörden zugeordneter Kräfte erforderlich wird. Die Zuteilung der Kompetenz an die obere Katastrophenschutzbehörde im Fall des Betroffenseins mehrerer, selbstverständlich nicht nur angrenzender, Gebiete von unteren Katastrophenschutzbehörden, ist wie auch die gewährte Zuständigkeit zur Koordination der Zusammenarbeit mehrerer unterer Katastrophenschutzbehörden Ausdruck ihres Wissensvorsprungs und der zugeteilten Koordinationskompetenz gegenüber den untergeordneten Behörden. Die obere Katastrophenschutzbehörde ist allein in der Lage bei Simultanität von Großschadenslagen die vorhandenen Ressourcen optimal einzusetzen und so eine Ausdehnung oder auch örtliche Eskalation des Großschadensereignisses durch Überforderung oder mangelnden Überblick der unteren Katastrophenschutzbehörden über die Gesamtlage zu verhindern. In diesem Fall ist eine Abweichung vom Subsidiaritätsprinzip aufgrund des Nichtvorliegens seiner Voraussetzungen, denn die unteren Ebenen sind in den Fällen überörtlicher Gefahrenlagen nicht in der Lage die Aufgaben bestmöglich zu bewältigen, daher gerechtfertigt.

2. Satz, 1. Halbsatz: Die in Satz zwei Halbsatz eins angesprochene Unterstützung der unteren durch die obere Katastrophenschutzbehörde bezieht sich auf alle Aufgaben der untergeordneten Behörden und meint eine vertrauensvolle Zusammenarbeit sowohl in der Form, dass die untere bei der oberen Behörde Rat und Tat anfragen und somit das dort vorhandene Fachwissen für sich nutzen kann, aber auch, dass die obere Katastrophenschutzbehörde in die Katastrophenprävention und –bekämpfung eingebunden wird und besonders in Fällen, in denen sie Planung, Organisation und Vorbereitung von Katastrophenschutz- bzw. Katastrophenbekämpfungsmaßnahmen für unzureichend hält, durch ein milderes Mittel als die in § 5 (3) genannten Weisungen auf die untere Katastrophenschutzbehörde einwirken und so eine optimale Prävention und Bekämpfung von und Vorbereitung auf Großschadensereignisse sicherstellen kann. Eine natürliche Grenze findet diese vertrauensvolle Zusammenarbeit dort, wo der Eindruck entsteht, die untere Katastrophenschutzbehörde wolle der oberen Katastrophenschutzbehörde eine ihr übertragene Aufgabe aufbürden, um so eigene Planungs- und Organisationsausgaben zu sparen. Zur genauen Handhabung dieser vertrauensvollen Zusammenarbeit beider Behörden sei daher auch auf die in diesem Gesetz vorgenommene Kostenverteilung zwischen den beiden Körperschaften verwiesen.

2. Satz, 2. Halbsatz: Wie dargestellt ist allein die obere Katastrophenschutzbehörde aufgrund der ihr zugewiesenen Kompetenzen aber auch ihres durch Datenübermittlung der unteren Katastrophenschutzbehörden gegebenen Wissensvorsprungs dazu befähigt, die Ballung von Gefahrenlagen oder die mögliche Überforderung der Einsatzkräfte an einzelnen Gefahrenpunkten zu erkennen und auch festzustellen, an welchen Orten ein Großschadensereignis Einfluss über die Zuständigkeitsgrenze der unteren Katastrophenschutzbehörde hinaus nehmen könnte. Dies bezieht sich nicht nur auf Kompetenzgrenzen innerhalb des Landes. Großschadensereignisse lassen sich in ihrer Wirkung nicht durch Landes- oder Staatsgrenzen aufhalten. Daher muss die obere Katastrophenschutzbehörde zum Schutz der Menschen, die im Umfeld und somit Wirkungskreis einer Gefahrenquelle leben, dazu befähigt sein, auch nicht in ihrem Kompetenzbereich wohnende Personen vor den Wirkungen einer von ihrem Kompetenzbereich ausgehenden Katastrophe wirksam zu schützen und angrenzende, nicht originär durch eigene Koordinationsmaßnahmen zu bewältigende Schadensbekämpfungs- und Begrenzungsmaßnahmen einzuleiten. Die obere Katastrophenschutzbehörde erhält daher die Kompetenz, auch über ihren Zuständigkeitsbereich über Landes- und Staatsgrenzen hinaus mit den dort zuständigen Behörden zusammenzuarbeiten und gemeinsam Wege für eine Zusammenarbeit zu eruieren bzw. Informationen darüber zu sammeln, welche Gefahrenlagen ihrem Gebiet drohen oder darüber zu informieren welche Gefahren von ihrem Gebiet ausgehen. Als natürliche Form des Festhaltens der Ergebnisse und Ziele einer solchen Vereinbarung zur Koordination und Zusammenarbeit bieten sich Staatsverträge zwischen den verschiedenen Gebietskörperschaften an.

Abs. 3

Satz 1: § 5 Abs. 3 Satz 1 des Gesetzesentwurfs enthält das wohl schärfste zur Verfügung stehende verwaltungsrechtliche Mittel, welches in der hierarchisch organisierten Zusammenarbeit zwischen Behörden zum Einsatz kommen kann, die Weisung. An dieser Stelle kommt zum Ausdruck, dass die Zuständigkeit der unteren Katastrophenschutzbehörde eine Zuständigkeit im übertragenen, nicht aber originären Wirkungskreis ist. Die obere Katastrophenschutzbehörde führt eine Fachaufsicht über die untergeordneten Behörden aus, um sicherzustellen, dass gerade im sensiblen Feld der Katastrophenvorsorge, -prävention und –bekämpfung alle notwendigen Maßnahmen getroffen wurden und die Verhinderung und Bekämpfung von Großschadensereignissen bestmöglich gewährleistet wird, könnte eine Vernachlässigung der Aufgabenwahrnehmung verheerende Folgen für die Bevölkerung und den Bestand ganzer Regionen nach sich ziehen. Diese ‚worst-case' Prognose rechtfertigt auch, dass der oberen Katastrophenschutzbehörde für den Fall der nicht optimalen Erfüllung der Aufgaben durch die ihr untergeordneten Behörden als ‚ultima ratio' die Möglichkeit gegeben wird, diese Behörden anzuweisen, die Maßnahmen zu ergreifen, die die obere Behörde aufgrund ihres besonderen Sachverstandes und des umfassenden Überblicks über auch supraregionale drohende Gefahrenlagen, für erforderlich hält und welche die untere Behörde auch nach Erteilung von Ratschlägen im Rahmen der Zusammenarbeit nach §5 Abs. 2 Satz 2 1.Halbsatz aus Kosten- oder sonstigen Gründen unterlässt.

Satz 3: Für den in Satz 3 genannten Fall der Überforderung der unteren Katastrophenschutzbehörde sind dieselben Gründe anzuführen, die oben bereits mehrfach genannt wurden. Ist die untere Katastrophenschutzbehörde nicht dazu in der Lage, das Großschadensereignis effektiv zu bekämpfen, muss die übergeordnete Behörde dazu befähigt sein, dieses Defizit auszugleichen und volle Koordinations- und Maßnahmenhoheit besitzen, um zum Schutz von Bevölkerung und Land eine Eskalation oder Ausbreitung der Katastrophe zu verhindern. Dies ist insbesondere durch die Tatsache geschuldet, dass die untere Katastrophenschutzbehörde nur im übertragenen Wirkungskreis und somit letztlich in der gesetzlichen Zuständigkeit der oberen Katastrophenschutzbehörde tätig wird, diese also in letzter Instanz die korrekte und effiziente Wahrnehmung ihrer Aufgaben sicherstellt.

Zu § 6 – Mitwirkende beim Katastrophenschutz

Der § 6 benennt *abschließend* die beim Katastrophenschutz mitwirkenden Institutionen und Personen. Dies dient nicht nur der Übersichtlichkeit und Wertschätzung aller Mitwirkenden, sondern soll auch eine Aufforderung für die Katastrophenschutzbehörden sein, gerade angesichts des Wortlauts der Nr.1 Maßstäbe und Mindestanforderungen festzulegen, unter deren Beachtung und Erfüllung die Mitwirkung an Katastrophenprävention, -schutz und –bekämpfung möglich ist. Es wurde bewusst darauf verzichtet, die unten exemplarisch angesproche-

nen Hilfsorganisationen im Gesetzestext explizit aufzuführen, um den besonderen geographischen Tätigkeitsschwerpunkten der Organisationen gerecht zu werden, zugleich den Text auch für nicht deutschlandweit bzw. nur regional tätige Organisationen offen zu halten und gegenüber weiteren Entwicklungen in diesem Bereich flexibel und unabhängig zu bleiben. Besonders zu erwähnen ist in diesem Zusammenhang die Tatsache, dass erstmalig neben den originär im Katastrophenschutz bzw. der Katastrophenbekämpfung tätigen Stellen von Bund, Ländern und Gemeinden des selben Landes oder aufgrund von Staatsverträgen auch anderer Länder oder Staaten (Nr. 3) und den üblichen, im Katastrophenschutz tätigen Hilfsorganisationen z.B. Malteser Hilfsdienst, Johanniter Unfallhilfe, Deutsches Rotes Kreuz, Arbeitersamariterbund, Technisches Hilfswerk (Nr. 1) auch Spontanhelfer, also Personen, die angesichts des Großschadensereignisses tätig werden und freiwillig Aufgaben übernehmen (Nr. 2), erwähnt werden. Zugleich ist aber auch die Einbeziehung von verpflichteten Helfern, die zur Bereitstellung ihrer Arbeitskraft oder angesichts des Verfügens über bestimmte Geräte oder Materialien zur Hilfe in der gegebenen Katastrophenlage ausnahmsweise zwangsweise herangezogen werden (Nr.4), vorgesehen ist und somit schon einleitend ein umfassendes Bild des an der Katastrophenlage beteiligten Personenkreises gegeben wird.

Zu § 7 – Maßnahmen der unteren Katastrophenschutzbehörde

Abs. 1

Wie im Vorhergehenden ausführlich erläutert, ist die untere Katastrophenschutzbehörde diejenige, welche über die höchste Detailkompetenz hinsichtlich der Einschätzung örtlicher Gefahren- und Hilfspotentiale verfügt. Diese Kompetenz führt zu einer immanenten Verantwortung und soll daher mithilfe der Ausführungen in § 7 detaillierter bestimmt werden.

Die primäre Aufgabe der unteren Katastrophenschutzbehörde in der Katastrophenvorsorge soll, wie in Nr. 1 beschrieben, darin liegen die Infrastruktur sowie örtlichen Begebenheiten auf mögliche Schadenslagen zu untersuchen und diese, ebenso wie die vorhandenen Mittel des Katastrophenschutzes und der Katastrophenbekämpfung zu erfassen, kontinuierlich weiter zu schreiben und die gewonnen Informationen an die übergeordnete Behörde zu übermitteln. Weiterhin sollen im Zuge dessen übergemeindliche Gefahren- und Risikopotentiale erfasst und Schutzziele formuliert werden (Nr.4). Gemeinsam mit den privaten und öffentlichen Trägern von Einrichtungen sollen unter Zuhilfenahme von Fachkräften, orts- und gefahrspezifische Einsatzpläne im Gebiet der unteren Katastrophenschutzbehörde erstellt, aktualisiert und den zuständigen Stellen bekannt gegeben und insbesondere auch im LKIZ veröffentlicht werden (Nr.2). Die Weiter- und Ausbildung der im Katastrophenschutz Beschäftigten soll nach Nr. 3 ebenfalls in der Verantwortung der unteren Katastrophenschutzbehörde liegen. Sollte diese innerhalb ihres Wirkensgebietes keine dafür geeigneten Einrichtungen zur Verfügung stellen können, ist die Durchführung in anderen Zentren, unter Umständen in Absprache benachbarter Gemeinden, zu veranlassen. Darüber hinaus ist zur Sicherung der Integrität der Präventions- und Hilfsmaßnahmen eine Abstimmung (Nr.5) der aufgestellten und veröffentlichten Alarm- und Einsatzpläne mit anderen Katastrophenschutzbehörden, aber auch den ortsansässigen und am Katastrophenschutz beteiligten öffentlichen und privaten Hilfsorganisationen anzustreben. Dazu ist eine Miteinbeziehung anderer, z.B. benachbarter, Katastrophenschutzbehörden und ausdrücklich auch der öffentlichen bzw. privaten Hilfsorganisationen zu gewährleisten. An dieser Stelle werden in Nr. 6 die Aufgaben hinsichtlich der Prävention noch einmal hervorgehoben. Notwendige Maßnahmen z.B. zum Feuer- und Brandschutz oder zur Betriebsfähigkeit vitaler Infrastrukturen sind kontinuierlich durchzuführen. Damit für den Fall einer eintretenden Katastrophe keine Zeit bei der Benennung der Einsatzleitung verloren geht, stellt die Gemeinde fest, welcher der geeigneten Stellen/Personen diese Aufgabe zuteil wird (Nr.7). Bei Eintritt des Katastrophenfalls ist diese Stelle/Person unmittelbar zu benennen und mit den notwendigen Befugnissen auszustatten. Die technische und auch personelle Ausstattung sind von der unteren Katastrophenschutzbehörde zur Verfügung zu stellen (Nr.8). Zur Vorbeugung von gegenseitigen Behinderungen und Doppelbesetzungen hat, da Katastrophen selten nur ein einzelnes Kreisgebiet betreffen, eine stete Abstimmung der Tätigkeiten, Kompetenzen und Potentiale in der Katastrophenvorbeugung sowie Bekämpfung mit den benachbarten Kreisen zu erfolgen (Nr.9).

Abs. 2
Die Öffnungsklausel des Absatzes 2 dient dazu, Gemeinden, die nicht kreisfrei sind und somit über keine eigene untere Katastrophenschutzbehörde verfügen, die jedoch aufgrund ihrer Größe, besonderen örtlichen Gefahrenpotentials oder vorhandener Katastrophenschutzstrukturen zur selbständigen Bewältigung der gesetzlich vorgesehenen Aufgaben in der Lage sind, dazu zu befähigen, diese Aufgaben wahrzunehmen, und somit am Einzelfall ausgerichtete Bewertungsmaßstäbe und differenzierte Ausnahmemöglichkeiten zu schaffen, um dem Subsidiaritätsprinzip im Einzelfall Geltung verleihen zu können und die Starrheit einer gesetzlichen Regelung dort durchbrechen zu können, wo es sinnvoll erscheint. Auf diese Weise können den Gemeinden auch dort Kompetenzen übertragen werden, wo es ihre Stärke und gegebenenfalls besondere Ausrichtung erlaubt. Dies könnte zum Beispiel auf die großen selbständigen Städte in Niedersachsen zutreffen.

Zu § 8 – Maßnahmen der oberen Katastrophenschutzbehörde
Abs. 1
Die Aufgaben der oberen Katastrophenschutzbehörde treten besonders in den Zusammenhang, in dem landesweite Regelungen notwendig erscheinen, das heißt also Angelegenheiten betroffen sind, die sich nur landesweit sinnvoll regeln lassen oder Großschadensereignisse bzw. Szenarien betreffen, von denen das ganze Land umfasst wird. An erster Stelle sind damit die naturgemäß der oberen Katastrophenschutzbehörde zuzuordnenden Tätigkeiten der Festlegung landesweit gültiger Alarmie-

rungs- und Warnsignale sowie Prüfnormen zu nennen (Nr. 2), jedoch auch die Erstellung landesweiter Gefahren- und Risikoanalysen mit der Festsetzung von Schutzzielen (Nr. 6), d.h. Benennung von Orten, an denen sich Gefahrenzentren ballen bzw. die Verknüpfung verschiedener Beteiligter notwendig erscheint, sowie die Entwicklung und beständige Aktualisierung von Bewältigungsstrategien möglicher Großschadensereignisse in Gefahren- und Einsatzplänen (Nr.7) und deren praktische Übung (Nr.8) sowie deren Abstimmung mit anderen Katastrophenschutzbehörden aber auch öffentlichen und privaten Hilfsorganisationen. Zugleich gehören mit den Nummern 1 und 4 jedoch auch Aufgaben zu ihrem Wirkungskreis, deren Betriebsaufwand sich nur landesweit rentiert, wie das Bereitstellen von Fort- und Weiterbildungseinrichtungen, die besonders in Hinblick auf kleinere Länder wie die Stadtstaaten in Kooperation mit angrenzenden Flächenländern gemeinschaftlich betrieben werden können, um ihre Auslastung sicherzustellen und so finanziell wertvolle Synergieeffekte zu erreichen, oder die im Rahmen der Nummer 1 die landesweite Zusammenarbeit mit anderen Einrichtungen, zur Bereitstellung von aufwändigen Gerätschaften oder speziellem Fachwissen, dessen Bereithalten eine untere Katastrophenschutzbehörde allein überfordern würde oder unausgelastete Kapazitätsgrenzen zur Folge hätte. Mit der Bildung des Katastrophenbeirats auf Landesebene (Nr.5) soll zugleich eine möglichst frühzeitige und vertrauensvolle Kooperation und Abstimmung aller am Katastrophenschutz Beteiligten erreicht werden, deren Beschlüsse und ergebnisorientierte Arbeit in die unteren Ebenen weitergeleitet und dort auf die besonderen örtlichen Gegebenheiten angepasst werden soll. Der Beirat findet seinen Zweck jedoch nicht nur in der möglichst effizienten Katastrophenbewältigung, die angesichts des Zusammentreffens aller an der Bewältigung des Großschadensereignisses beteiligten Protagonisten kurze Absprachewege gewährleistet, sondern auch als Medium zum Austausch in der Katastrophenprävention auf höchster Ebene, in dem wichtige grundsätzliche Entscheidungen nach gemeinsamer Absprache mit besonderem, vorhandenen Fachwissen getroffen werden können. Neu in der Aufgabenzuteilung ist die Nr.3, die die Errichtung eines Landeskatastrophenschutzinformationssystems (LKIZ) vorsieht. In dieser multimedialen Plattform sollen alle unteren und die obere Katastrophenschutzbehörde verbunden sein und in ständigem Austausch über vorhandene Katastrophenschutzkapazitäten stehen sowie Informationen über sich ereignende Schadenslagen in Echtzeit austauschen, um jederzeit einen genauen Überblick darüber zu haben, welche Einsatzkräfte für die Bewältigung einer Katastrophe zur Verfügung stehen bzw. wo Einsatzkräfte zur Bewältigung welchen Schadensereignisses benötigt werden. Jede Meldung, die im Rahmen des Dienstweges von deren oberen an die untere bzw. umgekehrt von der unteren an die obere Katastrophenschutzbehörde eingeht, ist auf dieser Informationsplattform jederzeit für die zuständigen Stellen im Land einsehbar, um einen ständigen Überblick über die Lage im Land zu haben und so ein landesweites, jederzeit aktuelles Lagebild zu haben. Zugleich soll das jeweilige LKIZ mit einer Plattform der BBK verbunden werden, um so auch ein immer aktuelles Bild über die bundesweite Lage zu besitzen. Dieses Medium ermöglicht es im Notfall die richtigen Einsatzkräfte, besonders auch in angemessener Zahl zu den richtigen Stellen zu entsenden und schafft ein permanentes, korrektes und jederzeit kurzfristig abrufbares Bild über die Einsatzfähigkeit von Hilfskräften. Auf diese Weise können im Notfall Reibungsverluste durch falsche Information oder aufwändige Rückbestätigungen vermieden werden, was wertvolle Einsatzzeit spart.

Abs. 2
Die zweite Öffnungsklausel in diesem Gesetz dient erneut insbesondere dazu, speziellen örtlichen Gegebenheit gerecht werden zu können und besondere Synergieeffekte zu erzielen. Im Gegensatz zu § 7 Abs. 2 ist nicht nur eine Überprüfung der Aufgabenverlagerung möglich, sondern auch, die Zusammenlegung von Zuständigkeitsbereichen oder Umschichtung von Aufgaben an Orte, an denen es sinnvoll erscheint. Dies spielt insbesondere auf die katastrophenschutzrechtliche Vereinigung kreisfreier Städte mit den sie umgebenden Landkreisen bzw. Zusammenfassung kleinerer Landkreise oder anderer großer Städte mit ihren Metropolregionen an, bei denen eine gemeinsame Bewältigung von Aufgaben des Katastrophenschutzes nicht nur sinnvoll erscheint, sondern auch Synergien verspricht. Zugleich ermöglicht die Norm jedoch auch die Übertragung von Aufgaben auf untergeordnete Stellen, sofern diese zu ihrer Bewältigung befähigt erscheinen. Nicht nur wird die gesetzliche Aufgabenverteilung hierdurch flexibilisiert und möglichen örtlichen Besonderheiten gegenüber aufgeschlossen, auch aus verfassungsrechtlichen Subsidiaritätsüberlegungen erscheint es erneut sinnvoll die Probleme dort, wo es möglich ist, nah an ihrer Wurzel mit regionalem Bezug lösen zu lassen.

Zu § 9 – Maßnahmen der Katastrophenschutzbehörde
Der §9 des Musterentwurfs regelt allgemeine Aspekte der Katastrophenbekämpfung und generelle Maßnahmen, welche die Katastrophenschutzbehörde im Ernstfall ergreifen kann. Mit Ausnahme des Absatzes drei des Paragraphen ist er als Generalklausel gegenüber den unter dem dritten Teil des Gesetzesentwurfes gefassten spezielleren und konkreteren Regelungen nachrangig.

Abs.1:
Absatz 1 des §9 verleiht der nach §5 zuständigen Katastrophenschutzbehörde die Befugnis, alle erforderlichen Maßnahmen zur Katastrophenabwehr zu ergreifen. Durch diese generalklauselartige Aufgabenübertragung erhält die Katastrophenschutzbehörde die Möglichkeit, der konkreten Situation angepasst flexibel auf die durch die Katastrophe entstehenden Herausforderungen zu reagieren. Dabei sind die Möglichkeiten der zuständigen Behörde streng durch die Voraussetzung der Erforderlichkeit beschränkt. Hierdurch wird sichergestellt, dass die Behörde nicht in der ihr verliehenen Allmacht jede Maßnahme ergreift, sondern sich in ihren Möglichkeiten auf das begrenzt sieht, was in der gegebenen Situation wirklich benötigt wird. Nach Satz 2 des Absatzes 1 sind

die Maßnahmen, die durch die Behörde ergriffen werden, aufeinander abzustimmen. Hierdurch wird gewährleistet, dass eine Katastrophenbekämpfung aus einer Hand und besonders koordiniert stattfindet, sodass möglichst wenig Reibungsverluste entstehen und zugleich ein guter Überblick über die ergriffenen Aktionen besteht. Hierdurch kann verhindert werden, dass Einsatzkräfte und Materialien durch Einsatzdoppelungen gebunden werden oder aber Krisenherde gar nicht von notwenigen und freien Kräften bedient werden.

Abs. 2:
Der Absatz 2 trifft in Konkretisierung des Absatzes 1 besondere Anordnungen, welche Maßnahmen von der Katastrophenschutzbehörde im Fall des Eintritts einer besonderen Schadenslage zu ergreifen sind. Die in Absatz zwei getroffenen Anordnungen sind dabei sowohl als Plan zur Bewältigung einer Katastrophe als auch als Konkretisierung der Möglichkeiten und Befugnisse der zuständigen Behörde zu sehen.
Gemäß Nr.1 des Absatzes sind insbesondere die in §2 Absatz 1 genannten Rechtsgüter Leib, Leben, lebensnotwenige Versorgung einer Vielzahl von Menschen, die Umwelt, Tiere und erheblich Sachwerte sowie sonstige bedeutende Rechtsgüter vorrangig vor den Folgen und Einwirkungen einer Katastrophe zu schützen. Hierdurch entsteht für die Katastrophenschutzbehörde auch die Verpflichtung bei der Bekämpfung eines Großschadensereignisses gemäß der Aufzählung der Rechtsgüter in der Nummer 1 Rettungsmaßnahmen einzuleiten und somit Prioritäten in der Abwehr zu setzen. Dies betrifft dabei sowohl den Schutz der Rechtsgüter vor den bevorstehenden Einwirkungen einer Katastrophe als auch die Abwehr bereits betroffener Rechtsgüter.
Nach der Nr. 2 des Absatzes 2 hat die Katastrophenschutzbehörde im Fall eines Großschadensereignisses qualifizierte Kräfte zur Katastrophenbekämpfung und Eindämmung bereitzustellen und anzuleiten, soweit diese geeignet und verfügbar sind. Die Behörde ist damit zuständig dafür sicherzustellen, dass die für die konkrete Katastrophe speziell ausgebildeten und ausgerüsteten Einheiten an den Ort des Schadensereignisses gelangen und dort entsprechend ihrer Fähigkeiten eine optimale Bekämpfung der Katastrophe sicherstellen. Hierdurch wird deutlich, dass der zuständigen Behörde die volle Koordination und Verteilung der zur Verfügung stehenden Kräfte obliegt, wobei auf die Prioritätssetzungen der Nummer 1 des Absatzes 2 Rücksicht zu nehmen ist. Sie hat damit Sorge zu tragen, die begrenzten zur Verfügung stehenden Ressourcen optimal auszunutzen und entsprechend ihrer Qualifikation gezielt einzusetzen.
Die Nr. 3 des Absatzes 2 ordnet ferner an, dass die zuständige Katastrophenschutzbehörde im Rahmen der Katastrophe erforderliche Hilfestellungen anzufordern. Dies umfasst sowohl die Beorderung von erforderlichen Gerätschaften als auch von notwendigen Personenkräften oder aber speziell ausgebildeter Einheiten sowie gegebenenfalls speziellen Wissens in Bezug auf die Bekämpfung einer besonderen Katastrophenlage, sofern diese nicht oder nicht in ausreichender Zahl vor Ort zur Verfügung stehen. Eine solche Anforderung kann dabei

sowohl an andere gleich geordnete oder aber an überge-ordnete Katastrophenschutzbehörden gerichtet werden.

Die Nr. 4 sieht vor, dass die zuständige Katastrophenschutzbehörde Auskunftsstellen zur Erfassung von Personen zum Zweck der Vermisstensuche und der Familienzusammenführung einrichtet, Dies betrifft insbesondere Katastrophenlagen von bestimmter Größe, von der somit eine Vielzahl von Personen betroffen ist oder aber die eine große Zahl an menschlichen Opfern gefordert hat. Durch die Einrichtung solcher Stellen soll die Personensuche leichter gestaltet werden, um schneller einen Überblick über die genauen Opferzahlen zu erhalten und gegebenenfalls getrennte Angehörige und Familien, eine möglichst schnelle Zusammenführung zu ermöglichen. Durch die detaillierte, geordnete und zentralisierte Erfassung von Personendaten sowie die damit verbundene Feststellung von toten und vermissten Personen können zudem die notwendigen realen wie juristischen Maßnahmen zur Suche der Vermissten oder Todeserklärung durch die Behörden und Angehörigen eingeleitet werden. Einen vergleichbaren Zweck verfolgt auch die Nr.5 des Absatzes 2, welche der Katastrophenschutzbehörde die Aufgabe zuweist, eine Sammlung von Schadensmeldungen zu veranlassen. Auch hierdurch wird eine bessere Übersicht darüber ermöglicht, welche Ausmaße das Großschadensereignis erreicht hat und welche Schäden vorliegen. Hierdurch wird für die Behörde möglich, den Umfang des Schadens und der Katastrophe besser einschätzen und eine umfassende Bewertung der Lage vornehmen zu können. Unter Schäden im Sinne der Nummer 5 fallen dabei nicht nur zivile Personen- und Sachschäden, sondern auch der während der Katastrophenbekämpfung bei den Einsatzkräften erlittener Verluste. Dadurch hat die Behörde einen dauerhaften Überblick darüber, welche Kräfte zur Abwehr des Großschadensereignisses zur Verfügung stehen oder wo die Einsatzkräfte besonders benötigt werden und kann so ihrer Aufgabe nach Absatz 2 Nr.2, die vorhandenen Kräfte optimal und zielgerichtet zur Eindämmung und Bekämpfung der Katastrophe einzusetzen, in bestmöglicher Weise nachkommen.

Die Nr.6 des Absatzes 2 sieht vor, dass die Katastrophenschutzbehörde die Versorgung der von der Katastrophe betroffenen Bevölkerung vorsieht. Dies umfasst sowohl die Planung aber auch die tatsächliche Versorgung der Menschen mit Lebensmitteln, Wasser und Hygieneartikeln wie –einrichtungen, um so die humanitären Folgen des Großschadensereignisses zu mildern und Unterversorgung ebenso wie eine Ausbreitung von Seuchen und Krankheiten als Folge der Katastrophe zu verhindern. Um eine lückenlose und gleichmäßige Planung und Versorgung sicherzustellen, kann nur eine zentrale Verteilung und Organisation im Katastrophenfall eine bestmögliche und schnelle Versorgung ohne Reibungsverluste sicherstellen.

Abs. 3:

Die Regelung des Absatzes 3 nimmt Bezug auf die Nr. 4 des Absatzes 2. Satz 1 sieht dabei vor, die in Nr. 4 übertragene Aufgabe der Einrichtung von Auskunftsstellen zur Erfassung von Personen zum Zweck der Vermisstensuche, soweit dies möglich ist, dem Suchdienst des deut-

schen Roten Kreuzes zu übertragen. Dies liegt darin begründet, dass das Rote Kreuz nicht nur über langjährige Erfahrung im Bereich der Vermisstensuche und Familienzusammenführung verfügt, sondern auch in Besitz der hierfür erforderlichen Mittel und Infrastrukturen ist, welche die Katastrophenschutzbehörden erst erwerben müssten. Ein solcher Aufwand erscheint jedoch angesichts der geringen Frequenz, in welcher Großschadensereignisses auftreten, nicht angemessen, sodass diese Aufgabe an eine entsprechend ausgebildete und ausgerüstete externe Einrichtung vergeben werden soll. Nur dort, wo der Suchdienst des Deutschen Roten Kreuzes diese Aufgabe nicht übernehmen kann, eine Einschaltung des Suchdienstes aufgrund der geringen Größe der Katastrophe nicht notwendig und gerechtfertigt erscheint oder aber die Katastrophenschutzbehörde über ausreichende Mittel und Erfahrung in der Durchführung des Dienstes verfügt, kann von der Empfehlung des Absatzes 3 Satz 1 abgesehen werden. Im Fall der Übernahme der Aufgabe durch den Suchdienst, sind die entsprechenden Kernzahlen von Opfern und Vermissten jedoch an die zuständige Katastrophenschutzbehörde weiterzuleiten. Da es angesichts der größeren Wahrscheinlichkeit örtlich begrenzter Katastrophen verhältnismäßig häufig der Fall sein wird, dass die Katastrophenschutzbehörde selbst die Einrichtung und Durchführung der Auskunftsstellen übernimmt, ist die Vorschrift als Möglichkeit und nicht als Verpflichtung in Form einer „Sollbestimmung" und nicht als „Istbestimmung" ausgestaltet worden.

Satz 2 des Absatzes 3 befasst sich in Konkretisierung des Satzes 1 mit dem Verfahren der im Rahmen der von den Auskunftsstellen erfassten Daten zur Personensuche und Familienzusammenführung nach Beendigung der Suchtätigkeit. Sie verbietet die Verwendung zu anderen Zwecken als zu eben dem der Personensuche und Familienzusammenführung und gilt sowohl für den Fall, dass diese Aufgabe durch den Suchdienst des Deutschen Roten Kreuzes übernommen wurde als auch für die Wahrnehmung der Aufgabe durch die zuständige Katastrophenschutzbehörde. Unter das vollständige Verwertungsverbot der Daten zu einem anderen Zweck als dem der Personensuche und Familienzusammenführung fällt jedoch nicht die anonymisierte Erfassung zur statistischen Auswertung der Tätigkeiten der Verantwortlichen in diesem Bereich im Rahmen der Katastrophennachsorge und –nachbereitung. So dürfen die Verantwortlichen Statistiken darüber erstellen, wie viele Personen durch die Tätigkeit der Auskunftsstellen vermittelt werden konnten, wie hoch die Vermisstenzahl ist und wie viele Tote durch die Katastrophe zu beklagen sind.

Der letzte Satz 3 des Absatzes 3 verlangt dann, dass die Daten nach ihrer Verwendung und sobald sie für den Zweck der Personensuche oder Familienzusammenführung nicht mehr benötigt werden, zu löschen sind. Eine längerfristige Aufbewahrung oder aber Weiterverwendung zu anderen Zwecken als der Personensuche, dürfen die Daten nicht verwendet oder erhalten werden, um so die informationelle Selbstbestimmung der betroffenen Personen zu achten und einem möglichen Missbrauch der Daten vorzubeugen.

Zu § 10 – Nachsorge

Die Gefahren, welche von einer Katastrophe ausgehen, sind gerade, wenn in einen schweren Unglücksfall chemische oder andere gefährliche Stoffe involviert waren, aber auch, wenn Gebäudestrukturen beschädigt oder zerstört wurden, nicht mit der Abwendung der unmittelbaren Gefahr gebannt. Um negative Nachwirkungen einer Katastrophe für Mensch und Umwelt zu verhindern, müssen alle erforderlichen Maßnahmen durch die für die Bewältigung der Katastrophe zuständige Behörde getroffen werden, die von den Folgen, Überresten oder Auswirkungen der Katastrophe ausgehenden Gefahren auch nach Bewältigung des Unglücksfalls zu bannen und die von der Katastrophe bzw. der Katastrophenstelle auch nachträglich ausgehenden Gefahren und Risiken wirkungsvoll auf ein Minimum beschränken. Hierdurch soll verhindert werden, dass sich sowohl aus vernachlässigten Spätfolgen eines Unglücks eine weitere Katastrophe entwickelt, als auch dass sich unterhalb der Kategorisierung als Katastrophe negative Konsequenzen für Umwelt, Mensch, Gesellschaft oder Rechtsgüter ergeben. Zur Nachsorge gehört ferner, dass während oder durch die bewältigte Katastrophe verbrauchte Güter und Ressourcen unmittelbar wieder so aufgestockt werden, dass sich bei dem Ereignen einer Katastrophe in unmittelbarer Folge keine Versorgungsengpässe oder sonstige Nachteile für deren Bewältigung ergeben können.

Zu § 11 – Nachbereitung
Abs. 1
Der Absatz 1 des § 11 sieht vor, dass nach Abwendung der Katastrophe unter Einbeziehung der an der Bewältigung des Geschehens Mitwirkenden eine Nachbereitung des Einsatzablaufes, der ergriffenen Maßnahmen und ihrer Bewältigung durchzuführen ist. Diese Maßnahme dient dem Ziel, die Erfahrungen, welche die Aktiven in ihrem Einsatz gesammelt haben, für die zukünftige Katastrophenprävention sowie –Bekämpfung brauchbar zu machen. Hierdurch bietet sich nicht nur die Möglichkeit. aus den Fehlern zu lernen, sondern auch Auskunft darüber zu erhalten, an welchen Stellen der Katastrophenschutz bzw. die Katastrophenbewältigung verbessert werden kann. Das Abhalten eines solchen Austausches ermöglicht es, Abläufe durch die Erfahrungen der an ihnen Beteiligten deutlich zu verbessern und so Reibungsverluste weiter zu dezimieren. Zugleich kann dadurch die Sicherheit der Einsatzkräfte verbessert und in geeignetem Umfeld auf besondere Gefahren und mögliche Sorgen der Beteiligten hingewiesen werden. Durch die Nachbereitung des Einsatzes gesammelte Erfahrungen sollen im Anschluss zur Verbesserung der Einsatzqualität genutzt werden und in die Pläne der unteren wie oberen Katastrophenschutzbehörden einfließen.
Abs. 2
Der Absatz 2 der Norm stellt einen Sonderfall der Nachbereitung dar, der auch mögliche Fehler der Einsatzkräfte oder Verantwortungsträger aufdecken und sie in geeignetem Maße zur Verantwortung ziehen soll. Durch die gesteigerten Einsatzmöglichkeiten und Befugnisse während eines Großschadensereignisses, infolgedessen mitunter wesentliche demokratische Grundsätze und Kontrollmechanismen eingeschränkt sind, besteht die Gefahr, das Befugnisse überdehnt oder ausgenutzt wer-

den und einzelne Bürger oder ganze Gruppen in ihren Rechten verletzt worden sein könnten. Eine solche Verletzung darf auch in Gefahrensituationen in einer Demokratie nicht ohne Nachspiel bleiben bzw. die erweiterten Befugnisse müssen zumindest nachträglich nachvollziehbar überprüfbar sein. Diese Möglichkeit eröffnet der Absatz 2 des § 9. Durch die Thematisierung des Großschadenereignisses unter besonderer Einbindung der Bürger wird ein öffentliches Forum geboten, in dem auf Rechtsverletzung aufmerksam gemacht werden kann und auch Fehler der Organisation oder in der Durchführung öffentlich und wirksam evaluiert werden können. Je nach Ausmaß des Schadensereignisses muss eine solche Aussprache entweder in den Kommunalvertretungen der Bürger oder aber in ihrer Vertretung auf Landesebene stattfinden. Die Verantwortungsträger der Institution, wie Minister oder Räte sind anschließend dazu aufgefordert, die entsprechenden personellen oder institutionellen Konsequenzen aus einem möglichen Fehlverhalten oder einer Fehlplanung zu ziehen, um zukünftig ähnliche Fehler zu vermeiden und auch in Situationen eines Großschadensereignisses demokratischen Grundsätzen unseres Staates zu Wirkung zu verhelfen. Unberührt hiervon bleibt selbstverständlich der Rechtsweg, welcher dem persönlichen Schadensausgleich eines Betroffenen diesen soll. Das Instrumentarium der Nachsorge in den Bürgervertretungen dient somit vielmehr dazu, die demokratische Verantwortung des Staates auch in Notsituationen zu betonen, sowie ein wirksames, öffentliches Podium bei Rechtsverletzungen zu bieten und ebenso entsprechende politische Konsequenzen ziehen zu können, die sich aus dem Austausch mit den von dem Großschadensereignis betroffenen Bürgern ergeben.

3. Teil: Katastrophenbekämpfung

Zu § 12 - Katastrophenalarm
§ 12 regelt die Feststellung des Katastrophenfalls sowie das Auslösen und das Aufheben des Katastrophenalarms. In mehreren Landesgesetzen werden Auslösung und Aufhebung des Katastrophenalarms in jeweils eigenen Paragraphen geregelt (vgl. z.B. § 18 und § 23 LKatSG von Baden-Württemberg). Aus Gründen der Übersichtlichkeit und Klarheit wurden die Vorschriften zum Katastrophenalarm hier in einem Paragraphen zusammengefasst.

Abs. 1
Während die Feststellung des Katastrophenfalls in allen derzeit bestehenden Landesgesetzen geregelt ist, wird nicht in allen explizit auf den Katastrophenalarm eingegangen. Jedoch ist an die Regelung zur Feststellung des Katastrophenfalls oft eine Verpflichtung zur Bekanntgabe an die Öffentlichkeit geknüpft. Da der Begriff ,Katastrophenalarm' im allgemeinen Sprachgebrauch aber bereits die öffentliche Bekanntgabe des Katastrophenfalls umfasst, kann im Gesetz auf weitere Anweisungen zur Bekanntgabe (wie z.B. in § 34 S.1 HBKG) verzichtet werden. Darüber hinaus ist es sinnvoll, in Verordnungen die Art und Weise der Bekanntgabe des Katastrophenfalls zu konkretisieren. So kann z.B. festgelegt werden, über welche Medien die Bekanntgabe erfolgen soll.

Da die Zuständigkeit bereits unter ‚Organisation und Aufgaben des Katastrophenschutzes' in diesem Gesetz festgelegt ist, wird hier lediglich noch auf die ‚zuständige Katastrophenschutzbehörde' verwiesen. Dies ist gemäß § 5 Abs. 1 in der Regel die untere Katastrophenschutzbehörde. Wenn Gefahren für das Gebiet mehrerer unterer Katastrophenschutzbehörden bestehen und hierfür zentral organisierte Maßnahmen erforderlich sind, greift jedoch § 5 Abs. 2, wonach die oberen Katastrophenschutzbehörden zuständig sind.

In Abhängigkeit der in diesem Gesetz gewählten Definition des Begriffs ‚Katastrophe' verfügt die zuständige Katastrophenschutzbehörde über einen mehr oder weniger umfangreichen Beurteilungsspielraum bei ihrer Entscheidung über das Vorliegen einer Katastrophe.

Derzeit ist nicht in allen bestehenden Landesgesetzen zum Katastrophenschutz explizit geregelt, dass andere Katastrophenschutzbehörden über den Katastrophenfall benachrichtigt werden müssen. Eine unverzügliche Unterrichtung der oberen Katastrophenschutzbehörde und, soweit erforderlich, auch der benachbarten Katastrophenschutzbehörden erscheint jedoch insbesondere in Fällen sinnvoll, in denen eine rasche Ausbreitung der Katastrophe zu erwarten ist, damit diese rechtzeitig vorbereitende Maßnahmen treffen können.

Abs. 2
Insbesondere bei sich graduell entwickelnden, zeitlich absehbaren Katastrophen (wie z.B. Hochwasser) ist es nötig, frühzeitig Katastrophenbekämpfungsmaßnahmen einleiten zu können, um so im besten Fall der Eintritt des Katastrophenfalles gänzlich zu verhindern. Jedenfalls soll auf diese Weise das Ausmaß der durch die Katastrophe ausgelösten Schäden begrenzt werden. Der Katastrophenalarm kann deshalb auch ausgelöst werden, wenn noch kein Katastrophenfall vorliegt, jedoch tatsächliche Anhaltspunkte für die Annahme bestehen, dass eine Katastrophe eintreten kann. Hierbei handelt es sich um eine Ermessensentscheidung der zuständigen Behörde, die in den bestehenden Landesgesetzen teilweise als ‚Katastrophenvoralarm' entsprechend geregelt ist (vgl. § 22 LKatSG Baden-Württemberg).

Bezüglich der an den Katastrophenalarm anknüpfenden Rechtsfolgen bestehen bei dieser Regelung keine Unterschiede zu einem nach Abs. 1 ausgelösten Katastrophenalarm. Dies hat den Vorteil das frühzeitig auf umfängliche Ressourcen (vgl. z.B. den Abschnitt ‚Hilfs- und Leistungspflichten der Bevölkerung') zur Bekämpfung der Katastrophe zugegriffen werden kann. Es besteht jedoch auch das Risiko einer übermäßigen Inanspruchnahme dieser Ressourcen.

Abs. 3
Liegen die Voraussetzungen einer Katastrophe nicht mehr vor, muss die zuständige Katastrophenbehörde nach § 12 Abs. 3 den Katastrophenalarm wieder aufheben, um eindeutig klarzustellen, dass nun die an den Katastrophenalarm anknüpfenden Vorschriften keine Anwendung mehr finden.

Zu § 13 – Zentrale Einsatzleitung
Abs. 1
In den gegenwärtig bestehenden Landesgesetzen zum Katastrophenschutz ist stets die zuständige Katastrophenschutzbehörde für die Leitung des Katastrophenbekämpfungseinsatzes verantwortlich, auch wenn ihre Weisungsbefugnisse unterschiedlich geregelt sind. Durch die Konzentration der Einsatzleitung bei der zuständigen Katastrophenschutzbehörde kann von vornherein ein Kompetenzchaos vermieden und die Katastrophenbekämpfung wirkungsvoll gestaltet werden. Aus den gleichen Gründen erscheint es auch zweckmäßig, ihr für die Dauer der Katastrophenbekämpfung ein umfassendes Weisungsrecht zuzugestehen. Im Gesetzestext wurde auf die Lösung möglicher Konflikte bei der Ausübung des Weisungsrechts bewusst verzichtet, da eine Lösung solcher Konflikte während der Katastrophenbekämpfung kaum möglich und im Nachhinein nicht mehr sinnvoll ist. Vielmehr muss die Katastrophenschutzbehörde sicherstellen, dass alle Weisungen und die damit einhergehenden Maßnahmen aufeinander abgestimmt sind. Die Ortspolizeibehörden müssen von der Katastrophenschutzbehörde an der Katastrophenbekämpfung beteiligt werden, da sie über detaillierte Ortskenntnisse verfügen und somit zu einem effektiven Katastrophenbekämpfungseinsatz beitragen können.

Abs. 2
Alle Mitwirkenden im Katastrophenschutz sind im Katastrophenfall verpflichtet, den Weisungen der Katastrophenschutzbehörde Folge zu leisten, um den Erfolg eines Katastrophenbekämpfungseinsatzes zu gewährleisten. Wer zu den Mitwirkenden im Katastrophenschutz zählt, ist in § 6 geregelt.

Abs. 3
Die Person, die von der Katastrophenschutzbehörde dazu bestimmt wird, den Bekämpfungseinsatz vor Ort zu leiten, wird in den Landesgesetzen zum Katastrophenschutz teils als ‚örtlicher Einsatzleiter' (z.B. in Art. 6 BayKSG) und teils als ‚technischer Einsatzleiter' (z.B. in § 41 HBKG) bezeichnet. In diesem Gesetz wurde der Begriff ‚örtlicher Einsatzleiter' gewählt, da hieraus bereits auf sein Zuständigkeitsgebiet, insbesondere in Abgrenzung zur zentralen Einsatzleitung, geschlossen werden kann. Näheres zur örtlichen Einsatzleitung ist in § 14 geregelt.

Zu § 14 – Örtliche Einsatzleitung
Abs. 1
Zur Sicherstellung eines effektiven und effizienten Katastrophenbekämpfungseinsatzes muss auch der örtliche Einsatzleiter bei der Leitung sämtlicher Katastrophenbekämpfungsmaßnahmen den Weisungen der Katastrophenschutzbehörde unterstehen. Aus den gleichen Gründen kann er selbst ebenfalls Weisungen an die ihm unterstellten Personen erteilen. Diesbezüglich stimmen die bestehenden Regelungen weitgehend überein.

Die Weisungen, die der örtliche Einsatzleiter den vor Ort eingesetzten Kräften erteilt, dürfen nicht im Widerspruch zu den Weisungen der Katastrophenschutzbehörde stehen.

Abs. 2

Der örtliche Einsatzleiter hat die Aufgabe, zu seiner Unterstützung einen Katastrophenschutzstab bilden. Dieser Begriff wurde in Anlehnung an § 19 LKatSG Baden-Württemberg gewählt und ist mit dem ‚gemeinsamen technischen Einsatzstab' des § 41 HBKG vergleichbar.

Der Katastrophenschutzstab soll sich aus ‚fachlich geeigneten Personen' zusammensetzen. Der Kreis der Personen, die für den Katastrophenschutzstab in Frage kommen, wurde mit dieser Formulierung bewusst weit gefasst, um es dem örtlichen Einsatzleiter zu ermöglichen, den Katastrophenschutzstab je nach Art und Bedarf der jeweiligen Katastrophe zusammenzustellen.

Abs. 3

Diese Regelung soll gewährleisten, dass auch vor der Bestellung des örtlichen Einsatzleiters durch die Katastrophenschutzbehörde die Leitung und Durchführung erster Katastrophenbekämpfungsmaßnahmen vor Ort sichergestellt ist. Für diese vorübergehende örtliche Einsatzleitung ist die am Einsatzort ranghöchste Führungsperson einer Einheit oder Einrichtung des Katastrophenschutzdienstes zuständig. Sobald eine im Rang höher gestellte Führungsperson einer Einheit oder Einrichtung des Katastrophenschutzdienstes am Einsatzort eintrifft, geht die vorübergehende Einsatzleitung vor Ort auf diese über.

Der Rang der Führungspersonen wird hier als Kriterium gewählt, weil angenommen wird, dass dieser ebenfalls mit einer höheren Qualifikation einhergeht und diese Person somit besser geeignet ist den Einsatz zu leiten. Zudem gewährleistet das Kriterium des Ranges eine objektive und zeitlich relativ schnell durchführbare Auswahl der zuständigen Person und ist deshalb einer Formulierung wie in § 20 des LKatSG Baden-Württemberg (‚der zuerst am Einsatzort eingetroffene Führer einer Einheit oder Einrichtung des Katastrophenschutzdienstes') vorzuziehen.

Zu § 15 – Nachbarschaftshilfe und überörtliche Hilfe
Abs. 1

Die Nachbarschaftshilfe umfasst die Unterstützung der zuständigen Katastrophenschutzbehörde durch benachbarte Katastrophenschutzbehörden. Sie ist bisher nicht in allen bestehenden Ländergesetzen geregelt, obwohl sie im Katastrophenfall regelmäßig zur schnellen und erfolgreichen Bekämpfung notwendig ist. Bezüglich der Nachbarschaftshilfe bedarf es daher einer klaren und unkomplizierten Regelung, weshalb hier auf die Einschaltung der oberen Katastrophenschutzbehörden verzichtet wird. Vielmehr kann die zuständige Katastrophenschutzbehörde selbst ihre benachbarten Katastrophenschutzbehörden direkt zur Hilfeleistung verpflichten. Dies ermöglicht ein zügiges Vorgehen bei der Katastrophenbekämpfung.

Abs. 2

Bei der Katastrophenbekämpfung ist vorrangig die Nachbarschaftshilfe in Anspruch zu nehmen, da diese aus praktischen Gründen (Anfahrtsweg, Kosten, Orts-

kenntnisse, etc.) am geeignetsten erscheint. Lediglich nachrangig kann überörtliche Hilfe hinzugezogen werden. Unter überörtlicher Hilfe versteht man die Unterstützung durch Katastrophenschutzbehörden, deren Zuständigkeitsgebiet nicht direkt an das der betroffenen Katastrophenschutzbehörde grenzt. Die Initiative zur Hinzuziehung von überörtlicher Hilfe geht ebenfalls von der zuständigen Katastrophenbehörde aus, da diese in der Regel am besten über das Ausmaß der Katastrophe und die bereits ergriffenen Maßnahmen zu ihrer Bekämpfung informiert ist. Über die tatsächliche Umsetzung überörtlicher Hilfe sollte jedoch letztlich die obere Katastrophenschutzbehörde entscheiden, da diese in der Regel einen besseren Überblick über die überregionale Situation und insgesamt vorhandene Kapazitäten besitzt.

Ordnet die obere Katastrophenschutzbehörde überörtliche Hilfeleistung an, so müssen die Einheiten und Einrichtungen des Katastrophenschutzdienstes sowie verfügbare Kräfte der Träger der Katastrophenhilfe dieser Anordnung Folge leisten. Damit eigene Aufgaben und Einsätze dieser Einheiten und Kräfte durch die überörtliche Hilfeleistung nicht beeinträchtigt werden, besteht die Möglichkeit der Anordnung in dringenden Fällen nicht oder nur im begrenzten Ausmaß nachzukommen.

Abs. 3

Einsätze außerhalb des Landes dürfen generell nur mit Zustimmung der oberen Katastrophenschutzbehörde angeordnet werden, sofern der Einsatz nicht in Erfüllung einer Pflicht zur Hilfeleistung im benachbarten Ausland durchzuführen ist. Diese Zustimmung wird jedoch nicht in allen Fällen schnell genug erteilt werden können, um noch rechtzeitig eine angemessene Katastrophenbekämpfung sicherstellen zu können. Deshalb erscheint eine Ausnahmeregelung für dringende Fälle, in denen sofortige Hilfeleistung geboten erscheint, notwendig.

Abs. 4

Die Unterstellung der eingesetzten Kräfte unter die jeweilige Katastrophenschutzbehörde soll durch eine eindeutige Weisungsgebundenheit und klare Strukturen zu einer effizienteren Katastrophenbekämpfung beitragen.

4. Teil: Helfer im Katastrophenschutz

Zu § 16 – Helfer im Katastrophenschutz

§ 16 dient der Bestimmung der wichtigsten Begrifflichkeit des nachfolgenden Abschnitts, des Terminus „Helfer im Katastrophenfall". Dieser soll über Absatz 1 streng von den beruflich im Katastrophenschutz tätigen Personen abgegrenzt werden, auf die die nachfolgenden Regelungen gemäß Absatz 2 nur anwendbar sind, sofern das jeweilige Arbeits- oder Dienstverhältnis keine entsprechenden Schutzvorschriften enthält. Absatz 2 lässt sich durch die geringere Schutzwürdigkeit begründen, die sich für die fest angestellten Helfer aufgrund der bereits aus dem Arbeitsverhältnis hervorgehenden Rechte ergibt. Gemäß Absatz 3 können auch Wehrpflichtige und Zivildienstleistende den Helfern im Katastrophenschutz gleichgestellt werden, sofern es an anderweitigen gesetzlichen Regelungen fehlt.

Da § 16 die Funktion erfüllen soll, den Helferbegriff möglichst scharf zu umreißen, liefert Absatz 4 in Abgrenzung hierzu bereits die Definition des Spontanhelfers, also solcher Personen, die mangels Verpflichtung dennoch im Katastrophenfall helfend tätig werden. Die für die Spontanhelfer anwendbare Norm bildet § 26.

Zu § 17 – Pflichten
§ 17 umschreibt die mit der Stellung als „Helfer im Katastrophenschutz" einhergehenden Pflichten. Diese umfassen insbesondere die Teilnahme an Katastrophenübungen und Katastropheneinsätzen (sofern diese tatsächlich stattfinden). Absatz 2 regelt die gegenüber dem Arbeitgeber bzw. Dienstherrn bestehenden Pflichten.

Damit der Helfer seinen Verpflichtungen aus Absatz 2 gerecht werden kann, schreibt Satz 3 des ersten Absatzes vor, dass der Träger der Katastrophenschutzeinheit ihn rechtzeitig von geplanten Aus- und Fortbildungen zu unterrichten hat. 40 Stunden an Aus- und Fortbildung pro Jahr wird in Anbetracht der im Ernstfall der Helferposition zukommenden Wichtigkeit als notwendig erachtet.

Die in Absatz 2 statuierte Informationspflicht zielt insbesondere darauf, dem Arbeits- oder Dienstherrn des „Helfers im Katastrophenschutz" Planungssicherheit zu verschaffen. Er soll zum einen darüber informiert sein, welcher seiner Arbeitnehmer grundsätzlich als Katastrophenschutzhelfer tätig ist und deshalb in regelmäßigen Abständen auch während der Arbeitszeit abwesend sein wird. Zum anderen sollen ihm die konkreten Daten der Aus- und Fortbildungen des einzelnen Helfers zugänglich gemacht werden, damit er sich, sofern nötig, möglichst frühzeitig um Aushilfs- oder Vertretungskräfte bemühen kann.

Zu § 18 – Rechtsverhältnis
§ 18 kommt die Feststellungsfunktion zu, dass die Rechte und Pflichten des Helfers nur in Verhältnis zu demjenigen Träger bestehen, gegenüber dem er sich zum Katastrophenschutzdienst verpflichtet hat. Dies bedeutet insbesondere, dass Träger nicht auf ihnen überhaupt nicht verpflichtete Helfer zugreifen können, sofern nicht das explizite Einverständnis (zumindest) der Helfer vorliegt. Umgekehrt folgt hieraus jedoch auch, dass sich Helfer bei der Realisierung ihnen zustehender Ansprüche nur an ihren eigenen Träger wenden können.

Zu § 19 – Auswirkungen der Helferstellung auf laufendes Beschäftigungsverhältnis
§ 19 soll gewährleisten, dass den „Helfern im Katastrophenschutz" keine Nachteile beruflicher Art aus ihrer Helfertätigkeit erwachsen. Insbesondere hierauf fußende Kündigungen sollen ausgeschlossen werden. Gemäß Absatz 2 sind sie grundsätzlich für Aus- und Fortbildungen sowie Katastropheneinsätze von ihrer Arbeit freizustellen. Die Formulierung „zwingende öffentliche oder betriebliche Interessen" im zweiten Satz des zweiten Absatzes, bei deren Vorliegen eine Freistellungen durch den Dienstherrn oder Arbeitgeber abgelehnt werden kann, impliziert bei ihrer Anwendung in jedem Fall eine

Interessenabwägung zwischen dem öffentlichen Interesse der Teilnahme des Helfers an der jeweiligen Aus-/Fortbildung bzw. dem jeweiligen Einsatz und dem Schaden, den Dienstherr/Arbeitgeber durch die Abwesenheit des Helfers erleiden würden. Grundsätzlich sind dabei aufgrund der im Ernstfall überragenden Wichtigkeit der Helferstellung hohe Anforderungen an die Interessen von Dienstherr/Arbeitsgeber zu stellen. Mögliche „zwingende Interessen" wären beispielsweise in der Bedrohung der wirtschaftlichen Existenz des Arbeitgebers zu sehen, die sich aufgrund des Freistellens des Helfers ergeben oder verschärfen würde. Bei der Abwägung soll die unterschiedliche Wichtigkeit von Aus-/Fortbildung und tatsächlichem Katastropheneinsatz Berücksichtigung finden.

Zu § 20 – Lohnfortzahlung, Verdienstausfall
§ 20 richtet sich primär an den jeweiligen Arbeitgeber oder Dienstherrn des Helfers und schreibt fest, dass diesem eine Entschädigung für die Leistungen, die er dem Helfer auch während der Ausübung von dessen Helfertätigkeit fortzugewähren hat, zusteht. Anspruchsgegner ist, je nach Art des Einsatzes, gemäß Absatz 1 der Träger oder die anordnende Behörde. Hintergedanke der Regelung des Absatz 1 ist es, dass es unbillig wäre, dem Arbeitgeber die Kosten für die im Interesse der Öffentlichkeit ausgeübte Helfertätigkeit aufzubürden. Für solche „Helfer im Katastrophenschutz", die in keinem Angestelltenverhältnis stehen, gelten die Absätze 2 und 3. Um die Attraktivität der Helferposition zu gewährleisten, soll auch dieser Gruppe die Möglichkeit gegeben werden, sich möglichst ohne finanzielle Risiken zu engagieren. Für Selbstständige gilt Absatz 2, für Sozialleistungsempfänger Absatz 3. Die Erstattungspflicht bei Selbstständigen kann jedoch nach Satz 2 des zweiten Absatzes durch Rechtsverordnung begrenzt werden. Dies scheint aufgrund von sich teils hinter der Selbstständigkeit verbergenden hohen finanziellen Risiken in Anbetracht des Gemeinwohls geboten.

Zu § 21 – Ersatz von Auslagen, Aufwandsentschädigung
§ 21 normiert das den Helfern unmittelbar zustehende Recht auf Ersatz von Auslagen, die im Dienst entstanden sind. Als „notwendig" sind die Ausgaben dann anzusehen, wenn sie für die Teilnahme an der Aus-/Fortbildung oder dem Einsatz üblicherweise entstehen. Nicht hierunter fallen hingegen offensichtlich unverhältnismäßige Aufwendungen.
Um die Attraktivität der Helferposition zu steigern, ermöglicht Absatz 2 darüber hinaus die Zahlung einer Aufwandsentschädigung insbesondere an diejenigen Helfer, die überdurchschnittlich stark im Katastrophenschutz engagiert sind.

Zu § 22 – Sachschäden von Helfern
§ 22 verfolgt das Ziel, Sachschäden, die Helfer in Ausübung ihrer Tätigkeit entstehen, aus Billigkeitsgründen auf die öffentliche Hand zu übertragen. Nicht umfasst werden hiervon jedoch Sachschäden, die durch grob fahrlässiges oder vorsätzliches Handeln des Helfers ver-

ursacht worden sind. Sofern dem Geschädigten Schadensersatzansprüche gegen Dritte zustehen, gehen diese gemäß Absatz 1, Satz 4 auf den jeweiligen Träger über. Absatz 2 schreibt fest, dass die Grundsätze des Absatzes 1 auch für Fälle gelten, in denen sich der Katastrophenhelfer eines Kraftfahrzeuges eines Dritten bemächtigen muss, um seine Aufgaben effektiv erfüllen zu können. Wann eine solche Situation gegeben ist, liegt dabei grundsätzlich im Ermessensspielraum des Helfers, wobei jedoch hiervon solche Fälle nicht erfasst werden, in denen es offensichtlich ist, dass auch ohne den Gebrauch des fremden Kraftfahrzeuges die Katastrophe hätte abgewendet werden können.

Zu § 23 – Personenschäden von Helfern

§ 23 bildet die Parallelvorschriften zu § 7 für Personenschäden, die dem Helfer in Ausübung seiner Tätigkeit entstehen. Hierbei gilt das Siebte Buch Sozialgesetzbuch gemäß Absatz 1 in entsprechender Anwendung. Diese entsprechende Anwendung umfasst dabei insbesondere auch die §§ 63 ff. SGB 7, die bei Fragen bezüglich der Leistungen für die Hinterbliebenen eines im Einsatz oder infolge eines Einsatzes verstorbenen Helfers einschlägig sind.

Absatz 2 kommt im Gefüge von § 23 rein deklaratorische Wirkung zu, soll jedoch die Wichtigkeit psychologischer Nachbetreuung unterstreichen.

Zu § 24 – Schäden durch Helfer

Auch für Schäden, die der Helfer in Ausübung seiner Tätigkeit Dritten zufügt, soll der Helfer grundsätzlich nicht haften. Dies soll insbesondere verhindern, dass der Helfer im Katastrophenfall riskante, jedoch notwendige Entscheidung meidet, um eventuell folgende Schadensersatzzahlungen gar nicht erst entstehen zu lassen. Aus diesem Grunde sind bei den durch den Helfer verursachten Schäden die Grundsätze der Amtshaftung entsprechend anzuwenden.

Zu § 25 – Bescheinigungspflicht

§ 25 schreibt die Pflicht des Trägers der Katastrophenschutzeinheit fest, die für den Helfer notwendigen Bescheinigungen zu erstellen. Dass diese Pflicht gesetzlich normiert wird, begründet sich besonders mit der Wichtigkeit, die einer entsprechenden Bescheinigung (zum Beispiel in § 17) zukommt.

Zu § 26 – Spontanhelfer

Definiert § 16 Abs. 4 den Begriff des Spontanhelfers, erläutert § 26, welche Regeln auf ihn anzuwenden sind. Eine entsprechende Anwendung findet demnach für die Paragraphen 4 bis 10 statt. Um jedoch zu verhindern, dass sich Spontanhelfer aufdrängen (etwa um von den in diesem Abschnitt normierten Rechten und Pflichten eines Helfers zu profitieren), macht § 26 die entsprechende Anwendung von der Zustimmung, also der vorherigen Einwilligung oder der nachträglichen Genehmigung, des jeweiligen Einsatzleiters abhängig.

5. Teil: Hilfs- und Leistungspflichten

Zu § 27 – Hilfspflichten der Bevölkerung

Im Bereich der Hilfs- und Leistungspflichten bieten die bestehenden Regelungen nicht nur Gelegenheit zu wesentlichen Harmonisierungen, sondern lassen auch rechtstaatliche und rechtstechnische Neuerungen – stets vor dem Hintergrund der Praxisberichte – erforderlich scheinen. Das vorliegende Mustergesetz trägt dem durch klare Rechtsgrundlagen Rechnung.

§ 27 regelt die Inanspruchnahme natürlicher und juristischer Personen zu Hilfsleistungen in der Katastrophenbekämpfung und unmittelbaren Katastrophennachsorge. Sie tritt neben die spezielleren Duldungspflichten zur Inanspruchnahme von Sachen in §§ 28 und 29. Alle bestehenden Landesgesetze sehen derzeit eine allgemeine Hilfspflicht im Katastrophenfall vor, deren präzise Ausgestaltung bezüglich mehrerer Aspekte jedoch Verschiedenheiten aufweist. Die Hilfspflicht trifft nicht nur Einwohner der betroffenen Gemeinde, sondern auch Besucher und Personen außerhalb des Katastrophengebiets. Aus dem Verhältnismäßigkeitsgrundsatz ergibt sich, dass § 27 erst dann herangezogen werden dürfte, wenn freiwillige Helfer nicht ausreichend zur Verfügung stehen. Auf Basis eines Rechtsvergleichs der Landesgesetze und im Sinne einer Harmonisierung der Regelungen legt der Entwurf eines Mustergesetzes ein besonderes Augenmerk auf die derzeit divergierenden Aspekte der Vorschriften.

a) Altersmäßige Bestimmung der Adressaten

Die bestehenden Landesregelungen reichen von einem völligen Verzicht auf eine altersmäßige Bestimmung über eine Regelung für ein Mindestalter bis hin zur Regelung eines Höchstalters. Die Unterscheidung zwischen einem Mindestalter von 16 Jahren bzw. 18 Jahren in der Gefahrenzone erlaubt es, der potentiell größeren Gefährdung Jugendlicher in der Gefahrenzone gerecht zu werden. Die Altersgrenzen entsprechen denen des Jugendschutzrechts. Einzelfälle werden korrigiert über das Recht zur Verweigerung bei erheblicher eigener Gefahr.

b) Zeitpunkt der Hilfeleistung

Aus dem Verhältnismäßigkeitsgrundsatz ergibt sich, dass die Hilfeleistung nur in dem Zeitraum verlangt werden kann, während dessen die Katastrophenschutzbehörde darauf angewiesen ist. Jedoch besteht zwischen den derzeitigen Landesregelungen Uneinheitlichkeit insofern, als dass einige Bundesländer eine Hilfspflicht normieren, die nach der Beendigung der Katastrophe *fortdauert*, während andere Regelungen streng auf den Zeitpunkt der Katastrophenabwehr abstellen.

Wenngleich auf Sorgfaltspflichten in der Gefahrenverhütung in diesem Gesetzesentwurf verzichtet wird, um keine zu weit gehenden, letztendlich zu vagen Pflichten in diesem grundrechtsrelevanten Gesetzesabschnitt zu formulieren, scheint es stimmig, auf die Möglichkeit der Inanspruchnahme privater Helfer unmittelbar nach Ende des Katastrophenfalls nicht zu verzichten. Hier schließlich hat sich die Katastrophe bereits manifestiert und es ist nicht ersichtlich, weshalb die unmittelbaren Folgen – etwa auch zur Vorbeugung von Folgekatastrophen – nicht ebenso durch verpflichtete Private beseitigt werden können sollten. Der Gesetzesentwurf normiert daher die

Hilfspflicht zur „Bekämpfung von Katastrophen und der unmittelbar anschließenden, vorläufigen Beseitigung erheblicher Katastrophenschäden". Die vorläufige Beseitigung soll dabei nicht eine etwa mit gleichen Mitteln mögliche endgültige Beseitigung ausschließen, sondern ist als Beschränkung auf das zur nötigen Instandsetzung unmittelbar erforderliche Maß zu begreifen. Dieses Maß muss sich ebenfalls am Verhältnismäßigkeitsgrundsatz orientieren. Eine präzisere Festlegung als die vorgenommene, mehrfache Einschränkung („unmittelbar anschließend", „vorläufig", „erhebliche Katastrophenschäden"), etwa auf eine bestimmte Dauer nach Ende des Katastrophenfalls, scheint nicht begründbar.

c) Recht des Verpflichteten zur Verweigerung
Die bestehenden Ländergesetze sehen uneinheitlich und in gewisser Abstufung ein Recht zur Verweigerung der Hilfeleistung bei „Gefahr", „erheblicher eigener Gefahr" oder „Gefahr für Leib und Leben" sowie bei Verletzung vorrangiger Pflichten vor.
Ein Verweigerungsrecht dürfte nicht bereits verfassungsrechtlich erforderlich sein und sich im Zweifel aus dem Verhältnismäßigkeitsgrundsatz ergeben. Im Sinne der Rechtsklarheit und der weiten Formulierung der Hilfspflicht ist eine ausdrückliche Nennung des Rechts zur Verweigerung dennoch zu befürworten. Hinsichtlich des Grads der zu befürchtenden gesundheitlichen Schädigung muss eine gangbare Formulierung zwischen den Polen der einfachen „Gefahr" und der restriktiven „Gefahr für Leib und Leben" liegen. Dies erfüllt das Kriterium der „erheblichen eigenen Gefahr", die zwar die mit jeder körperlichen Beanspruchung verbundene Gefahr ausklammert, jedoch bei besonders gefahrenbehafteten Anstrengungen und gesundheitlichen Prädispositionen ein Recht zur Verweigerung einräumt. Eine solche Gefahr kann darin bestehen, dass eine Verpflichtung spezielle Fachkenntnisse verlangt, über die er nicht verfügt. Die Formulierung soll bewusst in Einzelfällen neben körperlichen auch Sachschäden ausreichen lassen.

d) Entsprechende Anwendung im Übungsfall
Der Musterentwurf sieht mit der Mehrzahl der bestehenden Ländergesetze von einer entsprechenden Anwendung der Normen für den Übungsfall ab. Es erscheint problematisch, die weitgehenden Hilfs- und Leistungspflichten im Katastrophenfall entsprechend für ritualisierte Übungen aufzustellen. Hierdurch würde eine implizite Pflicht zur Beteiligung an Übungen geschaffen, die im Regelfall lediglich über das ungeschriebene Kriterium der Verhältnismäßigkeit zu korrigieren wäre. Vor einer solchen Überbeanspruchung des Bürgers in der Katastrophenübung ist auch im Hinblick auf die Gefahr einer Verharmlosung des Katastrophenschutzes durch Überpräsenz abzusehen.

Zu § 28 – Pflichten der Inhaber von Fahrzeugen und Geräten
Alle bestehenden Landesgesetze sehen eine Pflicht vor, Mobiliarwerte zur Verfügung zu stellen. Diese wird teils als Duldungspflicht, teils als Sachleistungspflicht ausformuliert. Dieser Gesetzesentwurf übernimmt die weniger einschneidende Formulierung der Duldung, die lediglich die Hinnahme der Inanspruchnahme erfordert. So wird eine klare Trennung zwischen der Pflicht, die Inanspruchnahme von Sachen zu dulden, und der aktiven Pflicht zur Hilfeleistung nach § 27 geschaffen. Durchbrochen wird dieses Prinzip nur hinsichtlich von Personen, die in einem Geschäftsbetrieb üblicherweise Instandsetzungen vornehmen. Ihnen wird die – aktive – Bereitstellung erforderlicher Mittel abverlangt. Die Verhältnismäßigkeit dieses intensiveren Eingriffs ergibt sich aus der Tatsache, dass die betroffenen Personen schon üblicherweise derartige Mittel vorrätig haben, um ihrer Beschäftigung nachzugehen.
Der zeitliche Rahmen der Inanspruchnahme ist identisch mit dem für die Hilfeleistung gem. § 27 festgelegten Zeitraum.
Ein Sonderproblem kann die Frage darstellen, ob neben der benannten Pflicht eine Geldleistungspflicht in Betracht kommt. Dies ist weder von der Formulierung her gegeben noch vom Telos des Artikels umfasst. Die Duldungspflicht zielt darauf ab, der zuständigen Behörde schnell Gegenstände zur Verfügung zu stellen, die ansonsten nur schwer erhältlich sind. Nimmt man Katastrophen eines Ausmaßes, bei dem die Staatskasse selbst in Zahlungsschwierigkeiten kommt, einmal aus, dürfte dies bei Katastrophen in aller Regel nicht der Fall sein. Zudem findet die endgültige Lastenverteilung in aller Regel nach Abschluss der Katastrophe statt, sodass eine derartige Regelung im Katastrophenfall selbst keinen praktischen Nutzen besäße. Es ist so nicht wünschenswert, den Staat aus der Pflicht zur Beschaffung der finanziellen Mittel für die Gewährleistung seines Sicherheitsauftrags zu nehmen. Eine solche Regelung verspräche daneben kaum Entlastung für die Verwaltungsstruktur der öffentlichen Hand.

Zu § 29 – Pflichten der Inhaber von Grundstücken, Bauwerken, Luftfahrzeugen und Schiffen
Mit der großen Mehrheit der Ländergesetze normiert § 29 Duldungspflichten von Eigentümern und Besitzern von Grundstücken, Gebäuden und Schiffen. Wenngleich die Detailtiefe der Regelungen verschieden ist, sieht dieser Gesetzesentwurf eine klarstellende Regelung vor, die auch aufgrund der Grundrechtsrelevanz der Normen wünschenswert ist.

a) Umfang der Duldungspflicht
Zu den Duldungspflichten von Eigentümern und Besitzern von Grundstücken, Gebäuden und Schiffen gehört in jedem Fall das Betreten durch die Einsatzkräfte. Mit der Formulierung der Nutzung des Eigentums soll die Unterbringung von Geschädigten als Dritten erlaubt werden. Der Gesetzesentwurf geht entgegen bestimmter Landesgesetze nicht davon aus, eine Räumung von Grundstücken, Bauwerken und Schiffen unproblematisch als Nutzung begreifen zu können. Dies scheint schwierig, gerade wenn die Räumung aus Sicherheitsgründen erfolgt und das geräumte Eigentum gerade nicht besonders genutzt wird.
Eine ebenfalls klarstellende Formulierung wählt der Gesetzesentwurf in Bezug auf die Duldung der Beseitigung oder substanziellen Veränderung des Eigentums.

Das Anbringen von Warn- und Alarmeinrichtungen, Brandschutzinstallationen und Hinweisschildern erfolgt nach mehreren Landesgesetzen ausdrücklich ohne Entschädigung. Dieser Gesetzesentwurf erachtet die vorrangige Nutzung von Gebäuden, die dem öffentlichen Zweck dienen, für wünschenswert, da derartige Gebäude der Öffentlichkeit in der Regel zugänglich sind und Warn- und Alarmeinrichtungen daher dort die bestmögliche Wirkung erzielen. Dem Eigentümer und Besitzer eines derartigen Gebäudes, sofern es nicht sowieso von der öffentlichen Hand unterhalten wird, ist es eher zuzumuten, solche Einrichtungen zu dulden, als demjenigen, der seine Immobilien nur für private Zwecke nutzt.
Der Gesetzesentwurf erweitert in Abs. 1 die in einigen bestehenden Landesgesetzen vorgesehene Bereitstellungspflicht von Löschmitteln dem Sinn der Regelung folgend auf Roh-, Hilfs- und Betriebsmittel.

b) Anwendung im Übungsfalle
Eine Minderheit der bestehenden Landesgesetze sieht eine Anwendung im Übungsfalle vor. Solange die ausdrückliche Notwendigkeit dessen aus der Praxis nicht erwiesen ist, lehnt dieser Gesetzesentwurf aus den zu § 27 ausgeführten Gründen eine solche Regelung ab.

Zu § 30 – Pflichten der Eigentümer, Besitzer und Betreiber von Anlagen mit besonderem Gefahrenpotenzial
Die Regelung besonderer Pflichten der Eigentümer und Betreiber von Anlagen mit besonderem Gefahrenpotenzial geregelt haben, dient der Umsetzung der Richtlinie 96/82/EG des Rates vom 9. Dezember 1996 zur Beherrschung der Gefahren bei schweren Unfällen mit gefährlichen Stoffen (Seveso II-Richtlinie). Es erscheint sinnvoll, sich bei der Umsetzung eng an die Vorgaben der Richtlinie zu halten, da nur so die größtmögliche Einheitlichkeit auch über die Grenzen Deutschlands hinaus gewährleistet werden kann. Insbesondere erscheint eine denkbare Verlagerung dieses detailreichen Regelungsbereichs auf die Rechtsverordnungsebene unter diesen Gesichtspunkten nicht wünschenswert. Dennoch soll berücksichtigt werden, dass in der Systematik des vorliegenden Gesetzes sämtliche Kostenfragen in einem gesonderten Abschnitt geregelt werden. Daher wurde die ursprüngliche landesgesetzliche Regelung in zwei Teile geteilt und die Kostenfrage gesondert an den Schluss des Gesetzes gestellt.
Der Entwurf erlegt besondere Pflichten sowohl Eigentümern als auch Besitzern und Betreibern der betreffenden Betriebe auf. Entsprechend der allgemeinen Gefahrenverhütungs- und Meldepflichten kann sich die charakteristische Gefahr sowohl auf Menschen, wie auch auf Tiere, erhebliche Sachwerte oder die Umwelt beziehen.

Zu § 31 – Räumung, Absperrung und Sicherung des Katastrophengebietes
Die Erklärung eines von einer Katastrophe betroffenen oder bedrohten Gebietes zum Sperrgebiet ermöglicht den Ausschluss der Zivilbevölkerung aus diesem Gebiet zum Zweck der Katastrophenbekämpfung. § 31 erlaubt es der Katastrophenschutzbehörde, sowohl die Störung des Katastropheneinsatzes durch Schaulustige zu verhindern

als auch die Evakuierung des Katastrophengebiets zu erreichen. Räumung, Absperrung und Sicherung des Katastrophengebietes durch die Katastrophenbehörde bedürfen einer klaren gesetzlichen Eingriffsermächtigung, da solche Maßnahmen die Grundrechte (insbesondere die Versammlungsfreiheit und die Allgemeine Handlungsfreiheit) der von der Anordnung solcher Regelungen Betroffenen in starkem Maße beschränken. Eine in manchen Ländergesetzen normierte allgemeine Folgeleistungspflicht mit unklaren Konturen erscheint jedoch in diesem Zusammenhang, zumal bei anderweitiger Normierung sowohl der notwendigen Befugnisnormen zugunsten der Behörden, als auch der prozessualen Vorschriften zur Aufhebung der aufschiebenden Wirkung von behördlichen Anordnungen im Katastrophenfall, an dieser Stelle nicht erforderlich.

Zu § 32 – Gesundheitswesen
Dieser Bereich ist im geltenden Länderrecht sehr uneinheitlich normiert. Doch zumindest die Art der Verpflichtungen für im Gesundheitswesen tätige Personen kann bundeseinheitlich geregelt werden. Im Wesentlichen scheint es wichtig, die Erstellung von Notfallplänen und die Durchführung von Übungen durch die Krankenhäuser und die Einbeziehung der niedergelassenen Ärzte, Psychotherapeuten, Zahnärzte, Tierärzte, Apotheker und Angehörige sonstiger Gesundheitsberufe in den Katastrophenschutz durch die Gewährleistung einer angemessenen Ausbildung zu gewährleisten. Es soll außerdem eine Gesetzesgrundlage zur Übermittlung und Verarbeitung relevanter Daten geschaffen werden. Im Übrigen kommt eine Rechtsverordnung zur detailgenaueren Regelung in Betracht.

Zu § 33 – Wegfall der aufschiebenden Wirkung von Rechtsbehelfen
Die Vorschrift dient der zügigen Umsetzung der im Katastrophenschutz erforderlichen Maßnahmen.

6. Teil: Entschädigung und Kosten

Zu § 34 – Entschädigung
Vorbemerkung
Katastrophen sind Ereignisse, die die Allgemeinheit als solche treffen. Ihre Bewältigung bedarf einer gesamtgesellschaftlichen Anstrengung. Im Rahmen der Bewältigung ist es nicht unüblich, Einzelne bzw. deren Eigentum mit einzubeziehen, was für den Einzelnen zu Eigentums-, und Vermögensverlusten führen kann. Daher steht die Frage nach Entschädigung im Spannungsfeld zwischen Inhalts- und Schrankenbestimmungen des Eigentums, der Gemeinwohlverpflichtung auf der einen und dem Eigentumsrecht aus Art. 14 GG und dem persönlichen Schicksal des Einzelnen auf der anderen Seite. Es bedarf eines Ausgleichs zwischen diesen Positionen.
Eine Gewährung von Schadensersatz ist nicht geboten. Handelt es sich nämlich um eine rechtmäßige Maßnahme, die sich innerhalb der Inhalts- und Schrankenbestimmung bewegt, dann ist sie entschädigungslos hinzunehmen. Eine Ausnahme gebietet das Prinzip der Verhältnismäßigkeit, wenn die Maßnahme sich faktisch wie eine Enteignung auswirkt. Aber auch bei einer rechts-

widrigen Maßnahme, muss berücksichtigt werden, dass auch wenn sie den Einzelnen in seinen Rechten verletzt, sie zur allgemeinen Gefahrenabwehr erfolgt und sie ihm somit mittelbar zugute kommt, so dass auch hier ein Schadensersatz nicht geboten erscheint. Generell kann hier auf die Entschädigungsregelungen der Polizeigesetze der Länder zurückgegriffen werden, da sich die Interessenlagen ähneln.

Die Entschädigung von Helfern sowie von freiwilligen Helfern ist im Abschnitt über Helfer geregelt.

Anmerkung

Absatz 1 betrifft eine Entschädigung bei rechtswidrigen Maßnahmen.

Absatz 2 betrifft demgegenüber rechtmäßige Maßnahmen. Hier ist der Kreis der Anspruchsberechtigten – im Vergleich zu Absatz 1 – eingeschränkt. Verhaltens- und Zustandsstörer gehören nicht zu den Anspruchsberechtigten. Ein weitere Einschränkung erfolgt darüber, dass nicht jeder Schaden eines Nichtverantwortlichen bzw. Unbeteiligten entschädigt wird, sondern nur wenn unbillige Härten beim Geschädigten eintreten würden. Hierbei ist eine Gesamtbewertung der persönlichen und wirtschaftlichen Verhältnisse vorzunehmen. Die Verantwortlichkeit bestimmt sich nach den in Schrifttum und Rechtsprechung vorherrschenden allgemeinen Lehren über die Verantwortlichkeit.

Zu § 35 – Art, Inhalt und Umfang der Entschädigung

Eine Entschädigung erfolgt nur bei Schäden an materiellen Gütern. Eine Ausnahme bilden die in Abs. 1 S. 2 genannten immateriellen Güter. Zur Abwendung von unbilligen Härten ist auch eine Entschädigung von ausgebliebenen Gewinnen möglich. Der zu entschädigende Gewinn muss konkret dargelegt werden können. Die Einschätzung, ob ein Fall von unbilliger Härte vorliegt, ist im Einzelfall unter Einbeziehung der Gesamtumstände vorzunehmen. Dies kann insbesondere dann angenommen werden, wenn ohne Entschädigung die wirtschaftliche Existenz stark gefährdet ist. Stand der Getötete in einem Rechtsverhältnis auf Grund dessen er einem Dritten zum Unterhalt verpflichtet war, so ist ihm nach den Vorschriften des § 844 Abs. 2 Bürgerliches Gesetzbuch eine Geldrente zu gewähren. Dieser Verweis auf § 844 Abs. 2 umfasst auch den Verweis auf § 843 Abs. 2 – 4. Der § 844 Abs. 2 Bürgerliches Gesetzbuch findet nur entsprechend Anwendung, da es sich bei den hier geregelten Maßnahmen in der Regel um rechtmäßige handelt und nicht um unerlaubte Handlungen.

Diente die Maßnahme dem Schutz der in § 35 Abs. 2 genannten Objekte, dann wird dem Geschädigten keine Entschädigung gewährt. Es genügt, wenn die Maßnahme den Zweck hatte, den Geschädigten respektive die anderen genannten Objekte unmittelbar zu schützen und sie verhältnismäßig war. Dies gilt auch, wenn der Schaden nicht abgewendet werden konnte. Die zu Haushalt des Geschädigten gehörenden Personen umfassen alle Personen, die ihren gewöhnlichen Aufenthalt im Hausstand des Geschädigten haben und daher in einem besonderen Verhältnis zu Letzterem stehen. Betriebsangehörige sind alle Personen, die in einem festen Arbeitsverhältnis ste-

hen. Das Vermögen umfasst alle wirtschaftlichen Güter des Geschädigten.

Erlangt der Geschädigte unmittelbar aufgrund des Eintritts der Katastrophe einen Schadensersatzanspruch gegen einen Dritten (z.B. Versicherer), wird ihm eine Entschädigung nur gewährt, wenn er den Schadensersatzanspruch an den Entschädigungsverpflichteten abtritt. Dabei bleiben jedoch Ansprüche unberücksichtigt, die der Geschädigte aus eigenen Mitteln erlangt hat und die nicht den Zweck haben, die Ersatzlast des Schädigenden zu tragen.

Alternativ hätte auch eine Anrechnung dieses Anspruchs bei Bemessung der Entschädigung berücksichtigt werden können. Hier wird sich – bürgerfreundlich – für den Staat als Träger des Insolvenzrisikos entschieden.

Zu § 36 – Kostentragung durch das Land
Vorbemerkung

Eine Katastrophe überfordert *per definitionem* die zuständigen Stellen. Das impliziert, dass die bei der Bekämpfung, aber auch Vor- und Nachsorge, entstehenden Kosten erheblich sind. Darum ist eine Regelung vonnöten, welche die Kosten sinnvoll auf die Kostenträger verteilt. Außerdem muss dafür gesorgt werden, dass ein Auffangnetz existiert, sollten einzelne Kostenträger zahlungsunfähig werden. Ferner gilt es, die Kosten für Katastrophenvermeidung unter den Trägern aufzuteilen und die im Katastrophenschutz Mitwirkenden (vor allem die privaten Hilfsorganisationen sowie Individuen) finanziell zu unterstützen.

Zusätzlich ist es ein Anliegen, unnötige Kosten zu vermeiden. Doppelte Strukturen sind auf der bürokratischen Ebene zu vermeiden, ohne damit eine „Überschlankung" des Katastrophenschutzes zu verursachen. Die Höhe der Kosten ergibt sich aus den konkret zu unternehmenden Maßnahmen, die im Teil „Organisation und Aufgaben des Katastrophenschutzes" dieses Gesetzes geregelt sind. Folglich sollte dort auf einen möglichst effizienten Einsatz von Ressourcen geachtet werden. Diese hiesigen Kostenparagraphen können daher lediglich eine sinnvolle und realistische Verteilung der Kostentragung anstreben, nicht aber die Höhe der Kosten maßgeblich mitbestimmen.

Einen Beitrag zur Reduzierung der Kosten kann dieser Gesetzesteil dagegen durch die Möglichkeit der Einbeziehung von Privaten und so genannter *Public Private Partnerships* leisten. Diese, so die Annahme, setzen ihre Ressourcen in der Regel effizienter ein und können den staatlichen Einsatzstellen demnach Dienstleistungen zur Verfügung stellen, die im Vergleich zu staatlichen Maßnahmen kostengünstiger sind. Auf eine unbedingte Bindung dieser Privaten ist ob der Wichtigkeit der Einsatzfähigkeit im Katastrophenfall bei der Vertragsanfertigung zwischen Privaten und Behörden zu achten. Darüber hinaus darf zugunsten privater Dienstleistungserbringer die Ausstattung staatlicher Stellen nicht übermäßig reduziert werden, um verlässlichen Schutz auch bei – hypothetischem – Ausfall der Privaten zu gewährleisten.

Anmerkung

Das Land verfügt über umfangreichere finanzielle Ressourcen als die kleineren Organisationseinheiten, die Gemeinden. Daher regelt dieser Paragraph, dass das Land den Großteil der Kosten für Katastrophenschutz (-vorsorge, -bekämpfung, -nachsorge) trägt.

Das Land trägt die Kosten für Maßnahmen die im Teil „Organisation und Aufgaben des Katastrophenschutzes" festgelegt werden. Hier wird auf die in den einschlägigen Paragraphen aufgelisteten Maßnahmen verwiesen. Im Übrigen sind alle Maßnahmen an einer Stelle des Gesetzes gebündelt und werden nicht verstreut genannt, wie das in manchen Landesgesetzen der Fall ist.

Die Zuschüsse an die Gemeinden (Landkreise und kreisfreien Städte) streben an, die die Zahlungsfähigkeit der kleineren Einheiten übersteigenden Kosten zu teilen. Hier kann im Übrigen auch der in § 40 behandelte Katastrophenschutzfonds zur Anwendung kommen.

Das Land unterstützt die freiwillig im Katastrophenschutz mitwirkenden Privaten. Ein Anspruch auf Vollfinanzierung besteht nicht. Mitwirkende Private handeln aus zivilgesellschaftlichem Engagement, unter Einsatz von Ehrenamtlichen. Dieser Charakter soll beibehalten werden und ist bei Zuschüssen zu berücksichtigen. Nichtsdestotrotz kann das Land – soweit in seinem Interesse – die Einsatzfähigkeit dieser Mitwirkenden fördern. Helfer, die Aufwendungen haben, werden im Teil über alle die Helfer betreffenden Fragen geregelt.

Das Land, das den Katastropheneinsatz anordnet, trägt die Kosten dafür, also auch die Kosten der im Katastrophenschutz Mitwirkenden aus anderen Ländern.

Zu § 37 – Kostentragung durch die Landkreise und kreisfreien Städte

Die Gemeinden tragen die Kosten der unmittelbaren Katastrophenbekämpfung. Dabei werden sie aber nach § 37 Abs. 2 vom Land unterstützt.

Nr. 1 regelt die Kostentragung von zu erbringenden Entschädigungen nach § 34.

Nr. 2 regelt die Vergütung von *Public Private Partnerships* und durch Verträge verpflichtete Private. Diese Privaten sind von den in Nr. 3 aufgezählten privaten Hilfsorganisationen („im Katastrophenschutz Mitwirkende") abzugrenzen. Letztere engagieren sich prinzipiell unentgeltlich, sind gemeinnützige Vereine. Erstere handeln aus wirtschaftlicher Zwecksetzung.

Die im Katastrophenschutz Mitwirkenden erhalten im Katastrophenfall konkret entstandene Kosten nur, wenn sie hierbei im Rahmen der Aufforderung seitens der Katastrophenschutzbehörde handeln.

Nr. 4 regelt die Kostentragung im Falle eines Eingreifens anderer Länder oder des Bundes.

Zu § 38 – Kostentragung durch die im Katastrophenschutz Mitwirkenden

Tragendes Prinzip der Finanzierung der privaten Hilfsorganisationen ist die grundsätzliche Selbstfinanzierung. Die privaten Hilfsorganisationen tragen sowohl die ihnen im Katastrophenfall entstehenden Kosten als auch jene Kosten, die durch Bereithaltung ständig anfallen. Sie werden hierbei jedoch nach § 36 Abs. 3 und § 37 Nr. 3 vom Land unterstützt. Die Entschädigung von mitwirkenden Einzelpersonen ist in den §§ 21 – 23 geregelt.

Die Betreiber von Anlagen tragen die Kosten der von ihnen nach § 30 vorzunehmenden Maßnahmen.

Zu § 39 – Aufwendungsersatz für Katastropheneinsätze

Die nach §§ 36 – 38 zur Kostentragung verpflichteten haben nach § 39 einen Anspruch auf Ersatz der Kosten. Es handelt sich hierbei um einen Aufwendungsersatz, so dass nur die Erstattung von – in Abgrenzung zum Schadensersatz – freiwillig aufgewendeten Kosten verlangt werden kann.

Abs. 1 nennt die Anspruchsschuldner. Wie in § 34 Abs. 2 werden hier die in Rechtsprechung und Schrifttum vorherrschenden Ansichten zur Verantwortlichkeit zu Grunde gelegt. Verursacher ist demnach derjenige, der als letzter die Handlung vornimmt oder unterlässt, die die Schwelle zur Gefahr überschreitet. Auch ist nach Nr. 2 derjenige Verantwortlicher, der die tatsächliche Gewalt ausübt oder Eigentümer ist. Auch hierbei handelt es sich um einen in der Rechtssprechung und im Schrifttum anerkannten Verantwortlichen, wie er in fast allen Polizei- und Gefahrenabwehrgesetzen zu finden ist.

Können einzelne Verursacher nicht zahlen, greift Absatz 3, der Nichtzahlung ermöglicht. Die Regelung über die Entscheidungshoheit durch die zuständige Katastrophenschutzbehörde verspricht eine kurze Entscheidungskette im Ernstfall und außerdem die Entscheidungskompetenz bei den direkt Involvierten, damit Effizienz. Der Rechtsschutz der Betroffenen, nicht willkürlich zu Zahlungen verpflichtet zu werden, wird dabei durch andere Gesetze garantiert.

Zu § 40 – Katastrophenschutzfonds

Absatz 1: Der Fonds wird vom Ministerium, das für Katastrophenschutz zuständig ist, eingerichtet und unterhalten. Die Verwaltung bedeutet, dass das Ministerium, das gleichzeitig die obere Katastrophenschutzbehörde stellt, auch über die Verwendung der Geldmittel verfügt. Dies scheint vor dem Hintergrund einer Verteilung der Mittel auf einzelne Gemeinden bzw. untere Katastrophenschutzbehörden zweckdienlich.

Abs. 2: Die Einrichtung eines Fonds dient der Vermeidung der Zahlungsunfähigkeit einzelner Kostenträger im Katastrophenfall sowie der finanziellen Unterstützung der Gemeinden bei der Katastrophenvorsorge und -bekämpfung. Er wird einer Feuerschutzsteuer oder einfachen Zuschüssen des Landes, wie sie in verschiedenen bestehenden Ländergesetzen zu finden sind, vorgezogen. Gegenüber einer Feuerschutzsteuer hat der Fonds den Vorteil, dass erstens die Bezeichnung besser zutrifft, denn er wird nicht nur zur Bekämpfung von Feuerschäden verwendet. Zweitens ist der bürokratische Aufwand geringer, von einer geringeren Anzahl von Zahlungsverpflichteten (Gemeinden statt einzelner Bürger) die Abgabe zu erheben. Drittens kann so vorgesehen werden, dass besonders katastrophenanfällige Gebiete höhere Beiträge leisten als andere, weil sie mit höherer Wahrscheinlichkeit von den aus dem Fonds bezahlten Leistungen profitieren werden.

Gegenüber Zuschüssen des Landes hat der Fonds erstens den Vorteil, dass erstens ein Vermögen angesammelt wird, das ausschließlich für die Aufgabe des Katastrophenschutzes verwendet wird, während Zuschüsse des Landes möglicherweise aus Budgets bezahlt werden, die auch für andere Aufgaben bereitstehen. Bei diesen Budgets besteht die Gefahr, dass durch dringende anderweitige Ausgaben kein Geld für den Katastrophenschutz übrig bleibt. Zweitens kann hier vermittels näherer Regelung genau festgesetzt werden, wie viel Geld dem Katastrophenschutz zur Verfügung stehen sollte. Die Beschäftigung mit der Festlegung der Höhe ist zusätzlich eine nützliche Übung für das Land, zu überlegen, welche Katastrophenrisiken berücksichtigt werden müssen.

Absatz 3: Die Festlegung der Höhe wird hier umgangen mit den Worten „nach Maßgabe näherer Regelungen", um Ländern die Möglichkeit zu geben unterschiedliche Summen festzulegen. Möglich wäre eine prozentuale Regelung. Dazu wäre allerdings hier nicht gegebene Kenntnis der Kosten für Katastrophenschutz als Anteil am Landeshaushalt vonnöten. In einem ausführlichen Gesetzesentwurf sollte als Anlage ein Vorschlag für diese näheren Regelungen beigefügt werden.

7. Teil: Schlussvorschriften

Zu § 41 – Einschränkung von Grundrechten

Das Gros katastrophenschutzrechtlicher Maßnahmen ist in hohem Maße grundrechtlich relevant, so dass die einschränkenden Katastrophenschutzgesetze das Zitiergebot des Art. 19 Abs. 1 Satz 2 GG zu wahren angehalten sind. An bestehenden Ländergesetzen wird bemängelt, dass die zitierten Grundrechte nicht regelmäßig der Bandbreite der tatsächlich eingeschränkten Grundrechte entsprechen. Um an dieser Stelle ordnungsgemäß vorzugehen – ein rechtsstaatliches Gebot – werden in diesem Gesetz alle potentiell angetasteten und vom Bundesverfassungsgericht für zitierbedürftig befundenen Grundrechte aufgeführt.

D. Lösung

Schaffung eines Mustergesetzes für den Katastrophenschutz in der Form eines einheitlichen Vorschlags für die Katastrophenschutzgesetze der Länder. Das Zivilschutzgesetz vom 25. März 1997 soll dabei unberührt bleiben.

E. Alternativen

Gegebenenfalls eine Änderung des Grundgesetzes und eine neue Aufteilung der Kompetenzen zwischen Bund und Ländern. Eine bessere Koordination zwischen Bund und Ländern kann dadurch jedoch nicht unbedingt geleistet werden.

Grundrechte im Katastrophenschutz

von **Klaas Hendrik Eller**, LL.M., Köln/Paris

Grundrechte im Kontext von Katastrophen zu beleuchten, eröffnet ein Spannungsverhältnis: während Grundrechte als über langen Zeitraum historisch gewachsene, gesellschaftliche Wertentscheidungen und Pfeiler moderner Staatstheorie das Beständige im Recht ausmachen, sind Katastrophen aufrüttelnde, außergewöhnliche und punktuelle Ereignisse mit gravierenden Schadensfolgen für Mensch und Natur.

Katastrophenfälle sind bekanntlich – und notwendigerweise! – die Stunde der Exekutive; einer Staatsgewalt, die nach Art. 1 Abs. 3 GG an die Grundrechte als unmittelbar geltendes Recht gebunden ist. Die Diskussion um den rechtspolitisch brisanten Befehl zum Abschuss von als Waffe missbrauchten Passagierflugzeugen hat erst kürzlich eine Frage ins mediale Rampenlicht gerückt, deren Antwort auf dem Feld grundrechtlicher Implikationen im Katastrophenschutz zu suchen ist[1]. Wie katastrophenfest sind Grundrechte, was darf, was muss der Staat zur Vorbeugung, Abwehr und Nachsorge von Katastrophen tun?

Einleitung

Der für den Katastrophenschutz einschlägige, grundrechtliche Normbestand ist nur vermeintlich karg: Im Rahmen der ohnehin nicht zusammenhängend geregelten[2], verfassungsrechtlichen Vorgaben zum Katastrophenschutz fallen aus dem Bereich der Grundrechte auf den ersten Blick nur wenige ins Auge. Ein ausdrücklicher Gefahrenvorbehalt findet sich in den Schranken der Art. 11 Abs. 2 und Art. 13 Abs. 7 GG für Naturkatastrophen, Seuchen und besonders schwere Unglücksfälle. Daneben aber stehen die aus den Grundrechten lediglich ableitbaren, katastrophenschutzrechtlichen Vorgaben, deren Gehalt es zu bestimmen gilt und aus denen sich Leitlinien des Katastrophenschutzes ergeben. Die Systematik der grundrechtlichen Bezugnahme auf Katastrophenfälle entspricht dabei der im Grundgesetz vorgenommenen Unterscheidung von Zivilschutz im Verteidigungsfall und Katastrophenschutz zu Friedenszeiten[3].

Um das weite Feld grundrechtlich relevanter Problemkreise im Kontext des Katastrophenschutzes schematisch zu durchleuchten, bietet sich eine Betrachtung nach Grundrechtsfunktionen an. Es soll zunächst querschnittsartig aufgezeigt werden, wie die Grundrechte zur Vorsorge bzw. im konkreten Katastrophenfall die Staatsgewalt binden und staatliches Handeln in verschiedenen Katastrophenstadien begrenzen.

In einem zweiten Schritt soll nach dem Bestehen und dem Umfang einer grundrechtlich gebotenen Schutzpflicht des Staates für den Bürger im Katastrophenkontext – also von der Prävention über die Abwehr bis hin zur Katastrophenhilfe – gefragt und dort nach eventuellen Besonderheiten spezifischer Katastrophentypen geforscht werden.

Ein dritter Abschnitt ist grundrechtlichen Fragen die Arbeit und den rechtlichen Status von Hilfsorganisationen betreffend gewidmet.

Die bereits das materielle Katastrophenschutzrecht betreffende Frage, ob die derzeitigen Regelungen der Schutzpflicht gerecht werden, ist andernorts thematisiert worden[4] und soll hier zurückstehen. Auch soll der Gegenstand der Untersuchung auf die Grundrechte des Grundgesetzes beschränkt bleiben; die völkerrechtlich verbrieften, internationalen Grundrechte der EMRK und der Grundrechtecharta der Europäischen Union werden ausgeklammert. Ebenso nicht betrachtet werden die – dogmatisch anders gestalteten und in der rechtlichen Griffigkeit hinter den Grundrechten zurückstehenden[5] – Staatszielbestimmungen, insbesondere das Sozialstaats- und das Rechtsstaatsprinzip[6].

A. Grundrechtsrelevante Fragen nach Grundrechtsfunktionen

I. Grundrechtsfunktionen nach Jellinek

Die auf *Jellinek*[7] zurückgehende, dreigliedrige Auffächerung der Grundrechtsfunktionen – *status negativus, positivus* und *activus* – beschreibt die Beziehung des Einzelnen im Verhältnis zum Staat. Die im Katastrophenkontext relevanten Funktionen der Grundrechte sind dabei dem *status negativus* und *status positivus* zuzuordnen.

II. Status negativus

Der als Abwehrrechte formulierte Großteil der Grundrechte räumt dem Einzelnen Freiheit vom Staat ein. Freiheitsrechte und Eigentum sollen unabhängig von staatlicher Einmischung und Beschränkung zur Disposition des Einzelnen stehen[8].

Zentrale, hier aufzuwerfende Fragen sind grundrechtlich im Bereich des *status negativus* zu verorten[9]: wie

---

[1] Zur Diskussion um das Luftsicherheitsgesetz vgl. *Ekardt*, in: *Kloepfer* (Hrsg.), Katastrophenrecht, S. 66 mit umfangreichen Literaturnachweisen.

[2] Vgl. zur Terminologie des Grundgesetzes *Kloepfer*, VerwArch 2007, 163 (168) sowie *Wien*, Katastrophenschutz und Katastrophenhilfe im Lichte des Grundgesetzes, S. 8ff.

[3] Vgl. dazu *Kloepfer*, VerwArch 2007, 163 (168f.).

[4] Vgl. zusammenfassend *Wien* (Fn. 2), S. 122.

[5] *Degenhart*, Staatsrecht, 23. Aufl., Rn. 566.

[6] Vgl. zu deren Implikationen *Stober/Eisenmenger*, NVwZ 2005, 121 (124), *Kloepfer*, VerwArch 2007, 163 (176f.) sowie *Stober*, in: Kloepfer (Hrsg.), Katastrophenrecht. Grundlagen und Perspektiven, S. 41f.

[7] *Jellinek*, System der subjektiven öffentlichen Rechte, S. 94ff.

[8] *Pieroth/Schlink*, Grundrechte, 24. Aufl., Rn. 58.

[9] Einige der folgenden Fragen sind zitiert in Anlehnung an *Ekardt*, Katastrophenvermeidung und Katastrophenvorsorge: Möglichkeiten, Grenzen und Vorgaben, in: *Kloepfer* (Fn. 1), S. 59.

einschneidend dürfen Maßnahmen des Klimaschutzes gestaltet sein? Wie weit darf das Recht auf informationelle Selbstbestimmung zur Terrorismusabwehr eingeschränkt werden? Ist die Inanspruchnahme eines Grundstücks für Zwecke des Hochwasserschutzes Enteignung oder Inhaltsbestimmung? Den Fragen ist gemein, dass sie den Grad des bürgerlichen Freiheitsopfers[10] im Katastrophenkontext zu bestimmen versuchen.

Dieses Opfer ist vielgestaltig und im Kern unumgänglich: eine effektive Katastrophenvorsorge setzt – dies gilt für alle Katastrophenarten nach der gängigen Typisierung[11] – staatliches Tätigwerden im Schutzbereich der Abwehrgrundrechte voraus. Bürger sind so nicht nur durch die Katastrophe selbst, sondern auch durch deren staatliche Bewältigung, von der Prävention bis zur Nachsorge, betroffen. Die Grundrechte als negative Kompetenznormen[12] stellen in ihrer abwehrrechtlichen Funktion die für staatliches Katastrophenmanagement wichtigste Grenze dar. Ihr gegenüber steht regelmäßig das Schutzbedürfnis der Allgemeinheit bzw. der gefährdeten Bürger, sowie weitere ideelle (etwa: Naturschutz) und personen- oder allgemeinheitsbezogene, materielle Werte (Privatgrundstück bei Flutkatastrophe, Kulturgüterschutz bei Erdbeben o.ä.).

Das Feld der Eingriffsmaßnahmen, die hier zu diskutieren sind, ist weit. Die Darstellung soll sich auf die gesetzestechnisch benannten, qualifizierten Vorbehalte konzentrieren. Exemplarisch werden daneben Eingriffe in die Berufsfreiheit im Katastrophenkontext betrachtet[13].

I. Schranke des Art. 11 Abs. 2 GG

Das Grundrecht der Freizügigkeit, Art. 11 Abs. 1 GG, ist durch den Notstandsvorbehalt für den inneren Staatsnotstand sowie durch den Katastrophenvorbehalt auch für Seuchen, Naturkatastrophen und besonders schwere Unglücksfälle einschränkbar. Bemerkenswert ist, dass die beiden letztgenannten Vorbehalte vom Bundesgesetzgeber nicht in Anspruch genommen werden, sondern die Einschränkung der Freizügigkeit im Katastrophenkontext auf den Verteidigungsfall, Art. 17 a Abs. 2 GG, beschränkt bleibt[14]. Die nach der norddeutschen Flutkatastrophe von 1962 ins Grundgesetz aufgenommene Schranke bleibt auf bundesgesetzlicher Ebene bislang ohne Anwendungsbereich. Dies bedeutet freilich nicht, dass sie sich rechtspolitisch oder grundrechtsdogmatisch nicht bewährt hat, schließlich ist unter beiderlei Gesichtspunkten zu begrüßen, dass nicht jeder Vorbehalt einfachgesetzlich genutzt wird.

Von der nach ganz überwiegender Ansicht[15] möglichen Einschränkung des Art. 11 Abs. 2 GG durch Landesgesetz macht etwa Art. 18 BayKatSG Gebrauch.

2. Schranke des Art. 13 Abs. 7 GG

Die in Art. 13 Abs. 1 GG garantierte Unverletzlichkeit der Wohnung wird in Abs. 7 „zur Verhütung dringender Gefahren für die öffentliche Sicherheit und Ordnung" eingeschränkt. Die folgenden Regelbeispiele sind in ihrer Schutzrichtung zusammenhangslos. In den Katastrophenkontext passt allein die „Bekämpfung von Seuchengefahren". Zwar dürften über die Regelbeispielstechnik auch in Zeiten drohender Natur-, Technik- und Terrorkatastrophen Einschränkungen möglich sein, doch wirken die genannten Beispiele redaktionell aus heutiger Sicht willkürlich, da in hohem Maße zeitgebunden[16]. Heute relevante Fragen der Terrorismusbekämpfung etwa fehlen. Es wäre im Sinne der Klarheit des Abs. 7, die Regelbeispiele entweder zu streichen oder zu ergänzen. Den Seuchenvorbehalt nutzt § 73 III, III a TierSG.

3. Einschränkung der Berufsfreiheit durch Dienst- und Werkleistungspflichten im Katastrophenfall

Die in Art. 12 Abs. 1 GG garantierte Berufsfreiheit wird tangiert, wenn Einzelpersonen oder Unternehmen Dienst- und Werkleistungspflichten im Katastrophenfall auferlegt werden können.

In den Katastrophenschutzgesetzen der Länder wird die Möglichkeit genannt, Zivilpersonen zu einem Hilfsdienst im Katastrophenschutz zu verpflichten. Dieser kann sich über mehrere Tage erstrecken[17]. Den Betroffenen steht ein Recht zur Ablehnung nur dann zu, wenn sie sich selbst erheblich gefährden oder anderweitige Pflichten verletzen würden[18]. Die Regelung dient dem besonderen Bedarf an zivilen Helfern im Katastrophenfall und trägt wohl der Erkenntnis Rechnung, dass lokale Helfer bei Großschadensereignissen von großem Nutzen sind.

Eine solche Indienstnahme könnte bei verfassungsrechtlicher Qualifikation gegen das Verbot der Zwangsarbeit nach Art. 12 Abs. 2 GG verstoßen. Jedoch ist sie ihrer Art und Dauer nach mit Feuerwehr- und Deichschutzpflichten gleichzusetzen, die vom *BVerfG* als herkömmliche, allgemeine, für alle gleiche Dienstleistungspflichten im Sinne des Art. 12 Abs. 2 anerkannt sind[19]. Werden daher die Auswahlkriterien (Alter, körperliche Tauglichkeit), Ablehnungsgründe und zeitlichen Begrenzungen respektiert, liegt eine zulässige Einschränkung des Art. 12 Abs. 2 GG vor.

---

[10] Auf die terroristische Bedrohung bezogen ein „Bürgeropfer" fordernd *Depenheuer*, Selbstbehauptung des Rechtsstaats, S. 75ff.
[11] Vgl. *Kloepfer*, VerwArch 2007, 163 (170).
[12] *Pieroth/Schlink*, Grundrechte, Rn. 73.
[13] Vgl. für zahlreiche weitere Beispiele *Stober/Eisenmenger*, NVwZ 2005, 121 (128f.).
[14] *Kunig*, in: von Münch/Kunig, Grundgesetz, 5. Aufl., Art. 11 Rn 23f.

[15] *BayVerfGH*, Entsch. v. 2.8.1990 – Vf.3-VII-89, Vf.4-VII-89, Vf.5-VII-89 – NVwZ 1991, 664 (666); *OVG Bremen*, Urt. v. 24.3.1998 – 1 BA 27/97 – NVwZ 1999, 314 (316); *Kunig*, in: von Münch/Kunig, Grundgesetz, Art. 11 Rn 21.
[16] *Kunig*, in: von Münch/Kunig, Grundgesetz, Art. 13 Rn 64.
[17] Hessen und Saarland haben zeitliche Beschränkungen festgelegt, sie betragen drei Tage nach § 15 Satz 1 HKatSG (Hessen) und fünf Tage nach § 13 LKatSG (Saarland).
[18] Vgl. u.a. § 28 II NKatSG (Niedersachsen) und § 25 II LKatSG (Baden-Württemberg) sowie *Wien*, Katastrophenschutz, S. 91 mit einer umfangreicheren Betrachtung der Einzelgesetze.
[19] Für die Feuerwehrpflicht *BVerfG*, Beschl. v. 17.10.1961 – 1 BvL 5/61 – BVerfGE 13, 167 (170); für die Deichschutzpflicht *BVerfG*, Beschl. v. 29.11.1967 – 1 BvR 175/66 – BVerfGE 22, 380 (383).

Spezifischere Pflichten[20] bestehen für Post- und Telekommunikationsdienstleister, denen eine vorrangige Behandlung bestimmter Aufträge abverlangt werden kann[21] und die zur Vorsorge für den Katastrophenfall verpflichtet werden können[22]. Diese Regelungen sind zumindest auf die Branche bezogen als allgemeine, für alle gleiche Dienstleistungspflichten zu verstehen und vor dem Hintergrund der noch nicht lange zurück-liegenden Privatisierung des Sektors auch materiell „herkömmlich".

4. Entschädigungsansprüche nach Art. 14 Abs. 3 Satz 2 GG

Für den Katastrophenfall enthalten zahlreiche Fachgeset-ze eine Ermächtigung, von Bürgern nicht nur die be-schriebenen Dienst- und Werkleistungen, sondern auch Sachleistungen zu verlangen[23]. Dies greift, wie etwa auch die Beschlagnahmung von Tieren zum Seuchen-schutz[24], in die alle vermögenswerten Rechtspositionen schützende Eigentumsfreiheit[25] ein und verpflichtet da-mit zur Kompensation nach Art. 14 Abs. 3 Satz 2 GG[26]. Teils ist daneben ein ausdrücklicher Aufwendungser-satzanspruch festgeschrieben[27].

5. Zwischenfazit

Katastrophenfälle lassen kategorische Festlegungen der Grundrechtsgewähr im Vorfeld ihres Eintritts schwer zu. Als neuralgischer Punkt der Grundrechtseingriffe präsentiert sich deshalb regelmäßig die Verhältnis-mäßigkeitsprüfung[28]. Hierfür allgemein gültige Maßstäbe zu entwerfen, verlangt enorme Anstrengung: sie wären nicht weniger als eine grundlegende Doktrin der Sicherheit, die das Verhältnis von Katastrophenschutz und Schutz rechtsstaatlicher Garantien kalibrieren müsste. Dies fällt umso schwerer und ist umso unangenehmer, als es an Fixpunkten der Abwägung zu mangeln scheint[29]. Hier kann die Grundrechtssystematik allein keine Abhilfe schaffen, sondern nur einen rechtsstaatlichen Rahmen aufzeigen. Lehren für die – letztendlich politische – Entscheidungsfindung können daneben aus der modernen Rechtsgeschichte gezogen werden.

III. Status positivus

Die dem *status positivus* zugehörigen Grundrechte schaf-fen Freiheit nicht vom, sondern durch den Staat, indem

sie Schutz-, Leistungs- und Verfahrensgarantien festle-gen[30]. Der Textbestand ist spärlich (etwa Art. 6 Abs. 4 GG) und im Katastrophenkontext nicht einschlägig.

Jedoch hat das *BVerfG* – angefangen mit der *Lüth*-Entscheidung[31] – ein über den abwehrrechtlichen Charakter der Grundrechte hinausgehendes Verständnis als objektiv-rechtliche Grundnormen entwickelt. Dieses soll die Vagheit der aus dem *status positivus* ableitbaren Rechtsansprüche der Bürger durch schutzrechtliche Funktionen und subjektiv-öffentlicher Rechte ausglei-chen und ihnen nicht nur Schutz vor dem Staat, sondern auch voreinander gewähren. Den Grundrechten sind demnach objektive Wertenscheidungen und Prinzipien zu entnehmen.[32] Sie repräsentieren das Bild eines Staates, an den neben dem Anspruch der Liberalität auch derjenige sozialen Schutzes gestellt wird.

Der Schutz vor und die Bewältigung von Katastrophen ist in diesem Kontext von besonderem Interesse, sind doch Katastrophen *per definitionem* Ereignisse, bei de-nen der einzelne Bürger zum Selbstschutz nicht mehr im Stande ist. In Katastrophenereignissen aller Art[33] ist heute eine der durch die ständige (zumindest gefühlte) Gefahrenkulisse zentralen Gefahren für friedvolles, sor-genfreies Zusammenleben moderner Gesellschaften zu sehen. An diesem Befund ist die Qualität staatlicher Schutzmaßnahmen zu messen.

1. Staatliche Pflicht zum Schutz vor Katastrophengefah-ren

Der Gefahrenschutz ist Teil des dogmatischen Verständ-nisses der Grundrechte als Schutzpflichten des Staates. Dessen Grundlagen hat das *BVerfG* in den Entscheidun-gen zur Abtreibungsfrage[34] und zum Entführungsfall Hanns-Martin Schleyer[35] geschaffen. Danach ergibt sich aus Art. 2 Abs. 2 Satz 1 GG eine Pflicht zum Schutz von Leben gegenüber dem Individuum ebenso wie gegenüber der Allgemeinheit[36]. Ein Verfassungsauftrag zu schüt-zendem Einschreiten zugunsten der Bürger - bzw. präzi-ser: der gefährdeten Individualrechtsgüter[37] – ist heute im Grundsatz anerkannt[38]. Umstritten bleiben sowohl Reichweite als auch dogmatische Wurzeln[39] dieser Pflicht. Nach überwiegender Ansicht ergibt sie sich aus

---

[20] Das Fehlen einer ausdrücklichen Dienstverpflichtung für Ärzte kritisiert aus verfassungsrechtlicher Sicht *Wien* (Fn. 2), S. 92ff.

[21] § 3 III PTSG.

[22] §§ 2 I, 4 ff. PTZSV.

[23] Art. 9 I, II BayKatSG; § 27 I NWFSHG.

[24] §§ 24 ff. TierSG.

[25] *Pieroth/Schlink*, Grundrechte, Rn. 901ff.

[26] Vgl. ausführlicher *Armbrüster*, in: Kloepfer (Fn. 1), S. 77; *Stober/Eisenmenger*, NVwZ 2005, 121 (129).

[27] Art. 13 f. BayKatSG; §§ 6 ff. TierSG.

[28] Nicht überzeugen können *Stober/Eisenmenger*, NVwZ 2005, 121 (128), die kein Grundrecht für „katastrophenfest" halten und die Men-schenwürdegarantie etwa bei Unmöglichkeit der Gewähr des Exis-tenzminimums oder von lebensnotwendigen Ressourcen (z.B. Impf-stoffen) beschränkt wissen wollen. Nicht der Anspruch als solcher wird in solchen Situationen beschnitten, lediglich seine Durchsetzung wird zeitweise nicht gelingen, wenn es am Genannten tatsächlich fehlt.

[29] Zu Abwägungskriterien instruktiv *Ekardt*, in: Kloepfer (Fn. 1), S. 71.

[30] *Pieroth/Schlink*, Grundrechte, Rn. 60.

[31] *BVerfG*, Urt. v. 15.1.1958 – 1 BvR 400/51 – BVerfGE 7, 198 (198ff.); *Böckenförde*, NJW 1974, 1529 (1533).

[32] Vgl. hierzu *Pieroth/Schlink*, Grundrechte, Rn. 76.

[33] Fast turnusmäßig scheinen je einzelne Katastrophenarten die politi-sche Diskussion und mediale Berichterstattung zu beherrschen, Fix-punkte sind dabei teils tatsächliche Katastrophenfälle (etwa die Frage des Tsunami-Frühwarnsystems nach dem Seebeben im Indischen Ozean 2004), teils tatsächliche Gefahrenszenarien (terroristische Be-drohung) und teils mediale und politische „Dauerbrenner" (Klimawan-del). Zur politischen Wiederentdeckung vgl. *Kloepfer*, in: ders. (Fn. 1), S. 1f.

[34] *BVerfG*, Urt. v. 25.2.1975 - 1 BvF 1/74, 1 BvF 2/74, 1 BvF 3/74, 1 BvF 4/74, 1 BvF 5/74 – BVerfGE 39, 1 (42).

[35] *BVerfG*, Urt. v. 16.10.1977 – 1 BvQ 5/77 - BVerfGE 46, 160 (162).

[36] *Ekardt*, in: Kloepfer (Fn. 1), S. 69 spricht daher von der „Multipola-rität" der Grundrechte als Schutzrechte und gleichzeitig Schutz gebie-tende Rechte.

[37] *Murswiek*, Die staatliche Verantwortung für Risiken der Technik, S. 88.

[38] Vgl. *Klein*, NJW 1989, 1633 (1637); *Wien* (Fn. 2), S. 17.

[39] Hierzu umfassend *Kolb*, Die Pflicht des Staates zum Schutz von Leben und Gesundheit des Einzelnen im Rahmen der Daseinsvorsorge für den Katastrophenfall, S. 6 ff.

dem Bedeutungsgehalt einzelner Grundrechte und entgegen dem Indiz im Wortlaut des Art. 1 Abs. 1 Satz 2 GG („zu schützen ist Verpflichtung") nicht bereits aus der Menschenwürdegarantie[40].

2. Individualrechtlicher Schutzanspruch

Ein explizites „Recht auf Sicherheit" war zwar vom parlamentarischen Rat in einem Entwurf vorgesehen[41], letztendlich jedoch nicht ins Grundgesetz aufgenommen. Eine Literaturansicht, nach der ein solches Recht dennoch bestehe[42], hat sich nicht durchzusetzen vermocht: ein allgemeines Recht auf Sicherheit scheitert bereits an seiner mangelnden Bestimmtheit[43].

Dennoch ist, wenn man staatliche Schutzpflichten als Teil des objektiv-rechtlichen Verständnisses der Grundrechte anerkennt, die Frage nahe liegend, ob damit auch ein subjektives Recht des einzelnen Grundrechtsträgers einhergeht. Das *BVerfG* hat sich einer eindeutigen Positionierung zunächst (mit Mühe) durch einen objektiv-rechtlichem Fokus in der Argumentation enthalten können[44]. Aus der Tatsache, dass subjektive Schutzrechte in der Diktion des *BVerfG* zumindest nicht mehr explizit abgelehnt werden, sowie aus der Bindung der Schutzpflicht an einen Adressaten („gegenüber dem Einzelnen", „gegenüber der Gesamtheit aller Bürger") wird jedoch abgeleitet, dass ein einklagbarer Individualanspruch eines Bürgers auf Schaffung bestimmter gesetzlicher Schutzmaßnahmen im Sinne der Grundrechtsdogmatik nicht kategorisch ausgeschlossen ist[45].

Jedoch steht einem solchen Anspruch zumeist der dem Gesetzgeber vom *BVerfG* eingeräumte Entscheidungsspielraum[46] entgegen, der sich aus zahlreichen Einzelfaktoren und Charakteristika der drohenden Gefahr sowie dem Grad des bestehenden Schutzes ergibt[47]. Die mit Gefahrensituationen verbundenen Wertentscheidungen im Grundsatz einem legislativen Mandat zu überlassen und nur auf die Wahrung der in den Grundrechten manifestierten Grundentscheidungen hin zu überprüfen, ist Ausfluss der Gewaltenteilung. Die Schwelle zur Verletzung der staatlichen Schutzpflicht, die zu einem individualrechtlichen Anspruch führt, ist durch die Grundrechte nicht näher präzisiert. Sie wird in verfassungsgerichtlicher Rechtsprechung hoch angelegt und gilt erst als erreicht, „wenn die öffentliche Gewalt Schutzvorkehrungen entweder überhaupt nicht getroffen hat oder die getroffenen Regelungen und Maßnahmen gänzlich unge-

eignet oder völlig unzulänglich sind, das gebotene Schutzziel zu erreichen, oder erheblich dahinter zurückbleiben."[48] Sind diese Voraussetzungen einmal tatsächlich gegeben, so kann das *BVerfG* dem Gesetzgeber keine Maßnahme *in concreto* abverlangen, sondern nur ein bestimmteres Hinwirken auf ein Ziel (etwa Reduktion des CO_2-Ausstoßes) verlangen[49].

Steht eine staatliche Schutzpflicht in der Katastrophenvorsorge ebenso wie bei Eintritt des Katastrophenfalls zwar außer Frage, so wird ein Anspruch aus dem *status positivus* gegenüber dem Gesetzgeber daher nur höchst selten, gegenüber der Exekutive etwas leichter begründbar sein[50].

3. Konturen des grundrechtlichen Auftrags zum Katastrophenschutz

Zur näherungsweisen Bestimmung des Inhalts der Schutzpflichten – und gegebenenfalls eigenen Ansprüche – soll im Folgenden nach Katastrophenarten und ihrem jeweiligen Verursacher, Katastrophenstadien und gefährdeten Rechtsgütern unterschieden werden.

a) Differenzierung nach Katastrophenarten

Da staatliche Schutzpflichten nach traditionellem Verständnis die Abwehr von Gefahren durch Bürger von Bürgern zu Ziel haben, ist in Bezug auf Katastrophen bestritten worden, dass auch nicht zurechenbare (etwa Natur-) Katastrophen vom Schutz umfasst sind[51]. Diese Ansicht führt nicht nur zu erheblichen praktischen Schwierigkeiten, weil sie die Verursachung von Naturkatastrophen durch menschliches Verhalten zum zentralen Abgrenzungskriterium macht. Sie überzeugt auch deshalb nicht, weil der Gefahrenquelle für die Gewähr staatlichen Schutzes im Text des Grundgesetzes keine Bedeutung zukommt und sie im Sinne des Lebens- und Gesundheitsschutzes auch nicht von Belang sein darf. Die Rechte des Bürgers sind gegenüber Angriffen anderer daher ebenso wie vor nicht personenverursachten Gefahren zu schützen[52].

Diese Argumente stehen auch der Literaturansicht[53] entgegen, die ein staatliches Verschulden bzw. eine staatliche (Mit-)Verursachung der Katastrophe zur Bedingung für die objektiv-rechtliche Schutzpflicht machen will. Ein Rückgriff auf das Sozialstaatsprinzip[54] ist nicht vonnöten, da sich im Hinblick auf die objektiv-rechtliche Schutzdimension ein strenges Verursacherprinzip nicht schlüssig begründen lässt. Der Einwand, der Staat könne nicht gegenüber jeder potentiellen Gefahr tätig werden, ist im Rahmen der Verhältnismäßigkeit als Frage der konkreten Maßnahmen zu entkräften.

---

[40] So aber *Seewald*, Zum Verfassungsrecht auf Gesundheit, S. 69, 79, der daneben einen Verfassungsauftrag aus den Grundrechtsschranken entnehmen will.

[41] *Parlamentarischer Rat*, Grundgesetz für die Bundesrepublik Deutschland (1948/49), S. 42.

[42] *Robbers*, Sicherheit als Menschenrecht, passim.

[43] Vgl. *Ekardt*, in: Kloepfer (Fn. 1), S. 67.

[44] *BVerfG*, Urt. v. 25.2.1975 - 1 BvF 1/74, 1 BvF 2/74, 1 BvF 3/74, 1 BvF 4/74, 1 BvF 5/74, 1 BvF 6/74 – BVerfGE 39, 1 (41f.); *BVerfG*, Beschl. v. 16.12.1980 – 2 BvR 419/80 – BVerfGE 55, 349 (364); dazu *Wien* (Fn. 2), S. 20 m.w.N.

[45] Vgl. mit weiteren Argumenten *Ekardt*, in: Kloepfer (Fn. 1), S. 68f.

[46] *Pieroth/Schlink*, Grundrechte, Rn. 97.

[47] *BVerfG*, Beschl. v. 8.8.1978 – 2 BvL 8/77 – BVerfGE 49, 89 (para 117): „Ob, wann und mit welchem Inhalt sich eine solche Ausgestaltung von Verfassungs wegen gebietet, hängt von der Art, der Nähe und dem Ausmaß möglicher Gefahren, der Art und dem Rang des verfassungsrechtlich geschützten Rechtsguts sowie von den schon vorhandenen Regelungen ab."

[48] *BVerfG*, Urt. v. 10.1.1995 – 1 BvF 1/90, 1 BvR 342/90, 1 BvR 348/90 – BVerfGE 92, 26 Rn. 74.

[49] Vgl. *Ekardt*, in: Kloepfer (Fn. 1), S. 70.

[50] So auch *Kloepfer*, VerwArch 2007, 163 (176); *Kolb* (Rn. 39), S. 12ff.; *Wien* (Fn. 2), S. 18ff.

[51] *Hermes*, Das Grundrecht auf Schutz von Leben und Gesundheit, S. 231f.

[52] So auch *Trute*, KritV 88 (2005), 342 (358) mit weiteren Literaturnachweisen.

[53] *Wien* (Fn. 2), S. 40ff, 55 beruft sich auf das „fehlende Näheverhältnis des Staates zu diesen Gefahrenquellen".

[54] *Kolb* (Fn. 39), S. 50.

So ist bei technischen Einrichtungen und den daraus entstehenden Gefahren eine Abstufung nach der Intensität staatlicher Beteiligung geboten. Für eine rein staatlich betriebene Anlage – staatliche Forschungszentren oder Militärstützpunkte – kann ein höheres Maß an Vorkehrungen verlangt werden als für eine privat geführte Anlage, die lediglich einer staatlichen Genehmigung bedarf[55].

Grundsätzlich werden die Nutzbarmachung technischen Fortschritts und dessen wirtschaftliche Bedeutung in der Abwägung mit eventuell verbleibenden Restrisiken solcher Einrichtungen überwiegen. Mit anderen Worten: einen Anspruch auf absolute Sicherheit kann es schon praktisch nicht geben, ein gewisses Restrisiko muss nicht selten toleriert werden[56]. Gleichwohl kommt eine Pflicht zur Anpassung von Normen in Betracht, wenn neue technische oder gesellschaftliche Entwicklungen eine Grundrechtsbeeinträchtigung in neuem Licht erscheinen lassen. Gerade im Hinblick auf Katastrophenereignisse und Fortschritte in der technischen Risikoprognose kann staatlicher Katastrophenschutz nicht statisch bleiben. Vielmehr ergibt sich daraus eine fortwährende Pflicht zur Überprüfung der tolerablen Gefahrenschwelle[57].

Im Zusammenhang mit jeder Katastrophenart gewinnt staatliches Informationsmanagement immens an Bedeutung. Technische Gefahrendaten, Klimawerte und geheimdienstliche Erkenntnisse in Bezug auf terroristische Bedrohungen liegen dem Bürger typischerweise nicht vor und sind oftmals gar ausschließlich in staatlicher Hand. Während bei geheimdienstlichen Erkenntnissen ein Informationsvorsprung durchaus vertretbar ist, gestaltet sich die Frage der Offenlegungspflicht anderer Gefahrendaten als heikel. Ohne derartige Informationen preiszugeben, ist dem Bürger eine Einschätzung der Gefahrenlage bei komplexen technischen oder natürlichen Zusammenhängen nicht möglich; gleichzeitig sind die Schutzmaßnahmen, der er für sich persönlich ergreifen kann, sehr beschränkt. Beides erhöht die Anforderungen an staatliche Schutzmaßnahmen. Eine Pflicht zur Veröffentlichung technischer Daten, etwa der Ergebnisse einer Untersuchung in einem Atommeiler, ist für den Bürger schließlich kein großer Gewinn. Anders ist dies freilich bei Warnungen bezüglich unmittelbar bevorstehender Gefahren[58], wie Unwetter oder Flutkatastrophen.

b) Differenzierung nach Katastrophenstadien
Präventive Maßnahmen zur Katastrophenvermeidung können die zu befürchtenden Schadensfolgen mit höchster Gewissheit minimieren und sich daher primär Gegenstand der staatlichen Schutzpflicht[59]. Im Katastrophenfall selbst muss Infrastruktur aufrechterhalten und eine Notversorgung geleistet werden. Aus Art. 1 Abs. 1 Satz 2 GG ergibt sich in der Garantie des Existenzminimums auch eine nachsorgende Pflicht[60], die über Katastrophenschutz im engeren Sinne hinaus auch soziale und medizinische[61] Unterstützung in der Folgezeit und Reparaturmaßnahmen umfassen kann. Festzuhalten ist demnach, dass staatlicher Schutz nicht erst im Katastrophenfall, sondern im Vorfeld dessen anzusetzen hat und sich im Übrigen auf alle Katastrophenstadien erstreckt.

c) Differenzierung nach betroffenen Individualrechtsgütern
Zu den von Katastrophen bedrohten, grundrechtlich geschützten Individualrechtsgütern zählen insbesondere Leben und Gesundheit (Art. 2 Abs. 2 Satz 1 GG) sowie das Eigentum (Art. 14 Abs. 1 Satz 1 GG). Aufgrund des herausgehobenen Stellenwerts des Rechtsguts „Leben" besteht zwischen ihnen ein Stufenverhältnis, sodass die Schutzpflicht bezüglich des Lebens früher greift und sich in umfassenderen Maßnahmen realisieren muss als diejenige bezüglich des Eigentums[62].

Auf einen Schutz des Eigentums zielen im Übrigen auch die Regelungen zur Deckungsvorsorge ab. Sie dienen zur Abfederung finanzieller Risiken im Zuge von Katastrophenereignissen, die nicht mehr gänzlich versicherbar sind[63]. Nach § 13 AtomG[64] etwa werden nach behördlicher Prüfung Betreiber von Atomanlagen zur finanziellen Vorsorge für den Fall gesetzlicher Schadensansprüche verpflichtet. Die Höhe des regelmäßig neu festzulegenden Betrags bestimmt sich nach der Gefährlichkeit der Anlage (§ 13 II Nr. 1 AtomG). Im Katastrophenfall soll so die Zahlungsfähigkeit des Schadensersatzpflichtigen und damit schlussendlich die Effizienz des Haftungsrechts sichergestellt werden: mit der hohen Gewinnspanne von Atomanlagen geht eine risikoadäquate Pflicht zur finanziellen Katastrophenvorsorge einher. Grundrechtlich lässt sich eine solche, im Lichte eines Eingriffs in Art. 14 Abs. 1 GG, Art. 12 Abs. 1 Satz 2 GG, zumindest aber Art. 2 Abs. 1 GG zu sehende Norm über die staatliche Schutzpflicht der Bürger vor den Gefahren der Kernkraft rechtfertigen.

4. Zwischenfazit
Es besteht eine staatliche Verpflichtung zu effektivem, den technischen Möglichkeiten angepasstem Schutz vor Katastrophengefahren über alle Stadien hinweg und im Kern unabhängig von Fragen staatlicher Verantwortlichkeit. Um die Grundrechte nicht als unbegrenzte Eingriffsermächtigung auszunutzen, kommt abermals der Verhältnismäßigkeit der Maßnahmen zentrale Bedeutung

---

[55] So auch *Wien* (Fn. 2), S. 36ff.
[56] *Ekardt*, in: Kloepfer (Fn. 1), S. 71; *Robbers* (Fn. 42), S. 161; *Wien* (Fn. 2), S. 48f.
[57] In verfassungsgerichtlichen Entscheidungen genannte Beispiele betreffen etwa die zunächst empirisch unzureichend erforschten Gefahren durch Fluglärm und die Gefährlichkeit von zivil genutzter Atomkraft, vgl. *BVerfG*, Beschl. v. 8.8.1978 – 2 BvL 8/77 – BVerfGE 49, 89 (143f.) sowie *BVerfG*, Urt. v. 14.1.1981 – 1 BvR 612/72 – BVerfGE 56, 84 (para 62).
[58] Vgl. *Armbrüster*, in: Kloepfer (Fn. 1), S. 77.
[59] *Wien* (Fn. 2), S. 37, 54.

[60] *Kunig*, in: von Münch/Kunig, Grundgesetz, Art. 1 Rn. 30; *Wien* (Fn. 2), S. 24.
[61] Hierzu speziell *Kolb* (Fn. 39), S. 6ff.
[62] *Wien* (Fn. 2), S. 35.
[63] Vgl. *Kloepfer*, VerwArch 2007, 163 (185) mit Verweis auf Naturkatastrophen, Kriegs- und Terrorereignisse, die versicherungstechnisch als „höhere Gewalt" bewertet werden.
[64] Vergleichbare Regelungen enthalten § 94 I AMG, § 19 I UmweltHG und § 36 I GenTG.

zu, weil die schützenden Einzelmaßnahmen anderen gegenüber als Grundrechtseingriff darstellen werden[65].

IV. Katastrophengerechtigkeit aus dem Blickwinkel des Verfassungsgebots der Gleichbehandlung nach Art. 3 Abs. 1 GG

Aus dem Gleichheitsgebot des Art. 3 Abs. 1 GG ergibt sich eine Pflicht zur Katastrophenhilfe nach egalitärem Ansatz[66]. Opfer desselben Katastrophenfalls im Bezug auf Katastrophenhilfe (*tertium comparationis*) wesentlich ungleich zu behandeln, wird in aller Regel gegen Art. 3 GG verstoßen, wenn man davon ausgeht, dass Katastrophen als sich mehr oder minder zufällig ereignende Schadensfälle jeden Menschen gleichermaßen treffen können.

Art. 3 Abs. 1 GG gebietet damit gleichen Zugang zu staatlicher, medizinischer und sozialer Grundversorgung im Katastrophenfall. Eine selektive staatliche Hilfe, wie sie in den USA nach dem Wirbelsturm *Katrina* geleistet wurde, wäre daher mit dem Gleichheitsgebot unvereinbar. Dennoch begegnet die praktische Gewähr eines solchen, gleichen Zugangs zu Hilfsgütern und die politische Entscheidung von Verteilungsfragen im Ernstfall erheblichen Hürden. Gegenwärtig ist die Beantwortung dieser Fragen – implizit – Expertenstäben und medizinischem Personal vorbehalten[67] und es kann bezweifelt werden, ob gesetzgeberische Festlegungen im Vorfeld tatsächlich zu einer effizienteren Hilfe führen würden.

Nur auf den ersten Blick problematisch ist die Frage, ob aus dem Gleichheitsgebot eine Homogenität der staatlichen Hilfe bei verschiedenen Katastrophenereignissen herzuleiten ist, ob also bei einer Oderflut mit gleichen Ausmaßen wie 2002 auch vergleichbare Hilfsmaßnahmen zu ergreifen wären. Die spezifischen Umstände jedes Katastrophenfalls dürften es in der Praxis wohl an Vergleichbarkeit mangeln lassen.

Einem Gleichheitsverstoß wegen Ungleichbehandlung verschiedener Katastrophen*arten* ist durch die allgemein gehaltenen Katastrophenschutzgesetze der Länder vorgebeugt.

V. Sonderproblem Zitiergebot

Wie bereits angeführt, sind mit dem Gros katastrophenschutzrechtlicher Maßnahmen Grundrechtseinschränkungen zumindest des Art. 2 Abs. 2 Satz 1 und Satz 2 GG verbunden, so dass die einschränkenden Katastrophenschutzgesetze das Zitiergebot des Art. 19 Abs. 1 Satz 2 GG zu wahren angehalten sind[68]. Zwar sind Kataloge eingeschränkter Grundrechte in den Fachgesetzen durchaus enthalten[69]. Demgegenüber wird jedoch bemängelt, dass die zitierten Grundrechte nicht regelmäßig der Bandbreite der tatsächlich eingeschränkten Grundrechte entsprechen[70]. Hier

wahrheitsgemäß vorzugehen, ist nicht nur rechtstaatlich geboten sondern liefert auch Erkenntnisse über die Tragweite von Katastrophenschutznormen und ist damit für eine ehrliche rechtspolitische Diskussion unerlässlich.

B. Grundrechtliche Fragen zu Arbeit und Status von Hilfsorganisationen

Staatliches Katastrophenmanagement wäre unzureichend ohne die komplexen, auf Zivilebene bestehenden Strukturen gemeinnütziger Hilfsorganisationen mit ihren (zumeist ehrenamtlichen) Helfern. Weil Katastrophenereignisse die Gesamtgesellschaft herausfordern, ist die Kooperation zivilgesellschaftlicher Organisationen mit staatlichen Einrichtungen beim Katastrophenschutz unerlässlich. Auf diesem Feld ergeben sich grundrechtlich relevante Fragen der Reichweite der Tätigkeitsfelder ziviler Organisationen.

Für private (inländische) Hilfsorganisationen, die – wie etwa der Malteser-Hilfsdienst, die Johanniter-Unfall-Hilfe oder der Arbeiter-Samariter-Bund – in der Regel als eingetragene Vereine agieren[71], gelten die Grundrechte gem. Art. 19 Abs. 3 GG, soweit sie ihrem Wesen nach anwendbar sind[72]. Als einschlägig können sich hier insbesondere die wirtschaftlichen und berufsbezogenen Grundrechte, aber auch Art. 4 Abs. 1 GG erweisen, soweit die Hilfstätigkeit auf eine Weltanschauung zurückzuführen ist, was sich aus den Gründungsgeschichten und Zielsetzungen der genannten Vereine wohl ergeben dürfte.

Die Mitwirkung von Organisationen wird in § 20 Zivilschutzgesetz als nach landesrechtlichen Vorschriften geregelt beschrieben. Der Verweis lässt nicht nur erahnen, dass die Wirkungskraft des Engagements von Zivilorganisationen je nach Bundesland bereits aus rechtlichen Gründen verschieden ausfallen muss. Weil in landesgesetzlichen Regelungen die Mitwirkung der Zustimmung der Katastrophenschutzbehörde bedarf, sind Situationen denkbar, in denen trotz fehlender Zustimmung (oder gar bei Verweigerung) der Katastrophenschutzbehörde Hilfsengagement ausgeübt wird. Der Genehmigungsvorbehalt mag in seiner rechtspolitischen Aussage gegenüber den Hilfsorganisationen fragwürdig sein. Der damit verbundene Eingriff in die Berufsfreiheit und – je nach Hilfsmotiv – Weltanschauungsfreiheit ist über die Notwendigkeit qualifizierter Helfer (und die Möglichkeit zur Ablehnung Unqualifizierter) verfassungsrechtlich zu rechtfertigen.

Der einzelne Helfer tritt durch seine Rolle im staatlichen Katastrophenschutz – eine genuin hoheitliche Aufgabe – in ein besonderes Verhältnis zum Staat. Diese früher als besonderes Gewaltverhältnis, heute als öffentlich-rechtliche Sonderverbindung bezeichnete Beziehung hat jedoch keine Einschränkung des grundrechtlichen Schutzes zur Folge, da mit dem Urteil des *BVerfG* zum Strafvollzug[73] den Grundrechten auch in einer besonderen Rechtsbeziehung in gleichem Umfang

---

[65] *Ekardt*, in: Kloepfer (Fn. 1), S. 69; *Wien* (Fn. 2), S. 22.
[66] Zur eher transnationale Gerechtigkeit beschreibenden Notion der „environmental justice" vgl. *Ekardt*, in: Kloepfer (Fn. 1), S. 73 m.w.N.
[67] Vgl. *Trute*, KritV 88 (2005), 342 (359).
[68] Vgl. *Stober/Eisenmenger*, NVwZ 2005, 121 (129); *Stober*, in: Kloepfer (Fn. 1), S. 54.
[69] Etwa Art. 18 BayKatSG; § 20 BerlKatSG; § 38 NWFSHG; § 25 ZSG; § 24 TierSG.
[70] *Stober*, in: Kloepfer (Fn. 1), S. 54.

[71] Vgl. zur Rechtstellung der Hilfsorganisationen *Wien* (Fn. 2), S. 56ff.
[72] Vgl. ausführlicher *Pieroth/Schlink*, Grundrechte, Rn. 142ff
[73] *BVerfG*, Beschl. v. 14.3.1972 – 2 BvR 41/71 - BVerfGE 33, 1ff.

Geltung beigemessen wurde. Ihre Einschränkung bedarf daher eines formellen Gesetzes[74].

Eine andere Frage ist, ob die privaten Helfer als *Beliehene*, also mit der hoheitlichen, aber eigenständigen Wahrnehmung von Verwaltungsaufgaben Betraute[75], womöglich selbst grundrechtlich gebunden sind. Da hier nicht der Staat wählt, durch wen er seine Aufgabe zum Katastrophenschutz erfüllt, sondern sich vielmehr private Helfer selbst und unterstützend anbieten, also auch keine völlige Verlagerung auf private Helfer stattfindet, dürfte ein solcher Status jedoch abzulehnen sein.

C. Fazit

Die Grundrechte erweisen sich mit ihrer doppelten Einschlägigkeit auch im Katastrophenrecht als leitende Normen. In der abwehrrechtlichen Funktion entstehen unumgänglich Reibungen mit beinahe allen katastrophenschutzrechtlichen Normen, die sich im Kern als Probleme der Verhältnismäßigkeit herauskristallisieren. Ob sich schützende Maßnahmen gegenüber wachsenden Katastrophengefahren als verhältnismäßig erweisen, ist eine zeitgebundene, mehr rechtspolitisch als grundrechtsdogmatisch zu beantwortende Frage, die sich dem *BVerfG* mit einiger Gewissheit in Zukunft in vielerlei Einkleidung stellen wird. Eine soweit möglich einheitliche Linie ist hier – nicht zuletzt im Sinne der Vorhersehbarkeit für den Gesetzgeber – wünschenswert. Gemeinsam mit der strikten Befolgung des grundrechtssystematisch Gebotenen (insbesondere des Zitiergebots) kann eine klare Linie helfen, einen Dammbruch im grundrechtlichen Schrankensystem, wie ihn zumindest rechtspolitische Forderungen gelegentlich befürchten lassen, zu verhindern.

Ein objektiv-rechtliches Verständnis der Grundrechte zeigt darüber hinaus eine zunächst einmal alle Katastrophenarten und –stadien abdeckende staatliche Schutzpflicht, die bei krassen Versäumnissen auch in einen individualrechtlichen Anspruch eines Bürgers münden kann. Wenn hier Bürger vor den Gefahren durch andere Bürger geschützt werden sollen, dürfen Grundrechte nicht als Eingriffsermächtigungen genutzt und ihrem ursprünglichen Zweck gegenüber *ad absurdum* geführt werden. Hier dürften – wie die Diskussion zum Luftsicherheitsgesetz zeigt – die schärfsten Abwägungsprobleme auftreten, da insbesondere terroristische Gefahren hier an einer Stelle ansetzen, die die Grundrechtssystematik zumindest partiell auszuhebeln in der Lage sind.

In Bezug auf beide Grundrechtsdimensionen darf nicht vergessen werden, dass der rechtspolitische Wert der Grundrechte unter dem Einfluss aktueller Katastrophenängste und -erfahrungen und damit letztlich unter dem Vorbehalt neuer Katastrophenfälle steht – Katastrophenrecht hat sich in der Vergangenheit anhand solcher Fälle entwickelt und lässt sich weitgehend auf konkrete Katastrophenerfahrungen zurückführen. Auch dem Katastrophenfall, nicht nur dessen Vorstellbarkeit gegenüber müssen Grundrechte ihre Festigkeit bewahren.

---

[74] Vgl. *Wien* (Fn. 2), S. 85.
[75] *Pieroth/Schlink*, Grundrechte, Rn. 167.

Grenzen der Versicherbarkeit
Möglichkeiten des Versicherungsschutzes gegen Katastrophen

von **David Haubner**, München/Oxford

Katastrophen stellen die Leistungsfähigkeit der Versicherungswirtschaft auf eine harte Probe. Wachstum von Bevölkerung und Wohlstand sowie der Klimawandel lassen wachsende Schadenssummen aufgrund von Naturkatastrophen für die Zukunft vermuten. Auch der internationale Terrorismus kann in seiner Bedeutung für die Versicherungswirtschaft noch nicht abgeschätzt werden, doch zeigen die Ereignisse des 11. Septembers die potentielle Schadensdimension und der Versicherungswirtschaft ihre Grenzen. In diesem Aufsatz soll die gegenwärtige Situation der Versicherbarkeit von Katastrophen und besonders die Rolle des Staates beleuchtet werden.

A. Heutige Situation der Versicherungswirtschaft

Der Katastrophenfall lotet durch seine Schadensgröße und die schwere Kalkulierbarkeit seines Eintretens die Möglichkeiten des Versicherungswesens aus. Vorliegende Arbeit soll die Versicherung gegen natürliche und menschenverursachte Katastrophen sowie die Grenzen der Versicherbarkeit untersuchen.

Versicherungen, die es dem Versicherungsnehmer erlauben, sein unwägbares Risiko gegen eine feststehende Prämienlast einzutauschen[1], sind für den modernen Wirtschaftskreislauf unerlässlich. Die Entwicklung moderner Industriegesellschaften ist untrennbar mit der Entstehung von Versicherungsmärkten und der Deckung neuartiger Risiken durch Versicherer verbunden. Da die Menschen in ihrer großen Mehrheit risikoscheu sind, werden sie dadurch, dass sie einen Teil ihrer Risiken bei Institutionen wie Versicherungsunternehmen absichern können, in die Lage versetzt, in verstärktem Maße Wagnisse einzugehen. Da aber die Übernahme von Risiken in einer Welt risikoscheuer Individuen produktiv ist, wirkt die Bereitstellung von Versicherungsschutz wohlfahrtssteigernd.[2]

Da es in der privaten Versicherungswirtschaft, von gesetzlichen Versicherungspflichten einmal abgesehen (wie bspw. Haftpflichtversicherung), keinen Zwang zur Versicherung gibt, hängt deren Zustandekommen vom marktwirtschaftlichen Kräftespiel von Angebot und Nachfrage ab.[3] Dass sich Katastrophen, von denen bei Versicherungen ab einem Versicherungsschaden von 37,5 Mio. USD oder einem doppelt so hohen Gesamtschaden gesprochen wird[4], bezüglich Eintritt und Schadenshöhe (dem so genannten PML- probable maximum loss) schwer vorhersagen lassen, spiegelt sich im Angebot der Versicherer wieder. Der Unsicherheit wird durch erhöhe Prämien Rechnung getragen oder es wird gar keine Versicherung angeboten.[5]

Trotz dieser Kalkulationsschwierigkeiten ist ein hoher Prozentsatz - etwa 40 % des weltweiten Schadensaufkommens - versichert.[6] Dies führte im Rekordjahr 2004 zu einer versicherten Schadenssumme von 49 Mrd. USD. Der Hauptanteil der versicherten Schäden liegt dabei mit 87 % auf Nordamerika, wobei dort nur 14 % der Katastrophenfälle stattfinden.[7] Der starke Anstieg der Sachschäden seit Mitte der 70er Jahre wird mit der Klimaveränderung in Verbindung gebracht und setzt die Versicherer bei gehäuften Schadensfällen unter starken Druck.

Dabei ergibt sich durch die steigenden Schadenssummen kaum noch ein "underwriting profit". Die Gewinne werden vor allem über das so genannte floating erzeugt, also durch Kapitalanlagen im Zeitintervall zwischen Prämieneinzahlung und der Auszahlung der Versicherungssumme. Damit hängt die Solidität der Versicherungswirtschaft von der gesamtwirtschaftlichen Lage ab, so dass Rezessionen mit steigenden Versicherungsbeiträgen gekoppelt sind.

B. Naturkatastrophen
I. Definition

Als Naturkatastrophe gilt ein durch Naturgewalten ausgelöstes Ereignis. In der Regel hat ein derartiges Ereignis viele Einzelschäden zur Folge, welche zahlreiche unterschiedliche Versicherungsverträge und Vertragsparteien betreffen. Das Schadensausmaß einer Katastrophe hängt jedoch nicht allein von der Stärke der Naturgewalten ab, sondern auch von menschlichen Faktoren wie der Bauweise oder der Effizienz des Katastrophenschutzes in der betroffenen Region. Naturkatastrophen werden vor allem durch Überschwemmung, Sturm, Erdbeben (inkl. Tsunami), Dürre und Buschbrand, Kälte und Frost, Hagel und ähnliche Naturereignisse verursacht.[8]

---

[1] Definition der Versicherung: „Deckung eines im einzelnen ungewissen, insgesamt aber schätzbaren Geldbedarfs auf der Grundlage eines durch Zusammenfassung einer genügend großen Anzahl von Einzelrisiken herbeigeführten Risikoausgleiches."
aus: *Manes*, Versicherungswesen, Leipzig/Berlin 1930
[2] *Nell*, Staatshaftung für Terrorrisiken, S. 3.
[3] *Armbrüster*, Kritische Vierteljahresschrift 2005, S. 319.
[4] Sigma Nr. 1/2005, S. 37.

[5] In Deutschland, dass ganz auf versicherungsrechtliche Privatautonomie setzt, in der Elementarschadensversicherung gegen Hochwasser in Risikogebieten (ZÜRS1) ein Problem: dazu unten: S4 f.
[6] Sigma Nr. 1/2005, S. 3.
[7] *Nguyen*, Grenzen der Versicherbarkeit von Katastrophenrisiken, S.10.
[8] *Nguyen*, Grenzen der Versicherbarkeit von Katastrophenrisiken, S. 7f.

II. Entwicklung der Katastrophenfälle

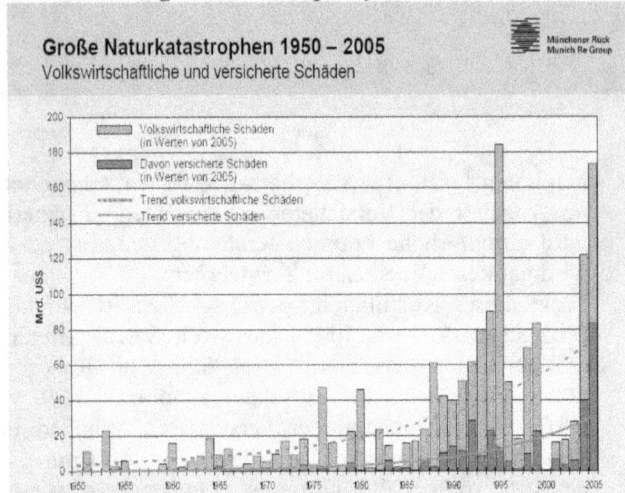

Große Naturkatastrophen 1950 – 2005
Volkswirtschaftliche und versicherte Schäden

Als Grund für den dramatischen Anstieg der Schadenssummen in den letzten Dekaden wird immer wieder die Klimaveränderung genannt, die durch Erhöhung der Durchschnittstemperatur gleichzeitig auch „extreme weather" begünstige. Diese Einschätzung wird generell von den Versicherern geteilt[9] allerdings wird auch auf die steigende Wertekonzentration und Ansiedlungsdichte in gefährdeten Regionen hingewiesen[10]

Da dieses Wachstum erst durch die Risikoabsicherung mit Versicherungen möglich wurde, handelt es sich um ein teilweise selbstinduziertes Problem.[11]

III. Regelung im Deutschen Recht

Die zentrale Rechtsvorschrift für die Versicherungsbedingungen in Deutschland ist das Versicherungsvertragsgesetz (VVG). Dieses Gesetz kennt die Kategorie der Katastrophe allerdings nicht; lediglich im Abschnitt über Feuerversicherungen (§§81ff.) werden einige Katastrophenrisiken aufgelistet. § 84 lautet:

„Der Versicherer haftet nicht, wenn der Brand oder die Explosion durch ein Erdbeben oder durch Maßregeln verursacht wird, die im Kriege oder nach Erklärung des Kriegszustandes von einem militärischen Befehlshaber angeordnet worden sind."

Dabei handelt es sich um eine abdingbare Vorschrift, der Versicherer kann in seinen Vertragsbedingungen davon abweichen. Kommt es zur Anwendung des § 84, liegt die Beweislast bei dem Versicherer, dass ein Kriegsfall/Erdbeben ursächlich für den Schaden war

bzw. falls das nicht möglich ist[12]. Grund für die Einführung der Regelung war der Schutz der Versicherer vor den nicht kalkulierbaren Risiken der Schadensfälle und des enormen Schadenspotentials.[13]

Da es somit kaum rechtlich verbindliche Vorgaben bezüglich der Versicherung von Katastrophenrisiken gibt, ist die Gestaltung in die Hände der Vertragsparteien gegeben. Dabei wird der Risikoausschluss des § 84 in der heutigen Bedingungspraxis häufig noch bspw. um innere Unruhen und Kernenergie erweitert.[14] Diese Zurückhaltung des Gesetzgebers ist mit Blick auf das Ausland keinesfalls selbstverständlich: Das französische Recht untersagt den Ausschluss des Terrorrisikos[15] und lässt Sachversicherungsverträge verpflichtend alle Elementarschäden beinhalten, wofür zwangsweise ein Prämienaufschlag von 9 % erhoben wird.[16]

IV. Versicherungssituation für verschiedene Naturkatastrophentypen

1. Hochwasser

Überschwemmungen stellen ein Drittel der weltweiten Katastrophen dar, sind proportional an den Schäden beteiligt, aber deutlich unterproportional versichert.[17]

In deutschen Gebäudeversicherungen[18] werden Überschwemmungsschäden im Allgemeinen ausgeschlossen.[19] Selbst in Zusatzversicherungen gegen Elementarschäden wird nochmals differenziert: Überschwemmungen sind in Sturmfluten, Sturzfluten und Flussüberschwemmungen gegliedert und erstere werden häufig ausgeschlossen.[20] Die Kosten für eine solche Zusatzversicherung richtet sich nach der Risikoeinschätzung des Gebäudes: Anhand des Zonierungssystems ZÜRS[21] wird in die Risikogruppen E1-3 eingeteilt.[22] Ein gewisser Anteil[23] der Gebäude gilt

---

[9] Allianz, Climate Change and Insurance, S. 12: "Recent research has resulted in broad scientific consensus that the earth's climate is warming and that – although some changes occur on a cyclical basis throughout history – current climate change, or "global warming," is being driven by rising levels of greenhouse gases".

[10] zur Situation in Florida, das 2004 von drei Hurricanes getroffen wurde, die einen Schaden von 19 Mrd. USD verursachten: Sigma 1/2005, S. 13: "The number of residents in this state increased by 70 % between 1980 and 2001. In the same period, the state's gross domestic product soared by 130%.".

[11] Zum Problem des „moral hazard" und der staatlichen Einmischung vgl. *Nell*, Staatshaftung für Terrorrisiken.

[12] Beweislastanordnung des Reichsaufsichtsamts für Privatversicherungen vom 14. Februar 1940, dazu BGHZ 2, 55-62: „Gelingt dem Versicherer nicht der Beweis, daß die Entstehung des Schadensfalls mit Kriegsereignissen zusammenhängt und kann er auch nur für einen Teil des Schadensumfangs einen ursächlichen Zusammenhang mit ihnen nachweisen, so haftet er für den Teil des Schadens, der sich auch bei einem nicht durch Kriegsereignisse beeinflußten Schadensverlauf ergeben hätte.".

[13] *Johannsen*, in Bruck/Möller/Sieg, VVG, S.157.

[14] Vgl.: § 1 Nr. 7 Allgemeine Bedingungen für die Feuerversicherung (AFB 87): „Die Versicherung erstreckt sich ohne Rücksicht auf mitwirkende Ursachen außerdem nicht auf Schäden an versicherten Sachen und nicht auf versicherte Kosten, die durch Kriegsereignisse jeder Art, innere Unruhen, Erdbeben oder Kernenergie verursacht werden".

[15] Art. L 126-2 CdA (Code des Assurances) zit. nach *Armbrüster*, Kritische Vierteljahresschrift 2005, S. 323.

[16] *Nell*, Staatshaftung für Terrorrisiken, S. 3f.

[17] Münchener Rück, Schadenspiegel, 3/2005, S.9.: auf 250 Mrd. USD volkswirtschaftlicher Schäden in den 90er Jahren kommen nur etwa 9 Mrd. USD versicherungswirtschaftlicher Schäden.

[18] Diese sind seit 1994 aufgrund einer EU-Richtlinie (92/49/EWG vom 18.6.1992) nicht mehr obligatorisch, wird allerdings von Banken zur Kreditsicherung verlangt und ist deshalb weit verbreitet.

[19] § 9 Nr.4b Allgemeine Wohngebäude-Versicherungsbedingungen: nicht „Grundwasser, stehendes oder fließendes Gewässer, Hochwasser oder einen durch diese Ursachen hervorgerufenen Rückstau".

[20] Vgl. §3 Nr. 2b Besondere Bedingungen für die Versicherung weiterer Elementarschäden.

[21] Zonierung für Überschwemmung, Rückstau und Starkregen

[22] bei einem Gebäudewert von 300000 Euro belaufen sich die Kosten auf 30-300 € jährlich.

als unversicherbar und bleibt ohne Versicherungsschutz. Selbst in der höchsten Stufe E3 liegt der Versichertenanteil gerade einmal bei der Hälfte.

Angesichts der geographischen Lage Deutschlands machen Überschwemmungen mit 18% nur einen geringen Teil der volkswirtschaftlichen Katastrophenschäden aus, sind jedoch, da „Ausuferungen oberirdischer Gewässer" sich naturgemäß an neuralgischen Punkten konzentrieren, in ihrer versicherungstechnischen Behandlung politisch heftig umstritten.

Bei diesem Streit geht es um Versicherungspflicht vs. Privatautonomie.

a) Gründe, die für die Versicherungspflicht sprechen:
- es handelt sich um einen Fall von Marktversagen - die klassischen Mechanismen der Solidargemeinschaft der Versicherungsnehmer funktioniert nicht mehr, wenn sich das Risiko auf einen kleinen Kreis von Betroffenen reduziert. Eine Versicherungspflicht würde das Risiko wieder auf alle umlegen.
- Rückzug der privaten Versicherer: nach dem Elbe-Hochwasser 2002 wird an verfeinerten Zonierungsinstrumenten gearbeitet, die das unversicherbare Gebiet entlang von Flüssen von 10 auf 20-25% steigen lassen.[24] Die dort alleine eingreifenden ad-hoc Instrumente des Staates und private Spenden schädigen Kaufkraft und entziehen Investitionsmittel[25]
- Staatliche Ad-hoc-Hilfen und private Spenden wirken sich auch noch in anderer Weise nachteilig aus. Sie vermindern systematisch den Anreiz für die vom Flutrisiko Betroffenen, mit Hilfe von Schutzmaßnahmen wie Rückstauvorrichtungen und angepassten Baustoffen das Schadensrisiko möglichst niedrig zu halten.[26] Auch die "kollektive Prävention" ist zu niedrig, da Gemeinden und Länder sich auf die Bundeshilfen verlassen.

b) Gegen eine Versicherungspflicht spricht:
- Pflichtversicherungen finden ihre Begründung in der Gefährdung anderer. Zwang zur Eigenvorsorge wäre angesichts der grundgesetzlich gewährten Privatautonomie nicht unbedenklich.[27]
- Gefahr des „moral hazard". Staatlicher Eingriff führt, wie es das französische „Caisse Centrale de Reassurance" Modell[28] zeigt, zu ökonomischer Ineffizienz. Dies bewirkt insbesondere,

dass die Bebauung in stark hochwassergefährdeten Gebieten intensiver ist, als es ökonomisch sinnvoll wäre, da die Kosten des Hochwasserrisikos bei den Gebäudeeigentümern nicht internalisiert werden.
- Kapazitätsprobleme von Versicherern mit hohem Sachversicherungsbestand in besonders gefährdeten Regionen.[29]

Durch eine intelligent gestalte staatliche Beteiligung könnten die gegenläufigen Bedenken vermieden werden:

Die verfassungsrechtliche Bedenklichkeit könnte durch ein Pooling mit anderen Elementarschäden wie mit Sturm oder Hagel, womit jeder „Zwangsversicherte" zumindest einem Risiko exponiert ist, und einer differenzierten Prämiengestaltung gemindert werden. In der Rechtssprechung zur Gurtpflicht[30] hat das BVerfG bereits gezeigt, dass Funktionstüchtigkeit des Versicherungswesens und Verminderung der Schadensbelastung für die Allgemeinheit eine Einschränkung der Privatautonomie rechtfertigen können.

Durch ein Fungieren des Staates als Letztversicherer könnten die Kapazitätsprobleme beseitigt werden. Die deutschen Erst und Rückversicherer verfügen über ein Jahresaggregat[31] von 6 Mrd. Euro; da versicherte private und gewerbliche Schäden typischerweise weniger als die Hälfte der volkswirtschaftlichen Schäden ausmachen, müsste der Staat also nur bei Extremereignissen eintreten, bei denen die Gesamtschäden deutlich über 12 Mrd. Euro liegen.[32]

2. andere Katastrophentypen

Die häufigste Katastrophe in Deutschland mit dem höchsten Schadensanteil (76%) ist der Sturm, der als Luftbewegung von mindestens Windstärke 8 definiert ist. Dieser Katastrophentyp ist meistens in die allgemeine Hausrat- und Wohngebäudeversicherung aufgenommen[33] und wird mit einer Versicherung gegen Hagelschäden gekoppelt, da diese Wetterphänomene in der Schadensbeurteilung schwer abgrenzbar sind.

Die anderen Katastrophentypen spielen für Deutschland so gut wie keine Rolle. Für die Landwirtschaft gibt es spezielle Waldbrandversicherungen, während Schäden aufgrund von Dürre in Deutschland bisher kaum versichert sind.

C. Technische Katastrophen
I. Definition

Als Man-made- oder technische Katastrophen werden Großereignisse bezeichnet, die im Zusammenhang mit menschlichen Aktivitäten stehen, wie Grossbrände oder Explosionen. Betroffen ist meistens ein großes Objekt auf eng umgrenztem Raum, das von wenigen Versicherungsverträgen gedeckt ist. Kriege, Bürgerkriege und kriegsähnliche Ereignisse sind ausgeschlossen.[34]

---

[23] in Bayern beläuft sich der Anteil auf 2,6 %; ausschlaggebend ist dabei eine Schadenseintrittswahrscheinlichkeit innerhalb eines Zeitintervalls von 10 Jahren, vgl.: *Raab*, Grenzen der Versicherbarkeit, Symposium Hochwasser, S. 10.

[24] *Schwarze/Wagner*, Wochenbericht des DIW Berlin 12/03, S. 2.

[25] für die Soforthilfe beim Hochwasser 2002 (die mit geschätzten 20 Mrd. € deutlich überfinanziert wurde) wurde die zweite Stufe der Steuerreform um ein Jahr nach hinten verschoben.

[26] Um dem entgegenzuwirken, gibt es in der Versicherungstheorie den Vorschlag, auf alle ad-hoc Maßnahmen zu verzichten; *Richard Epstein*, Catastrophic Responses to Catastrophic Risk, The Journal of Risk and Uncertainty,1996, S. 294.

[27] *Armbrüster*, Kritische Vierteljahrsschrift 2005, S. 331.

[28] s.o. S. 4.

---

[29] ZfV 2005, S. 349.

[30] BVerfG, NJW 1987, S.180.

[31] Das Jahresaggregat misst die maximale Deckung, die als Summe für eine begrenzte Anzahl von Ereignissen - im Regelfall zwei pro Jahr - zur Verfügung steht.

[32] *Schwarze/Wagner*, Wochenbericht 12/03 des DIW Berlin, S. 8

[33] allerdings nur genau definierte Schadenskausalverläufe: *Armbrüster*, Kritische Vierteljahrsschrift 2005, S. 332.

[34] vgl. § 84 VVG.

Dabei stellen die Terrorismusrisiken eine besondere Form von Katastrophenrisiken dar. Obgleich sie ebenfalls wie Natur- oder technische Katastrophen zu hohen Schäden führen können, werden sie weder wie Naturkatastrophen zufällig ausgelöst, noch resultieren sie wie technische Katastrophen aus menschlichem oder technischen Versagen. Auslöser ist hier vorsätzliches menschliches Handeln. Anders als bei den anderen Katastrophentypen kann deshalb die Eintrittswahrscheinlichkeit solcher Schäden und damit die Gefahr aus Terrorrisiken (noch) nicht anhand empirischer Daten und Verfahren modelliert werden.

II. klassische technische Katastrophen

Das Risiko von Bränden und Explosionen wird über die Gebäudeversicherung gedeckt, in der Industrie über den Abschluss einer Feuerversicherung.[35] Für die friedliche Kernenergienutzung[36] sowie im Verkehrsbereich[37] bestehen anders als in vielen anderen Bereichen aufgrund des hohen potentiellen Schadens und Ersatzansprüchen staatliche Versicherungspflichten.

1. Luftpool

Die deutschen Transportversicherer haben sich in einem Pool zusammengeschlossen, der für die Fluggesellschaften nicht nur die nach § 43 LuftVG vorgeschriebene Haftpflichtversicherung anbietet, sondern auch die Sachversicherung abdeckt.

Im Bereich der Eisenbahnen leistet diese Rolle der Versicherungsverband Deutscher Eisenbahnen.[38]

2. Atompool.

In den Allgemeinen Feuerversicherungsbedingungen sind die Risiken aus der friedlichen Nutzung der Kernenergie regelmäßig ausgeschlossen[39]. Nach § 25 AtomG, der auf das Pariser Übereinkommen verweist, trifft den Betreiber eines Kernkraftwerks eine Gefährdungshaftung, d.h. es kommt auf Widerrechtlichkeit oder Verschulden für die Haftbarmachung nicht an.

Auch wenn die Eintrittswahrscheinlichkeit von Großschäden beim Betrieb von Atomkraftwerken gering ist, ist die maximal mögliche Schadenssumme außerordentlich groß. Aus diesem Grund ist ein einzelnes Versicherungsunternehmen typischerweise nicht in der Lage, diese Risiken alleine zu tragen. Auch die Möglichkeit, die Risiken an Rückversicherer weiterzugeben, scheitert an den gesetzlich vorgeschriebenen Höchsthaftungssummen. Seit 1998 schreibt das Atomgesetz eine Haftungshöchstsumme von ca. 2,5 Mrd Euro vor. Für Schadenssummen über diesem Betrag haftet nach § 34 Atomgesetz der Bund.

Aus diesen Gründen wurden in den meisten Ländern, die Kernenergie einsetzen, Nuklear-Versicherungs-Pools gegründet, die die Risiken gemeinsam übernehmen. In Deutschland ist dies die Deutsche Kernreaktor-Versicherungsgemeinschaft. Die Organisation ist ähnlich wie bei Rückversicherern: Bei Schadensfällen zahlt zunächst der jeweilige Erstversicherer. Übersteigt die

Schadenssumme einen vereinbarten Maximalbetrag von 255 Mio Euro, so springt die DKVG ein. Eine ähnliche Funktion hat die Nuklear Haftpflicht Gesellschaft bezüglich möglicher Evakuierungskosten

III. Terrorrisiken

Bis zu den Anschlägen vom 11. September waren Terrorrisiken in der Versicherungswirtschaft kaum ein Thema. Mit Schäden von 19 Mrd. USD zeigten die Anschläge jedoch schonungslos die Grenzen privatwirtschaftlicher Versicherbarkeit auf.[40]

Nach den gängigen Theorien zu den Grenzen der Versicherbarkeit, müssen Terrorrisiken als unversicherbar gelten, da sie nicht kalkulierbar sind und das Risiko von Kumulschäden besonders hoch ist.[41] So werden heute bei Großrisiken (in Deutschland bei Versicherungssummen von über 25 Mio. €[42]) Terrorrisiken in den AVB verbreitet ausgeschlossen.

1. Terrorrisiken in Standardversicherungsverträgen

Fraglich ist jedoch, inwieweit die Standardversicherungsbedingungen Terrorrisiken ausschließen.

Der Begriff des Terrors findet sich nicht im VVG und war bis jetzt auch in den meisten allgemeinen Versicherungsbedingungen nicht erwähnt.[43] Eine gängige Definition hat sich erst kürzlich durch die Versicherungsbedingungen der Extremus AG herausgebildet:

„Terrorakte sind jegliche Handlungen von Personen oder Personengruppen zur Erreichung politischer, religiöser, ethnischer oder ideologischer Ziele, die geeignet sind, Angst oder Schrecken in der Bevölkerung oder Teilen davon zu verbreiten und dadurch auf eine Regierung oder staatliche Einrichtungen Einfluss zu nehmen. "[44]

Diese Definition ist ungewöhnlich, indem sie auf die Motive rekurriert und nicht, wie für Versicherungsbedingungen üblich, auf die Art des Schadens.[45] Es ergeben sich auch Abgrenzungsschwierigkeiten zu den in Anlehnung an § 84 VVG in den AVB ausgeschlossenen Fällen des Krieges und der inneren Unruhen.

Der Begriff des Krieges ist in Versicherungsbedingungen nach herrschender Meinung weiter als der völkerrechtliche Begriff auszulegen: Er stellt auf den tatsächlichen Kriegszustand ab[46] und fordert lediglich einen tatsächlichen kriegerischen Gewaltzustand. Krieg grenzt sich von der inneren Unruhe durch das Kriterium der „zwischenstaatlichen Streitigkeit" ab.[47]

---

[35] *Armbrüster*, Kritische Vierteljahresschrift 2005, S. 333.

[36] § 25AtomG.

[37] § 43 LuftVG.

[38] *Armbrüster*, Kritische Vierteljahreschrift 2005, S. 334.

[39] vgl. §1 Nr.7 AFB 87.

[40] *Gas/Thomann*, ZVersWiss 2003, S. 697.

[41] *Gas/Thomann*, Wer trägt das Terrorrisiko, S. 698.

[42] In anderen Ländern liegt die Summe teilweise erheblich unter diesem Wert: in GB werden Risiken ab 100 000Pfund, im Rahmen der französischen GAREAT (Gestion de l`Assurance et de la Rèassurance des Risques Attentats et Actes de Terrorisme) Risiken ab 6 Mio € zusätzlich gegen Terrorismus versichert.

[43] Eine Ausnahme stellen die Allgemeinen deutschen Seeversicherungsbedingungen dar, die bereits eine Gleichstellung von terroristischen Gewalthandlungen mit Krieg enthalten.

[44] Allgemeine Bedingungen für die Terrorversicherung, A 1, 2.

[45] *Gas/Thomann*, Wer trägt das Terrorrisiko, S. 698.

[46] *Kollhosser* § 84 VGG Rdn.1.,
Dahlke, Terror als Schadensursache, VersR 2003, S. 28.

[47] *Dahlke*, VersR 2003, S. 27.

Teilweise wird die Meinung vertreten, der versicherungsrechtliche Kriegsbegriff müsste um Terrorakte erweitert werden, wobei differenziert wird nach Terrorakten, die mit Kriegsereignissen in einem „ursächlichen Zusammenhang" stehen[48] und solchen, die einer kriegsführenden Partei zuzurechnen sind.[49] Es muss dabei zwischen Auslegung der Begriffe „Krieg" und „innere Unruhe" und einer ergänzenden Vertragsauslegung unterschieden werden.[50]

Da Krieg auch nach der versicherungsrechtlichen Definition Zwischenstaatlichkeit voraussetzt, müsste es sich bei dem terroristischen Akt um ein kriegsbedingtes Schadensereignis handeln, das einer Kriegspartei zuzurechnen ist.[51] Dies war beim Anschlag vom 11. September beispielsweise nicht der Fall.

Innere Unruhen sind nach der Rechtssprechung dann gegeben, wenn zahlenmäßig nicht unerhebliche Teile des Volkes in einer die öffentliche Ruhe und Ordnung störenden Weise in Bewegung geraten und Gewalttätigkeiten gegen Personen oder Sachen verüben.[52] Bei terroristischen Gewalttaten handelt es sich jedoch eben nicht um Massenbewegungen, weshalb der Begriff der inneren Unruhe nicht geeignet ist, bei Terroranschlägen die Leistungspflicht des Versicherers auszuschließen.

Folglich könnte nur durch eine ergänzende Vertragsauslegung der Versicherer vom Terrorrisiko befreit werden. Dazu müsste es sich um eine unbewusste Regelungslücke handeln, deren Gemeinsamkeit mit dem geregelten Fall die Vertragsparteien dazu gebracht hätte, sie genauso zu regeln. Zwar handelt es sich bei der Nichtbeachtung von Terrorrisiken um eine unbewusste Regelungslücke, jedoch kann keinesfalls mit dem Einverständnis des Versicherungsnehmers gerechnet werden, Terrorrisiken ebenfalls auszuschließen.[53]

Im Ergebnis bleibt also festzustellen, dass Terrorrisiken durch die Kriegsausschlussklausel in Versicherungsverträgen nicht ebenfalls unversichert sind, außer es handelt sich um einen seltenen Fall, in dem ein Terrorakt einer Kriegspartei zuzurechnen ist.

2. Mitwirkung des Staates

Die Schwierigkeit der Versicherung von Terrorrisiken hat zu einem „Versicherungsnotstand"[54] geführt und zu einer Diskussion über eine mögliche Beteiligung des Staates, die sich 2002 auch in der Extremus AG materialisierte.

Die grundsätzlichen Bedenken, die gegen eine Zusammenarbeit mit dem Staat sprechen[55] treffen zwar auch auf Staatsgarantien bei der Terrorversicherung zu, doch führte die Verunsicherung nach den Terroranschlägen von 2001 und die Besonderheiten des Terrors (Unwägbarkeit des Eintreffens, politische Ursachen) in der Literatur zu einer weitverbreiteten Zustimmung zu einer Staatsdeckung.

a) Staatsdeckung für Luftfahrthaftpflichtversicherung

Nach den Anschlägen vom 11. September kündigten die Versicherer durchweg Sonderdeckungen für „politische Risiken" der Haftpflichtversicherungen der Fluggesellschaften, die mit einem siebentägiger Kündigungsfrist ausgestattet waren. In einer Zwischenzeit bis Angebot und Nachfrage den veränderten Umständen angepasst waren und privatwirtschaftliche Deckung - zu deutlich erhöhten Prämien - wieder erhältlich war, mussten viele Staaten mit Deckungszusagen einspringen, um den Fortbestand des Flugverkehrs zu gewährleisten.[56] Da sich die Situation inzwischen normalisiert hat wird heute die Notwendigkeit von Deckungszusagen, die oftmals versteckte Subventionen darstellen, abgelehnt.[57]

b) Extremus AG

Die Extremus AG wurde im April 2002 von 16 Versicherungsunternehmen gegründet, um dem Versicherungsnotstand im Hochrisikobereich abzuhelfen. Diese mit einer eigenen Deckungskapazität von 3 Mrd. € ausgestattete Versicherung wird um weitere 10 Mrd. € in Form einer Staatsgarantie ergänzt, wobei nur Hochrisiken von über 25 Mio. Euro[58] versicherbar sind. Dabei wird allerdings nicht nach Risikoexposition unterschieden, die Prämie richtet sich allein nach der Versicherungssumme.[59]

Damit beschreitet Deutschland einen Sonderweg, auf dem durch Quersubventionierung allen eine Terrorrisikodeckung zugänglich gemacht werden soll. Im amerikanischen Modell des „Terrorism Risk Insurance Act"[60] ist die Prämienfindung den Erstversicherungsmärkten überlassen, in Großbritannien wird durch den für Terrorrisiken verantwortlichen „Pool Re"[61] eine vierfache Zonierung des Landes vorgenommen, nach der sich die Prämie bemisst. Ökonomisch wäre eine Differenzierung nach Risikohöhe sinnvoll:

„...führt die ungenügende Prämiendifferenzierung dazu, dass die schlechten Risiken in einer Tarifklasse Versicherungsschutz „zu billig" und die guten Risiken zu teuer erhalten. Die Folge ist, dass gerade die Versicherungsnehmer, die gute Risiken darstellen, das Instrument Versicherung bei ihrem Risk-Managment einsetzen, während die schlechten Risiken einen zu

---

[48] *Grimm*, Unfallversicherung, 3. Aufl. 2000, § 2 AUB Rn. 37.
[49] *Dahlke*, VersR 2003, S. 29.
[50] *Armbrüster*, Kritische Vierteljahresschrift 2005, S. 337.
[51] *Dahlke*, VersR 2003, S. 28.
[52] RGZ 108, 190, BGHZ 6, 28.
[53] *Armbrüster*, Kritische Vierteljahresschrift 2005, S. 338. mit weiteren Nachweisen.
[54] *Gas/Thomann*, ZVersWiss 2003, S. 698.
[55] s.o. S.4, *Priest*, (2003), S. 26: "The ethic and principles of government are antagonistic to risk reduction". zit. nach: *Gas/Thomann*, ZVersWiss 2003, S. 700.
[56] *Gas/Thomann*, ZVersWiss 2003, S. 708.
[57] *Nell*, Staatshaftung für Terrorrisiken, S. 8.
[58] Dies ist in etwa die Grenze, ab wann Terrorrisiken durch Sachversicherer ausgeschlossen werden. In anderen Ländern liegt die Summe teilweise erheblich unter diesem Wert: in GB 100 000Pfund, im Rahmen der französischen GAREAT (Gestion de l'Assurance et de la Rèassurance des Risques Attentats et Actes de Terrorisme) werden Risiken ab 6 Mio € eingebracht.
[59] www.extremus.de
[60] in den USA seit 2002 durch den Terrorism Risk Insurance Act (TRIA) bis Ende 2007 eine staatliche Rückversicherung für alle Versicherungsverträge, die auf insgesamt 100 Mrd. USD pro Jahr begrenzt ist. Im Gegenzug müssen alle Versicherer in neu abgeschlossenen Verträgen das Terrorrisiko einschließen, bzw. bei alten Verträgen Terrorismus wieder einschließen.
[61] Die privatwirtschaftlichen Versicherer gewähren eine begrenzte Deckung. Darüber hinausgehender Bedarf wird durch Pool Re abgedeckt, die auch Prämiensätze und Vertragsbedingungen festlegt. Wird Pool Re zahlungsunfähig, fungiert der britische Staat als Versicherer in letzter Instanz.

umfassenden Versicherungsschutz nachfragen und hierdurch noch einen zusätzlichen Anreiz haben, auf Schadenvermeidungsaktionen zu verzichten.[62]"

D. Versicherungstechnische Möglichkeiten zur Erweiterung der Versicherbarkeit

Jenseits der Zusammenarbeit mit dem Staat gibt es jedoch auch für die Versicherer selbst Möglichkeiten, die Grenze der Versicherbarkeit zu verschieben:
Dies kann auf folgenden Wegen geschehen:

I. Verringerung der Schadenshöhe

Selbstbehalte und Eigenbeteiligungen reduzieren den „moral hazard" und Deckungsgrenzen machen aus nicht quantifizierbaren Ausgangsrisiken bekannte Höchstexponierungen. Durch die Verpflichtung des Versicherungsnehmers zu Schadensvorsorgemaßnahmen (bspw. erdbebensicheres Bauen) oder deren Berücksichtigung in der Prämienberechnung kann die Schadenshöhe ebenfalls limitiert werden. Nach § 6 VVG ist der Versicherer berechtigt, bei schuldhaftem Unterlassen von Vorsorge, das kausal für den Schadenseintritt wurde, den Deckungsschutz zu verweigern.

II. Mitversicherung/Rückversicherung

Mitversicherung bedeutet die quotenmäßige Beteiligung verschiedener Versicherer an der Deckung eines Versicherungsrisikos in der Form einer Teilschuld (§ 420 BGB), was besonders bei Großrisiken üblich geworden ist. Rückversicherung schafft zusätzliche Stabilität. Durch die Stabilisierung der versicherungstechnischen Ergebnisse, die Reduzierung des Durchschnitts- und Höchstschadens und die Freisetzung von Eigenkapital verbilligt eine Rückversicherung die Deckung. Allerdings finden sich auch in den Verträgen der Rückversicherer dieselben Ausschlussregelungen bezüglich Elementarschäden und Terrorismus wie bei den Erstversicherern. Besonders die Katastrophenschäden der letzten beiden Jahrzehnte führten zu einem starken Anstieg der Versicherungsprämien.[63]

III. Alternative Versicherungskonzepte
1. Captives (ARF- Alternative Risikofinanzierung)

Wenn der benötigte Versicherungsschutz am Markt nicht zu bekommen ist, ist es für viele Unternehmen lukrativ eine Selbstversicherung in Form sogenannter Captives anzulegen. Dies sind Versicherungsgesellschaften, die einem Unternehmen, das nicht in der Versicherungsbranche tätig ist, gehören. Der Hauptvorteil von Captives gegenüber traditionellen Versicherern besteht darin, dass sie das Problem der Informationsassymetrie lösen und damit Versicherungsschutz zu deutlich günstigeren Konditionen anbieten können.
Da es sich bei Captives um Versicherungsgesellschaften handelt, haben sie Zugang zum globalen Rückversicherungsmarkt, Durch Captives kann man bei gleicher Sicherung also den Kostenanteil der Erstver-

sicherungsprämie durch geringere Kosten der Captives ersetzen.

2. Verbriefung von Versicherungsrisiken

Die Verbriefung[64] von Risiken durch Nutzbarmachung klassischer Finanzmarktprodukte für den Versicherungsmarkt erweitert die Kapazität der Versicherungswirtschaft und erhöht dadurch die Verfügbarkeit von Deckungen für schwer zu versichernde Risiken. Die Eigenkapitalanforderungen sinken und die Deckung des Risikos wird billiger. Für die Investoren ist diese Anlageform sinnvoll, um eine Portfoliodiversifikation zu erreichen, da die Korrelation zwischen dem Underlying - den Versicherungsrisiken - und den traditionellen Anlageinstrumenten eher gering ist.[65]

a) Risikoanleihen- Insurance-Linked Bonds

Bei Insurance-Linked Bonds handelt es sich um Versicherungsanleihen, deren Verzinsung und/oder Kapitalrückzahlung vom Eintritt eines vertraglich fixierten Versicherungsereignisses abhängt. Dieses Instrument bietet sich vor allem für Versicherer von „high-severity, low-frequency" Risiken an, für die sich am Rückversicherungsmarkt durch Kapazitätsengpässe bzw. hohe Preise keine geeignete Deckung finden.[66]
Der Versicherer überträgt dazu ein Portfolio ausgewählter Versicherungsrisiken auf einen speziell für diesen Zweck gegründeten Rückversicherer, ein so genannte Special Purpose Vehicle (SPV), das die rechtliche Form eines Rückversicherers hat. Als Preis für die übernommenen Risiken erhält das SPV die Rückversicherungsprämie. Jetzt emittiert das SPV verzinsliche Wertpapiere (Bonds) und die Investoren leisten durch den Kauf der Papiere die Kapitaleinlage, die zur Sicherstellung der Rückversicherungsansprüche genutzt wird. Verzinsung und Rückzahlungsanspruch werden in Abhängigkeit eines Triggers bestimmt. Beispielsweise ist dies die Schadensquote, die Kennzahl, die das Verhältnis der Schadenaufwendungen zu den Beiträgen angibt. Mit zunehmender Schadenquote geht eine Verringerung des Verzinsungsanspruches einher bzw. gegebenenfalls reduziert sich zudem der Rückzahlungsanspruch des eingezahlten Kapitals.[67] Dabei kann der Trigger so gestaltet werden, dass es auf die konkret zu zahlende Entschädigungssumme des Versicherers ankommt. Jedoch gibt es auch Branchenindex- oder Modellschadenstrigger, bei denen die gesamten Branchenschäden oder die aufgrund eine Schadensberechnungsmodells zu erwartenden Schäden herangezogen werden.[68]
Das eingezahlte Kapital wird von der SPV in kurzfristige Anlageklassen erster Bonität wie z.B. staatliche Schuldverschreibungen und in kurzfristige Kapitalmarktpapiere investiert, um im Schadensfall den

---

[62] *Schulenburg* (1989), S. 329, zit. nach: *Gas/Thomann*, ZVersWiss 2003, S. 713.
[63] *Armbrüster*, Kritische Vierteljahresschrift 2005, S. 326.

[64] Englisch „securization": *Albrecht*, Mannheimer Manuskripte, S.6: „jede Bündelung von durch Risikokollektive induzierten Zahlungsströmen und deren Transformation in handelbare marktgängige Wertpapiere".
[65] *Weber*, ZfV 2005, S. 359.
[66] ebd.
[67] *Albrecht*, Mannheimer Manuskripte, S. 14.
[68] *Armbrüster*, Kritische Vierteljahresschrift 2005, S. 328.

Zahlungsverpflichtungen nachkommen zu können. Handelt es sich um unbedingte Bonds, d.h. ist Kapitalrückzahlung bei Laufzeitende garantiert, darf das Kapital nicht zur Schadensregulation eingesetzt werden; anders ist es bei bedingten Papieren.[69]

b) Versicherungsderivate
Derivate werden als Optionen (mit dem Recht das Derivat zu einem späteren Zeitpunkt zu einem jetzt festgelegten Preis zu kaufen) oder als Festgeschäft[70] (verpflichtender Kauf in der Zukunft zu festgelegtem Preis) gehandelt. Es handelt sich dabei um gegenseitige Verträge deren Preisbildung auf marktabhängigen Bezugsgrößen (Underlying) basiert. Dieser ist bei Versicherungderivaten in der Regel ein Schadensindex

E. Fazit
Katastrophen stellen die Leistungsfähigkeit auf eine harte Probe. Bevölkerungswachstum, Werteallokation und Klimawandel lassen wachsende Schadenssummen aufgrund von Naturkatastrophen für die Zukunft vermuten. Auch der internationale Terrorismus kann in seiner Bedeutung für die Versicherungswirtschaft noch nicht abgeschätzt werden, doch zeigen die Ereignisse des 11. Septembers die potentielle Schadensdimension und der Versicherungswirtschaft ihre Grenzen. Terrorrisiken erfordern eine Zusammenarbeit von Wirtschaft und Staat als Letztgarantie mit fast unbegrenzter Liquidität. Neue Versicherungskonzepte wie das Alternative Risk Transfer können dabei helfen, die Grenze der Versicherbarkeit auch in Zukunft noch weiter hinauszuschieben.

---

[69] *Weber*, ZfV 2005, S. 360.
[70] Festgeschäfte teilen sich in Futures (an Terminmärkten gehandelt) und Forwards (OTC-Geschäfte)

Innere Sicherheit und Präventionsstaat
Herausforderungen durch den internationalen Terrorismus

von **Anna Hofmann & Bontje Zängerling**, Passau

Seit den terroristischen Anschlägen am 11. September 2001 auf das World Trade Center in New York City wurden in vielen westlichen Demokratien, so auch in Deutschland, in kurzer Folge weit reichende Veränderungen in der Sicherheitsgesetzgebung vorgenommen[1] Wenngleich diese „Gesetzgebungslawine"[2] auf den ersten Blick durch die anscheinend allgegenwärtige terroristische Bedrohung legitim erscheinen mag, entzündete sich an ihr eine Grundsatzdiskussion über den Inhalt und Umfang der tatsächlich notwendigen Sicherheitspolitik und daran anschließend um das Verhältnis zwischen Sicherheit und Freiheit in Deutschland.

Im Mittelpunkt dieser Debatte steht einerseits die Befürchtung, dass der deutsche Rechtsstaat sukzessive in einen Präventionsstaat umgebaut wird, der dem Diktat der Sicherheitsmaximierung folgend seine Bürger als potentielle, bisher lediglich noch nicht verdächtigte Feinde betrachtet und ihre freiheitlichen Grundrechte daher übermäßig beschneidet. Tendenzen, die diese Befürchtung stützen, lassen sich nicht erst seit September 2001 sondern bereits seit den 70er Jahren finden und manifestieren sich v.a. im Polizei-, Straf- und Ausländerrecht.[3] Andererseits wird geargwöhnt, dass die deutschen Sicherheitsbehörden und –dienste in Anbetracht der Gefahr verheerender terroristischer Attentate noch längst nicht ausreichend präventive Befugnisse zur Informationsbeschaffung innehätten, um größtmögliche Sicherheit garantieren zu können. In diesem Zusammenhang wird auch beanstandet, dass in Deutschland aufgrund der Erfahrungen mit dem totalitären Regime des Nationalsozialismus und der DDR die Freiheitsrechte der Bürger gegenüber dem Staat heutzutage übermäßig betont würden und man gegenüber neuer Bedrohungen, wie dem internationalen Terrorismus islamistischer Prägung, blind sei.[4]

Angesichts dieser Debatte soll im Rahmen dieser Arbeit untersucht werden, wie sich die Gesetzgebung im Bereich ‚Innere Sicherheit' in Deutschland jüngst entwickelt und in wie fern der deutsche Staat sich in diesem Bereich tatsächlich in einen Freiheit unterdrückenden Präventionsstaat verwandelt hat. Da die Thematik der Inneren Sicherheit und des Präventionsstaat sehr umfangreich ist und die ‚Sicherheitsgesetzgebung' viele verschiedene Gesetzesbereiche betrifft, kann die Materie im Rahmen dieser Arbeit nicht erschöpfend behandelt werden. Aus diesem Grunde wurden lediglich die wichtigsten, aktuell diskutierten Veränderungen in der Gesetzgebung ausgewählt und bearbeitet. Um anhand der Analyse dieser konkreten Maßnahmen die Frage zu beantworten, ob sich Deutschland in einen Präventionsstaat verwandelt, werden vorab zudem die relevanten Grundlagen geklärt.

A. Grundlagen

I. Spannungsverhältnis zwischen Freiheit und Sicherheit
Angesichts der Diskussion um den Präventionsstaat muss zunächst geklärt werden, welche Rolle Sicherheit und Freiheit im modernen Verfassungsstaat spielen. Dies soll skizzenhaft anhand der vertragstheoretischen Staatsphilosophien von Thomas Hobbes und John Locke geschehen. Da Sicherheit ein vieldeutiger Begriff[5] ist, muss im Hinblick auf die Fragestellung dieser Arbeit anschließend noch darauf eingegangen werden, was zum Wesensgehalt der sog. Innere Sicherheit gehört und welche Gesetzgebungsbereiche sie betrifft.

1. Sicherheit und Freiheit im modernen Verfassungsstaat: Spätestens seit mit den Vorstellungen der britischen Vertragstheoretiker Thomas Hobbes und John Locke die Ausbildung des modernen Verfassungsstaates begann, zählen die Gewährleistung von öffentlicher Ordnung, Sicherheit und Frieden zu den fundamentalen Zielen bzw. Aufgaben eines Staates.[6] Jedoch veränderte sich im Laufe der Zeit das Verständnis des Sicherheitsbegriffs. In Hobbes' *Leviathan* von 1651 meint Sicherheit lediglich den Schutz der Bürger vor zwischenmenschlicher, d.h. privater, Gewalt *durch* einen starken Staat.[7] Diesem stehe bei der Verwirklichung seines Si-

---

[1] Noch bis Jahresende 2001 wurden zwei Gesetzespakete zur Terrorismusbekämpfung erlassen. Bis Dezember 2007 verabschiedete der Bund ungefähr 20 neue gesetzliche Regelungen, in deren Rahmen mehrere hundert Einzelgesetze geändert wurden. Zudem wurden weitere Gesetze u.a. zur Erschwerung der Finanzierung des Terrorismus, zur Einrichtung des Bundesamtes für Bevölkerungsschutz und Katastrophenhilfe, zur Neuregelung von Luftsicherheitsaufgaben, zur Errichtung gemeinsamer Dateien von Polizeibehörden und Nachrichtendiensten und zur Vorratsdatenspeicherung erlassen sowie ein Gemeinsames Terrorabwehrzentrum eingerichtet. In Bezug auf die internationale Ebene wurde ferner eine Reihe von Zustimmungsgesetzen verabschiedet. (*Huster, Stefan & Rudolph, Karsten* (Hg.): Vom Rechtsstaat zum Präventionsstaat. Frankfurt a.M.: 2008, 9f.)
[2] *Huster & Rudolph*, a.a.O.: 9.
[3] *Hassemer, Winfried*: Zum Spannungsverhältnis von Freiheit und Sicherheit. Drei Thesen. In: Vorgänge. Zeitschrift für Bürgerrechte und Gesellschaftspolitik, 41. Jahrgang, September 2002, Heft 3, S. 10 – 15, 11.
[4] *Hanning, August*: Sicherheit gewährleisten – Freiheit wahren. In: Huster & Rudolph (Hg.), a.a.O., 2008: 198 – 201.

[5] *Erbel, Günter*: Die öffentliche Sicherheit im Schatten des Terrorismus. In: Aus Politik und Zeitgeschichte. Verwundbarkeit hochindustrieller Gesellschaften – Innere Sicherheit – Demokratie. B 10 – 11/ 2002, S. 14 – 21: 15.
[6] Vgl. u.a. *Schulze-Fielitz, Helmuth*: Innere Sicherheit: Terrorismusbekämpfung auf Kosten der Freiheit? In: Adolf-Arndt-Kreis (Hg.): Sicherheit durch Recht in Zeiten der Globalisierung. Berlin: 2003. S. 25 – 40, 25; *Middel, Stefan*: Innere Sicherheit und präventive Terrorismusbekämpfung. Baden Baden, 2007, 21 – 24; *Glaeßner, Gert Joachim*: Sicherheit und Freiheit. In: Aus Politik und Zeitgeschichte. Verwundbarkeit hochindustrieller Gesellschaften – Innere Sicherheit – Demokratie. B 10 – 11/ 2002, S. 3 – 13: 7.
[7] *Erbel*, a.a.O.: 17.

cherheitsversprechens uneingeschränkte Macht zu und er sei keinerlei Bindung an Gesetze unterworfen. Der Sicherheitsauftrag stelle die primäre Legitimationsgrundlage der staatlichen Macht dar. Sobald der Staat diesem Auftrag nicht mehr nachkomme, so die hobb'sche Theorie, verliere er seine Existenzbegründung und seine Bürger fielen in einen vorstaatlichen Naturzustand zurück, in dem jeder gegen jeden kämpft und das Recht des Stärkeren gilt.[8]

Die Sicherheit der Bürger ist jedoch nicht nur durch ihre Mitbürger gefährdet, sondern die Bedrohung kann auch vom Staat selbst, dem eigentlichen Hüter der Sicherheit, ausgehen – zumal wenn dieser übermächtig ist und keiner unabhängigen Kontrolle unterliegt. Aus diesem Grund scheint auch ein Mechanismus zum Schutz der Bürger *vor* dem Staat geboten. Dieses liberale Anliegen wurde erstmals in John Lockes Vertragstheorie explizit: Gemäß dieser besitzen die Menschen ein der Institution ‚Staat' vorausgehendes Naturrecht auf individuelle Freiheit und Gleichheit, das besonders auch der Staat, der seine Existenz und Autorität ja letztlich einzig vom Bürgerwillen ableitet, in seinem Handeln zu respektieren habe.[9] Demnach umfasst Sicherheit nunmehr neben dem Schutz vor Gewalteinwirkung durch andere Private ebenso den Schutz bürgerlicher Freiheit vor der Erdrückung durch einen allmächtigen Staat. Obwohl der Staat weiterhin das Gewaltmonopol innehabe, dürfe er nicht mehr jedes Mittel zur Gewährleistung von Sicherheit einsetzen, sondern sei in seinen Handlungsmöglichkeiten vielmehr durch das Gesetz und insbesondere die freiheitlichen Grundrechte seiner Bürger beschränkt.[10]

Freiheit stellt hier eine gesellschaftliche Zielbestimmung für ein gutes Leben dar, „die um ihrer selbst willen gilt", Sicherheit „eine Randbedingung, welche die Verwirklichung der Ziele befördert, erleichtert oder gar erst möglich macht".[11] Sicherheit und Freiheit sind somit keine Gegensätze. Vielmehr dient der materielle Staatszweck ‚Sicherheit' einerseits zwar dem Staatszweck ‚Freiheit', ist aber andererseits gleichzeitig essentielle Voraussetzung, um den Bürgern die Ausübung ihrer freiheitlichen Rechte überhaupt zu ermöglichen.[12] Heutzutage umfasst Sicherheit jedoch längst nicht mehr nur die ‚Gewissheit der gesetzmäßigen Freiheit' (Humboldt), sondern wird als „die Zusage einer *prinzipiell unbegrenzten, nie endenden staatlichen Aktivität* zum Schutze des Bürgers vor sozialen, technik- und umweltbedingten oder auch kriminellen Risiken und Gefahren"[13] verstanden. Es muss aber klar sein, dass *absolute* Sicherheit – genauso wie absolute Freiheit – eine utopische, nicht zu realisierende Idee ist. Gerade in der heutigen, immer komplexeren Welt und angesichts der sich rasant verändernden

Rahmenbedingungen kann es „nicht mehr um die *Garantie von Sicherheit*, sondern bestenfalls um die *Reduktion von Unsicherheiten* gehen."[14] Unsicherheiten können im demokratischen Verfassungsstaat jedoch wiederum regelmäßig nur über Beschränkung der individuellen Freiheiten verringert werden.[15] Folglich stehen Freiheit und Sicherheit dauerhaft in einem unvermeidlichen Spannungsverhältnis.[16] Die entscheidende Herausforderung an den Staat ist es daher, ein ausgewogenes Gleichgewicht zwischen diesen beiden, sich gegenseitig beeinflussenden Staatszwecken zu finden – also unter der Gewährleistung von Freiheit ein größtmögliches Maß an Sicherheit herzustellen – und dieses fortwährend an sich verändernde Umstände wie z.B. den internationalen Terrorismus anzupassen.[17]

Während die Freiheitsrechte der Bürger im deutschen Grundgesetz explizit und umfassend verankert sind, lässt sich dort keine ausdrücklich normierte Staatsaufgabe ‚Sicherheit' finden.[18] Aus der Zusammenschau verschiedener Einzelaspekte des Grundgesetzes, wie z.B. die verfassungsrechtlichen Bestimmungen zur Organisation und Verfahren der Sicherheitsbehörden und das Rechtsstaatsprinzip, lässt sich die Gewährleistung von Sicherheit jedoch als ungeschriebene Staatsaufgabe ableiten. Auch das BVerfG erklärte 1978 – im Einklang mit der hobb'schen Theorie:

„Die Sicherheit des Staates als verfasster Friedens- und Ordnungsmacht und die von ihm zu gewährleistende Sicherheit seiner Bevölkerung sind Verfassungswerte, die mit anderen im gleichen Rang stehen und unverzichtbar sind, weil die Institution Staat von ihnen die eigentliche und letzte Rechtfertigung herleitet."[19]

Teils wird aus einer Zusammenschau der Wortlaute verschiedener Gesetzesvorbehalte der Grundrechte (z.B. Art. 10 II, Art. 11 II, Art. 13 IV GG) sogar ein sog. ‚Grundrecht auf Sicherheit' abgeleitet.[20] Die Existenz eines solchen Grundrechts, „welches die Staatstätigkeit entgrenzt und entsprechend weit reichende Kompetenzen auslöst"[21], ist jedoch umstritten.

Sowohl Sicherheit als auch Freiheit sind somit auch Staatszwecke der Bundesrepublik und die Politiker stehen durch die Ereignisse am und nach dem 11. September 2001 vor der Aufgabe, im Rahmen und mit Mitteln des Rechts eine neue angemessene Balance zwischen dem staatlichen Sicherheitsversprechen und den freiheitlichen Abwehrrechten der Bürger zu finden.

2. Innere Sicherheit: Für den Kerngehalt des Begriffs ‚Innere Sicherheit' gibt es keine präzise, rechtsverbindliche Definition. Einerseits dient das Schlagwort ‚Innere Sicherheit' in der Parteienpolitik seit Jahren als *politischer* Kampfbegriff, andererseits wird das Konzept in

[8] *Glaeßner*, a.a.O.: 7.

[9] *Middel*, a.a.O.: 21 – 24; *Mückl, Stefan*: Rechtsstaat versus Terrorismus. Strategien zwischen Sicherheit und Freiheit. In: Vogel, Bernhard/ KAS (Hg.): Die politische Meinung, Nr. 455, 2007, S. 19 – 25. Im Internet: http://www.kas.de/wf/de/33.12001/ (letzter Abruf: 4.10.2008).

[10] Ebd.

[11] *Hassemer*, a.a.O.: 10.

[12] *Bosbach, Wolfgang*: Der Rechtsstaat in Zeiten des Terrors. Huster & Rudolph (Hg.), a.a.O., 2008, S. 137 – 150: 139f; *Hanning*, a.a.O.: 198.

[13] *Denninger, Erhard*: Vom Rechtsstaat zum Präventionsstaat? In: Adolf-Arndt-Kreis (Hg.): Sicherheit durch Recht in Zeiten der Globalisierung. Berlin, 2003, S. 9 – 24: 17.

[14] *Glaeßner*, a.a.O.: 4; Vgl. auch: *Erbel*, a.a.O.: 20.

[15] *Hassemer*, a.a.O.: 10; *Baldus, Manfred*: Freiheitssicherung durch den Rechtsstaat des Grundgesetzes. In: Huster & Rudolph (Hg.): a.a.O., 2008, S. 107 – 119: 110.

[16] *Huster & Rudolph*, a.a.O.: 12; *Baldus*, a.a.O.: 110.

[17] *Hanning*, a.a.O.: 198.

[18] Wie man sie z.B. für das Sozialstaatskonzept (Art. 20 I GG) und den Umweltschutz (Art. 20a GG) findet.

[19] BVerfGE 49, 24 (56f.) (Kontaktsperre-Beschluss).

[20] *Middel*, a.a.O.: 26f. Vgl. v.a. auch Josef Isensee: *Das Grundrecht auf Sicherheit*, Berlin: 1983.

[21] *Denninger*, 2003, a.a.O.: 17.

einem *verfassungsrechtlichen* Sinn oft als Synonym für die Staatsaufgabe ,Sicherheit' gebraucht.[22] Allerdings kann *Innere* Sicherheit wohl kaum mit der Sicherheit an sich gleichgesetzt werden, sondern muss vielmehr einen bestimmten Ausschnitt dieser Staatsaufgabe darstellen. Sicherheit kann zunächst in private und öffentliche Sicherheit unterteilt werden. Während die private Sicherheit alle selbstverantwortlichen Maßnahmen einzelner Individuen zur Verbesserung ihrer persönlichen Sicherheit umfasst, wird die öffentliche Sicherheit durch den Staat und seine Organe „im öffentlichen Interesse nach Maßgabe des objektiven Rechts" gewährleistet und umfasst „alle Sicherheitsbelange eines Gemeinwesens".[23] Öffentliche Sicherheit kann weiterhin nach ihrer Schutzrichtung in äußere und staatsinterne Sicherheit, die viele unterschiedliche Bereiche von der Verfassungssicherheit über die ökonomische bis zur ökologischen Sicherheit umfasst, unterteilt werden.[24] Klassischerweise wird Innere Sicherheit als ein Ausschnitt der staatsinternen Sicherheit aufgefasst, der „querschnittartig die Sicherheitsfelder aus dem Kreis interner Stabilitätsbereiche [betrifft], die in die sachliche Zuständigkeit der Polizei, der Verfassungsschutz- und Katastrophenschutzbehörden fallen."[25] Somit geht es beim Aufgabenfeld der Inneren Sicherheit hauptsächlich darum konkrete Gefahren für fundamentale Individualrechtsgüter der Bürger – wie das Leben, die körperliche Unversehrtheit, die Freiheit und das Eigentum – durch Verbrechen sowie spezifische Risiken für verfassungsrechtliche Gemeinschaftsgüter, insbesondere Bestand und Sicherheit des Staates sowie der freiheitlich-demokratischen Grundordnung, einzudämmen.[26] Die staatlichen Bemühungen im Bereich der Inneren Sicherheit zielen also darauf ab, die Voraussetzungen für ein rechtlich geregeltes und friedliches Zusammenleben der Bürger zu schaffen, d.h. inneren Frieden herzustellen. „Die Innere Sicherheit beschreibt danach einen dynamischen Zustand, in dem sich die – insbesondere von der Verfassung – als schützenswert angesehenen individuellen und universellen Rechtsgüter befinden."[27] Auch wenn dieses klassische Verständnis der Inneren Sicherheit nichts an seiner Richtigkeit verloren hat, muss es doch inhaltlich erweitert werden, da die Grenzen zwischen äußerer und staatsinterner Sicherheit im Zuge der Globalisierung und dem Fortschreiten der europäischen Integration immer mehr verschwimmen. Die kriegsähnlichen Attentate vom 11. September haben „die praktische Untrennbarkeit dieser beiden Sicherheitsdimensionen"[28] in drastischer Weise verdeutlicht. Gesetzgebung zur Herstellung Innerer Sicherheit kann demnach nicht mehr länger nur staatsinterne Ausmaße haben, sondern muss auch international ausgerichtet sein.[29] Zudem bestehen vielfältige Interdependenzen zu den anderen Sicherheits-

gebieten der öffentlichen Sicherheit, die es insbesondere bei der Betrachtung der Auswirkungen neuer Gesetze zu beachtet gilt. Gesetzgebung im Bereich Innere Sicherheit betrifft daher so verschiedene Bereiche wie z.B. Verfassungs-, Straf-, Polizei- und Ausländerrecht.

II. Rechtsstaat und Präventionsstaat

Prävention, d.h. die frühzeitige Erkennung und Verringerung möglicher Bedrohungen für den Staat und seine Bürger, war „schon immer ein Aspekt der Ordnungsfunktion des Staates"[30] und zeigte sich zunächst vor allem im Umwelt- und Technikrecht.[31] Doch obwohl Einigkeit darüber zu bestehen scheint, dass ein verantwortungsvoller Rechtsstaat auch immer ein *gewisses* Maß an Prävention betreiben muss – insbesondere auch im Rahmen der Terrorismusbekämpfung[32] –, divergieren die Meinungen in Bezug auf das Konzept des Präventionsstaates. Während einige den Präventionsstaat für einen zwar diametralen, jedoch inhärenten, lediglich auf einer anderen Ebene liegenden Aspekt des Rechtsstaatsbegriffes selbst halten,[33] sehen andere in ihm ein fundamental anderes, dem Rechtsstaat entgegenstehendes Staatskonzept. Hier sollen die Hypothesen der letzteren, kritischeren Position näher erläutert werden.

Die Konzepte des Rechtsstaats und des Präventions- bzw. Sicherheitsstaats folgen gemäß dieser Auffassung grundlegend verschiedenen, jeweils spezifischen Funktionslogiken: Die des liberalen Rechtsstaats orientiere sich vorrangig am Staatszweck ,Freiheit' und am Ideal der Autonomie, während die des Präventionsstaats primär auf den Staatszweck ,Sicherheit' und an Effizienz ausgerichtet sei.[34] Obwohl sich diese an unterschiedlichen Zielen ausgerichteten, theoretischen Funktionslogiken tendenziell widersprechen, müssen sich in der Realität Elemente des Rechts- und des Präventionsstaats nicht zwangsläufig ausschließen. Der Übergang vom Rechtsstaat zu einem wahrhaftigen Präventionsstaat ist jedoch schmal und oft schwer auszumachen.[35] Die kritische Frage bleibt daher, wie groß der präventive Anteil eines Rechtsstaats sein darf, damit sein Wesensgehalt nicht zu dem eines Präventionsstaat mutiert. Um beantworten zu können, wo sich Deutschland auf dieser Skala bewegt, müssen die wesentlichen Charakteristika der beider Modelle genauer erläutert werden.

1. Rechtsstaat: In formeller Hinsicht ist in einem Rechtsstaat alle Staatsgewalt an das Recht gebunden, so dass alle staatlichen Aktivitäten durch Gesetze bestimmt und begrenzt sowie durch unabhängige Gerichte überprüfbar sind. Diese ,Herrschaft der Gesetze' gilt aber nur, sofern die Gesetze mit der Verfassung im Einklang stehen, wobei „Auslegungsdifferenzen und politische Kontroversen über die Verfassungsmäßigkeit einzelner Gesetze

---

[22] *Middel,* a.a.O.: 28.

[23] *Erbel,* a.a.O.: 15f.

[24] Ebd.: 16.

[25] Ebd.; vgl. auch *Middel,* a.a.O.: 20 – 27.

[26] Nach *Jaschke* und *Götz* bei *Middel,* a.a.O.: 28.

[27] *Middel,* a.a.O.: 29.

[28] *Erbel,* a.a.O.: 16; vgl. auch *Glaeßner,* a.a.O.: 4.

[29] Aktuelle Bemühungen der CDU/CSU-Fraktion, einen ,Nationalen Sicherheitsrat' einzurichten und damit die Trennung von äußerer und innerer Sicherheit endgültig aufbrechen, verdeutlichen diesen Trend.

[30] *Glaeßner,* a.a.O.: 12.

[31] *Huster & Rudolph,* a.a.O.: 14.

[32] *Baldus,* a.a.O.: 110f.; *Bosbach,* a.a.O., 150; *Denninger, Erhard:* Recht in globaler Unordnung. Berlin, 2005: 210.

[33] *Baldus,* a.a.O.: 111; *Bosbach,* a.a.O.: 150.

[34] *Denninger,* 2003, a.a.O.: 14.

[35] *Denninger, Erhard:* Freiheit durch Sicherheit? Anmerkungen zum Terrorismusbekämpfungsgesetz. In: Aus Politik und Zeitgeschichte. Verwundbarkeit hochindustrieller Gesellschaften – Innere Sicherheit – Demokratie. B 10 – 11/ 2002a, S. 22 – 30: 23.

unvermeidlich" sind.[36] Gemäß der Normenhierarchie hat das Verfassungsgesetz immer Vorrang vor dem ,einfachen' Gesetz und bricht dieses gegebenenfalls.

In materieller Hinsicht ist ein Rechtsstaat auch an bestimmte Inhalte des Rechts gebunden,[37] diese Bindung gilt insbesondere bei den elementaren bürgerlichen Freiheits- bzw. Grundrechten. Diese sichern dem einzelnen Bürger seine Freiheit und Privatsphäre, indem sie ihm vom Staat prinzipiell unantastbare Rechte gewähren. Dabei besitzen in einem Rechtsstaat alle Bürger unabhängig von ihrem Geschlecht, ihrer Herkunft oder ihrer Religion die gleichen Rechte, sind den gleichen Gesetzen unterworfen und müssen in allen Bereichen gleich behandelt werden.[38] Gerichtlicher Rechtsschutz trägt zudem zum Ausschluss von Herrschaftswillkür bei.[39] Im Rechtsstaat kann jeder Bürger aufgrund der Gewährung von Rechtssicherheit den Staat auf Distanz zu sich halten, soweit er sich den gesetzlichen Normen entsprechend verhält. Dem Rechtsstaat reicht zudem normkonformes Verhalten aus und er greift nicht auf die Gesinnung seiner Bürger zurück.[40] Damit jedermann sein Leben den gesetzlichen Normen entsprechend führen kann, müssen alle Gesetze und Verordnungen im Rechtsstaat das Gebot der Normenklarheit und -bestimmtheit erfüllen. Der Schutz der Bürger umfasst im Rechtsstaat damit sowohl die Gewähr von Sicherheit *durch* den Staat als auch den Schutz der Bürger *gegen* die staatliche Macht im Rahmen verfassungsmäßiger Gesetze.[41]

Diese „im Rechtsstaatsprinzip selbst angelegte Gegenläufigkeit"[42] verdeutlicht, dass die Sicherung bürgerlicher Freiheiten im Rechtsstaat fast nur durch Beschränkungen gerade dieser Freiheiten erzielt werden kann.[43] Staatliche Eingriffe in die freiheitlichen Grundrechte der Bürger sind im Rechtsstaat deshalb zwar möglich, doch müssen die jeweiligen Eingriffsgesetze immer dem rechtsstaatlichen Verhältnismäßigkeitsgrundsatz bzw. dem Übermaßverbot gerecht werden. Gemäß diesem muss die staatliche Maßnahme aus Gründen des Gemeinwohls, z.B. der Abwehr von Gefahren durch den Terrorismus, notwendig und auch zur Erreichung dieses Gemeinwohlzwecks geeignet und erforderlich sein. Zusätzlich zur Geeignetheit und Erforderlichkeit muss aber insbesondere das Kriterium der Angemessenheit, d.h. der Verhältnismäßigkeit im engeren Sinne, erfüllt sein.[44] Zur Feststellung der Angemessenheit muss im Rechtsstaat regelmäßig eine Abwägung zwischen dem Freiheitseingriff und mindestens einem bestimmten Schutzgut stattfinden. Je tiefer dabei der Grundrechtseingriff ist, desto effektiver sollten die Ergebnisse sein. Im Falle der Terrorismusbekämpfung müssen in der Verhältnismäßigkeitskontrolle die Schwere des Eingriffs in die Freiheitsrechte der (eines) Bürger(s) und die durch die Maßnahme erzielbare Sicherheit für die gesamte oder zumindest Teile der Gesellschaft gegeneinander abgewogen werden. Eine effektive gerichtliche Abwägung erfordert jedoch immer eine möglichst präzise Benennung des jeweils verfolgten Schutzgutes und der konkreten Gefahr für dieses. Gerade dies erscheint bei der Bedrohung der Inneren Sicherheit durch den internationalen Terrorismus jedoch kaum möglich.[45]

Der Rechtsstaat muss aber auch in Ausnahmelagen, in denen die richtige Auswahl und Anwendung der geeigneten, erforderlichen und angemessenen Mittel besonders schwer fällt, Rechtsstaat bleiben und weiterhin bemessen und besonnen in seinem durch die Verfassung begrenzten Rahmen reagieren und entsprechende Regelungen erlassen.[46] Da die Versuchung von diesen rechtsstaatlichen Standards abzuweichen für den Gesetzgeber in solchen Situationen besonders hoch ist, handelt es sich beim Rechtsstaat um ein „höchst zerbrechliche Kunst-Werk"[47], dessen Bestand oft von der gewissenhaften Kontrolle durch das Verfassungsgericht abhängen kann.

2. Präventionsstaat: Im reinen Präventionsstaat nimmt der Präventionsgedanke die über alles dominierende Position ein, da er sich die Herstellung absoluter Sicherheit zum obersten Ziel gesetzt hat, unter das alle anderen Belange untergeordnet werden. Er wartet daher nicht den Moment ab, in dem eine Schädigung wirklich eintritt, eine Gesetzesverstoß begangen wurde oder aber zumindest ein konkreter Verdacht für ein solches Ereignis vorliegt, um aktiv zu werden, sondern versucht allen denkbaren Gefahren zuvorzukommen und sie schon vor ihrem Eintreten zu verhindern.[48] Wenngleich das angestrebte Ideal der absoluten Sicherheit nie erreicht werden kann, regt es den Präventionsstaat doch zu fortwährender gesetzgeberischer Aktivität an.[49] Die erlassenen Gesetze zur Sicherheitsgewährleistung sind dabei im Präventionsstaat generell *„unbestimmt, so unbestimmt und unberechenbar wie die Risiken,* deren Verwirklichung sie verhüten sollen"[50] und lassen die Grenzen zwischen Gefahrenabwehr und Strafverfolgung allmählich verschwimmen.[51]

Der Präventionsstaat setzt zur Erreichung des Ziels der Sicherheitsmaximierung andere Instrumente und Vorgehensweisen als die traditionelle Gefahrenbekämpfung und Strafverfolgung im Rechtsstaat ein. Um alle erdenklichen Gefahrenquellen so früh wie möglich zu erkennen, benötigt er v.a. möglichst umfassende Informationen zur anschließenden systematischen Auswertung.[52] Da es immer deutlich mehr denkbare Risiken als tatsächlich akute Gefahren gibt, zeichnet sich der Präventionsstaat durch Grenzen- und Maßlosigkeit[53] in seinem immer größeren Durst nach Wissen und damit einhergehender Überwachungstätigkeit aus.

---

[36] *Denninger,* 2005, a.a.O.: 119..

[37] *Baldus,* a.a.O.: 109.

[38] *Huster & Rudolph,* a.a.O.: 17; *Denninger,* 2005, a.a.O.: 114f.

[39] *Denninger,* 2005, a.a.O.: 114.

[40] *Huster & Rudolph,* a.a.O.: 17.

[41] *Middel,* a.a.O.: 26.

[42] BVerfGE 57, 250, 276; zitiert in *Baldus,* a.a.O.: 109.

[43] *Baldus,* a.a.O.: 110. Einige Autoren (wie Baldus selbst) sehen in dieser Gegenläufigkeit auch die Erklärung dafür, dass der Präventionsstaat dem Rechtsstaats zwangsläufig eigen ist.

[44] Vgl. *Denninger,* 2005, a.a.O.: 121f; *Huster & Rudolph,* a.a.O.: 18.

[45] *Huster & Rudolph,* a.a.O.: 18f.

[46] *Baldus,* a.a.O.: 113; *Denninger,* 2003, a.a.O.: 15.

[47] *Denninger,* 2005, a.a.O.: 131.

[48] *Denninger,* 2003, a.a.O.: 15f.; *Glaeßner,* a.a.O.: 10.

[49] *Denninger,* 2003, a.a.O.: 15.

[50] Ebd.: 15f.

[51] *Glaeßner,* a.a.O.: 11.

[52] Ebd.

[53] *Baum, Gerhard Rudolf:* Die Erosion des Grundrechtsschutzes. In: Huster & Rudolph (Hg.): Vom Rechtsstaat zum Präventionsstaat. Frankfurt a.M., 2008, S. 181 – 190: 184.

Für den Präventionsstaat „stellt jeder Bürger ein potenzielles Risiko dar und kann dadurch Objekt staatlicher Überwachung und Kontrolle werden"[54], selbst wenn er sich komplett normenkonform verhält. Denn mehr als das Verhalten der Bürger interessiert den Präventionsstaat bereits das Vorfeld ihrer Meinungsbildung; sobald sich eine rechtsfeindliche Gesinnung bei jemandem feststellen lässt, gilt es gemäß seiner Logik diese zu bekämpfen.[55] Zur Erkennung der Absichten müssen öffentliche und private Räume sowie Kommunikationsmedien möglichst flächendeckend überwacht werden. Das einseitig am Sicherheitsideal und der Effektivität der Strafverfolgung ausgerichtete Präventionsdenken gesteht der Polizei und anderen Sicherheitsorganen dabei zur Bekämpfung von Risiken schon „im Vorfeld strafbarer Handlungen und ohne konkreten äußeren Anlass" umfassende Rechte zu.[56] Die Unschuldsvermutung für den Bürger greift hier nicht mehr, sondern es erfolgt eine generelle Beweislastumkehr, sodass im Extremfall der Bürger dem Präventionsstaat die Ungefährlichkeit seiner Person beweisen muss.[57]

Der Präventionsstaat schränkt hierbei die Freiheitsrechte der Bürger nahezu nach Belieben ein; insbesondere die Verhältnismäßigkeitsprüfung wird angesichts des oft ungewissen (und als sehr groß vermuteten) Risikos eines Schadeneintritts einseitig zu Gunsten des Schutzgutes ‚Sicherheit' entschieden oder findet im schlimmsten Falle gar nicht mehr statt. Falls eine Bedrohung der Sicherheit dem *Anschein* nach nur von einer bestimmten Bevölkerungsgruppe ausgeht, kann es im Präventionsstaat auch zu einer Untergrabung des Gleichheitsgrundsatzes kommen, indem sich die Sicherheitsbehörden bei ihren Überwachungsaktivitäten in diskriminierender Weise auf die ‚Risikogruppe' konzentrieren.[58]

Diese Auffassung des Präventionsstaats als eigenständiges Staatskonzept läuft insofern einigen der maßgeblichen Voraussetzungen des Rechtsstaats zuwider und konkrete Maßnahmen, die den Weg in einen solchen Präventionsstaat beschreiten, müssten im Rechtsstaat folglich unterbunden werden.

III. Terrorismus und seine Herausforderungen an den Rechtsstaat

Im Zuge der Sicherheitsgesetzgebung seit dem 11. September 2001 wurde wiederholt darauf hingewiesen, dass Regierungen und Sicherheitsbehörden es beim internationalen, islamistisch motivierten Terrorismus mit einer neuen Art der Gefahr zu tun haben, der nur mit extremen, präventiven Mitteln beizukommen sei. Um diese Behauptung bewerten zu können, muss untersucht werden, was Terrorismus generell charakterisiert, was speziell den ‚neuen' Terrorismus auszeichnet und welche (neuen) Herausforderungen er an die Sicherheitsbehörden stellt.

1. Charakterisierung und Strategie des Terrorismus:
Bisher gibt es keine allgemein akzeptierte Definition von Terrorismus; der Begriff ist politisch enorm umstritten

und wird in verschiedenen (inter-)nationalen Kontexten unterschiedlich gebraucht. Nach Waldmann stellt Terrorismus eine Gewaltstrategie dar, die in „symbolisch-kommunikativer Weise"[59] auf „planmäßig vorbereitete, schockierende Gewaltanschläge gegen eine politische Ordnung aus dem Untergrund" zurückgreift, um „allgemeine Unsicherheit und Schrecken, daneben aber auch Sympathie und Unterstützungsbereitschaft [zu] erzeugen"[60], um dadurch letztlich politische Ziele durchzusetzen. Terrorismus wird besonders von nicht-staatlichen, militärisch relativ schwachen Gruppen favorisiert, die weder über ausreichend Personal noch über die notwendigen materiellen Ressourcen zur Durchführung einer offen-konfliktiven, territorialen Eroberungsstrategie verfügen; somit handelt es sich letztlich um eine Verlegenheitsstrategie.[61]

Terroristische Anschläge folgen in ihrer Durchführung und Wirkung einer „logischen und chronologischen Dreiersequenz"[62] und beziehen drei Personengruppen – die Terroristen selbst, ihre Opfer und ihre eigentliche Zielgruppe[63] – mit ein: Zuerst verüben die Terroristen einen Gewaltakt oder drohen diesen zumindest an, woraufhin es zweitens zu einer emotionalen Reaktion der Bevölkerung kommt, an die sich drittens eine bestimmte, von den Terroristen angestrebte Verhaltensreaktion der Zielgruppe anschließt.[64] Die Massenmedien spielen hierbei eine Schlüsselrolle, da die schockierenden Attentate (das Mittel der Terroristen) nur dank der schnellen und umfassenden Verbreitung über die Medien einen symbolischen Stellenwert einnehmen und somit ihren Zweck, das Denken der Bevölkerung mit diffuser Angst oder Sympathie zu besetzen, erfüllen kann.[65]

Der Staat steht den Terroristen in einem strukturell asymmetrischen, problematischen Verhältnis gegenüber: Während die Terroristen anonym agieren, alle ihnen zur Verfügung stehenden Mittel nutzen, sich dabei bewusst außerhalb des Völkerrechts bewegen und keinerlei Interesse an einem Friedensschluss haben, handelt der (Rechts-)Staat offen und sichtbar, kann nur Mittel einsetzen, die sich im Rahmen des Rechts bewegen, und hat ein vitales Interesse daran Frieden zu schließen, um Sicherheit zu gewährleisten.[66] Mittels ihrer Attentate und der sich daraus ergebenden Dreiersequenz zielen die Terroristen letztlich darauf ab, dass der Staat aktiv wird und sich hierdurch selbst delegitimiert. Ihr Kalkül hierbei beruht auf der Annahme, dass der Staat, um erneut öffentliche Sicherheit herzustellen, zu exzessiv repressiven Maßnahmen greift und damit sogar unschuldige Bürger so sehr trifft, dass diese ihr Vertrauen in ihn verlieren

[54] *Huster & Rudolph*, a.a.O.: 17.
[55] Ebd.
[56] *Hirsch*, a.a.O.: 7.
[57] *Denninger*, 2003, a.a.O.: 18.
[58] *Huster & Rudolph*, a.a.O.: 17.

[59] *Waldmann, Peter*: Neuer Terrorismus? In: Graulich & Dieter (Hg.): Terrorismus und Rechtsstaatlichkeit. Analysen, Handlungsoptionen, Perspektiven. Berlin, 2007, S. 47 – 56: 48.
[60] *Waldmann, Peter*: Terrorismus. Provokation der Macht. München, 1998: 10.
[61] Ebd.: 10f; *Waldmann*, 2007, a.a.O.: 47f.
[62] *Waldmann*, 1998, a.a.O.: 29.
[63] Münkler prägte für die Zielgruppe, die der Terrorismus vorgeblich begünstigen will, den Begriff „angeblich interessierter Dritter" (vgl. *Münkler, Herfried*: Asymmetrische Gewalt. Terrorismus als politisch-militärische Strategie. In: Merkur 56, 2002, S. 1 – 12: 10 – 12).
[64] Nach Victor Walter, Terror and Resistance (1969), zitiert in *Waldmann*, 1998, a.a.O.: 29.
[65] *Waldmann*, 1998, a.a.O.: 12, 17.
[66] *Mückl*, a.a.O.: 21.

und selbst einen Volksaufstand zum Sturz der Staatsmacht initiieren.[67] Terroristen handeln also nach einem rationalen, wenn auch indirekten Zweck-Mittel-Denken.[68]

Allerdings haben Terroristen „aufgrund ihrer geringen Eigenmacht in den meisten Fällen nur dann eine Chance, ihre Umsturzpläne zu realisieren, wenn sie den Staat gegen sich selbst ausspielen".[69] Lässt sich der Staat selbst nach mehreren terroristischen Anschlägen nicht zu solch übertriebenen Abwehrmaßnahmen verleiten, die ihm seine Bürger entfremden, können Terroristen wenig tun, denn: „Terroristen können – hier unterscheiden sie sich von fast sämtlichen anderen Gewaltstrategien – keinen entscheidenden eigenen Beitrag zur Erreichung des angestrebten Zieles leisten."[70] Aus diesem Grund und da Terroristen ihre Attentate oft in keine übergreifende militärisch-politische Gesamtstrategie einbetten fällt ihre Erfolgsbilanz meist negativ aus und ihre faktische Relevanz sollte nicht überschätzt werden.[71]

2. ‚Neuer' Terrorismus: Der Terrorismus seit dem 11. September 2001 unterscheidet sich v.a. in der Art der Organisation vom ‚alten' Terrorismus. Mit Al-Qaida trat erstmals ein von vornherein transnational ausgerichtetes und agierendes Terrornetzwerk mit panislamischer Ideologie hervor, dem es gelungen ist, „lokale und internationale Aspekte ideologisch, strategisch und operativ miteinander zu verbinden und eine Reihe von im Prinzip lokalen Konflikt- und Problemlagen in den Kontext einer globalen Auseinandersetzung zwischen dem ‚Westen'[...] einerseits und der vermeintlich ‚erniedrigten' oder ‚fremdbestimmten' muslimischen Welt andererseits einzubetten."[72]

Die wachsende Transnationalisierung, d.h. grenzüberschreitende, netzwerkartige Kooperation in der Organisation, Logistik und Durchführung terroristischer Akte unter Beteiligung von Akteuren verschiedener Länder mit einer immer stärker international ausgerichteten Agenda, ist eines der markantesten Kennzeichen des ‚neuen' Terrorismus.[73] Der transnationale Netzwerkcharakter trägt auch dazu bei, dass die Terroristen kaum mehr lokalisierbar sind und überall mit sog. ‚Schläfern' und ‚Konvertiten' zu rechnen ist.[74] Zeitgleich mit der Internationalisierung fand in der Ausrichtung der Terroristen eine Verschiebung hin zum islamistisch-fundamentalistischen Pol statt. Neu ist zudem die „Ausbreitung eines Rumpf- und Racheterrorismus"[75], d.h., dass terroristische Attentate oft nicht mehr von einem strategisch-taktischen Kalkül geleitet werden, sondern primär Vergeltungsschläge sind, die dem ‚Feind' einen möglichst schweren Schaden zufügen sollen. Im Ein-

klang mit diesem wachsenden Zerstörungspotenzial und -wille ist zwar die Zahl terroristischer Anschläge rückläufig, der durch sie verursachte Schaden, insbesondere die Anzahl der zivilen Todesopfer, jedoch deutlich angestiegen. Der transnationale Terrorismus gewann auch aufgrund der Tatsache an Brisanz, dass die Terroristen ihre Taten für keine *konkrete* Bezugsgruppe mehr ausführen und somit gegenüber niemandem mehr Rechenschaft ablegen müssen.[76] So stellt der ‚neue' Terrorismus neben einer konkreten Gefahr immer mehr ein diffuses Risiko dar und wird daher in betroffenen Gesellschaften oft „als eine notstands- oder ausnahmezustandsähnliche Bedrohung" wahrgenommen.[77]

Trotz dieser neuen Aspekte unterscheiden sich die eingesetzten Mittel und die konkrete Vorgehensweise nicht grundlegend von denen des ‚alten' Terrorismus; es handelt sich eher „um die Steigerung und perfekte Kombination bekannter Komponenten, nicht um etwas prinzipiell Neues."[78] Neben dieser Perfektionierung und Professionalisierung vergrößern die modernen Kommunikationstechnologien, insbesondere das Internet, zusätzlich die Reichweite, Effektivität und Wirkung des ‚neuen' Terrorismus. Der transnationale Terrorismus islamistischer Prägung stellt folglich zwar keine völlig neue Gattung, aber dennoch eine bedeutende neue Qualität des Terrorismus dar, die zudem auf immer störungsanfälligere, da immer komplexere und stärker global verflochtene, Industriegesellschaften trifft. Etwas gänzlich Neues kann hingegen in der Art und Weise, wie der Westen (v.a. die USA), auf die Anschläge von 2001 reagierte, gesehen werden: „Zum ersten Mal lösten terroristische Aktionen einen kriegerischen Feldzug aus"[79] und erhoben die an sich relativ mittellosen Terroristen in den Rang einer anerkannten Kriegspartei.

3. Herausforderungen an den Staat und mögliche Gegenmaßnahmen: Die Bekämpfung des ‚neuen' Terrorismus islamistisch-fundamentalistischer Prägung stellt hohe Herausforderungen an die westlichen Staaten und ihre Sicherheitsorgane. Neben den Schwierigkeiten, die schon beim herkömmlichen Terrorismus bestanden, sind insbesondere die transnationale, von der Bevölkerung abgeschottete Arbeitsweise der terroristischen Netzwerke problematisch, da sie zum einen die Beobachtung operativ verkompliziert und zum anderen eine exakte Analyse aufgrund der meist großen kulturellen Unterschiede zwischen den Terroristen und den Sicherheitsbehörden erschwert.[80]

Das staatliche Risikomanagement wird zusätzlich dadurch erschwert, dass die großflächigen, terroristischen

---

[67] *Waldmann, Peter*: Terrorismus. In: Nohlen, Dieter & Schultze, Rainer-Olaf: Lexikon der Politikwissenschaft. Theorien, Methoden, Begriffe. Band II: N – Z. München, 2005, S. 1017 – 1021: 1020.

[68] *Waldmann*, 1998, a.a.O.: 22.

[69] Ebd.: 32.

[70] Ebd.: 38.

[71] *Waldmann*, 2005, a.a.O.: 1021; 1998, a.a.O.: 22.

[72] *Schneckener, Ulrich*: Warum lässt sich Terrorismus nicht „besiegen"? Herausforderungen und Leitlinien für die Terrorismusbekämpfung. In: Huster & Rudolph (Hg.), a.a.O., 2008, 25 – 44: 26.

[73] Ebd.: 29f.

[74] *Huster & Rudolph*, a.a.O.: 14f.

[75] *Waldmann*, 2007, a.a.O.: 51.

[76] Ebd.: 50 – 55. Jedoch kann nicht einfach davon ausgegangen werden, dass zwischen diesen neuen Aspekten des Terrorismus seit dem 11. September 2001 notwendigerweise ein einziger Zusammenhang besteht; vielmehr sind verschiedene plausible Zusammenhänge und Erklärungen denkbar und noch gibt es zu wenige Informationen für zuverlässige Schlussfolgerungen. Für einige denkbare Zusammenhänge s. ebd.

[77] *Huster & Rudolph*, a.a.O.: 12.

[78] *Waldmann*, 2005, a.a.O.: 1021.

[79] Ebd.: 1019.

[80] *Klingst, Martin*: Alle Macht dem Präventionsstaat? Wie sich nach den Anschlägen vom 11. September allmählich die Grenzen des Rechtsstaats verschieben. In: Graulich & Dieter (Hg.): Terrorismus und Rechtsstaatlichkeit. Analysen, Handlungsoptionen, Perspektiven. Berlin, 2007, S. 325 – 331: 325.

Attentate gegen die breite Bevölkerung der „verhassten [westlichen] Lebensform"[81] sowohl in ihrer Schadensdimension als auch aufgrund ihrer Struktur und Charakteristika eher technischen Großrisiken oder Umweltkatastrophen ähneln: Da weder Eintrittswahrscheinlichkeit noch erwartete Schadenshöhe der Attentate bekannt sind und prinzipiell jede Art von Anschlag vorstellbar ist, ist schon die Risikobewertung problematisch.[82] Der systemische und diffuse Charakter der Vorgehensweise der Terroristen verschärft den Eindruck der Unsicherheit und Unberechenbarkeit zusätzlich. Zudem ist die Gefahr nahezu vollständig entindividualisiert und aufgrund der Netzwerkstruktur kaum lokalisierbar; angesichts des unklaren Täterprofils und der vielfältigen Rekrutierungsweisen kommt nahezu jeder Mensch für eine potenzielle Täterschaft in Frage, sodass Kategorisierungen kaum möglich sind.[83] Abschreckung durch hohe Strafandrohungen greift ebenfalls ins Leere, da Terroristen einerseits nicht primär ökonomische Eigeninteressen verfolgen, sondern vorgeblich für das Gemeinwohl kämpfen[84] und ihnen (insbesondere den Selbstmordattentätern) andererseits ein grundsätzliches Selbsterhaltungsinteresse fehlt und sie somit nach üblichen Maßstäben irrational handeln.[85]

Grundsätzlich kann Terrorismus nicht im tatsächlichen Sinn des Wortes ‚besiegt' und vollständig vernichtet werden, sondern „allenfalls in seinen schädlichen Auswirkungen eingedämmt werden, [so]dass wir mit verbleibenden Restrisiken ‚leben' können."[86] Fest steht angesichts der oben genannten Besonderheiten auch, dass der Staat allein mit repressiven und militärischen Mitteln nicht gegen die aktuelle Form des Terrorismus ankommen kann. Vielmehr bedarf es „einer differenzierten und verhältnismäßigen Vorgehensweise"[87] unter „Bewahrung unserer freiheitlichen Lebensart"[88], um nicht das Kalkül der Terroristen zu erfüllen. Maßnahmen zur Eindämmung des Terrorismus müssen dabei immer klar, glaubhaft und widerspruchsfrei sein, selbst mit gewissen Normen und Standards übereinstimmen sowie möglichst von einem breiten Konsens in der Gesellschaft getragen werden.[89] Keinesfalls dürfen sie angesichts der „erfahrene[n] Unbestimmtheit des terroristischen Risikos"[90] konturlos sein und rechtsstaatliche Grundprinzipien unterlaufen.

Im Rahmen der Terrorismusbekämpfung erscheint allerdings – insbesondere angesichts der Verwundbarkeit moderner Industriegesellschaften und der denkbaren Schadensausmaße – auch *besonnene* Prävention sinn- und wirkungsvoll.[91] Hierzu zählen einerseits die „frühzeitige Erkennung und Beobachtung gewaltbereiter beziehungsweise Gewalt verbreitender Gruppen"[92] zur

Verhinderung geplanter Attentate, wofür die staatlichen Sicherheitsdienste v.a. umfangreiche Informationen über einen möglichst großen Personenkreis benötigen. Andererseits sollte zur Prävention aber auch primär eine langfristig-strukturell angelegte, politisch-soziale Komponente gehören, um „dem Terrorismus den Nährboden zu entziehen."[93] In ihrem Rahmen könnte die Integration(sbereitschaft) möglicher Risikogruppen sowie die Toleranz und Akzeptanz der gesamten Bevölkerung verbessert und die Spannungen zwischen westlicher und islamischer Lebensweise und Weltanschauung verringert werden. Vor allem bedarf es bei der Terrorismusbekämpfung aber auch einer öffentlichen und aufgeklärten Debatte sowie Kontrolle – insbesondere durch Parlamente, Medien, Justiz.[94]

B. Gesetzgebung im Bereich der Inneren Sicherheit

Um die sicherheitsrechtliche Lage in Deutschland besser beurteilen zu können und zur anschließenden Beantwortung der Frage, inwiefern sich die Bundesrepublik zu einem Präventionsstaat entwickelt hat oder dahingehend entwickeln wird, ist es unumgänglich, die Gesetzgebung im Bereich der Inneren Sicherheit genauer unter die Lupe zu nehmen.

Insbesondere als Reaktion auf die Terroranschläge vom 11. September 2001, gab es eine Reihe gesetzlicher Neuregelungen. Durch sog. Anti-Terror-Gesetze, wie beispielsweise das „Gesetz zur Bekämpfung des internationalen Terrorismus"[95] (TBG), wurden die Befugnisse der Geheimdienste erweitert, das Grundrecht auf das Post- und Fernmeldegeheimnis aus Art. 10 I GG weiter eingeschränkt, die Voraussetzungen für die Einführung von Ausweisdokumenten mit biometrischen Merkmalen sowie die Vorschriften des Ausländerrechts verschärft.

Im Folgenden werden wichtige, aktuell diskutierte, sicherheitspolitische Instrumente der Bundesrepublik Deutschland anhand ihrer gesetzlichen Grundlagen dargestellt.

Im Mittelpunkt stehen dabei das „Gesetz zur Errichtung gemeinsamer Dateien von Polizeien und Nachrichtendiensten des Bundes und der Länder"[96] (ATDG), das „Gesetz zur Neuregelung der Telekommunikationsüberwachung und anderer verdeckter Ermittlungsmaßnahmen sowie zur Umsetzung der Richtlinie 2006/24/EG"[97] (TKG), das „Gesetz zur Änderung des Passgesetzes und weiterer Vorschriften"[98] (PassGuaÄndG), der Entwurf des „Gesetzes über Personalausweise und den elektronischen Identitätsnachweis sowie zur Änderung weiterer Vorschriften"[99] und der Entwurf des „Gesetzes zur Abwehr von Gefahren des internationalen Terrorismus durch das Bundeskriminalamt"[100] (BKAG-E). Das „Luftsicherheitsgesetz"[101] (LuftSiG) ist Gegenstand einer gesonderten Seminararbeit.

---

[81] *Huster & Rudolph*, a.a.O.: 15.
[82] *Schneckener*, a.a.O.: 37f.
[83] Ebd.: 14 – 16; *Schneckener*, a.a.O.: 34f.
[84] *Waldmann*, 2007, a.a.O.: 49.
[85] *Denninger*, 2003, a.a.O.: 16; 2005, a.a.O.: 219.
[86] *Erbel*, a.a.O.: 20.
[87] *Schneckener*, a.a.O.: 40.
[88] *Bosbach*, a.a.O.: 137.
[89] *Waldmann*, 1998, a.a.O.: 187f.; *Schneckener*, a.a.O.: 42.
[90] *Denninger*, 2003, a.a.O.: 17.
[91] *Huster & Rudolph*, a.a.O.: 14f.
[92] *Klingst*, a.a.O.: 325.

[93] *Stegner, Ralf*: Im Zweifel für die Freiheit. In: Huster & Rudolph (Hg.), 2008, a.a.O., S. 151 – 163: 158; vgl. auch *Hassemer*, a.a.O.: 15.
[94] *Schneckener*, a.a.O.: 43.
[95] BGBl. 2000 I S. 361, 3142.
[96] BGBl. 2006 I S. 3409.
[97] BGBl. 2007 I S. 3198.
[98] BGBl. 2007 I S. 1566.
[99] BR-Drs. 550/08.
[100] BT-Drs. 16/9588.
[101] BGBl. 2005 I S.78.

Nach einem Überblick über die bisherige Regelung der einzelnen Maßnahme und – soweit vorhanden – bereits erfolgte Entscheidungen des BVerfG, folgt eine kurze Beschreibung der Neuregelung, bevor auf deren Verfassungsmäßigkeit eingegangen wird. Da eine umfassende verfassungsrechtliche Prüfung der Vorschriften im Rahmen dieser Arbeit nicht möglich ist, werden hier lediglich die kritischen Punkte herausgearbeitet und zusammenfassend dargestellt.

I. Antiterrordatei

Grundlage für die sog. Antiterrordatei ist das ATDG, das am 31.12.2006 in Kraft trat. Bislang gab es keine Verbunddatei, an der sowohl Polizeibehörden als auch Nachrichtendienste beteiligt waren. Ziel der Neuregelung war, den Informationsaustausch zwischen den Sicherheitsbehörden zu verbessern und so einen Beitrag zur Bekämpfung des internationalen Terrorismus zu leisten.[102]

Neben dem Bundeskriminalamt (BKA) sind die Nachrichtendienste - also Bundesnachrichtendienst (BND), Militärischer Abschirmdienst (MAD), Bundesamt für Verfassungsschutz (BfV) und Landesverfassungsschutzbehörden (LfV) -, das Zollkriminalamt und die Polizeibehörden des Bundes und der Länder, insbesondere der Landeskriminalämter, beteiligt. „Im Benehmen mit dem Bundesministerium des Innern" sind außerdem weitere Polizeivollzugsbehörden zu beteiligen, sofern diesen Aufgaben zur Bekämpfung des internationalen Terrorismus zugewiesen sind.[103]

Gespeichert werden sollen Daten mit Bezug zu bestimmten Personen oder Objekten wie z.B. Anschriften, Bankverbindungen, Vereinigungen oder Unternehmen. Die Grunddaten der Personen[104] werden der abfragenden Behörde sofort angezeigt – für die Anzeige der erweiterten Grunddaten[105] ist eine Nachfrage bei der speichernden Behörde oder ein Eilfall erforderlich.

Verfassungsrechtliche Zweifel gegen das ATDG bestehen wegen des sogenannten Trennungsgebots zwischen Polizeibehörden und Nachrichtendiensten und bezüglich des Rechts auf informationelle Selbstbestimmung.[106]

Im Hinblick auf das Trennungsgebot ist zwischen drei verschiedenen Stufen zu differenzieren: Die organisatorische Trennung ist einfachgesetzlich in § 1 I BNDG geregelt und besagt, dass es zwei verschiedene Behörden geben muss. Nach dem Gebot der befugnisbezogenen Trennung, die beispielsweise in den Landesverfassungen von Sachsen und Brandenburg geregelt ist,[107] dürfen die Nachrichtendienste nicht mit polizeilichen Gefahrenabwehrinstrumenten ausgestattet werden. Eine grundgesetzliche Verankerung dieser beiden Ausflüsse des Trennungsgebots könnte man in Art. 87 I 2 GG erblicken, welcher „Zentralstellen" für die Aufgaben von Polizei und Verfassungsschutz erwähnt und nicht eine zentrale Stelle.[108] Die höchste Stufe, das Verbot der informationellen Zusammenarbeit, ist nirgends ausdrücklich geregelt. Zum Teil wird angenommen, ein solches Verbot ergebe sich aus dem befugnisbezogenen Trennungsgebot, da dies leer laufen würde, wenn zwischen den Behörden ein intensiver Datenaustausch stattfände.[109] Allerdings ist selbst das befugnisbezogene Trennungsgebot nicht ausdrücklich im Grundgesetz verankert. Außerdem setzt das Grundgesetz an verschiedenen Stellen eine enge Zusammenarbeit zwischen Bund und Ländern voraus,[110] die auch nötig ist, um ein effektives Arbeiten sowohl der Polizeien als auch der Nachrichtendienste zu gewährleisten. Mangels verfassungsrechtlicher Verankerung kommt eine Verletzung des informationellen Trennungsgebots durch das ATDG also nicht in Betracht.

Die Speicherung der Daten in der Antiterrordatei, das Übermittlungsersuchen und die spätere Verwendung der Daten stellen einen Eingriff in das Recht auf informationelle Selbstbestimmung aus Art. 2 I i.V.m. Art. 1 I GG dar. Gerechtfertigt wäre dieser, wenn das ATDG dem Bestimmtheits- und Verhältnismäßigkeitsgrundsatz entspricht.

Das Gebot der Normenklarheit verlangt, dass die betroffene Person grundsätzlich erkennen kann, bei welchen Anlässen und unter welchen Voraussetzungen ein Verhalten mit dem Risiko des Eingriffs verbunden ist.[111] In Zusammenhang mit dem ATDG scheint insbesondere die unübersichtliche Verweisungstechnik,[112] die unbestimmten Begriffe „Kontaktperson" und „Eilfall" sowie die undeutliche Trennung von „Nutzung" und „weiterer Nutzung" problematisch. Letztendlich lässt sich jedoch noch nicht abschließend beurteilen, ob die Bedenken den Vorwurf der Verfassungswidrigkeit tragen, da dies auch davon abhängt, ob es der Verwaltungspraxis und den Gerichten gelingen wird, die unbestimmten Rechtsbegriffe und unklaren Formulierungen durch verfassungskonforme Auslegung zu präzisieren.[113]

Bei der Verhältnismäßigkeitsprüfung ist im Rahmen der Angemessenheit zu beachten, dass das ATDG nicht die Befugnis beinhaltet neue Daten zu erheben, sondern lediglich die Behörden zum Einstellen bereits erhobener Daten in die Antiterrordatei verpflichtet und diese anderen Behörden zugänglich macht. Hierdurch können unter Umständen sogar Mehrfacheingriffe verhindert werden.[114] Allerdings ist die Einstellungs- und Rechercheschwelle relativ niedrig. Für die Aufnahme von Daten

---

[102] BT-Drs. 15/4413.

[103] § 1 II ATDG.

[104] Grunddaten sind der Name, das Geburtsdatum etc, vgl. § 2 I Nr. 1a) ATDG.

[105] Erweiterte Grunddaten sind Bankverbindungen, Familienstand etc, vgl. § 2 I Nr. 2 ATDG.

[106] So z.B. *Wolff, Heinrich Amadeus & Scheffczyk, Fabian*: Verfassungsrechtliche Fragen der gemeinsamen Antiterrordatei von Polizei und Nachrichtendiensten. In: Juristische Arbeitsblätter (JA) 2008, S. 81 ff.: 83.

[107] Art. 83 III S. 1 SächsVerf und Art. 11 III BbgVerf.

[108] *Gusy, Christoph*: Das verfassungsrechtliche Gebot der Trennung von Polizei und. Nachrichtendiensten. In: Zeitschrift für Rechtspolitik (ZRP) 1987, 45 ff: 46.

[109] *Baumann, Karsten*: Vernetzte Terrorismusbekämpfung oder Trennungsgebot? Möglichkeiten und Grenzen der Zusammenarbeit von Polizei und Nachrichtendienst. In: Deutsches Verwaltungsblatt, 2005, S. 798 ff.: 800.

[110] So z.B. in Art. 73 I Nr. 10 GG.

[111] Vgl. BVerfG NJW 2006, 2603 (2607).

[112] *Roggan, Fredrik & Bergmann, Nils*: Die „neue Sicherheitsarchitektur" der Bundesrepublik Deutschland - Anti-Terror-Datei, gemeinsame Projektdateien und Terrorismusbekämpfungsergänzungsgesetz. In: Neue Juristische Wochenschrift (NJW) 2007, 876 ff: 877.

[113] *Wolff & Scheffczyk*, a.a.O.: 86.

[114] *Möstl*, Stellungnahme zum ATDG-Entwurf, http://www.bundestag.de/ausschuesse/a04/anhoerungen/Anhoerung03/Stellungnahmen/Stellungnahme_07.pdf, S. 7.

sind „tatsächliche Anhaltspunkte", dass sie sich auf die in § 2 I Nr. 1 bis 4 ATDG genannten Personen oder Sachen beziehen ausreichend. Für die Nutzung der Datei genügt die Erforderlichkeit zur Erfüllung „der jeweiligen Aufgaben zur Aufklärung oder Bekämpfung des internationalen Terrorismus". Demgegenüber wiegen Eingriffe in das Recht auf informationelle Selbstbestimmung durch die Antiterrordatei recht schwer, insbesondere ist die Zahl der betroffenen Personen sehr hoch. So waren schon bei Inbetriebnahme im März 2007 13.000 Personen erfasst.[115] Zusammenfassend ist von einem Missverhältnis zwischen der Schwere der möglichen Grundrechtseingriffe und dem angestrebten Zweck, nämlich dem Schutz des Staates, seiner Einrichtungen und der freiheitlich-demokratischen Grundordnung, auszugehen und die Verfassungsmäßigkeit des Gesetzes zu bezweifeln.[116]

Teilweise wird bemängelt, dass eine verfassungsrechtlich unbedenklichere Lösung ohne weiteres möglich gewesen wäre. Der Gesetzgeber hätte lediglich die Voraussetzungen für das Einstellen von Daten und für die Recherche verschärfen, die Eingriffschwelle erhöhen und das Ablageverfahren präzisieren müssen.[117] Eine Entscheidung des BVerfG im Hinblick auf die Verfassungsmäßigkeit des ATDG ist abzuwarten.

II. Online-Durchsuchung und Telekommunikationsüberwachung

Durch das BKAG, dessen Entwurf zur weiteren Beratung in die Ausschüsse überwiesen wurde, soll das BKA erstmals mit eigenständigen präventiven Befugnissen zur Terrorismusbekämpfung ausgestattet werden. Zu diesen zählen auch die Online-Durchsuchung und die Telekommunikationsüberwachung.

1. Entscheidung des Bundesverfassungsgerichts zur Online-Durchsuchung: Als erstes Bundesland schuf Nordrhein-Westfalen im Jahr 2006 mit dem „Gesetz zur Änderung des Gesetzes über den Verfassungsschutz in Nordrhein-Westfalen"[118] eine rechtliche Grundlage für Online-Durchsuchungen. Allerdings hat das BVerfG die Regelung im Februar 2008 für verfassungswidrig erklärt.[119] Dabei ging das Gericht nicht von einem Eingriff in Art. 10 GG und Art. 13 GG aus. Art. 10 GG schütze nur den „laufenden Kommunikationsvorgang". Für eine Verletzung von Art. 13 GG sei das körperliche Eindringen in die Wohnung, etwa um ein Spionageprogramm zu platzieren, oder die Benutzung von an das informationstechnische System angeschlossenen Geräten wie Kameras oder Mikrophonen erforderlich. Stattdessen sei das Grundrecht auf Gewährleistung der Vertraulichkeit und Integrität informationstechnischer Systeme durch die Online-Durchsuchungen betroffen. Dieses, durch das Urteil neu geschaffene Grundrecht, leitet das Gericht aus der Auffangfunktion des in Art. 2 I GG i.V.m. Art. 1 I

GG verankerten allgemeinen Persönlichkeitsrechts her. Aufgrund der besonderen Nähe dieses ‚IT-Grundrechts' zur Menschenwürde sei ein besonderer Rechtfertigungsgrund für einen Eingriff in den Schutzbereich erforderlich. Eine präventive Online-Durchsuchung sei deshalb nur dann zulässig, wenn sie „hinreichend klar gesetzlich geregelt" ist, zur „Abwehr einer konkreten Gefahr für ein überragend wichtiges Rechtsgut" vorgenommen wird und durch einen Richter angeordnet wurde.

Im Jahre 2005 setzte das BVerfG der bereits in einigen Polizeigesetzen der Länder geregelten,[120] präventiven Telekommunikationsüberwachung rechtliche Schranken.[121] Es erklärte die niedersächsische Regelung für verfassungswidrig, da eine präventive Telefonüberwachung nur zum Schutz überragend wichtiger Gemeinwohlbelange und bei konkreten Hinweisen zulässig sei. Ansonsten stelle sie einen unverhältnismäßigen Eingriff in das Fernmeldegeheimnis aus Art. 10 I GG dar. Die Formulierung „Straftaten von erheblicher Bedeutung" sei nicht präzise genug. Weitere Regelungen zu TKÜ finden sich in §§ 100a ff. StPO, die durch das „Gesetz zur Neuregelung der Telekommunikationsüberwachung und anderer verdeckter Ermittlungsmaßnahmen sowie zur Umsetzung der EU-Richtlinie RL 2006/24/EG"[122] geändert wurden.

2. Die Online-Durchsuchung und Telekommunikationsüberwachung nach dem Entwurf eines „Gesetzes zur Abwehr von Gefahren durch den internationalen Terrorismus durch das Bundeskriminalamt": Das Bundesministerium des Inneren hat im Anschluss an dieses Grundsatzurteil den Entwurf eines „Gesetzes zur Abwehr von Gefahren durch den internationalen Terrorismus durch das Bundeskriminalamt"[123] überarbeitet und innerhalb der Bundesregierung abgestimmt. Die in § 20k BKAG-E geregelte Online-Durchsuchung darf demnach nur dann durchgeführt werden, wenn ansonsten die Abwehr von Gefahren des internationalen Terrorismus „aussichtslos oder wesentlich erschwert wäre". Es sind Vorkehrungen zum Schutz des Kernbereichs privater Lebensgestaltung vorgesehen und der Betroffene hat grundsätzlich das Recht von der durchgeführten Maßnahme unterrichtet zu werden. Die Durchsuchung soll nur ‚per Kabel', also ohne ein Eindringen in den Wohnraum, erfolgen.

Zur Gefahrenabwehr sollen dem BKA nun neben der Online-Durchsuchung auch die klassische Telefonüberwachung (TKÜ) sowie die Quellen-Telekommunikations-Überwachung (Quellen-TKÜ), also die Observierung von Internetkommunikation etwa über Voice-over-IP, möglich sein.[124] Dazu muss, ähnlich der Online-Überwachung, eine Spionagesoftware auf den Rechner aufgespielt werden. Diese übermittelt die zum Beispiel in das Mikrophon eingegebenen Daten bevor sie anschließend in verschlüsselter Form gesendet werden. Gemäß § 20l III BKAG-E werden Maßnahmen der Telekommunikationsüberwachung auf Antrag des Präsidenten des Bundeskriminalamtes oder seines Vertreters

---

[115] Pressemitteilung des Bundesministeriums vom 30.3.2007, http://www.bmi.bund.de/Internet/Content/Nachrichten/Pressemitteilung en/2007/03/Antiterrordatei.html.

[116] So auch *Zöller, Mark A.*: Der Rechtsrahmen der Nachrichtendienste bei der „Bekämpfung" des internationalen Terrorismus. In: Juristenzeitung (JZ) 2007, 763 ff.: 770.

[117] *Wollf & Scheffczyk*, a.a.O.: 88.

[118] Gesetz vom 20.12.2006 (GVBl NW 2006, S. 620).

[119] BVerfG, 1 BvR 370/07 und 1 BvR 595/07 vom 27. Februar 2008.

[120] So z.B. in Art. 14 a,b und c BayPAG.

[121] BVerfGE 113, 348.

[122] BGBl. 2004 I S. 1190.

[123] BT–Drs. 16/9588.

[124] Vgl. § 20l BKAG-E.

durch das Gericht angeordnet. Solche Telefonate dürfen dann ohne das Wissen des Betroffenen abgehört und aufgezeichnet werden. Diese Maßnahme ist auf drei Monate begrenzt und darf noch einmal verlängert werden. Bezüglich der Verfassungsmäßigkeit der Maßnahmen gilt das oben zur Online-Durchsuchung ausgeführte größtenteils entsprechend.

3. Stellungnahmen zum Entwurf eines „Gesetzes zur Abwehr von Gefahren durch den internationalen Terrorismus durch das Bundeskriminalamt": Kritik bezüglich der neuen Befugnisse zur Online-Durchsuchung und TKÜ im BKAG-E sowie zum BKAG-E im Allgemeinen wurde sowohl von Juristen, als auch von Datenschützern geäußert. Am 15.9.2008 fand eine öffentliche Anhörung des Innenausschusses des Bundestages zum Entwurf des BKA-Gesetzes statt. Auf Grund der Aktualität der Ereignisse und der Diversität der Meinungen der angehörten Experten soll eine Auswahl der Stellungnahmen überblickartig dargestellt werden: Prof. Dr. Hansjörg Geiger, ehemaliger Präsident des Verfassungsschutzes und des Bundesnachrichtendienstes, ist der Auffassung, dass es neben Abgrenzungsfragen zu den Polizeien der Länder auch Überlagerungen mit den Tätigkeiten der Geheimdienste geben werde. Das BKA erhalte damit eine Sonderstellung, die eventuell einer besonderen parlamentarischen Kontrolle bedürfe. In Bezug auf den Kernbereichsschutz und die Regelung der Online-Durchsuchung kritisiert Geiger den Entwurf im Wesentlichen als unzureichend bzw. als zu weitgehend und weist auf das Problem der Kumulation heimlicher Maßnahmen hin, das unzureichend berücksichtigt worden sei.[125]

Prof. Dr. Christoph Gusy von der Universität Bielefeld stellte fest, dass der vorgelegte Entwurf „keine grundsätzliche Verschiebung des Koordinatensystems von Freiheit und Sicherheit zu Lasten der Freiheit" enthält. Der Entwurf gehe in den meisten Eingriffsermächtigungen nicht über dasjenige Maß hinaus, welches für vergleichbare Fragen im Landesrecht und in anderen Bundesgesetzen schon jetzt zulässig wäre. Bedenken äußerte Gusy allerdings bezüglich des Schutzes einzelner Berufsgruppen vor staatlicher Ausspähung. So bestehe der Schutz von Vertrauensbeziehungen der Presse zu ihren Informanten nur auf niedrigem Niveau.[126]

Prof. Dr. Dirk Heckmann von der Universität Passau, der bereits das Land Nordrhein-Westfalen in Sachen Online-Durchsuchungen vor dem BVerfG vertreten hatte, hält die Regelungen für „eingängig und verständlich". Dem Gesetzgeber sei es gelungen, den "verfassungsrechtlichen Anforderungen der Verhältnismäßigkeit und Normenbestimmtheit umfassend Rechnung zu tragen". Die vom BVerfG geforderten hohen Eingriffsschwellen seien gesetzt. Auch hält er das Abschreiben der Formulierungen des Bundesverfassungsgerichts für legitim.[127]

Prof. Dr. Martin Kutscha von der FHVR Berlin hob "problematische Parallelzuständigkeiten" von Bundes- und Landesebene hervor. Das BKA werde "durch die Zuweisung zahlreicher neuer Eingriffsbefugnisse zu einer Art deutschem FBI umgewandelt, das in Konkurrenz zu den Polizeien der Länder weit im Vorfeld von Rechtsgutverletzungen agieren kann". Es werde zwangsläufig zu nicht zulässigen Eingriffen in den privaten Kernbereich kommen.[128]

Prof. Dr. Markus Möstl von der Universität Bayreuth hält die Neuregelung der Online-Durchsuchung für einwandfrei und unbedenklich. Er ist der Ansicht, dass der Gesetzgeber die diesbezüglich vom BVerfG geschaffenen Spielräume nicht einmal voll ausschöpfe und dessen Regelung auch insoweit verfassungsrechtlich unbedenklich sei. Jedoch spricht er von einer "beklagenswerten Tendenz" zu immer unübersichtlicheren Regelungen im Sicherheitsrecht.[129]

Die Reaktion auf die Stellungnahmen und deren Gewichtung in der Diskussion um die umstrittenen Neuregelungen bezüglich der Online-Durchsuchung und Quellen-TKÜ bleibt abzuwarten. Sie ist jedoch von großer Bedeutung, da anzunehmen ist, dass das BKAG als Mustergesetz für die Länder – nicht nur hinsichtlich der Einführung dieser neuen Befugnisse – dienen wird.[130]

III. Rasterfahndung
Durch das BKAG soll das BKA auch die Befugnis erhalten, präventiv Rasterfahndungen durchführen zu können.
1. Bisherige Regelung der Rasterfahndung: Die Rasterfahndung wurde bereits in den 70er Jahren im Zusammenhang mit der Suche nach RAF-Terroristen entwickelt.[131] Unter Rasterfahndung versteht man die Befugnis der Polizei, „von öffentlichen und nichtöffentlichen Stellen die Übermittlung von personenbezogenen Daten bestimmter Personengruppen aus Dateien zum Zweck des Abgleichs mit anderen Datenbeständen"[132] zu verlangen.

Ziel dieses polizeilichen Fahndungsinstruments ist das Auffinden bestimmter Personen, deren Identität jedoch unbekannt ist. Zu diesem Zweck erfolgt ein Zugriff auf öffentliche oder private Dateien, die nach vorher festgelegten kriminalistischen Merkmalen untersucht werden. Auf diese Weise soll nach und nach ein immer kleiner werdender Personenkreis herausgefiltert werden, auf den die bei der gesuchten Person als charakteristisch unterstellten Merkmale zutreffen. Anschließend wird mit Hilfe anderer polizeirechtlicher oder strafprozessualer

[125] *Prof. Dr. Hansjörg Geiger*, Stellungnahme zum BKAG-E, Ausschussdrucksache 16(4)460 H,
http://www.bundestag.de/ausschuesse/a04/anhoerungen/anhoerung15/stellungnahmen_sv/Stellungnahme_08.pdf.
[126] *Prof. Dr. Christoph Gusy*, Stellungnahme zum BKAG-E, Ausschussdrucksache 16(4)460 A,
http://www.bundestag.de/ausschuesse/a04/anhoerungen/anhoerung15/stellungnahmen_sv/Stellungnahme_01.pdf.
[127] *Prof. Dr. jur. Dirk Heckmann*, Stellungnahme zum BKAG-E, Ausschussdrucksache 16(4)460 C,
http://www.bundestag.de/ausschuesse/a04/anhoerungen/Anhoerung15/Stellungnahmen_SV/Stellungnahme_03.pdf.
[128] *Prof. Dr. Martin Kutscha*, Stellungnahme zum BKAG-E, Ausschussdrucksache 16(4)460 D,
http://www.bundestag.de/ausschuesse/a04/anhoerung15/stellungnahmen/sv/stellungnahme_04.pdf.
[129] *Prof. Dr. Markus Möstl*, Stellungnahme zum BKAG-E, Ausschussdrucksache 16(4)460 I,
http://www.bundestag.de/ausschuesse/a04/anhoerungen/Anhoerung15/Stellungnahmen_SV/Stellungnahme_09.pdf.
[130] *Baum, Gerhart R. & Schantz, Peter*: Die Novelle des BKA-Gesetzes - Eine rechtspolitische und verfassungsrechtliche Kritik. In: Zeitschrift für Rechtspolitik (ZRP) 2008, 137 ff.: 137.
[131] *Middel*, a.a.O.: 96.
[132] Art. 44 BayPAG.

Maßnahmen geprüft, ob gegen diese Personen ein Störer- bzw. Tatverdacht vorliegt.[133]

Die repressive Rasterfahndung findet ihre gesetzliche Grundlage in §§ 98a, 98b StPO, welche 1992 durch das „Gesetz zur Bekämpfung des illegalen Rauschgifthandels und anderer Erscheinungsformen der Organisierten Kriminalität" (OrgKG) eingeführt wurden. Demnach dürfen „personenbezogene Daten von Personen, die bestimmte, auf den Täter vermutlich zutreffende Prüfungsmerkmale erfüllen, mit anderen Daten maschinell abgeglichen werden, um Nichtverdächtige auszuschließen oder Personen festzustellen, die weitere für die Ermittlungen bedeutsame Prüfungsmerkmale erfüllen." § 28 BKAG greift als Befugnisnorm ergänzend ein, soweit das BKA als Koordinierungsstelle in die Strafverfolgung einbezogen ist.

Neue Bedeutung gewann die Rasterfahndung im Anschluss an die Ereignisse des 11. September 2001 bei der Suche nach weiteren potentiellen Terroristen in Deutschland. In den meisten Ländern war die präventiv-polizeiliche Rasterfahndung schon vor dem Jahre 2001 gesetzlich geregelt.[134] Lediglich Bremen, Niedersachsen und Schleswig-Holstein mussten erst Befugnisnormen schaffen, um eine bundesweite Rasterfahndung zu ermöglichen. Die Einheitlichkeit der landesrechtlichen Ermächtigungsgrundlagen wird unterschiedlich beurteilt. Während teilweise von einer etwa gleichen Ausgangslage die Rede ist,[135] wird andererseits darauf hingewiesen, dass sich dir Regelungen „zum einen nach den für die Rasterfahndung geforderten materiellrechtlichen Voraussetzungen, zum anderen nach dem Anordnungsverfahren unterscheiden".[136]

Neben den unterschiedlichen Formulierungen der Befugnisnormen, stellte auch die bundesweite Koordinierung der Rasterfahndung eine Herausforderung dar. Zu diesem Zweck wurde am 21. September 2001 auf Grundlage eines Beschlusses des Arbeitskreises II, „Innere Sicherheit", der Ständigen Konferenz der Innenminister und Innensenatoren der Länder die „Koordinierungsgruppe Internationaler Terrorismus" eingerichtet.[137] Sie sollte als länderübergreifendes Bindeglied operieren und stand unter dem Vorsitz des BKA, mit Beteiligung von Vertretern der Landespolizeien, des ehemaligen BGs, des BfV, des BND und der LfV. Außerdem leistete das BKA auf Grundlage des § 7 I iVm §§ 11, 12 BKAG Unterstützung in der Form, dass die Länder Daten in eine beim

BKA eingerichtete Verbunddatei einstellen konnten.[138] Nach einem Abgleich dieser Daten auf Bundesebene, gab das BKA seine Erkenntnisse an die Landeskriminalämter weiter. Eine eigene Befugnisnorm des BKA zur Durchführung einer präventiv-polizeilichen Rasterfahndung gibt es bislang nicht. Teilweise wird deshalb in dem oben beschriebenen Vorgehen eine (unzulässige) Umgehung dieser fehlenden Befugnis gesehen.[139]

2. *Die Rasterfahndung nach dem „Gesetz zur Abwehr von Gefahren des internationalen Terrorismus durch das Bundeskriminalamt":* Durch das BKAG soll diese Lücke geschlossen werden, indem dem BKA in § 20j BKAG-E eine eigene Befugnis zur Durchführung von Rasterfahndungen eingeräumt wird. Für eine solche Regelung könnte sprechen, dass in den meisten Fällen eine Rasterfahndung über die Ländergrenzen hinaus stattfinden muss und durch eine eigene Befugnisnorm sowohl komplizierte (Umgehungs-)verfahren, als auch die Einrichtung spezieller Koordinationsstellen vermieden werden können. Allerdings stößt die Neuregelung vielfach auf Kritik.

Beanstandet werden insbesondere der weitreichende Umfang der Regelung und damit die Unverhältnismäßigkeit des Eingriffs auf Grundlage dieses Gesetzes in das Recht auf informationelle Selbstbestimmung. In Zukunft müssen nicht nur Ämter und Behörden ihre Datenbestände öffnen und nach bestimmten Kriterien durchsuchen lassen, sondern auch Unternehmen oder „nicht-öffentliche Stellen". Nur Verfassungsschutz, BND und Militärischer Abschirmdienst dürfen ihre Datensätze für sich behalten. Außerdem erfordert ein Eingreifen lediglich, dass „konkrete Vorbereitungsmaßnahmen die Annahme rechtfertigen", dass eine Straftat begangen werden soll. Auch diesbezüglich wurden verfassungsrechtliche Bedenken angemeldet.[140] Das Bundesverfassungsgericht schränkte nämlich die präventive Rasterfahndung auf Klage eines marokkanischen Studenten, der von der bundesweiten Rasterfahndung nach den Anschlägen vom 11. September 2001 betroffen war, stark ein. Sie sei angesichts des Gewichts der mit der Durchführung einhergehenden Grundrechtseingriffe nur dann angemessen, wenn der Gesetzgeber rechtsstaatliche Anforderungen dadurch wahrt, dass er den Eingriff erst von der Schwelle einer hinreichend konkreten Gefahr für die bedrohten Rechtsgüter vorsieht. Als Vorfeldmaßnahme aufgrund einer allgemeinen Bedrohungslage sei sie unzulässig.[141]

IV. Vorratsdatenspeicherung

---

[133] *Stock, Jürgen:* Datenerhebung und –verarbeitung der Zentralstelle Bundeskriminalamt nach dem 11.September. In: Datenübermittlungen und Vorermittlungen, Festgabe für Hans Hilger. 2003. S. 247 ff.: 250.

[134] Vgl. § 40 PolGBW; Art. 44 BayPAG; § 47 ASOBln; § 46 BbgPolG; § 23 HbgPolDVG; § 26 HSOG; § 44 SOGMV; § 31 PolGNRW; § 25d POGRhPf (jetzt: § 38 POGRhPf); § 37 SpolG; § 47 SächsPolG; § 31 SOGLSA; § 44 ThürPAG.

[135] Vgl. *Meister, Johannes:* Die gefahrenabwehrrechtliche Rasterfahndung. In: Juristische Arbeitsblätter (JA) 2003, 83 ff.: 87.

[136] *Bausback, Winfried*: Rasterfahndung als Mittel der vorbeugenden Verbrechensbekämpfung – Notwendigkeit einer Vereinheitlichung der landesrechtlichen Regelung angesichts des internationalen Terrorismus? In: Bayerische Verwaltungsblätter (BayVBl) 2002, 713 ff.: 714.

[137] Vgl. BT-Drs. 15/ 2953 und 15/ 2965 vom 28. April 2004 (Mündliche Anfrage der Abgeordneten Petra Pau über „Gründungszeitpunkt und Ergebnisse der „Koordinierungsgruppe internationaler Terrorismus").

---

[138] Vgl. BT-Drs. 14/ 7206 vom 22. Oktober 2001, S. 1 (Antwort der Bundesregierung zu der Kleinen Anfrage der Abgeordneten Ulla Jelpke und der Fraktion der PDS vom 2. Oktober 2001, BT-Drs. 14/ 7023).

[139] *Hilbrans, Sönke:* Grundlagen und Problematik der Rasterfahndung. In: Humanistische Union e.V. (Hg.): Innere Sicherheit als Gefahr. Berlin: 2002. S. 268 ff.: 276; a.A. *Kube, Edwin:* Rasterfahndung: Aufgaben und Probleme. In: Kube, Edwin & Schneider, Hans & Stock, Jürgen (Hg.): Kriminologische Spuren in Hessen, Freundesgabe für Arthur Kreuzer zum 65. Geburtstag. Frankfurt a.M.: 2003. S. 65 ff.: 73.

[140] So z.B. durch SPD-Berater Manfred Baldus, vgl. Artikel vom 17.5.08, http://www.focus.de/politik/deutschland/bka-gesetz-spd-ruegt-maengel_aid_302284.html.

[141] Vgl. BVerfGE 93, 181.

1. Die Vorratsdatenspeicherung nach dem „Gesetz zur Neuregelung der Telekommunikationsüberwachung und anderer verdeckter Ermittlungsmaßnahmen sowie zur Umsetzung der Richtlinie 2006/24/EG": Seit dem 1. Januar 2008 ist das „Gesetz zur Neuregelung der Telekommunikationsüberwachung und anderer verdeckter Ermittlungsmaßnahmen sowie zur Umsetzung der Richtlinie 2006/24/EG"[142] (TKG) in Kraft. Dieses diente der Reform der heimlichen strafprozessualen Ermittlungsmaßnahmen, wobei der Schwerpunkt auf der Telekommunikationsüberwachung und der Vereinheitlichung von Verfahrens- und Verwendungsregelungen lag, und führte die Vorratsspeicherung von Telekommunikations-Verkehrsdaten ein. Nach § 3 Nr. 30 TKG sind Verkehrsdaten solche, die bei der Erbringung eines Telekommunikationsdienstes erhoben, verarbeitet oder genutzt werden; es handelt sich also nicht um Kommunikationsinhalte, sondern die bei der Telekommunikation anfallenden technischen Daten.[143]

Bisher waren Anbieter von Telekommunikationsdienstleistungen weder verpflichtet noch berechtigt, Verkehrsdaten unabhängig von ihrem eigenen Bedarf zu öffentlichen Zwecken wie der Strafverfolgung oder Gefahrenabwehr zu speichern.[144] Erlaubt war lediglich eine Speicherung zu eigenen Zwecken, etwa gemäß § 97 TKG zur Entgeltermittlung und -abrechnung, sofern der Kunde keine Anonymisierung verlangte.[145] Nach § 113 a I TKG sind die Anbieter nun verpflichtet, bestimmte Verkehrsdaten eines jeden Kommunikationsaktes für sechs Monate aufzubewahren. Gemäß § 113a II TKG umfasst dies neben der Rufnummer oder anderer Kennungen etwa auch Zeitpunkt und Dauer der Verbindung sowie die Internetprotokolladressen bei der Inanspruchnahme von Internet-Telefondiensten. Vergleichbare Daten sind bei der Nutzung von E-Mail- und Internetzugangsdiensten zu speichern (§ 113a III, IV TKG). § 113 b TKG regelt die Auskunft aus den daraufhin entstandenen Dateien.

2. Verfassungsrechtliche Bedenken gegen die Vorratsdatenspeicherung: Verfassungsrechtlich stellt schon die Speicherung, und nicht erst das Abrufen der Daten, einen Eingriff in das Fernmeldegeheimnis der Endnutzer aus Art. 10 I GG dar. Bereits durch die Speicherung wird die Möglichkeit des Missbrauchs und damit eine Gefährdung der Geheimhaltung der Daten geschaffen sowie die freie Kommunikation, die konstitutiv für eine demokratische Gesellschaft ist, gefährdet.[146]

Eingriffe in das Fernmeldegeheimnis dürfen nur erfolgen, soweit diese zum Schutz öffentlicher Interessen

unerlässlich sind.[147] Neben Belangen der Strafrechtspflege dient die Vorratsdatenspeicherung auch der öffentlichen Sicherheit. Maßstab der Prüfung sind vornehmlich das Bestimmtheitsgebot und der Grundsatz der Verhältnismäßigkeit. Bei Maßnahmen im Vorfeld eines Verdachts oder einer konkreten Gefahr sind die Anforderungen besonders hoch, denn je früher und unabhängiger von konkreten Anhaltspunkten ein Eingriff erfolgt, umso bestimmter muss die Regelung und umso gewichtiger müssen die Gründe hierfür sein.[148] Diesen Anforderungen wird die Vorratsdatenspeicherung bereits hinsichtlich des Bestimmtheitsgebots nicht gerecht.[149] Der Zweck, zu dem Eingriffe in das Fernmeldegeheimnis vorgenommen werden, muss bereichsspezifisch und präzise bestimmt werden. Eine Sammlung personenbezogener Daten auf Vorrat zu noch nicht bestimmbaren Zwecken ist damit unvereinbar.[150] Auch die Konkretisierung des Verwendungszwecks in § 113 b TKG, wonach eine Übermittlung nur zur „Verfolgung von Straftaten" (§ 113b Nr. 1 TKG), der „Abwehr von erheblichen Gefahren für die öffentliche Sicherheit" (Nr. 2) und der „Erfüllung der gesetzlichen Aufgaben der Verfassungsschutzbehörden des Bundes und der Länder, des Bundesnachrichtendienstes und des Militärischen Abschirmdienstes" (Nr. 3) ist zu unspezifisch. Zudem ist fraglich, ob der Grundsatz der Verhältnismäßigkeit, insbesondere im Hinblick auf die Angemessenheit der Regelung, gewahrt ist. Da von der Regelung jeder Telekommunikationsteilnehmer, also quasi die gesamte Bevölkerung, betroffen sein wird und es sich bei Verkehrsdaten um sehr sensible Daten handelt, die „erhebliche Rückschlüsse auf das Kommunikations- und Bewegungsverhalten" sowie „auf Art und Intensität von Beziehungen"[151] ermöglichen, ist die Eingriffsintensität sehr hoch. Dieser steht das öffentliche Interesse in Bezug auf die Strafverfolgung, öffentliche Sicherheit und Erfüllung der Aufgaben von Geheimdiensten gegenüber. Bei der Abwägung bleibt, selbst wenn man die einschränkende Regelung des § 100g StPO, der eine Verwendung der Daten lediglich für die Verfolgung von Straftaten von erheblicher Bedeutung voraussetzt, mit einbezieht, aufgrund der massiven Grundrechtsbeeinträchtigung ein Überwiegen der öffentlichen Interessen fraglich.

Das Bundesverfassungsgericht hat in Bezug auf die Vorratsdatenspeicherung im März 2008 eine einstweilige Anordnung erlassen. Der Erste Senat ließ die Anwendung von § 113b TKG, soweit er die Verwendung der gespeicherten Daten zum Zweck der Strafverfolgung regelt, bis zu Entscheidung in der Hauptsache nur modifiziert zu.[152] Der Anbieter von Telekommunikationsdiensten hat die verlangten Daten aufgrund eines Abrufersuchens einer Strafverfolgungsbehörde zwar zu erheben und zu speichern, sie sind jedoch nur dann an die

---

[142] Gesetz vom 21.12.2007 (BGBl. I S. 3198).

[143] *Graulich, Kurt*: Telekommunikationsgesetz und Vorratsdatenspeicherung. In: Neue Zeitschrift für Verwaltungsrecht (NVwZ) 2008, 485 ff.: 485.

[144] BVerfG, NVwZ 2008, 543, unter Hinweis auf BVerfG (Kammer), NJW 2007, 3055 (3057).

[145] Dazu *Singelnstein, Christoph & Stolle, Peer*: Entwicklungen in der Telekommunikationsüberwachung und der Sicherheitspolitik – Zur Novellierung des TKG. In: Strafverteidiger Forum (StraFo) 2005, 96 ff.: 97f.

[146] *Puschke, Jens & Singelnstein, Tobias*: Telekommunikationsüberwachung, Vorratsdatenspeicherung und (sonstige) heimliche Ermittlungsmaßnahmen der StPO nach der Neuregelung zum 1. 1. 2008. In: Neue Juristische Wochenschrift (NJW) 2008, 113 ff.: 118.

[147] S. *Löwer*, in: *Münch, Ingo v. & Kunig*: Grundgesetz-Kommentar, Band 1, München, 2003: Art. 10 Rn. 27.

[148] *Puschke & Singelnstein*, a.a.O.: 117.

[149] *Gola, Peter & Klug, Christoph & Reif, Yvette*: Datenschutz- und presserechtliche Bewertung der „Vorratsdatenspeicherung". In: Neue Juristische Wochenschrift (NJW) 2007, 2599 ff.: 2599.

[150] BVerfGE 100, 313 (360).

[151] BVerfGE 115, 166 (183).

[152] BVerfG, NVwZ 2008, 543.

Strafverfolgungsbehörde zu übermitteln, wenn Gegenstand des Ermittlungsverfahrens eine schwere Straftat im Sinne des § 100a II StPO ist, die auch im Einzelfall schwer wiegt, der Verdacht durch bestimmte Tatsachen begründet ist und die Erforschung des Sachverhalts auf andere Weise wesentlich erschwert oder aussichtslos wäre (§ 100a I StPO).

Für die endgültige verfassungsrechtliche Beurteilung von §§ 113a und 113b StPO bleibt die Hauptsachenentscheidung abzuwarten.

V. Aufnahme biometrischer Merkmale in Personaldokumente

1. Reisepässe mit elektronischem Gesichtsbild und Fingerabdruck: Mit dem PassGuaÄndG wurde der rechtliche Rahmen geschaffen, um ab November 2007 auf einem Chip in jedem Reisepass neben dem Lichtbild auch zwei Fingerabdrücke zu speichern. Dies sollte der weiteren Umsetzung der am 18. Januar 2005 in Kraft getretenen Verordnung (EG) Nr. 2252/2004 über Normen für Sicherheitsmerkmale und biometrische Daten in von den Mitgliedstaaten ausgestellten Pässen und Reisedokumenten (EG-PassVO) dienen.

Polizeivollzugsbehörden, Zollverwaltung, sowie Pass-, Personalausweis- und Meldebehörden erhielten die Befugnis, die gespeicherten Daten auszulesen, die benötigten biometrischen Daten beim Passinhaber zu erheben und die biometrischen Daten miteinander zu vergleichen. Vergleichbare Regelungen wurden für Unionsbürger, Ausländer aus Drittstaaten und Asylbewerber in den jeweiligen Gesetzen geschaffen.

Bleibt der Verwendungszweck biometrischer Merkmale in Pässen auf die Verifikation der Merkmale begrenzt, ist nicht von einem unzulässigen Eingriff in das Recht auf informationelle Selbstbestimmung auszugehen.[153] Diesbezüglich nehmen die Merkmale exakt dieselbe Funktion wie ein Lichtbild ein, das bereits fester Bestandteil der Pässe ist. Trotzdem wurden von verschiedenen Seiten verfassungsrechtliche Bedenken geäußert. Diese bezogen sich unter anderem auf die demokratische Legitimität der EG-Verordnung[154] und die Frage, inwiefern erkennungsdienstliche Maßnahmen auch gegenüber Unschuldigen durchgeführt werden können.[155]

Außerdem wird die Geeignetheit der neuen Pässe zur Terrorismusbekämpfung in Frage gestellt. Bundesinnenminister Dr. Wolfgang Schäuble sieht in dem verstärkten Einsatz biometrischer Verfahren die Möglichkeit, „eine missbräuchliche Nutzung deutscher Pässe – etwa durch Terroristen – zu verhindern und die Innere Sicherheit weiter zu stärken".[156] Faktisch ist es jedoch durch die Überprüfung der Echtheit der Daten nicht

möglich, festzustellen, ob es sich um eine des Terrorismus verdächtige Person handelt.[157] Auch ist kein Fall bekannt, in dem Mitglieder internationaler Terrorismusorganisationen deutsche Personalpapiere gefälscht oder verwendet haben.[158] Demnach bestehe kein Bedürfnis die Fälschungssicherheit deutscher Pässe zu erhöhen.

Entgegen jeglicher grundrechtlicher Einwände ist nun geplant, die Fingerabdrücke nicht nur auf dem Dokument, sondern auch bei den Meldeämtern zu speichern. Bislang müssen die Meldestellen die Fingerabdrücke löschen, sobald der Pass ausgehändigt wurde. Zukünftig sollen die Polizeibehörden und Geheimdienste ohne vorherige Genehmigung direkten Zugriff auf diese Fingerabdrücke und andere biometrische Daten sowie auf digitalen Passfotos der Meldebehörden haben. Von größter Relevanz könnte in diesem Zusammenhang das Volkszählungsurteil sein, in dem das BVerfG ausführte, dass die Einführung eines einheitlichen Personenkennzeichens oder dessen Substitut als „ein entscheidender Schritt, den einzelnen Bürger in seiner ganzen Persönlichkeit zu registrieren und zu katalogisieren", zu bewerten sei, der sogar „in der Anonymität statistischer Erhebungen unzulässig" wäre.[159] Lediglich eine dezentrale Speicherung auf dem Dokument selbst lässt die Verfügungsgewalt über die biometrischen Daten beim Betroffenen[160] Die Einführung einer zentralen Referenzdatei würde das Recht auf informationelle Selbstbestimmung also in womöglich unzulässiger Weise beeinträchtigen.

2. Der Personalausweis nach dem Gesetz über Personalausweise und den elektronischen Identitätsweise sowie zur Änderung weiterer Vorschriften: Mitte Juli 2008 stimmte das Bundeskabinett dem Entwurf des „Gesetzes über Personalausweise und den elektronischen Identitätsnachweis sowie zur Änderung weiterer Vorschriften"[161] zu. Demnach soll ab November 2010 ein elektronischer Personalausweis im Scheckkartenformat eingeführt werden. Bundesinnenminister Dr. Schäuble erklärte hierzu:[162] „Der neue Personalausweis macht den elektronischen Geschäftsverkehr sicherer und einfacher für Bürgerinnen und Bürger, Wirtschaft und Verwaltung. Er trägt zum Bürokratieabbau bei und bringt ein enormes Einsparpotential mit sich. Die Zeit, in der elektronische Formulare zwar am PC ausgefüllt, aber am Ende doch manuell unterschrieben und versandt werden mussten, gehört bald der Vergangenheit an. Der elektronische Ausweis spart damit allen Beteiligten Papier, Druck-, Porto-, Transportkosten und vor allem Zeit." Der Personalausweis soll auf Antrag bei Online-Transaktionen als vertrauenswürdiger Identitätsnachweis genutzt werden

---

[153] So z.B. *Hahnzog, Klaus*: Freiheitsrechte und Sicherheit – Zum „Sicherheitspaket" der Bundesregierung zur Terrorismusbekämpfung. In: Recht und Politik (RuP) 2001, 189 ff.: 190.

[154] So etwa *Roßnagel, Alexander & Hornung, Gerrit*: Reisepässe mit elektronischem Gesichtsbild und Fingerabdruck. In: Die Öffentliche Verwaltung (DÖV) 2005, 983 ff.: 983.

[155] Vgl. *Thomas Wagner*, Interview mit Juli Zeh, 09.08.2008, http://www.jungewelt.de/2008/08-09/064.php.

[156] Mitteilung des Bundesministeriums des Inneren vom 20.12.2006, http://www.eu2007.bmi.bund.de/nn_122688/Internet/Content/Nachrichten/Pressemitteilungen/2006/12/Fingerabdruck.html.

[157] Vgl. *Draheim, Antje*: Kostet die Innere Sicherheit die Freiheit des Einzelnen? – Zum Entwurf eines Gesetzes zur Bekämpfung des internationalen Terrorismus. In: Betrifft Justiz 2001, 199 ff.: 200.

[158] *Nolte, Martin*: Die Anti-Terror-Pakete im Lichte des Verfassungsrechts. In: Deutsches Verwaltungsblatt (DVBl) 2002, 573 ff.: 576.

[159] BVerfG 65, 1 (57 und 53).

[160] *Bizer, Johann*: Selbstauthentifizierende Ausweiskarte. In: Datenschutz und Datensicherheit (DuD) 2002, 44 ff.: 33; *Probst, Thomas*: Biometrie aus datenschutzrechtlicher Sicht. In: Nolde, Veronika & Leger, Lothar (Hg.): Biometrisches Verfahren – Körpermerkmale als Passwort. Köln: 2002. S. 115 ff.: 121.

[161] BR-Drs. 550/08.

[162] Mitteilung der Bundesministeriums des Innern vom 23. Jul 08, http://www.bmi.bund.de/Internet/Content/Nachrichten/Pressemitteilungen/2008/07/e__Personalausweis.html.

können. Zusätzlich kann eine elektronische Signatur nachgeladen werden.

Der Personalausweis wird obligatorisch mit einem Foto im Chip des Dokuments ausgestattet. Ob auch zwei Fingerabdrücke gespeichert werden sollen, darf der Bürger selbst entscheiden. Bedenken bezüglich dieser Regelung wurden – ebenso wie beim elektronischen Reisepass – sowohl von Seiten der Opposition als auch von Juristen und Datenschützern geäußert. Die innenpolitische Sprecherin der FDP-Fraktion im deutschen Bundestag, Gisela Piltz, meinte, zu befürchten sei nun eine Zwei-Klassen-Gesellschaft. Wer Fingerabdrücke speichern lasse, gelte als unverdächtig, alle anderen als verdächtig.[163]

VI. Zusammenfassung und Ausblick
Bezüglich der Verfassungsmäßigkeit der dargestellten Gesetzesänderungen ergibt sich ein zwiespältiges Bild. Fraglich ist bereits, ob die Maßnahmen überhaupt zu einer Verstärkung der Sicherheitsstruktur führen. Bejaht man die Geeignetheit und Erforderlichkeit, ist im Rahmen der Angemessenheit bei den meisten Neuregelungen nicht von einem Überwiegen des angestrebten Zwecks gegenüber den Freiheitsrechten der Bürger auszugehen. Auch wenn der Eindruck, die Eingriffsbefugnisse würden immer weiter zunehmen, teilweise als eine „Konsequenz des weit gezogenen Schutzbereichs des Grundrechts auf informationelle Selbstbestimmung durch das BVerfG im Volkszählungsurteil aus dem Jahre 1983"[164] angesehen wird, ist zumindest eine Befugniserweiterung des BKA durch das geplante BKAG gewiss. Nach der Förderung der informellen Zusammenarbeit der Länder und des Bundes durch Einrichtung der Antiterrordatei wurde hierdurch ein „weiterer Schritt zur Schaffung einer Bundeszentralbehörde zur Terrorismusbekämpfung nach dem Muster des FBI"[165] unternommen. Basis für diese Kompetenzerweiterung war die Föderalismusreform, die mit Art. 73 I Nr. 9a GG dem Bund eine Gesetzgebungs- und Verwaltungskompetenz für die Abwehr von Gefahren des internationalen Terrorismus verleiht, sofern die davon ausgehende Gefahr länderübergreifend ist, die Zuständigkeit einer Landesbehörde nicht erkennbar ist oder die oberste Landesbehörde um eine Übernahme ersucht.[166]

Geplant ist weiterhin eine gemeinsame Bundesabhörzentrale wichtiger deutscher Sicherheitsbehörden nach amerikanischem Vorbild, deren Einrichtung jedoch vom Bundesrechnungshof scharf kritisiert wurde.[167] Über das Vorhaben wird demnächst das für die Freigabe der Finanzmittel zuständige Vertrauensgremium des Bundestags entscheiden.

Welchen Einfluss die aktuelle Diskussion auf den BKAG-E sowie weitere geplante Neuregelungen hat und ob diese letztendlich in einer verfassungsrechtlich unproblematischeren Fassung erlassen werden, bleibt abzuwarten. Ebenso steht in vielen Bereichen noch eine Entscheidung des BVerfG aus, die für die Beurteilung bereits in Kraft getretener Anti-Terror-Gesetze maßgeblich sein wird.

C. Schluss – Deutschland ein Präventionsstaat?
Zusammenfassend erscheinen zur Verringerung der Gefahren durch den internationalen Terrorismus auch präventive Maßnahmen notwendig. Dabei ist eine gewisse Einschränkung grundrechtlicher Freiheiten zur Gewährung eines ausreichenden Sicherheitsniveaus unumgänglich. Weder „Datenschutzhysterie" noch „Sicherheitsfanatismus"[168] können zum gewünschten Erfolg führen. Eine grenzenlos präventive Sicherheitspolitik erfüllt vielmehr die Strategie der Terroristen, den Staat aus dem Konzept zu bringen und zu unverhältnismäßigen Abwehrmaßnahmen zu verleiten. „Der freiheitliche Rechtsstaat darf bei der Terrorismusbekämpfung nicht in die Gefangenschaft einer antithetischen Fixierung auf die Methoden des Terrorismus selbst gelangen."[169] Vielmehr muss er, um adäquat auf die Bedrohung durch den transnationalen Terrorismus zu reagieren, auch langfristig angelegte Maßnahmen ergreifen, die am Kern des Problems ansetzten, wie z.B. Integrationspolitik. Zudem ist die Entkräftung der Terroristen nicht ohne mitverantwortliche Einbeziehung der Bevölkerung möglich, die umfassend informiert sein sollte und deren Reaktionen von mentaler Gelassenheit geprägt sind.[170]
Insgesamt muss eine sowohl der Freiheit als auch der Sicherheit „gerecht werdende, einigermaßen kohärente Sicherheitspolitik gefunden werden, die den Maßstäben unserer Verfassung genügt."[171] Dem deutschen Gesetzgeber scheint dies seit 2001 vermehrt nicht zu gelingen, vielmehr unterliegt er anscheinend einer durch die aktuelle Bedrohungslage und die entsprechenden Ängste der Bevölkerung geschürten „normative[n] Desorientierung".[172]

Auch wenn sich ein „schleichende[r] Wandel zum Präventionsstaat"[173] abzeichnet, würde es zu weit gehen bereits von Deutschland als Präventionsstaat zu sprechen. Das BVerfG hat diesem Wandel bisher in gewissem Ausmaß Einhalt geboten und die oftmals in Eile erlassenen Gesetze für verfassungswidrig erklärt, da sie nicht mit den Prinzipien des demokratischen Rechtsstaates vereinbar waren. Entscheidungen zu einigen relevanten Maßnahmen stehen jedoch noch aus, sodass abzuwarten bleibt, inwiefern zukünftig die Balance zwischen

---

[163] Vgl. *Gisela Piltz*, Pressemitteilung vom 22.7.2008, http://www.gisela-piltz.de/?wc_c=4064&wc_lkm=&id=10821&suche=Piltz,%20Gisela.
[164] *Middel*, a.a.O.: 335, zur BVerfGE 65, 1.
[165] *Baum & Schantz*, a.a.O.: 140.
[166] So auch § 4a I 1 BKAG-E.
[167] Rechnungshof kritisiert Bundesabhörzentrale, 28.9.2008, http://www.heise.de/newsticker/Rechnungshof-kritisiert-Bundesabhoerzentrale--/meldung/116592.

[168] *Erbel*, a.a.O.: 21.
[169] *Graulich*, a.a.O.: 407.
[170] Vgl. *Erbel*, a.a.O.: 20.
[171] *Denninger*, 2003, a.a.O.: 14; vgl. auch: *Denninger, Erhard*: Freiheit durch Sicherheit? In: Koch, H.-J. (Hg.): Terrorismus – Rechtsfragen der äußeren und inneren Sicherheit. Baden-Baden, 2002b, S. 83 – 92: 86f.
[172] *Hassemer*, a.a.O.: 14.
[173] *Hirsch, Burkhard*: Der attackierte Rechtsstaat. In: Vorgänge. Zeitschrift für Bürgerrechte und Gesellschaftspolitik, 41. Jahrgang, September 2002, Heft 3. S. 5 – 9: 6.

Freiheit und Sicherheit in Deutschland aufrechterhalten
werden wird.

Katastrophenfolgen und Folgekatastrophen

von **Karoline Meyer**, Bonn

Die Akzeptanz der Funktionsfähigkeit eines politisch-administrativen Systems nach einer Katastrophe[1] ist prinzipiell von dem Ausmaß der Katastrophenfolgen ex post abhängig. Beachtliche Bedeutung genießt in diesem Rahmen das Kriterium der Katastrophengerechtigkeit. Eine gerechte Verteilung der Katastrophenfolgen zwischen den meist regional abgrenzbaren Betroffenen und der Gesellschaft insgesamt[2], wird regelmäßig mit der Effizienz des Katastrophenschutzes und Katastrophenschutzmanagements gleichgesetzt. Das System der Katastrophengerechtigkeit, das das Sozialprinzip des Grundgesetzes gebietet[3], sollte nicht außer Acht gelassen werden, allerdings besteht die Gefahr einer ausschließlichen gesellschaftlichen Fokussierung auf einzig dieses Kriterium.

Die fehlende Kalkulierbarkeit sowohl der Katastrophe selbst als auch ihrer primären und sekundären Folgen erschwert die Vorhersehbarkeit gesellschaftlicher, politischer sowie wirtschaftlicher Folgen, die eine Katastrophe nach sich zieht. Der Fokus der Problembekämpfung liegt dabei auf aktuell bedrohlichen Auswirkungen einer Katastrophe; potentielle oder schleichende Katastrophen, die einem vorhergehenden extremen Ereignis anhaften, werden demgegenüber nicht thematisiert.

Im folgenden Beitrag sollen mögliche gesellschaftliche, politische und wirtschaftliche Auswirkungen in Folge einer Katastrophe analysiert werden. Dabei werden Szenarien bestimmter Entwicklungen nach einer Katastrophe aufgeworfen, die unter widrigen Umständen in einer Folgekatastrophe resultieren können.

A. Begriffe
I. Katastrophe
Die Natur selbst – frei von jedem menschlichen Einfluss – kennt keine Katastrophen.[4] Extreme Ereignisse können nachhaltige Folgen auf die natürliche Umgebung eines abgegrenzten Raumes haben, jedoch sind diese niemals katastrophal. Erst in Gesellschaften, die den sozialen Naturzustand überwunden haben, können sich Katastrophen ereignen.[5]

Dieser Aussage ist die Begriffsdefinition des Wörterbuchs des Zivil- und Katastrophenschutzes der Ständigen Konferenz für Katastrophenvorsorge und Katastrophenschutz angegliedert. Danach wird eine Katastrophe als ein Geschehen, das Leben oder Gesundheit zahlreicher Menschen, die Umwelt, erhebliche Sachwerte oder die lebensnotwendige Versorgung der Bevölkerung in einem ungewöhnlichen Maß gefährdet oder schädigt, verstanden.[6]

II. Folgen
Folgen entstehen aus ziemlich unterschiedlichen Anlässen, haben verschiedenartige Ursprünge und entwickeln in ihrem „Verlauf" recht differenzierte Formen und überraschende Erscheinungen.[7] Gekennzeichnet werden sie dadurch, dass ihr Beginn immer mit dem Ausgeliefertsein des Betroffenen zusammenhängt.[8] Der einzelne Betroffene oder auch die Gruppe der Betroffenen sieht sich einer nicht steuerbaren Ausgangssituation ausgesetzt, die nachhaltig auf ihre Gesamtsituation einwirkt. Die Komplexität der sich daraus ergebenden Handlungsmöglichkeiten, aber auch Auswirkungen auf ihr Umfeld (erfasst werden alle Aspekte des persönlichen, sozialen, wirtschaftlichen und politischen Umfelds) und daraus resultierende Konsequenzen begründen das Ausgeliefertsein des einzelnen Individuums, sowie einer Gruppe abgegrenzter Individuen.

B. Katastrophenfolgen
Die Begrifflichkeit der Katastrophenfolgen lässt sich in den Bereich des terminierten Katastrophenschutzes einordnen. Alle anerkannten Aspekte des Katastrophenschutzes im weiteren Sinne[9], d.h. Katastrophenvermeidung, -prävention, -bekämpfung, und -nachsorge, bilden die Basis auftretender Katastrophenfolgen. Die letztlich sichtbaren Auswirkungen einer Katastrophe können als Ende einer Verästelung verstanden werden, der eine Unmenge von vorherigen Handlungsmöglichkeiten vorausgehen.

Dennoch sollen Auswirkungen einer Katastrophe nicht als Zufall verstanden werden. Vielmehr lässt sich das Ausmaß einer Katastrophe in den Vorstadien der Katastrophenvermeidung und –vorsorge aber auch durch ein effektives und effizientes Katastrophenmanagement während des Katastrophenfalls eingrenzen.

---

[1] Im Folgenden wird der Begriff Katastrophe grundsätzlich demjenigen der Naturkatastrophe gleichgesetzt; ferner wird in dem Beitrag von regional abgegrenzten und nicht von einer globalen Katastrophe ausgegangen.

[2] Definition der Katastrophengerechtigkeit in: *Kloepfer, Michael*, Einführung, in: ders., Katastrophenrecht: Grundlagen und Perspektiven, 2008, S. 12 f.

[3] *Kloepfer, Michael*, VerwArch 2007, S. 163 (177).

[4] *Wolf, Rainer*, KritV 2005, S. 399 (400).

[5] *Wolf, Rainer*, KritV 2005, S. 399 (400).

[6] Definition nach dem Wörterbuch des Zivil- und Katastrophenschutzes der Ständigen Konferenz für Katastrophenvorsorge und Katastrophenschutz, erhältlich unter: http://www.katastrophenvorsorge.de/pub/publications/wbuch-SKK.pdf.

[7] *Böhret, Carl*, Folgen – Entwurf für eine aktive Politik gegen schleichende Katastrophen, 1990, S. 21.

[8] *Böhret, Carl*, Folgen – Entwurf für eine aktive Politik gegen schleichende Katastrophen, 1990, S. 21.

[9] So auch *Kloepfer, Michael*, VerwArch 2007, S. 163 (169).

I. Positive und negative Katastrophenfolgen

Die gebräuchliche Redewendung „katastrophale Folgen" spiegelt die negative Konnotation wider, die in der Umgangssprache mit einer Katastrophe und ihren Folgen verbunden ist. Wer kennt nicht die persönliche Katastrophe im Alltag, die durch einen vergessenen Hausschlüssel oder einen Familienstreit entsteht. Allerdings entziehen sich diese Katastrophen der hier verwendeten Katastrophendefinition. Die negative Konnotation existierte schon in der griechischen Sprache, aus der das Wort Katastrophe ursprünglich stammt. Die Bedeutung „schicksalhafte Wendung zum Schlimmen" wurde zumindest im allgemeinen Sprachgebrauch bis zum heutigen Tag nicht aufgegeben. Auf den ersten Blick lässt sich einer Katastrophe bestenfalls positiv abgewinnen, dass man etwas gelernt hat. Allerdings kann das durchaus negative Ereignis einer Katastrophe positive Folgewirkungen entwickeln. Das Zusammenspiel und letztendlich die ausschlaggebende Entwicklung hin zu einer negativen oder letztendlich doch positiven Folge wird durch eine Fülle diverser Faktoren beeinflusst.[10]

Neben der Schwere der Katastrophe an sich ist die Entwicklung des jeweiligen betroffenen Gebiets wichtig, wird aber in diesem Beitrag nicht weiter thematisiert. So entfalten Katastrophen in Gebieten mit geringer entwickelter Infrastruktur weniger gravierende Schadenfolgen, allerdings sind die jeweiligen Langzeitfolgen häufig überdurchschnittliche hoch, da diese Gebiete aufgrund der fehlenden Entwicklung und meist auch eines effektiven Katastrophen- und Katastrophennachsorgemanagements längere Regenerierung in Anspruch nehmen. Demgegenüber sind gemessen an der Schadensumme die negativen Auswirkungen einer Katastrophe insbesondere in technisch hoch entwickelten Gebieten immens. Allerdings sind die Auswirkungen im Gesamtzusammenhang als geringer zu charakterisieren.

Anders kann es aber auch bei vollständiger Abhängigkeit einer Gesellschaft sein, wie das folgende Beispiel veranschaulicht. So ist eine Landbevölkerung, die ausschließlich oder hauptsächlich Landwirtschaft ohne künstliche Bewässerungsanlagen betreibt, durch eine Dürre in größerem Maße betroffen, da sie in besonderer Weise von der Niederschlagsmenge abhängt.[11]

Nicht zu unterschätzen ist ferner, dass die Schnelligkeit und der Erfolg des Wiederaufbaus, bspw. staatliche und gesellschaftliche Begünstigungen (durch Spenden etc.), die Folgen einer Katastrophe deutlich lindern. Mindestens genauso viel Einfluss besitzen effektive und effiziente Informationsstrukturen zwischen dem Staat, staatlichen Hoheitsträgern, Hilfsorganisationen und der breiten Öffentlichkeit.

Aber auch das Maß der Aufmerksamkeit entscheidet über das Ausmaß der Katastrophenfolgen. Psychologisch ist die Wahrnehmungsintensität zusammenhängend mit existierenden Ängsten und Verunsicherungen nach einer Katastrophe abrupt angestiegen.[12] Essentiell für die erfolgreiche Vermeidung schwerer Katastrophenfolgen ist jedoch die Aufrechterhaltung dieser Aufmerksamkeit, insbesondere, da nach erfolgter gesellschaftlicher Auseinandersetzung mit der Katastrophe, die Wahrnehmungsintensität sogar unter die objektive Entwicklung des eigentlichen Problems fällt.[13] Dabei ist die Effektivität und Effizienz der Katastrophennachsorge, wenn die aktuelle Bedrohung für die Bevölkerung entfallen ist und die Wiederherstellung des alten Zustandes begonnen wird, keineswegs weniger wichtig für den Erfolg der Eingrenzung negativer Resultate einer Katastrophe.

Insbesondere die Gefahr einer Verstärkung der negativen Auswirkungen durch Multiplikatoreffekte[14] beeinflusst das Abschätzungsverhalten der Katastrophenfolgen durch Experten und Bevölkerung. Eng ist dabei die Gradwanderung zwischen Katastrophenüberschätzung und Katastrophenhysterie und -dämonisierung[15]. Risikokommunikation als ein Aspekt, der soziale sowie politische Sekundärfolgen (zum Begriff s.u.) beeinflusst schwankt zwischen Verharmlosung und Dramatisierung.[16]

Aufgrund der die Komplexität beeinflussenden Faktoren lassen sich die Folgen einer Katastrophe selten abschätzen.[17] Diese Schwierigkeit einer Abschätzung der Katastrophen verhindert die Entwicklung eines allgemeinen Reaktionsmusters auf selbige.[18] Bedingt durch die Besonderheit des jeweiligen Katastrophenverlaufs, den gesellschaftlichen, politischen und wirtschaftlichen Verhältnissen der jeweiligen Region, des Landes oder auch der Epoche können sich in einer vergleichbaren Situation ganz unterschiedliche Folgenabläufe herauskristallisieren.[19]

II. Primäre und sekundäre Katastrophenfolgen

Die Gesamtheit der Folgen einer Katastrophe lässt sich zunächst in primäre und sekundäre Katastrophenfolgen unterteilen. Im primären Bereich erfolgt eine Typisierung der Folgen in direkte und indirekte

---

[10] *Dobler, Richard*, Regionale Entwicklungschancen nach einer Katastrophe, 1980, S. 28.
[11] *Hanisch, Rolf*, Katastrophen und ihre Opfer, in: Hanisch/Moßmann (Hrsg.), Katastrophen und ihre Bewältigung in Ländern des Südens, 1996, S. 31.

[12] *Böhret, Carl*, Folgen – Entwurf für eine aktive Politik gegen schleichende Katastrophen, 1990, S. 26.
[13] *Böhret, Carl*, Folgen – Entwurf für eine aktive Politik gegen schleichende Katastrophen, 1990, S. 26.
[14] *Dobler, Richard*, Regionale Entwicklungschancen nach einer Katastrophe, 1980, S. 28.
[15] *Clausen, Lars*, Sind Katastrophen beherrschbar?, in: Kloepfer (Hrsg.), Katastrophenrecht: Grundlagen und Perspektiven, 2008, S. 15 (18).
[16] *Gloger, Stefan, Klinke, Andreas, Renn, Ortwin*, Kommunikation über Umweltrisiken zwischen Verharmlosung und Dramatisierung, in: Symposium „Kommunikation über Umweltrisiken zwischen Verharmlosung und Dramatisierung, 2002.
[17] *Armbrüster, Christian*, KritV 2005, S. 318 (320).
[18] *Wolf, Rainer*, KritV 2005, S. 399.
[19] *Wolf, Rainer*, KritV 2005, S. 399; im Ergebnis auch: *Böhret, Carl*, Folgen – Entwurf für eine aktive Politik gegen schleichende Katastrophen, 1990, S. 17; *Hanisch, Rolf*, Katastrophen und ihre Opfer, in: Hanisch/Moßmann (Hrsg.), Katastrophen und ihre Bewältigung in Ländern des Südens, 1996, S. 23.

Katastrophenfolgen.[20] Primär und direkt betroffen durch Katastrophen sind unter anderem die Infrastruktur, Wohnungen und Arbeitsplätze. Die Schwere der direkten Schäden wird sowohl von Naturfaktoren (wie der Katastrophenintensität) als auch von gesellschaftlichen Faktoren (wie der Bebauungsart, -dichte oder der Bevölkerungsdichte) beeinflusst.[21]

Demgegenüber sind alle indirekten Folgen solche, die nicht als direkte Folgen zu charakterisieren sind.[22] Insbesondere die Struktur der Primärschäden (dazugehörend ihre Gesamthöhe sowie ihre regionale und sektorale Verteilung), die regionale Wirtschafts-, Gesellschafts-, Politik- und Infrastruktur sowie die Dauer und der Erfolg des Wiederaufbaus beeinflussen das Ausmaß der indirekten Schäden.[23] Ebenso haben unter anderem die ökonomischen Bedingungen vor der Katastrophe (Arbeitslosigkeit etc.) und der Grad der ökonomischen Integration (einer Region, eines Unternehmens) nicht zu unterschätzenden Einfluss auf Katastrophenfolgeschäden.[24]

Sekundär sind Folgen einer Katastrophe, die langfristige Auswirkungen auf diverse Bereiche des öffentlichen Lebens entfalten. Dazu gehören in makroökonomischer Hinsicht vor allem Auswirkungen auf Staatsverschuldung, Geldstabilität und Handelsbilanz.[25]

III. Szenarien möglicher Katastrophenfolgen
Die Vielschichtigkeit möglicher Katastrophenfolgen ermöglicht keine vollständige Analyse und den Anspruch der Vollständigkeit möchte dieser Beitrag nicht erheben. Nachstehende Erläuterungen sollen als beispielhafte Szenarien möglicher Entwicklungen nach Katastrophen dienen.

1. Zerstörung der kritischen Infrastruktur
In die Kategorie der primären und direkten Katastrophenfolgen lässt sich die Zerstörung der kritischen Infrastruktur einordnen; darunter werden Organisationen und Einrichtungen mit wichtiger Bedeutung für das staatliche Gemeinwesen, bei deren Ausfall oder Beeinträchtigung nachhaltig wirkende Versorgungsengpässe, erhebliche Störungen der öffentlichen Sicherheit oder andere dramatische Folgen

eintreten würden, gefasst.[26] Diesem Verständnis liegt zugrunde, dass die Infrastruktur als essentieller Bestandteil unserer Gesellschaft[27] als Nervenstrang von Mobilität und Kommunikation der Wirtschaft und Gesellschaft dient.[28] Als solcher ist sie unabdingbar.

Die Zerstörung der kritischen Infrastruktur tritt häufig im Zusammenhang mit Stürmen oder Erdbeben auf. Weitreichende Schäden, sog. kaskadierende Schäden, ergeben sich aufgrund der großen Vernetzung und Abhängigkeit vieler Bereiche untereinander.[29] Diese Interdependenz erhöht das Risiko eines Dominoeffekts, der große Teile der Funktion von Staat, Wirtschaft und Gesellschaft lähmen könnte.[30] An folgenden Beispielen soll erläutert werden, wie sich die Zerstörung der kritischen Infrastruktur durch eine Katastrophe langzeitig auf die wirtschaftliche Lage eines Landes auswirken kann, also indirekte und sekundäre Katastrophenfolgen bedingt und im schlimmsten Szenario eine Folgekatastrophe auslösen kann.

Ein besonders vernetzter und abhängiger Bereich ist das Stromnetz.[31] Ein Stromausfall würde technische Geräte in ihrer Funktionstüchtigkeit einschränken. Durch die Bestimmung des gesamten alltäglichen Lebens durch technische Geräte, wären die Konsequenzen immens. Zu denken sei dabei auch an die Folgen fehlender Beheizung in nördlichen Regionen im Winter. Wirtschaftlich drohe vielen Unternehmen der Ruin. Der daraus resultierende Konjunktureinbruch bedingt einen Anstieg der Arbeitslosigkeit. Diese weitreichenden Mutmaßungen möglicher Auswirkungen eines Stromausfalls verdeutlichen die Anfälligkeit moderner Gesellschaften für Katastrophen sowie technischer Störungen.

Ähnlich gravierend waren die Auswirkungen eines schweren Erdbebens in der Türkei. Infolge des Erdbebens vom 17. August 1999, dessen Epizentrum etwa 90 km südöstlich von Istanbul lag und bei dem nicht nur viele Gebäude, sondern die kritische Infrastruktur von einem ganzen Gebiet zerstört wurde. Die Dimension des Ausmaßes hing mit der Beschaffenheit der Bausubstanz und des Baugrundes zusammen.[32] Die kostensparend und schnell errichteten Gebäude dieser Region konnten bei

---

[20] *Dobler, Richard,* Regionale Entwicklungschancen nach einer Katastrophe, 1980, S. 20; zur Unterscheidung zwischen direkten und indirekten Schäden: *Cochrane, Harold C.,* Indirect Losses from Natural Disasters: Measurement and Myth, in: Okuyama/Chang, Modeling Spatial and Economic Impacts of Disasters, 2004, S. 37; *Deutsches Komitee für Katastrophenvorsorge e.V.,* Journalisten-Handbuch zum Katastrophenmanagement, 2002, S. 13.
[21] *Dobler, Richard,* Regionale Entwicklungschancen nach einer Katastrophe, 1980, S. 20.
[22] *Cochrane, Harold C.,* Indirect Losses from Natural Disasters: Measurement and Myth, in: Okuyama/Chang, Modeling Spatial and Economic Impacts of Disasters, 2004, S. 37.
[23] Eine Abbildung zur Folgenstruktur bei *Dobler, Richard,* Regionale Entwicklungschancen nach einer Katastrophe, 1980, S. 21.
[24] *Cochrane, Harold C.,* Indirect Losses from Natural Disasters: Measurement and Myth, in: Okuyama/Chang, Modeling Spatial and Economic Impacts of Disasters, 2004, S. 42.
[25] *Deutsches Komitee für Katastrophenvorsorge e.V.,* Journalisten-Handbuch zum Katastrophenmanagement, 2002, S. 13.

[26] Definition Kritischer Infrastrukturen des Arbeitskreises KRITIS im BMI vom 17.11.2003.
[27] Vgl. Bundesministerium des Innern (Hrsg.): Schutz Kritischer Infrastrukturen – Risiko- und Krisenmanagement. Leitfaden für Unternehmen und Behörden, 2007, S. 9.
[28] *Wolf, Rainer,* KritV 2005, S. 399 (400).
[29] *Unger, Christoph,* Ist Deutschland auf Katastrophen vorbereitet?, in: Kloepfer (Hrsg.), Katastrophenrecht: Grundlagen und Perspektiven, 2008, S. 89 (91).
[30] Bundesamt für Bevölkerungsschutz und Katastrophenhilfe, Betriebliche Pandemieplanung – Kurzinformation der Bund-Länder-Arbeitsgruppe „Influenzapandemieplanung in Unternehmen", 2007abzurufen unter http://www.bbk.bund.de/cln_027/nn_402322/SharedDocs/Publikationen/Publikation_20Kat-Med/Betr-Pandemiepla,templateId=raw,property=publicationFile.pdf/Betr-Pandemiepla.pdf.
[31] Das Beispiel findet sich bei *Unger, Christoph,* Ist Deutschland auf Katastrophen vorbereitet?, in: Kloepfer (Hrsg.), Katastrophenrecht: Grundlagen und Perspektiven, 2008, S. 89 (91).
[32] *Niedek, Inge/ Frater, Harald* (Hrsg.), Naturkatastrophen, 2003, S. 15.

gleichzeitig geringer Tragfähigkeit des Baugrundes dem schweren Beben nicht standhalten. Als Folge wurden ca. 40.000 Menschen unter den Trümmern begraben und mehr als 300.000 obdachlos. Besonders schwer waren die Industrieanlagen in der Region Kocaeli beschädigt. Die ungefähr 8000 betroffenen Betriebe der Region waren in ihrer Produktion lange Zeit aufgrund der Schäden an ihren Fertigungsanlagen eingeschränkt. Aber auch der Verlust vieler Mitarbeiter in Schlüsselfunktionen traf die Produktivität der Betriebe. Da diese Region durch ihre gut ausgebaute (und nun zerstörte) Infrastruktur und ihrer Nähe zum Meer seit 1980 zu der wichtigsten Industrieregion neben Istanbul aufstieg, wurde der ökonomische Verlust als indirekte Folge des Erdbebens auf 20 bis 30 Milliarden US Dollar geschätzt. Andere Schätzungen gehen davon aus, dass sich das Bruttosozialprodukt der Türkei als Langzeitfolge im Jahre 1999 um 1 % und 2000 um 2 % reduzierte. Gleichzeitig setzte ein durch den Wiederaufbau bedingter Boom der Bauindustrie und aus dem Ausland zufließender Mittel ein, doch diese konnten die Verluste leidglich teilweise ausgleichen.[33]

Als Fazit droht bei der Zerstörung der kritischen Infrastruktur als Primärfolge der Katastrophe, zumindest sekundär die nachhaltige Beeinträchtigung des wirtschaftlichen und sozialen Lebens.[34]

2. Katastrophen als Entwicklungsbeeinträchtigung
Das Abweichen vom Normalzustand als Folge einer Katastrophe wirkt sich primär und direkt immer negativ aus. Insbesondere in weniger entwickelten Regionen und Entwicklungsländern bedeutet jede Katastrophe ein herber Rückschlag im Streben nach der Verbesserung der wirtschaftlichen Lage. In diesem Zusammenhang wurde in der im Rahmen der UN-Weltkonferenz zur Reduzierung von Katastrophen im Januar 2005 beschlossenen Erklärung von Hyogo hervorgehoben: „*Naturkatastrophen machen in kürzester Zeit Entwicklungsanstrengungen und -investitionen zunichte und stellen ein großes Hindernis auf dem Weg zu nachhaltiger Entwicklung und Armutsbeseitigung dar.*"[35] Dabei belasten insbesondere die Zerstörungen, die eine Katastrophe anrichtet die entwicklungspolitischen Anstrengungen.
Nicht zu unterschätzen sind auch in diesem Zusammenhang auftretende Gesundheitsbelastungen der Bevölkerung, die die Gefahr einer Folgekatastrophe wie Hungersnot oder Seuchen bergen.

3. Katastrophen als Entwicklungsimpuls
Häufig werden die möglichen positiven Impulse bzw. funktionalen Wirkungen einer Katastrophe unterschätzt. Im Vordergrund der Wissenschaft steht die Analyse der negativen Katastrophenfolgen. Jedoch besteht im Falle

einer Katastrophe zumindest sekundär die Möglichkeit des Überwiegens positiver Folgewirkungen.
In diesem Zusammenhang erscheint der Fakt, dass Katastrophenverläufe und somit ihre Folgen sich nicht abschätzen lassen, positiv. Die unzureichende Kenntnis über das tatsächliche Ausmaß der Katastrophenfolgen führen häufig zu einer Überschätzung des tatsächlichen Schadens.[36] Damit geht in der Regel auch eine Überschätzung der langfristigen sozioökonomischen Auswirkungen von Katastrophen einher. Der dadurch möglicherweise entstehende „amplified rebound" Effekt wurde von *Fritz* wie folgt beschrieben: „*The remotivation oft the actors within the system and the consequent total concentration of societal energy on the goals of survival and recovery usually result in the rapid reconstruction of the society and, beyond that, often produce a kind of amplified rebound" effect, in which the society is carried beyond its pre-existing levels of integration, productivity, and capacity for growth.*"[37]

Dabei ist jedoch eine bestimmte Konstellation positiver Voraussetzungen unabdingbar. Ein rascher Aufschwung nach einer Katastrophe setzt zunächst die Bereitstellung der erforderlichen Mittel voraus. Unabdingbar ist jedoch ferner die Aufbaumotivation der Bevölkerung. Hierbei ist die psychische Auswirkung von Katastrophen von zentraler Bedeutung. Der Schock, den eine Katastrophe in der Regel auslöst, kann sozusagen „heilend" wirken und eine Aufbau- und Anpackmentalität entstehen lassen. Soziologisch können Katastrophen vitalisierende Wirkung entfalten, insbesondere, da sie die unmittelbar Betroffenen als auch die emotional am Leid partizipierenden Gesellschaftsmitglieder zu einem Überdenken ihres Lebenswandels bringt, aus dem ggf. verändernde Schlüsse gezogen werden.[38]

In dem Fall, dass hinzu noch ein innovationsfähiges Gebiet kommt, kann das Zusammenwirken aller Elemente zu einer positiven Gesamtentwicklung führen.[39]

Ein Beispiel für eine positive Entwicklung nach einer Katastrophe ist das zerstörte Nachkriegs-Deutschland. Verheerende Zerstörungen, Demontagen und hohe Bevölkerungsverluste in der Bundesrepublik Deutschland hätten auf eine schwierige und langwierige wirtschaftliche Entwicklung nach dem Kriegsende schließen lassen. Doch trotz aller widriger Umstände nahm die Wirtschaftsentwicklung BRD einen besseren Verlauf als in den meisten Nachbarländern. Nicht zu vergessen ist natürlich die Bedeutung und Auswirkung des Marshall-Plans. Dennoch scheint es so, als hätte

---

[33] Informationen zum Beispiel unter: http://www.isoplan.de/aid/index.htm?http://www.isoplan.de/aid/1999-3/tuerkei.htm; http://www.sgeb.ch/missionen/Tuerkei_990817/tuerkei.html.
[34] *Wolf, Rainer*, KritV 2005, S. 399 (400).
[35] Report of the World Conference on Disaster Reduction, UN-Dok. A/CONF.206/6 vom 16.3.2005.

[36] *Dobler, Richard*, Regionale Entwicklungschancen nach einer Katastrophe, 1980, S. 22.
[37] *Fritz, C.E.*, Disaster, in: Merton/Nisbet (Hrsg.), Contemporary social Problems, 1963, S. 651 (692).
[38] *Dombrowsky, Wolf R.*, Aus Katastrophen lernen? Zur Unterscheidung zwischen „Sündenbock" und „Überlebensgemeinschaft", Vortrag zur interdisziplinären Ringvorlesung "Zum Umgang mit Vielfalt: Von Ausgrenzung zu Integration", CAU Kiel, 02.06.2004, abrufbar unter: http://kfs008.soziologie.uni-kiel.de/~kfs/?page_id=47, S. 1.
[39] *Dobler, Richard*, Regionale Entwicklungschancen nach einer Katastrophe, 1980, S. 26.

gerade die Zerstörung und Demontage der Produktions-anlagen wesentlich zum Erfolg beigetragen. Ebenso konnte eine Neuordnung des Kapitalmarkts konnte durchgeführt werden.[40]

4. Versagen des politisch-administrativen Systems
Obwohl Katastrophen nicht als sekundäre Folgen unmittelbar solche des Rechtssystems sind[41], kann das Ausmaß der Katastrophenfolgen und die Gefährdung des politisch-administrativen Systems eines Staates in enger Verbindung stehen. So beeinflusst die Funktionsfähigkeit eines politisch-administrativen Systems das Ausmaß der primären Katastrophenfolgen. Funktionsfähigkeit meint in diesem Zusammenhang die Bewältigung der Ausnahmesituation unter Berücksichtigung der Rechts-staatlichkeit.
Gleichzeitig übt dieses Funktionieren aber möglicherweise genauso Einfluss auf die Akzeptanz und Unterstützung des politisch-administrativen Systems aus. So können verheerende primäre Katastrophenfolgen – verstanden als Staatsversagen – sekundär das gesamte System gefährden. Insbesondere, wenn es nach allgemeinem gesellschaftlichen Konsens an Katastrophengerechtigkeit fehlt, wächst die Gefahr von negativen sekundären Auswirkungen für das politisch-administrative System des jeweiligen Staates. In vielen Fällen erfolgt eine Gleichsetzung von Staatsversagen und personellem Versagen. Aus diesem Grund ist die positive oder negative Beeinflussung politischer Karrieren eng mit dem Erfolg bzw. Misserfolg bei der Katastrophenbekämpfung verknüpft.

5. Soziales Zerreißen[42]
Katastrophen – als das Diskontinuitätsereignis schlecht-hin[43]–, bedingen, dass der Mensch in seinem Handeln aus Routinen und Praktiken herausgerissen wird.[44] *Stallings* analysiert die Auswirkungen von Katastrophen auf das soziale Leben auf drei Ebenen: „*Mikrosozial werden auf kurze Sicht Menschenleben zerstört, sie können ebenso auf lange Sicht betroffen sein. Mesosozial tauchen neue Gruppierungen auf, und bestehende Organisationen mobilisieren ihre Kräfte, um die Krise entweder durch Beförderung oder durch Behinderung dauerhaften Wandels zu beheben. Und makrosozial können nach der Krise die Beziehungen zwischen bedeutenden Gruppen oder Populationen ganzer Lebenslagen andere sein, und es können sowohl die dominante Kultur als auch einige Subkulturen auf Dauer Wirkung zeigen.*" So zählen als ergiebigste Krisen

solche, die folgenreich genug sind, um staatliche Organe auf den Plan zu rufen.[45]

Eine Katastrophe stellt nicht nur die Organisa-tionsfähigkeit einer Gesellschaft sondern auch das vorhandene Potenzial an gesellschaftlicher Solidarität auf die Probe.[46] Gegenüber stehen sich in einer solchen Situation Hilfe und Solidarität sowie Egoismus und Aufruhr.[47] Die Gradwanderung, die eine Gesellschaft bewältigen muss, ist schmal. Katastrophen sind eine fundamentale Form sozialen Wandels, also ein extrem gründlich und beängstigend empfundener Wandel.[48]
Die Folgen des Zerbrechens sozialer Strukturen und persönlicher Routinen können sowohl ein gesell-schaftlicher Wandel als auch die Wiederherstellung des vorherigen Zustandes sein. Im glücklichen Fall fällt der gesellschaftliche Wandel positiv aus, denn die Dichte des sozialen Zusammenhalts bewährt sich.[49] Doch die Gefahr des negativen gesellschaftlichen Wandels ist gegeben. So skizziert *Wolf* den Rückfall in den gesellschaftlichen Naturzustand des Kampfes aller gegen alle als den Unglücksfall.[50]

6. Heroisierung einzelner Persönlichkeiten
Im Falle der Unvermeidbarkeit einer Katastrophe, ist eine effektive und effiziente Katastrophenbekämpfung erforderlich. Im Falle ihres Erfolges setzt ein gesellschaftlicher Prozess der Heroisierung einzelner Persönlichkeiten ein.[51]

Im Fokus der Medien stehen im Besonderen die Helfer, denn diese haben die Gefahrenabwehr aktiv übernommen. Aber auch ehrenamtlich agierende Zivilisten unterliegen dem Prozess der Heroisierung. Ihre Aktivität ist für den Umfang der Schadenbegrenzung ausschlaggebend.[52]

Letztlich und politisch wohl am entscheidendsten entwickeln sich am Erfolg der Katastrophenbewältigung politische Karrieren. Der Katastrophenfall als „Stunde der Exekutive"[53] erhöht die Anforderung an Kooperation und Koordination. Allerdings lässt sich ex ante die Funktionsfähigkeit der effektiven und effizienten Katastrophenbekämpfung nicht voraussehen und so werden neben politischen Chancen besonders politische Risiken geschaffen.[54] Erfolg in diesem Bereich

---

[40] *Dobler, Richard*, Regionale Entwicklungschancen nach einer Katastrophe, 1980, S. 25 f.
[41] *Trute, Hans-Heinrich*, KritV 2005, S. 342 (344).
[42] *Stallings,Robert A.*, Soziologische Theorien und Desaster-Studien, in: Clausen/Geenen/Macamo, Entsetzliche soziale Prozesse – Theorie und Empirie der Katastrophen, 2003, S. 44.
[43] *Trute, Hans-Heinrich*, KritV 2005 S. 342.
[44] Vgl. *Stallings,Robert A.*, Soziologische Theorien und Desaster-Studien, in: Clausen/Geenen/Macamo, Entsetzliche soziale Prozesse – Theorie und Empirie der Katastrophen, 2003, S. 45.
[45] *Stallings,Robert A.*, Soziologische Theorien und Desaster-Studien, in: Clausen/Geenen/Macamo, Entsetzliche soziale Prozesse – Theorie und Empirie der Katastrophen, 2003, S. 45.
[46] *Wolf, Rainer*, KritV 2005, S. 399 (400).
[47] *Dombrowsky, Wolf R.*, Aus Katastrophen lernen? Zur Unterscheidung zwischen „Sündenbock" und „Überlebensgemeinschaft", Vortrag zur interdisziplinären Ringvorlesung "Zum Umgang mit Vielfalt: Von Ausgrenzung zu Integration", CAU Kiel, 02.06.2004, abrufbar unter: http://kfs008.soziologie.uni-kiel.de/~kfs/?page_id=47, S. 1.
[48] *Clausen, Lars*, Sind Katastrophen beherrschbar?, in: Kloepfer, Katastrophenrecht: Grundlagen und Perspektiven, 2008, S. 15.
[49] *Wolf, Rainer*, KritV 2005, S. 399 (400).
[50] *Wolf, Rainer*, KritV 2005, S. 399 (400).
[51] *Wolf, Rainer*, KritV 2005, S. 399 (402 f.).
[52] *Wolf, Rainer*, KritV 2005, S. 399 (404).
[53] Unter anderem: *Stober, Rolf, Eisenmenger, Sven*, NVwZ 2005, S. 121 (122); *Wolf, Rainer*, KritV 2005, S. 399 (403).
[54] Vgl. *Trute, Hans-Heinrich*, KritV 2005, S. 342 (343).

verspricht wiederum den Aufstieg des volksnächsten und „erfolgreichsten" Politikers in den Olymp der Bevölkerungsgunst.

D. Folgekatastrophen

Folgekatastrophen sind ohne Unterschied zur vorher genannten Katastrophendefinition als Katastrophe an sich zu kategorisieren. Spezifisch für Folgekatastrophen ist, dass sie sich immer in Folge eines zuvor auftretenden extremen Geschehens ereignen. Es muss zumindest immer ein innerer Zusammenhang mit der vorherigen Katastrophe bestehen. Daraus resultiert ihre untrennbare Verknüpfung mit dem Thema der Katastrophenfolgen. Aus diesem Grund wurde bei der vorhergehenden Analyse der Katastrophenfolgen das Thema der Folgekatastrophen angeschnitten.

Folgekatastrophen sind theoretisch sehr schwer analysierbar. So erschwert die Vielschichtigkeit möglicher Geschehensabläufe nach einer Katastrophe eine theoretisch fundierte Vorhersehbarkeit des Auftretens von Folgekatastrophen.
Grundsätzlich lässt sich zunächst einmal die Aussage treffen, dass Folgekatastrophen sich prinzipiell aus jeder Katastrophenfolge gravierender Art entwickeln können. Dabei ist das Auftreten einer Folgekatastrophe jedoch nicht zwingende Folge einer schweren Katastrophenauswirkung. So beeinflusst die vielfach beschworene Effektivität und Effizienz des Katastrophenschutzmanagements die schmale Gradwanderung zwischen einfacher Katastrophenfolge und umfassenden Folgekatastrophen. Multiplikatoreffekte sowie die politische und gesellschaftliche Stabilität und wirtschaftliche Entwicklung einer Region sind in diesem Zusammenhang nicht zu unterschätzen.

Folgekatastrophen und ihre Entstehung lassen sich deutlich schwieriger typisieren als Katastrophenfolgen. Die Komplexität der Katastrophenentwicklungsmöglichkeiten erschwert die Analyse von Folgekatastrophen. Allerdings kann davon ausgegangen werden, dass sich jede Katastrophenfolge im Extremfall zu einer Folgekatastrophe wandeln kann.

I. Extreme und schleichende Folgekatastrophen
Folgekatastrophen können als extremes Ereignis auftreten. Genauso ist es aber möglich, dass sich eine Katastrophe schleichend und erst nach einem längeren Zeitraum aus einer anderen Katastrophe ergibt, sog. schleichende Katastrophen.[55] Definiert wird dieser Katastrophentyp als weitgehend noch unbeherrschbare Folgen außergewöhnlicher Vorgänge oder Ereignisse, die wesentliche Störungen mit oft unklarer Ausbreitungstendenz bewirken und merkliche Betroffenheit erzeugen, wobei dieser Prozess zunächst verzögert abläuft.[56] Insbesondere die vermeintliche Nichtbetroffenheit, die sich eine Gesellschaft durch die Unmerklichkeit des sich auf eine Katastrophe Zuspitzens

zu Eigen macht, führt zu einer sozialen Nichtbeachtung schleichender Katastrophen.

II. Szenario des Rückfalls in den gesellschaftlichen Naturzustand
Im Extremfall eines nicht funktionierenden politischen Systems in Verbindung mit einem verheerenden Schadenausmaß, kann eine Fiktion bis hin zum Rückfall in den gesellschaftlichen Naturzustand als sekundäre Folge hergestellt werden. Der Rückfall in eine „failed society", in der die Grundanforderungen des sozialen Zusammenlebens keine Geltung mehr besitzen, schien im Falle des Staatsversagens nach dem Hurrikan Katrina in New Orleans erreicht zu sein.[57] Nach der Zerstörung großer Teile der Stadt New Orleans wurden sie zu einem Vakuum politischer Ordnung, Recht und Ordnung galten nicht mehr und Gangs und Banden, die ihr Regime der Gewalttätigkeit und Gesetzlosigkeit etablierten, ergriffen die Macht.[58]
Nach *Wolf* etablierten sich durch die Kündigung des Gesellschaftsvertrags, wie er von Hobbes in Leviathan skizziert wurde, die Rudimentalformen des Rechts: Notwehr und Selbsthilfe.[59]

D. Fazit

Letztlich lässt sich die Erkenntnis gewinne, dass eine geringe Dimension an Katastrophenfolgen sowie eine Vermeidung von Folgekatastrophen nur erreicht werden kann, wenn das Katastrophenmanagement in allen drei Bereichen funktioniert: in der Katastrophenprävention, der aktiven Bekämpfung und der darüber hinausgehenden Katastrophennachsorge.

---

[55] *Böhret, Carl*, Folgen – Entwurf für eine aktive Politik gegen schleichende Katastrophen, 1990, S. 64 ff.
[56] *Böhret, Carl*, Folgen – Entwurf für eine aktive Politik gegen schleichende Katastrophen, 1990, S. 64.

[57] *Wolf, Rainer*, KritV 2005, S. 399 (407 f.).
[58] *Wolf, Rainer*, KritV 2005, S. 399 (407 f.).
[59] *Wolf, Rainer*, KritV 2005, S. 399 (408).

Katastrophenschutz im Völkerrecht

von **Soleiman Mohsseni**, Berlin

A. Einleitung

Die Bundesrepublik Deutschland, aber auch private deutsche Organisationen waren immer wieder in Hilfsaktionen auf der ganzen Welt engagiert.[1] Das Hauptinteresse beim Ausbrechen bzw. Eintreten einer Katastrophe liegt natürlich in der Minderung menschlichen Leids und in der Absicht das öffentliche Leben so schnell wie möglich wieder zu stabilisieren.

Umso verwunderlicher erscheint es, dass in solchen Ausnahmesituationen immer wieder die Arbeit von Entwicklungsorganisationen oder Staaten durch bürokratische und rechtliche Hindernisse im betroffenen Staat erschwert wird.[2] Hier erscheint das Völkerrecht ein geeignetes Mittel, diese Hindernisse zu beseitigen. Zum einen ist es das probate Medium, um das Verhältnis der verschiedenen Staaten und deren Staatsangehörigen bzw. -zugehörigen zu regeln. Zum anderen kann das Völkerrecht allgemeine internationale Standards bei der Prävention, Bewältigung und der Nachsorge durchsetzen. Unter Berücksichtigung dieser Umstände müsste der Katastrophenschutz eine gewichtige Rolle im Völkerrecht spielen. Die Situation, in der ein Staat einer Katastrophe ausgeliefert ist, führt häufig dazu, dass er nicht mehr in der Lage ist das öffentliche Leben und die öffentliche Ordnung zu gewährleisten. Dies betrifft nicht nur Entwicklungsländer, denen die materiellen Mittel fehlen, sondern erfasst auch Industrieländer, wie uns die Bilder nach dem Sturm Katharina in New Orleans gezeigt haben. Die Staaten sind also regelmäßig auf fremde Hilfe angewiesen. Das Aufeinandertreffen verschiedener staatlicher Gewalten (hier in Form der Kooperation) stellt aber ein Problemfeld des Völkerrechts dar. Ausländische Polizisten und Feuerwehrmänner treten als Ordnungskräfte auf. Die Einreise, der rechtliche Status und Aufenthalt bedürfen Regelungen. Mithin lässt sich somit bei einer abstrakten Überlegung feststellen, dass die Bewältigung von Katastrophen auch einer solchen im Völkerrecht bedarf. Die folgende Arbeit möchte untersuchen, inwiefern sich das Völkerrecht tatsächlich mit dem Katastrophenrecht beschäftigt, welche Regelwerke, Organisationen und Strukturen existieren und wie der Stand zu bewerten ist. Da die Arbeit Grundlage eines Einführungsreferats ist, können einige allgemeine Ausführungen zum Völkerrecht nicht unterbleiben. Als Katastrophe wird der bewaffnete Konflikt hier nicht mit einbezogen. Auch deshalb werden menschenrechtliche und humanitäre Aspekte ausgeblendet.[3]

B. Völkerrechtliche Strukturen

Das Völkerrecht basiert auf der souveränen Gleichheit der Staaten.[4] Souveränität bedeutet, dass die Staaten nach außen unabhängig sind und im Innern die ausschließliche Gewalt ausüben. Daraus folgt auch, dass sich kein Staat in die inneren Angelegenheiten eines anderen Staates einmischen und vor allem keine Hoheitsgewalt auf fremdem Staatsgebiet ausüben darf. Es wäre grundsätzlich ein Verstoß gegen das Interventionsverbot (Einmischungsverbot in die inneren Angelegenheiten eines Staates) würde z.B. die Feuerwehr in Frankfurt/Oder ohne Erlaubnis oder vorherige Vereinbarungen mit dem polnischen Staat, in ein Grenzdorf nach Polen fahren und dort einen Brand löschen.[5] Deutschland würde sich völkerrechtswidrig verhalten und könnte sich schadensersatzpflichtig machen.

Das Souveränitätsdenken war äußerst streng und die Gefahrenprävention und -bewältigung wurden als ureigene Aufgabe eines Staates angesehen. Erst nach den Erfahrungen der zwei Weltkriege hat sich die enge Auffassung von Souveränität aufgelöst und die Bereitschaft zur internationalen Kooperation zugenommen.

Auch, wenn das Souveränitätsprinzip zu einer Abschirmung nach außen führte, entspringt aus ihm auch die Pflicht der Staaten, bei Katastrophen im Inland umliegende Staaten Informationen über die Katastrophe zu liefern. Denn, wenn jeder Staat das Recht hat Katastrophen im Innern selbständig zu bewältigen, dann hat er auch die Pflicht, das Hoheitsgebiet anderer Staaten vor den Auswirkungen zu bewahren und den Staaten Informationen zuzuleiten, damit diese sich auf die Situation einstellen und mögliche Gefahren abwenden können.[6]

Weiterhin bleibt festzuhalten, dass sich im Völkerrecht bisher kein fester Begriff der Katastrophe herausgebildet hat.[7] Eine Definition, welche inhaltlich mit der Definition aus § 2 Abs. 1 des Katastrophenschutzgesetzes Berlin übereinstimmt, liefern die Vereinten Nationen im Rahmen ihrer Internationalen Strategie zur Katastrophenreduzierung. Danach ist eine Katastrophe: A serious disruption of the functioning of a community

---

[1] Vgl. z.B. das Engagement der Deutsche Welthungerhilfe nach dem Erdbeben in Pakistan oder die Leitung der dazugehörigen Geber-Konferenz in Berlin 2005 durch das Ministerium für wirtschaftliche Zusammenarbeit und Entwicklung.

2 Vgl. z.B. die Fallstudie zur Tsunamikatastrophe: http://www.ifrc.org/Docs/pubs/idrl/indonesia-cs.pdf (25.09.2007). Im folgenden wird der Staat in dem eine Katastrophe sich ereignet als betroffener Staat bezeichnet.

[3] *BVerfGE* 115, 118 (159 f.).

[4] Epping in Völkerrecht, 5. Auflage (Hrsg. Ipsen), München 2005, S. 367

5 Auf die Möglichkeiten einer Rechtfertigung durch anzunehmendes Einverständnis soll hier nicht eingegangen werden. Dieses Verhalten stellt grundsätzlich einen Verstoß dar.

6 Dieser Grundsatz ist in einem Schiedsverfahren zwischen den USA und Kanada im Jahre 1941 entwickelt worden (Trail-Smelter-Case) und durch den IGH im Korfu-Kanal-Fall bestätigt.

7 Fassbender KritV 2005, 375.

or a society causing widespread human, material, economic or environmental losses which exceed the ability of the affected community or society to cope using its own resources.[8] Anders aber die Definition der Internationa Cicil Dendence Organisation: "Disaster is an exceptional situation in which life, property or the environment may be at risk."

C. Geschichte des völkerrechtlichen Katastrophen-rechts

I. Einführung in die Problematik

Wie oben gezeigt, ergaben bzw. ergeben sich gewisse strukturelle Hindernisse für die Entwicklung eines Katastrophenrechts auf völkerrechtlicher Ebene.

Auch, wenn schon Emer de Vattel 1758 in seinem Lehrbuch von einer Beistandspflicht anderer Staaten bei Katastrophen sprach, führte erst die stärkere Weltmeeresschifffahrt zu ersten Übereinkommen.[9] Die Hohe See gilt nicht als das Gebiet eines Staates, so dass Regelungen getroffen werden mussten, wie bei Schiffszusammenstößen zu reagieren sei. So kam es unter anderem z.B. 1910 zum Brüsseler Überein-kommen. In ihm wurden neben Reglungen bezüglich der Haftung auch Beistandspflichten vereinbart. Nach dem Untergang der Titanic kam es 1913/1914 in London zu einer Konferenz zur Vermeidung solcher Ereignisse. Die Konferenz arbeitete einen Vertrag aus, der sowohl präventive als auch bewältigende Maßnahmen vorsah. Zu einer Ratifikation kam es wegen des ersten Weltkrieges nicht mehr. 1927 wurden im Rahmen des Völkerbundes die ersten Versuche eines multilateralen Abkommens im Bereich des Katastrophenschutzes unternommen. Die Konvention zur Einberufung einer Internationalen Hilfsunion wurde aber nie umgesetzt und ging mit dem Auflösen des Völkerbundes gänzlich unter.[10] Nach dem zweiten Weltkrieg setzte sich die Überzeugung bei den Staaten durch, dass vielen Herausforderungen nur mit internationaler Zusammenar-beit effektiv begegnet werden kann. 1968 wurde das Tsunami-Warning-Center als Teil der Ozeano-graphischen Kommission durch die UNESCO errichtet.[11] Dennoch setzten sich multilaterale Verträge nicht durch und es kam zumeist zu Abschlüssen bilateraler Verträge.[12] 1984 scheiterte ein umfassendes Katastrophenschutzabkommen unter der Leitung der Vereinten Nationen wegen Souveränitätsbedenken der Staaten.[13] Dennoch existieren einige multilaterale Verträge, welchen bei einem Katastrophenfall Bedeutung zukommen. Hier sind die Konventionen im Rahmen der

Welthandelsorganisation zu erwähnen. In der Istanbul Konvention über den zeitweiligen Aufenthalt und in der Kyoto Konvention werden Hilfsorganisationen die Einreise in Länder erleichtert und das mitgeführte Material (Maschinen, Hilfsgüter) von den nationalen Steuern befreit.[14] Zum einen ist hier jedoch zu erwähnen, dass diese Verträge nicht speziell für den Katastrophenfall geschaffen wurden und auch nicht darauf zugeschnitten sind. Zum anderen sind diese Verträge auch erst seit – in Völkerrechtskategorien – einem geringen Zeitraum in Kraft.

Insgesamt ist das Katastrophenschutzrecht ein relativ neues Gebiet für das Völkerrecht, welches auch nur langsam und zaghaft weiterentwickelt wird.

D. Völkerrechtliche Instrumentarien zum Katastrophenschutzrecht

I. Einführung

Grundsätzlich gibt es im Völkerrecht zwei Instrumente, um Recht zu schaffen. Auf der einen Seite steht der Vertrag und auf der anderen das Gewohnheitsrecht.

Das Gewohnheitsrecht entwickelt sich über einen längeren Zeitraum ständig wiederkehrende tatsächliche Verhalten der Völkerrechtssubjekte (Staaten, internatio-nale Organisationen) bzw. deren Organe und der das Verhalten tragenden Rechtsüberzeugung. Hier zeigt sich, dass das Herausbilden von Völkergewohnheitsrecht regelmäßig einen langen Zeitraum benötigt und eine konkrete Pflicht sich oft nicht entnehmen lässt.[15] In dem untersuchten Bereich könnte sich z.B. eine Norm so herausbilden, dass Staaten immer wieder bei Naturkatastrophen Hilfsgüter schicken und der betroffene Staat sich verpflichtet sieht, diese Hilfsgüter als steuerfrei zu behandeln. Weiterhin ist erforderlich, dass dies von einem Rechtsüberzeugungswillen getragen wird. Also wenn der betroffene Staat Steuern auf Hilfsgüter erheben möchte, die anderen Staaten aus rechtlichen Gründen protestieren und der betroffene Staat die steuerfreie Behandlung deswegen zulässt, weil er sich dazu rechtlich verpflichtet fühlt.[16]

Der völkerrechtliche Vertrag wird zwischen Völkerrechtssubjekten getroffen. Er kann bilateral, als auch multilateral ausgestaltet sein. In ihm werden regelmäßig die Rechte und Pflichten der Vertragsparteien festgelegt. Er verpflichtet nur die Vertragsparteien.

II. Völkergewohnheitsrecht

Folgend sollen die völkergewohnheitsrechtlichen Nor-men dargestellt werden, die im Falle einer Katastrophe relevant werden könnten bzw. bei denen das Ereignis einer Katastrophe Auswirkungen haben kann.

1. Pflicht zur Abwendung von erheblichen Gefahren, die vom Staatsgebiet ausgehen

---

8 http://www.unisdr.org/eng/library/lib-terminology-eng%20home.htm (25.09.07)
9 Vattel begründete eine Beistandspflicht. Diese korrespondierte aber nicht mit einem Beistandsrecht. Der betroffene Staat musste Hilfsaktion nicht zulassen und auch nicht erleichtern.
10 Fidler, The Indian Ocean Tsunami and International Law, unter: http://www.asil.org/insights/2005/01/insight050118.htm (26.09.07)
11 http://ioc3.unesco.org/itic/categories.php?category_no=153 (25.09.07).
12 Unter: http://www.bbk.bund.de/nn_402294/DE/06__Fachinformationsstelle/0 2__Rechtsgrundlagen/02__Katastrophenhilfeabkommen/Katastrophenh ilfeabkommen__node.html__nnn=true findet sich eine vollständige Liste der bilateralen Abkommen mit deutscher Beteiligung.
13 von Arnauld AVR 2005 (43), 279, 307.

14 Näheres zu den beiden Konventionen unter: http://www.wcoomd.org/home_wco_topics_pfoverviewboxes_tools_an d_instruments_pfconventions.htm (26.09. 07).
15 Weitergehend zum Völkergewohnheitsrecht: Völkerrecht (Hrsg. Ipsen), 5. Auflage, S. 211ff
16 Eine solche völkerrechtliche Pflicht aus Gewohnheitsrecht existiert (noch) nicht.

In dem oben schon erwähnten Trail-Smelter Schiedsspruch von 1941 ging es um grenzüberschreitende Luftverschmutzung. Danach ist die Pflicht, – vom eigenen Gebiet ausgehende – Schäden für ein anderes Staatsgebiet abzuwenden, Völkergewohnheitsrecht. Hieraus ist die Pflicht abzuleiten, dass in einem solchen Fall Informationspflichten gegenüber möglich betroffenen Staaten bestehen.[17]

2. Völkerrechtliches Nachbarschaftsrecht
Wie oben gezeigt, bestehen Ansprüche auf Unterlassen, Schadensersatz und Informationen bei Verstößen gegen die „Trail-Smelter-Pflichten". Diese Ansprüche setzen jedoch schon den Eintritt eines Verstoßes voraus. Weiter gehen hier Ansprüche aus dem völkerrechtlichen Nachbarschaftsrecht.[18] Dieses regelt die allgemeinen Beziehungen der Staaten zueinander, findet aber insbesondere auch im Bereich des Umweltschutzes Anwendung.[19] Es regelt ferner die Zulässigkeit und den Komplex der sog. „ultra hazardous activities". Dabei handelt es sich um Aktivitäten, die eine intensive Verletzungs- und Zerstörungsgefahr bergen und nicht gewöhnlich sind.[20] Die Rechtmäßigkeit solcher Aktivitäten ist umstritten.[21]

3. Staatenverantwortlichkeit
Im Völkerrecht führt die Verletzung einer Norm zur Verantwortlichkeit des Staates. Er kann dann z.B. zum Schadensersatz oder zur Genugtuung verpflichtet sein.[22] Gemäß Art.23 der ILC-Artikel zur Staatenverantwortlichkeit entfällt die Rechtswidrigkeit eines Normverstoßes, wenn der Verstoß durch höhere Gewalt begründet ist. Darunter fallen ohne Zweifel Naturkatastrophen.

III. Multilaterale Verträge
1. Konventionen im Rahmen der IAEA[23]
Im Rahmen der IAEA wurden einige Verträge, die sich mit Reaktorsicherheit, Unfallprävention und Nachunfallverhalten beschäftigen, erarbeitet. Hier gehört z.B. die Konvention zur frühzeitigen Notifikation eines atomaren Unfalls dazu. Diese wurde unter den Eindrücken des Tschernobylunfalls verfasst und legt den Parteien Informationspflichten im Falle eines atomaren Unfalls auf. Die Konvention hat 100 Vertragsparteien.[24]

Auch zu erwähnen ist die Konvention Betreff Hilfe im Falle eines nuklearen Unfalls oder eines radiologischen Notfalls. Sie verpflichtet die Vertragsstaaten Experten, Ausrüstung und sonstiges Material, welche bzw. welches bei der Unterstützung im Katastrophenfall behilflich sein kann, bei der IAEA zu notifizieren. Im Falle einer Anfrage steht es den Vertragsstaaten frei zu entscheiden, ob sie und in welchem Umfang helfen wollen. Die Unterstützung erfolgt kostenlos. Ferner regelt die Konvention die Privilegien und Immunitäten des entsandten Personals und Materials (Strafverfolgungsfreiheit, Steuerfreiheit). Die Konvention hat 98 Vertragsparteien.[25]

2. Tampere Konvention
Wegen der starken Regulierung des Kommunikationssektors in den Staaten treten oft Schwierigkeiten bei der Einfuhr und Nutzung von Kommunikationsmitteln durch Hilfsorganisationen auf. Die Tampere Konvention zur Bereitstellung von Telekommunikationsquellen für Katastrophenminderung und Hilfsoperationen von 1998 versucht diese Probleme zu beseitigen. Sie erlaubt Personal bei Hilfsoperation, ihre eigenen Kommunikationsmittel einzuführen, verpflichtet die Bereitstellung von Ressourcen (Funkwellen, Geräte), regelt die Privilegien und Immunitäten bei der Bereitstellung von Kommunikation und die Voraussetzungen unter denen ein Staat Kostenerstattung für die Bereitstellung verlangen kann.[26] Sie hat bisher 30 Unterzeichnerstaaten, von denen zehn die Konvention ratifiziert haben.

3. Konventionen im Rahmen der Weltzollorganisation (WCO)
Bei der Einfuhr von Hilfsgütern bzw. Ausrüstung ergibt sich die Frage nach der Einstufung im Zollrecht. Um diese Probleme zu vereinfachen wird, den Hilfsoperationen oft Zoll- und Steuerfreiheit gewährleistet. Dies geschieht z.B. durch die schon oben erwähnten Konventionen im Rahmen der Weltzollorganisation.

4. Arbeiten im Rahmen der internationalen Zivilschutzorganisation (ICDO)
Die internationale Zivilschutzorganisation ist eine internationale Organisation, welche sich für die Nachhaltigkeit von Zivilschutz einsetzt. Als ihre Aufgaben hat sie sich die Verbesserung von Organisation und Mitteln zum Schutz der Zivilbevölkerung vor den Konsequenzen von Naturkatastrophen festgeschrieben. Im Jahr 2000 hat sie eine Rahmenkonvention zum Zivilschutz erlassen. Unter Art. 3 sind die Prinzipien aufgezählt. Art. 3 lit. a) sagt, dass nur Hilfe geleistet werden darf, die vom betroffenen Staat

---

17 Eine solche Pflicht bestand z.B. bei dem Tschernobyl–Vorfall.
18 Zur Existenz des völkerrechtlichen Nachbarschaftsrecht vgl.: Randelzhofer/Simma, Das Kernkraftwerk an der Grenze, Festschrift für Friedrich Berber, 1973, S. 397ff
19 Vgl. Bornheim, Haftung für grenzüberschreitende Umweltbeeinträchtigung im Völkerrecht und im internationalen Privatrecht, 1995, S. 126
20 Vgl. Bornheim, S. 148;
21 Für eine Rechtswidrigkeit solcher Aktivitäten zumindest in unmittelbarer Grenznähe vgl.: Randelzhofer/Simma, S. 414ff
22 Vgl. Art. 36 und 37 der ILC-Artikel zur Staatenverantwortlichkeit. Diese geben nach einhelliger Meinung Völkergewohnheitsrecht wieder, ohne selbst verbindlich zu sein. Umfassend zur Staatenverantwortlichkeit: Völkerrecht (Hrsg. Ipsen), 5. Auflage, S. 616ff.
23 Konventionen sind nur eine andere Bezeichnung für völkerrechtliche Verträge
24 Stand 21.03.2007: http://www.iaea.org/Publications/Documents/Conventions/cenna_statu s.pdf (28.09.2007).

25 Zum Text: http://www.iaea.org/Publications/Documents/Infcircs/Others/inf336.sht ml (28.09.07). Zum Stand der Vertragsparteien: http://www.iaea.org/Publications/Documents/Conventions/cacnare_stat us.pdf (28.09.07).
26 Zum Vertragstext: http://www.reliefweb.int/telecoms/tampere/icet98-e.htm#Article%207 (28.09.07).

akzeptiert wurde.[27] Der Organisation gehören viele westliche und lateinamerikanische Länder nicht an.

5. Vereinbarungen im Rahmen der Vereinigung Südostasiatischer Staaten (ASEAN)

Asien ist regelmäßig der Kontinent mit den meisten (Natur-) Katastrophen.[28] Daher verwundert es nicht, dass sich die ASEAN schon relativ früh nach ihrer Gründung (1967) auch dem Katastrophenschutz widmete.[29] Heute gibt es eine Vielzahl von Beschlüssen und Verträgen diesbezüglich.[30] Im Jahre 2003 wurde außerdem ein eigenes Katastrophenmanagementkomitee einberufen.

6. Fazit

Im Bereich der multilateralen Verträge existieren kaum Verträge, die speziell für den Katastrophenfall verfasst wurden. Viele Verträge beinhalten zwar Regelungen, die sich mit dem Thema beschäftigen, aber dies betrifft zumeist nur punktuelle Bereiche. Selbst die Tampere Konvention, welche explizit für den Katastrophenfall geschaffen wurde, befasst sich „nur" mit dem Bereich der Kommunikation. Weiterhin ist ein wirklich universeller Vertrag nicht vorhanden.

Die Verträge ähneln sich strukturell. Zunächst wird die Souveränität der Staaten betont und klar gestellt, dass Hilfsleistungen nicht ohne Genehmigung des betroffenen Staates erfolgen können. Am häufigsten finden sich Regelungen zu Informationspflichten. Regelmäßig werden die Kosten der Hilfsaktion den unterstützenden Staaten zugeschrieben. Insgesamt lassen sich nur wenige deutlich formulierte Verpflichtungen festhalten.

Es zeigen sich erhebliche quantitative wie qualitative Schwächen im Bereich der multilateralen Verträge. Hier ist eine umfassende Regelung gefragt, welche konkrete Verpflichtungen festschreibt. Dadurch würde auch die Pflichtenlage der einzelnen Staaten übersichtlicher.

IV. Bilaterale Verträge

Beinahe jedes Land hat mit anderen Staaten bilaterale Katastrophenschutzabkommen getroffen. Daher ist es nicht möglich, alle Abkommen zu untersuchen. Folgend wird ein bilaterales völkerrechtliches Abkommen mit deutscher Beteiligung vorgestellt.

1. Deutsch-französisches Abkommen über die gegenseitige Hilfeleistung bei Katastrophen oder schweren Unglücksfällen von 1980[31]

Art. 1 des Abkommens verpflichtet die Parteien zur Unterstützung im Katastrophenfall. Dies gilt zwar nur in den Grenzen des Möglichen, stellt aber die Hilfeleistung nicht gänzlich zur Disposition des nicht betroffenen

Staates. Weiterhin wird die Zuständigkeit über die Entsendeentscheidung getroffen und bestimmt, dass die Leitung den Behörden des ersuchenden Staates obliegt. Formalitäten beim Grenzübertritt werden stark eingeschränkt. Auch die Haftung bei Schadensfällen und die Kostenverteilung werden geregelt.

2. Gesamtdarstellung

Insgesamt sind die völkerrechtlichen Abkommen mit deutscher Seite inhaltlich ähnlich. Vereinzelt treten Unterschiede auf. So besteht gegenüber Frankreich, den Niederlanden und Dänemark eine Verpflichtung, wohingegen gegenüber Tschechien und der Schweiz eine solche Verpflichtung nicht auszumachen ist (Art. 1 der Abkommen spricht von freiwilliger Hilfeleistung).[32] Grundsätzlich übernimmt der entsendende Staat die Kosten für die Hilfsaktion. Jedoch gilt dies im Abkommen mit Tschechien nicht für Einsätze von Flugzeugen.

Abschließend bewertend lässt sich feststellen, dass die Abkommen sehr allgemein gehalten sind. Positiv ist die Beschäftigung mit den relevanten Fragen wie Einreise, Einfuhr von Material, Kostenfrage. Außerdem weisen die Verträge die Parteien an, weitere Einzelvereinbarungen zu treffen. Im Bereich der Prävention soll der Austausch von Personal und Information erfolgen. Auch dies ist ein positiver Aspekt, der allerdings nicht als konkrete Pflicht verfasst wurde. Auch ist zu beachten, dass die Abkommen relativ jung sind (die ersten wurden 1980 abgeschlossen). Dies macht deutlich, dass die Bereitschaft Souveränität im Bereich des Katastrophenschutzrechts abzugeben, noch nicht weit entwickelt ist.

V. Katastrophenschutz im Rahmen der Vereinten Nationen

1. Die Katastrophe als Bedrohung für den Weltfrieden?

Das Organ der Vereinten Nationen mit den rechtlich effektivsten Instrumenten ist der Sicherheitsrat. Nur er kann gemäß Art. 25 UN-Charta rechtsverbindliche Resolutionen beschließen. Er kann jede mögliche militärische und nichtmilitärische Maßnahmen (Kapitel Sieben), sogar gegen den Willen des betreffenden Staates beschließen. Interessant ist die Frage, ob der Sicherheitsrat auch Hilfsaktionen ohne die Zustimmung des betroffenen Staates durchführen könnte. Dies erscheint zunächst einmal eine theoretische Fragestellung. Jedoch muss hier bedacht werden, dass dies z.B. in Situationen relevant wird, in denen sich die Katastrophe in einem Gebiet ereignet hat, welches von Rebellen oder ethnischen Minderheiten bewohnt wird. Dort könnte eine Katastrophe dem betroffenen Staat sogar willkommen sein und er würde Hilfeleistungen und das Wiederherstellen der öffentlichen Ordnung unterlassen. Für das zulässige Aussprechen von Maßnahmen i.S.v. Kapitel Sieben müsste gemäß Art. 39 iVm Art. 24 UN-Charta eine Bedrohung des Weltfriedens vorliegen. Fraglich ist, ob das Ereignis einer Katastrophe darunter fällt. Dem Sicherheitsrat ist ein weites Ermessen bei der

---

27 Zum Vertragstext: http://www.icdo.org/pdf/org/act-coop-frame-work-convention-en.pdf (28.09.07).

28 Vgl z.B. für das Jahr 2004: http://www.munichre.com/publications/302-04320_de.pdf (28.09.07), S. 8.

29 Erster Vertrag im Jahre 1976: http://www.aseansec.org/17455.htm (28.09.07).

30 Aktuellste Vertrag von 2005: http://www.aseansec.org/17579.htm

31 Text unter: http://www.bbk.bund.de/cln_007/nn_398538/DE/06__Fachinformationsstelle/02__Rechtsgrundlagen/02__Katastrophenhilfeabkommen/Abkommen_20Frankreich,templateId=raw,property=publicationFile.pdf/Abkommen%20Frankreich.pdf (29.09.07)

32 Alle Abkommen mit Text unter: http://www.bbk.bund.de/nn_402294/DE/06__Fachinformationsstelle/02__Rechtsgrundlagen/02__Katastrophenhilfeabkommen/Katastrophenhilfeabkommen__node.html__nnn=true (29.09.07)

Einschätzung der Friedensbedrohung einzuräumen (*Der Sicherheitsrat stellt fest...* ").[33] In den ersten Jahrzehnten stellte der Sicherheitsrat eine Bedrohung nur bei zwischenstaatlichen Konflikten fest. Jedoch hat sich Bedrohungsbegriff verändert. Der Sicherheitsrat sah z.B. Flüchtlingsbewegungen als eine Bedrohung des Weltfriedens an.[34] Auch rein interne Sachverhalte (schwere Menschenrechtsverletzungen) werden mittlerweile als Friedensbedrohung gewertet. Verknüpft man an die Entscheidung der Flüchtlingsbewegung und der schweren Menschenrechtsverletzung, so kommt man mit Erfolg zu dem Ergebnis, dass auch das Eintreten einer Katastrophe bei willkürlichem Unterlassen der Hilfsleistungen durch den betroffenen Staates als eine Friedensbedrohung anzusehen ist. Denn das Unterlassen oder nicht effektive Begegnen einer Katastrophe hat regelmäßig Flüchtlingsbewegungen zur Folge und/oder verletzt die Menschenrechte der Bevölkerung (z.B. Recht auf Leben; Diskriminierungsverbot). Damit ergibt sich, dass den Vereinten Nationen im Einzelfall ein effektives Mittel zur Katastrophenbekämpfung im Bereich des Wiederaufbaus zur Verfügung steht.

2. Resolutionen und Unterorgane m Rahmen der Vereinten Nationen

Neben dem Sicherheitsrat können auch die anderen Organe (Generalversammlung, ECOSOC) Resolutionen verfassen. Diese sind jedoch nicht verbindlich. Rechtliche Bedeutung erlangen diese Resolutionen vor allem bei der Ermittlung von Völkergewohnheitsrecht und der Auslegung von Verträgen.

Untersucht man die Resolutionen ab 1998, so kommt man zu dem Ergebnis, dass der Sicherheitsrat keine Resolution unmittelbar zum Katastrophenschutz verabschiedet hat. Im Gegensatz dazu erließen die Generalversammlung und der ECOSOC eine Vielzahl von Resolutionen zu diesem Thema.[35] Dies liegt an der Aufgabenverteilung innerhalb der Vereinten Nationen. 1972 wurde das Koordinierungsbüro der Vereinten Nationen für Katastrophenhilfe gegründet (Office of the United Nations Disaster Relief Coordinator). Im Zuge von Umstrukturierungen wurde es vom Office for the Coordination of Humanitarian Affairs (OCHA) ersetzt. OCHA ist ein beratendes Unterorgan der Generalversammlung. Es berät und unterstützt politische Organe bei der Behandlung von unter anderem Katastrophenfällen. Seine Hauptaufgabe ist die Koordinierung der Katastrophenhilfen innerhalb der Vereinten Nationen und zwischen den Vereinten Nationen und Dritten.

3. Fazit

Insgesamt lässt sich feststellen, dass die Vereinten Nationen sich intensiv mit dem Thema des Katastrophenschutzes auseinandersetzen. Das Thema steht regelmäßig auf der Tagungsordnung der General-

versammlung.[36] Neben OCHA beschäftigen sich viele andere Nebenorgane und Sonderprogramme partiell mit dem Thema (FAO, UNHCR, World Food Programme). Auch stehen den Vereinten Nationen die juristisch effektiven Mittel zur Verfügung (Sicherheitsratresolutionen). Jedoch haben es auch die Vereinten Nationen bisher nicht geschafft eine umfassende Konvention zu erzielen.

E. Abschließende Würdigung des Katastrophenschutzes auf Ebene des Völkerrechts

Schon dieser kurze Überblick unterstreicht die quantitativ intensive Beschäftigung des Völkerrechts mit dem Katastrophenschutz. Dabei liegt der Schwerpunkt der Arbeit auf Prävention durch Informationsaustausch. Viele internationale Organisationen beschäftigen sich überwiegend oder teilweise mit diesem Gebiet. Dies verdeutlicht aber auch, warum bisher eine umfassende Konvention nicht gelungen ist. Katastrophenschutz dringt in viele verschiedene Bereiche ein. Eine umfassende Konvention müsste sich mit diesen Bereichen auseinandersetzen. Hier müssten die Interessen der Staaten unter einen Hut gebracht werden. Angesichts der Souveränität der Staaten und den verschiedenen Interessen erscheint dies kaum möglich, so dass es ratsam ist, die notwendigen Reglungen in verschiedenen Verträgen zu treffen. Dies bringt dann zwar einen „Pflichten-Fleckenteppich" mit sich, ist aber wohl wünschenswerter als das gänzliche Fehlen bzw. eine Konvention, die mit allzu vielen Kompromissen behaftet ist.

Die Ereignisse der der letzten Jahre (Erdbeben in Pakistan, Tsunami in Südostasien, Sturm in USA) haben den Staaten ihre Unfähigkeit diese Katastrophen alleine zu meistern, deutlich vor Augen geführt. Es ist nun daran, diese Erfahrung in konkrete Verträge umzusetzen, Abstand zu nehmen von den bisherigen allgemein formulierten Vertragsbestimmungen und feste Pflichten zu installieren.

---

33 Frowein in: Charta der Vereinten Nationen Kommentar (Hrsg. Simma), S. 566f
34 SC-Res. 794 (1992):
http://www1.umn.edu/humanrts/peace/docs/scres794.html (29.09.07).
35
http://ochaonline.un.org/AboutOCHA/HumanitarianResolutions/GeneralAssembly/tabid/1174/Default.aspx (29.09.07).

---

36 Vgl. TOP 54 c); 71 der 62. Sitzung :
http://www.un.org/ga/search/view_doc.asp?symbol=A/62/251&Lang=E (29.09.07).

Rechtsschutz gegen Katastrophen

von **Soleiman Mohsseni**, Berlin

A. Einleitung

Rechtsschutz gegen Katastrophen zu erreichen, erscheint auf den ersten Blick ein absurdes Unterfangen. Von Naturereignissen ein bestimmtes Tun, Dulden, Unterlassen oder einen Schadensersatz zu verlangen, erscheint wenig zielführend. Dieser Anknüpfungspunkt wäre natürlich verfehlt. Möchte man dies juristisch untermauern – was wohl nur Liebhabern der Rechtsdogmatik einfallen würde – fehlen Katastrophen die passive Prozessfähigkeit und daher besteht schon aus prozessverfahrensrechtlichen Gründen die Möglichkeit gegen diese gerichtlich vorzugehen. Und tatsächliches wird auch nicht unmittelbar gegen die Katastrophe selbst Rechtsschutz gesucht und gewährt. Vielmehr liefern die Gerichte Rechtsschutz gegenüber natürlichen und juristischen Personen. Deren Verhalten vor, während und nach einer Katastrophe ist Anknüpfungspunkt für einen etwaigen Rechtsstreit. Kaum eine Naturkatastrophe vergeht, ohne dass das staatliche Handeln Zielscheibe von Kritik ist. So stellt sich mit Bezug auf die öffentliche Verwaltung regelmäßig die Frage, ob diese die nötigen und zumutbaren Mittel eingesetzt hat, um die Auswirkungen der Katastrophe zu verhindern, zu reduzieren oder zu beseitigen. Naturkatastrophen provozieren jedoch auch Interessengegensätze zwischen den Bürgern. Hier prallen die verschiedenen Interessen (Mieter – Vermieter; Arbeitgeber – Arbeitnehmer) in einer für alle Beteiligten sehr empfindlichen Situation aufeinander.

Katastrophenbedingte Rechtstreitigkeiten sind in verschiedensten Konstellationen mit unterschiedlichen Akteuren denkbar. Das Erfassen aller Konstellationen ist hier abschließend nicht möglich und sprengt die Grenzen dieser Arbeit. Daher wird sich vorwiegend auf das Verhältnis Staat – Bürger konzentrieren. Auch wenn ein Rechtsschutz, der auf Katastrophenprävention zielt, zeitlich betrachtet an erster Stelle steht, sind die Schadensersatzansprüche quantitativ die häufigere Streitursache. Sie sollen auch hier den Großteil der Arbeit einnehmen. Es sollen ferner wenige Aspekte aufgezeigt werden, die Katastrophen im Arbeits- und Mietrecht spielen können. Die Hochwasserkatastrophen sind in den letzten Jahren vermehrt in den Blickpunkt der Aufmerksamkeit geraten und sollen hier als Schwerpunkt behandelt werden.

B. Rechtsschutz gegen staatliche Maßnahmen auf Sekundärebene

I. Art. 34 GG iVm § 839 Abs. 1 BGB

1. Allgemeine Ausführungen

Der Tatbestand des Art. 34 GG, § 839 BGB ist abstrakt weit gefasst und es verwundert nicht, dass auch im Bereich des Gerichtschutzes gegen die Auswirkungen von Katastrophen dieser Anspruch eine zentrale Stellung einnimmt. Ein Anspruch besteht, wenn ein Beamter seine ihm gegenüber einem Dritten obliegende Amtspflicht fahrlässig oder vorsätzlich verletzt und die Amtspflicht auch dem Interesse des Dritten dient.[1] Unter Amtspflichten versteht man öffentlich-rechtliche Verhaltenspflichten, die sich auf die Wahrnehmung eines öffentlichen Amtes beziehen.[2] Bindende Vorschriften, die eine Verhaltenspflicht des Amtswalters begründen, können geschriebene und ungeschriebene Normen des Bundes,- Landes- oder Gemeinschaftsrechts sein. Das Handeln von öffentlichen Stellen im Zusammenhang mit Hochwasser und Überschwemmungen ist in Deutschland einer der Hauptgegenstände von Amts- und Staatshaftungsverfahren (im folgenden Amtshaftung) im Bereich des Katastrophenschutzes. Im Blickpunkt solcher Verfahren steht häufig das Verhalten während eines Hochwassers, aber vor allem auch Fragen der Planung und Organisation. Neben dem „klassischen Hochwasser"[3], welches durch Übertreten von Flüssen hervorgerufen wird, treten auch Überschwemmungen durch Überlaufen der Kanalisationen vermehrt auf.

a) Grundsätze

Grundsätzliche Vorschriften zu Gewässern finden sich im Wasserhaushaltsgesetz (WHG). Das WHG ist als Rahmengesetz konzipiert und war somit auf eine weitergehende Regelung durch die Länder angewiesen. Nach diesen Normen ergibt sich auch die Unterhaltungspflicht der Gewässer. Danach tragen in der Regel die öffentlich-rechtlichen Körperschaften die Unterhaltungslasten für die Gewässer.[4] Zur Gewässerunterhaltung iSv § 28 WHG zählt auch die Erhaltung eines ordnungsgemäßen Zustands für den Wasserablauf. Darunter fallen Maßnahmen zum Schutz der Allgemeinheit vor Schäden.[5] Verletzungen dieser Pflichten können zur Amtshaftung der jeweiligen Körperschaft führen.[6]

b) Überschwemmungen durch strukturelle Mängel bei der Wasserabfuhr

Überschwemmungen treten häufig wegen Unterdimensionierung von Abwassersystemen auf. Gemäß § 18a Abs. 1 1 WHG ist Abwasser so zu beseitigen, dass das Wohl der Allgemeinheit nicht beeinträchtigt wird. Das Betreiben einer Abwasseranlage ist dem Bereich der kommunalen Daseinsvorsorge zuzuordnen. Es handelt sich somit um schlichte hoheitliche Verwaltung, so dass eine Amtshaftung in Betracht kommt.[7] Entscheidend für

---

1 BGH NVwZ 2002, 1276; BGHZ 134, 268.
2 Stein/Itzel/Schwall, Praxishandbuch des Amts- und Staatshaftungsrechts, 2005, S. 22.
3 Haaser UTR 1991, 269, 275.
4 § 29 WHG iVm Landesrecht: z.B. § 9 HWG; § 63 LWG RhPf.
5 Vgl. z.B. Art. 42 S. 5 Nr. 6 BayWG.
6 Czychowski/Reinhardt, WHG Komm., 9. Auflage, § 28 Rn 62.
7 BGH VersR 1970, 1131; BGHZ 109, 8, 9f; BVerwG NJW 1974, 817.

eine mögliche Haftung ist das Vorliegen einer Unterdimensionierung. Hierbei sind die besonderen Umstände des Einzelfalls zu berücksichtigen. Eine Kanalisation ist zumindest dann unterdimensioniert, wenn sie schematisch nur auf einen einjährigen Berechnungsregen ausgelegt ist.[8] Darunter ist eine 15minütige Regenspende zu verstehen, die statistisch einmal jährlich überschritten wird. Da der BGH bisher keine weiteren Konkretisierungen vorgenommen hat, variiert der Maßstab in den Unterinstanzen.[9] Zu beachten sind die konkreten meteorologischen, topographischen und sonstigen örtlichen Besonderheiten.[10] Neben dem Maßstab für den Berechnungsregen, spielt im Rahmen eines Amtshaftungsanspruchs auch die wirtschaftliche Zumutbarkeit eine Rolle. Für Schäden, die nur durch eine wirtschaftlich nicht zumutbare Dimensionierung der Anlage abgewendet hätten werden können, greift der Amtshaftungsanspruch nicht durch.[11] Ferner wurde in den meisten Fällen den Geschädigten ein Mitverschulden zur Last gelegt. Dieses gründete sich in der unzureichenden Bauausführung der Gebäudeeingänge. Gebäudeeigentümer müssen je nach den konkreten Umständen auf eine Gebäudegestaltung hinwirken, um drohenden Wasserschäden entgegenzuwirken.[12]

Neben Art. 34 GG, § 839 BGB kommt auch eine Haftung aus § 2 Abs. 1 HaftpflG in Betracht. Voraussetzung hierfür ist, dass der Schaden aufgrund von Wasser aus den Rohrleitungen oder von der Kanalisation selbst herrührt.[13] Beachtet werden muss hier der Haftungsausschluss gem § 2 Abs. 3 Nr. 2 HaftpflG. Danach scheidet eine Haftung durch höhere Gewalt aus. Jedoch sind an den Begriff der höheren Gewalt hohe Anforderungen zu stellen. Es muss sich schon um ein katastrophenartiges Unwetter handeln, mit dessen Eintritt nur alle 100 Jahre zu rechnen ist.[14]

c) Überschwemmungsschäden durch strukturelle Schwächen in der Hochwasservorsorge und sonstige Amtspflichtverletzungen

aa) Gewässerunterhaltung

Wenn auch die Unterhaltung von Gewässern nach dem bisher gesagten grundsätzlich für eine Amtshaftung in Betracht kommt, so hat der BGH in ständiger Rechtsprechung einen Anspruch mangels Drittbezogenheit der Amtspflicht verneint.[15] Hier kommt jedoch ein Anspruch aus § 823 Abs. 1 BGB in Betracht.[16]

bb) Gewässerausbau

Im Gegensatz zur Gewässerunterhaltung dient der Gewässerausbau auch dem Zweck, den Einzelnen, dessen Eigentum und körperliche Unversehrtheit zu schützen.[17] Unter Ausbau versteht man nach § 31 WHG die Herstellung, Beseitigung oder wesentliche Umgestaltung eines Gewässers oder eines Ufers. Hierzu gehört grundsätzlich auch der Hochwasserschutz.[18] Auch hier ist zu ermitteln, welches „Hochwasser" als Maßstab zu nehmen ist. Die Diskussion verläuft hier entsprechend derjenigen zur Dimensionierung von Kanalisationen.

Obwohl bestimmte Baumaßnahmen (z.B. Bodenversiegelung) durchaus zumindest mitursächlich für Hochwasserschäden sind, werden sie nicht als haftungsbegründend angesehen. Auch Ansprüche aus enteignendem oder enteignungsgleichem Eingriff wurden verneint. Begründet hat dies der BGH damit, dass solche Maßnahmen nicht mehr als unmittelbarer Eingriff den jeweiligen Trägern (in der Regel den Gemeinden) zugerechnet werden kann.[19]

cc) Auskunfts- und Informationspflichten

Auch aus Informations- und Auskunftspflichten kann eine Haftung entstehen. So muss z.B. die Gemeinde im Rahmen eines Grundstückkaufs einen Bauwilligen auf die Hochwassergefahr hinweisen, sofern dies nicht offensichtlich ist oder die Gefahr sich nur in ganz außergewöhnlichen Situationen auswirkt.[20]

Ferner ist die nach dem Landesrecht zuständige Katastrophenschutzbehörde verpflichtet die betroffene Bevölkerung rechtzeitig zu warnen.[21] Wird die rechtzeitige Warnung unterlassen, können unter weiteren Voraussetzungen Schäden zumindest an Mobiliargütern ersetzt werden. Für Schäden an Immobiliargütern fehlt es regelmäßig am Pflichtwidrigkeitszusammenhang zwischen Amtspflichtverletzung und Schaden. Dieser liegt vor, wenn der Schaden mit an Sicherheit grenzender Wahrscheinlichkeit entfallen wäre.[22] In diesem Zusammenhang ergeben sich auch Amtspflichten für die nach dem Landesrecht zuständigen Gewässeraufsichtsbehörden. Werden hochwassergefährliche Zustände schuldhaft nicht erfasst, kommt auch gegen sie ein Amtshaftungsanspruch in Betracht.[23]

Anders hat der BGH bisher für den Deutschen Wetterdienst entschieden. Zwar gehört gemäß § 4 Nr. 3 DWDG die Warnung über Wettererscheinungen, die eine Gefahr für die öffentliche Sicherheit und Ordnung darstellen können, zu den Aufgaben des Wetterdienstes und nach § 4 Abs. 4 DWDG unterstützt der Wetterdienst die Länder bei deren Aufgaben im Bereich des Katastrophenschutzes. Jedoch hat der BGH eine drittschützende Funktion der Warnpflicht abgelehnt

---

8 BGHZ 115, 141, 148.

9 Das OLG Celle hat einen 50jährigen Berechnungsregen angenommen vgl.: OLG Celle, VersR 1989, 484, 485. Weitergehend ist der 100jährige Berechnungsregen, den das BayObLG annahm vgl.: BayObLGZ 89, 397, 401f. Hierbei ging es allerdings um die allgemeinen Maßstäbe für den Hochwasserschutz und es ist fraglich, ob die Werte auf das Abwassersystem übertragen werden können.

10 BGHZ 115, 141ff.

11 BGHZ 54, 165, 174ff.

12 OLG München NVwZ-RR 1991, 455.

13 Zur Vertiefung: Filthaut, HaftpflG, 3. Auflage, § 2 Rn 11. So darf das Wasser nicht aus dem Anschluss des Geschädigten zurückfliessen, sondern muss extern auf das Gebäude zugreifen.

14 OLG Karlsruhe OLGR 2001, 40.

15 BGHZ 9, 373; BGHZ 55, 153.

16 Kritisch zur Verneinung der Drittbezogenheit:Schenke MDR 2002, 533, 534.

17 Haaser UTR 1995, 269, 271.

18 BGH VersR 1970, 953.

19 BGH NVwZ 1987, 1115.

20 OLG Karlsruhe OLGR 2001, 40.

21 Vgl. § 12 Abs. 1 HKatSG. Danach haben die Katastrophenschutzbehörden alle notwendigen Maßnahmen zu treffen, um eine wirksame Katastrophenabwehr zu bewirken. Hierzu gehört auch die Informationen der betroffenen Bevölkerung. Vgl. auch § 18 SächsKatSG iVm Alarmplänen.

22 BGH VersR 1990, 935, 937.

23 BayObLG BayVBl 1990, 58, 60.

und somit einem Anspruch aus Art. 34 GG, § 839 BGB die Grundlage entzogen.[24]

d) Haftungsausschluss nach § 839 Abs. 1 S. 2 BGB
Ein Amtshaftungsanspruch kommt nur in Betracht, wenn der Geschädigte nicht anderweitig Ersatz erhält.[25]

aa) Soforthilfemaßnahmen
Hier ist zu überlegen, ob eventuelle Soforthilfe-maßnahmen seitens der Regierungen solche Ersatzmög-lichkeiten darstellen.[26]
Dies ist je nach Ausgestaltung der Soforthilfemaßnahme im Einzelfall zu entscheiden. Sollte ein rechtlicher Anspruch auf Leistungen eingeräumt werden, so kommt ein Ausschluss der Amtshaftung in Betracht. Auch können Zuwendungen aus Soforthilfeprogrammen einen Amtshaftungsanspruch mindern. Dies ist zumindest gegenüber Leistungen mit öffentlichen Mitteln zu bejahen, da ansonsten die Entschädigung die Allgemeinheit doppelt belasten würde. Bei privaten Spenden dürfte dies nicht gelten, da diese nicht die Entlastung des Schädigers bezwecken.[27]

bb) Versicherungsleistungen
Leistungen, die ein Geschädigter von seiner Versicherung erhält, fallen grundsätzlich nicht unter die Subsidiaritätsklausel des § 839 Abs. 1 S. 2 BGB.[28] Leistet die Versicherung, geht der Anspruch nach § 67 Abs. 1 S.1 VVG auf den Versicherungsgeber über.

2. Zwischenfazit
Insgesamt lässt sich auf der einen Seite feststellen, dass eine Amtshaftung im Rahmen von Katastrophen grundsätzlich in Betracht kommt. Probleme ergeben sich hierbei bei der Auslegung der Drittbezogenheit eines Anspruchs. So kann es im Zweifel fraglich sein, ob eine Maßnahme nur der Allgemeinheit oder auch dem Einzelnen dient. Hier wäre die Entwicklung von dogmatisch klareren Strukturen wünschenswert, um nicht in eine unübersichtliche Kasuistik zu verfallen.

II. § 823 Abs. 1 BGB
Anknüpfungspunkt für Ansprüche gegen einen Hoheitsträger sind die von der Rechtsprechung entwickelten Verkehrssicherungspflichten. Danach ist derjenige, der für einen Bereich verantwortlich ist, verpflichtet, alle geeigneten und zumutbaren Maßnahmen zu ergreifen, um Gefahren, die aus diesem Aufgabengebiet herrühren, abzuwehren oder zu begrenzen.[29] Die Verkehrssicherungspflicht kann sich aus tatsächlichem Handeln, aber auch aus Gesetz oder Satzung ergeben. Der Inhalt der Verkehrs-sicherungspflicht kann unterschiedlich ausgestaltet sein. So kann er in der ordnungsgemäßen Unterhaltung, aber

auch in der wiederkehrenden Überprüfung liegen.[30] So ergibt sich aus der Unterhaltspflicht von Gewässern gem. § 28 WHG eine Verkehrssicherungspflicht für den Gewässerunterhaltungspflichtigen. Für Bundeswasser-straßen folgt diese Pflicht aus §§ 7, 8 WaStrG.[31] Jedoch werden auch im Rahmen des § 823 Abs. 1 BGB nicht unzumutbare, vorhersehbare oder die Gefahr völlig ausschließende Maßnahmen verlangt. Das allgemeine Lebensrisiko bleibt bestehen und setzt einer Haftung aus § 823 Abs. 1 BGB Grenzen.[32]

C. Rechtsschutz auf Primärebene
Im vorhergehenden Teil wurden Ansprüche gegen Hoheitsträger auf Sekundärebene, also nach Schadenseintritt, vorgestellt. Jedoch wäre es für alle Parteien von Vorteil, wenn ein Schaden abgewendet oder zumindest minimiert werden kann. Es ist somit darzustellen, auf welchem Weg ein Verhalten des Staates im Vorfeld erzwungen werden kann.
Die Verwaltungsgerichtsordnung bietet hierfür grundsätzlich die Verpflichtungsklage, als auch die allgemeine Leistungsklage an. Wird von der Verwaltung ein bestimmtes Handeln verlangt, wird ein subjektives öffentliches Recht auf das jeweilige Handeln vorausgesetzt. Ob ein solches Recht vorliegt, ergibt sich nach der so genannten „Schutznormtheorie". Demnach muss die Norm, welche die Amtspflicht begründet, zugleich zumindest auch dem Schutz von Individualinteressen des Klägers dienen.[33] Dabei gib es eine große Schnittmenge mit der Drittbezogenheit iSv § 839 Abs. 1 BGB, jedoch sind beide Begriffe nicht deckungsgleich, so dass nicht einfach auf die Rechtsprechung zur Drittbezogenheit verwiesen werden kann.[34] Liegt jedoch schon keine drittschützende Amtspflicht vor, kann ein Verhalten des Staates mangels subjektiv-öffentlichen Rechts auch nicht gerichtlich erzwungen werden. Somit fallen Maßnahmen im Bereich der Gewässerunterhaltung aus.[35] Auch, wenn im Bereich des in § 31 WHG normierten Komplexes des Gewässerausbaus eine Drittbezogenheit bejaht wurde (s.o. B. I. 1. a) cc) (2)), hat der Bürger hierbei keinen Anspruch.[36] Weiterhin können bei drittbezogenen Amtspflichten Ansprüche einfachgesetzlich ausgeschlossen sein.[37]
Zu überlegen wäre, ob im Falle der Katastrophenabwehr sich Ansprüche aus Art. 2 Abs. 2 S.1 GG, Art. 14 GG ergeben und über solche Ansprüche konkrete Maßnahmen des Staates verlangt werden können.

---

24 BGHZ 129, 23, 29.
25 Ossenbühl, Staatshaftungsrecht, 4. Auflage, 1991, S. 63.
26 Beim Hochwasser im Sommer 2002 in Sachsen und Sachsen-Anhalt hatte die Bundesregierung Zehn Milliarden Euro in Aussicht gestellt vg. FAZ v. 30.08.2002.
27 Koutses MDR 2002, 1229, 1232.
28 BGHZ 85, 230.
29 MünchKomm./Wagner, 4. Auflage, 2004, § 823 Rn 230 Deutsch/Ahrens, Deliktsrecht, 4. Auflage, 2002, S. 124

30 Vgl. BGHZ 86, 152; Zur inhaltlich ähnlichen Konstellation vgl. FAZ v. 02.02.2008 : Eine Klage von Geschädigten des Hurrikans Kathrina gegen die, die für die Instandhaltung der Dämme zuständigen „Army Corps of Engineers" wurde wegen gerichtlicher Immunität abgelehnt. Dabei wurden aber schwere Pflichtverletzungen bejaht.
31 BGHZ 55, 153.
32 Schneider VersR 2007, 743.
33 Kopp/Schenke, VwGO Komm., 15. Auflage, 2007, § 42 Rn 83ff.
34 MünchKomm./Papier, 4. Auflage, 2004, § 839 Rn 227ff. Die Drittbezogenheit geht über das subjektiv-öffentliche Recht hinaus.
35 BGH MDR 1964, 399f; BGHZ 55, 153.
36 Stein/Itzel/Schwall (FN 2) S. 357.
37 Vgl. § 104 IV SächsWG: danach stehen Dritten keine Ansprüche aus der Einrichtung eines Warn- und Alarmdienstes zu.

Grundsätzlich können auch aus den Grundrechten unmittelbare Ansprüche erwachsen.[38]

Art. 2 Abs. 2 S. 1 GG verpflichtet den Staat zur Ergreifung von Maßnahmen zum Schutz des menschlichen Lebens.[39] Zwar hat das BVerfG im Rahmen seines „Schleyer-Beschlusses" ausgeführt, dass durch diese Schutzpflicht nicht unbedingt ein Anspruch auf eine bestimmte Maßnahme besteht. Jedoch sind die dort angeführten Argumente speziell für einen terroristischen Erpressungsfall formuliert.[40] Die Entscheidung liegt zwar grundsätzlich in der Eigenverantwortung des Staates, kann sich aber auf eine Maßnahme begrenzen, wenn ein effektiver Schutz ansonsten nicht möglich ist.[41] Hieran wird es häufig bei Abwehrmaßnahmen gegen Katastrophen fehlen. Liegen diese Voraussetzungen jedoch vor, lässt sich aus Art. 2 Abs. 2 S. 1 GG ein Anspruch auf Vornahme einer bestimmten Handlung herleiten.

Die Lehre von den grundrechtlichen Schutzfunktionen gilt auch für Art. 14 GG. Sie wurde vom BVerfG jedoch im Rahmen des Art. 2 Abs. 2 S. 1 GG entwickelt und ist daher dort konkreter umschrieben und kann wie ausgeführt dem Einzelnen einen Anspruch auf bestimmtes Handeln gewähren. Im Rahmen des Art. 14 GG ist dies grundsätzlich nur unter besonderen Voraussetzungen denkbar. Hier sind die Schutzpflichten primär und genuin als objektiv-rechtliche Staatsaufgaben zu verstehen.[42]

Es lässt sich insgesamt festhalten, dass der Rechtsschutz auf primärer Ebene etwas schwächer ausgestaltet ist. Dies liegt zum einen daran, dass viele öffentlich-rechtliche Normen dem Einzelnen keinen Anspruch verleihen oder nur einen Anspruch auf ermessensfehlerfreie Entscheidung und zum anderen daran, dass dem Staat ein gewisser Freiraum bei der Bewältigung seiner Pflichten belassen wird. Jedoch werden das Entscheidungs- und das Auswahlermessen häufig durch Art. 2 Abs. 2 S. 1 GG und Art. 14 GG beeinflusst sein.[43]

D. Rechtsschutz gegen Maßnahmen Privater
I. Arbeitsrecht
1. Kündigung aus betriebsbedingten Gründen
Muss der Arbeitgeber den Betrieb katastrophenbedingt einstellen, kann er seinen Arbeitnehmern nicht fristlos kündigen. Dies ist selbst dann nicht möglich, wenn die Wiedererrichtung des Betriebs nicht absehbar erscheint. Dies folgt daraus, dass bei einer Interessenabwägung

gegen den Arbeitgeber das Tragen des Betriebsrisikos spricht.[44]

Aus der Betriebsrisikolehre ergibt sich auch die grundsätzliche Verdrängung der allgemeinen schuldrechtlichen Grundsätze und die Fortgeltung des Lohnanspruchs. Enge Ausnahmen werden zugelassen, wenn das gesamte Unternehmen durch die Fortzahlung bedroht erscheint.[45] Ob dies nicht auch in größerem Umfang bei Naturkatastrophen zu gelten hat, die nicht nur das einzelne Unternehmen, sondern in der Regel ganze Gebiete erfassen, wurde bisher nicht richterlich entschieden.

2. Lohnanspruch bei Verhinderung des Arbeitnehmers
Kann der Arbeitnehmer seinen Arbeitsplatz katastrophenbedingt nicht erreichen, greifen die allgemeinen Grundsätze. Eine Ausnahme nach der Betriebsrisikolehre kommt dann nicht mehr in Betracht. Demnach wird die Leistung gem. § 275 Abs. 1 BGB unmöglich und er verliert mangels Verschuldens des Arbeitgebers seinen Lohnanspruch nach § 326 Abs. 1 BGB. Der Arbeitgeber kann somit den Lohnanspruch für die Zeit der Abwesenheit kürzen.[46] Dies gilt auch im Falle, dass der Arbeitnehmer wegen notwendiger Aufräumarbeiten an seiner Wohnung bzw. seinem Haus gehindert ist. Grundsätzlich kommt zwar § 616 BGB in Betracht. Es ist aber zu bedenken, dass es sich bei einem persönlichen Grund iSv § 616 BGB nicht um einen Grund handeln darf, der auf einen größeren Personenkreis zutrifft.[47] Eine Fortzahlung ist somit nur zu bejahen, wenn der Arbeitnehmer besonders schwer getroffen wurde. Für Angehörige der freiwilligen Feuerwehr und von Katastrophenschutzeinrichtungen sehen die landesrechtlichen Bestimmungen die Fortzahlung des Lohnes fort. Dabei erwächst dann dem Arbeitgeber ein Anspruch gegen den Aufgabenträger, auf Ausgleich dieses Lohnes.[48]

II. Mietrecht
1. Mietminderung
Bei Beschädigung der Wohnung durch eine Katastrophe kann der Mieter den Mietzins gemäß § 536 Abs. 1 BGB mindern. Bei geringen Beeinträchtigungen der Mietsache kommen Minderung von 5 % – 10 % der Nettokaltmiete, bei schweren sogar das Entfallen des Mietzinsanspruchs in Betracht.[49]

2. Beseitigung des Schadens
Grundsätzlich trägt die Beseitigungskosten der Eigentümer der Sache. So hat der Mieter die Beseitigungskosten von Schäden an seinem Eigentum zu tragen. Er kann jedoch Schadensersatz verlangen, wenn ein Mangel der Wohnung für den Schaden (mit-)ursächlich war und der Vermieter mit dem Beseitigen des

---

38 Hong, Die Klage zur Durchsetzungvon Vornahmepflichten der Verwaltung, 1991, S. 112.
39 BVerfGE 39, 1, 42 (Schwangerschaftsabbruch I).
40 BVerfG Az.: 1 BvQ 5/77. Die Argumente waren die sonst bestehende Berechenbarkeit des Staates und die spezielle Lage einer terroristischen Erpressung.
41 BVerfG (FN 35): „Ihre Freiheit in der Wahl der Mittel zum Schutz des Lebens kann sich in besonders gelagerten Fällen auch auf die Wahl eines bestimmten Mittels verengen, wenn ein effektiver Lebensschutz auf andere Weise nicht zu erreichen ist."
42 Depenheuer in v. Mangoldt/Klein/Starck, GG-Kommentar, 5. Auflage, 2005, Art. 14 Rn 96f.
43 Vgl. zum Anspruch bei Geiselentführungen im Ausland: Köttner/Nolte DÖV 2007, 186.

44 BAG Urteil v. 13.06.1990 Az.: 2 AZR 635/89 (nicht amtich veröffentlicht).
45 Staupe NJ 2002, 505, 513.
46 Vgl. für den Ausfall des öffentlichen Verkehrs: Schaub, Arbeitsrechtshandbuch, 9. Auflage, § 97 Rn 14.
47 Palandt/Putzo, 67. Auflage, 2008, § 616 Rn 8.
48 Vgl. z.B. § 10 V, VIII SächsBrandSchG; § 14 IV, V SächsKKatSG; § 23 Abs. 1 SächsBrandSchG; § 11 Abs. 2 1, III HBKG.
49 LG Berlin Urteil v 14.06.2001 Az.: 67 S 475/00; AG Bad Vilbel WuM 1996, 701; AG Potsdam WuM 1995, 534.

Mangels in Verzug geraten ist. Der Vermieter muss die Wohnung gemäß § 535 Abs. 1 S. 2 BGB wieder in den vertragsgemäßen Zustand bringen.

E. Strafrechtlicher „Rechtsschutz"

Das Auftreten einer Naturkatastrophe kann zwar in der Regel niemandem strafrechtlich vorgeworfen werden. Jedoch bilden Katastrophenschäden häufig erst durch menschliches Tun oder Unterlassen ihre konkreten Formen. Beispielsweise besteht aus präventiver, wie auch aus repressiver Sicht ein Interesse einen, Statiker strafrechtlich zu belangen, wenn wegen eines Erdbebens Menschen in einem Haus umkommen oder verletzt werden und das Haus bei Beachtung der Verkehrssicherungspflichten nicht eingestürzt wäre. Die Strafbarkeit des Unterlassens der Einhaltung von Verkehrssicherungspflichten bzw. des aktive Verstoßens gegen solche Pflichten haben daher einen präventiven Schutz, zumindest aber die Sanktion von Unrecht zur Folge. Häufig stellen sich diese Fragen bei Gebäudeeinstürzen bzw. allgemein beim Zusammenbrechen von Infrastruktur.[50] Generell lässt sich bei Gebäuden festhalten, dass eine Strafbarkeit wegen fahrlässiger Tötung und Körperverletzung bei Personen in Betracht kommt, die für die Planung, den Bau, Betrieb und die Genemigung zuständig sind.[51] Eine große Gruppe innerhalb dieser Konstellation nehmen die Fahrlässigkeitsdelikte ein, da es in der Regel bei Verstößen gegen Verkehrssicherungspflichten am Vorsatz bezüglich des Taterfolgs des vorsätzlichen Begehungsdelikts fehlt. Mangels Strafbarkeit einer fahrlässigen Sachbeschädigung wird dieses Unrecht nicht verfolgt, obwohl das Eigentum als Rechtsgut wahrscheinlich häufiger betroffen sein wird. Es existieren jedoch auch explizite Straftatbestände, die sich mit dem Herbeiführen von Katastrophen befassen. Hier sind § 312 StGB (Fehlerhafte Herstellung einer kerntechnischen Anlage), § 313 StGB (Herbeiführung einer Überschwemmung), § 319 (Baugefährdung) und § 315a StGB beispielhaft zu nennen.

F. Würdigung

An diesen wenigen Beispielen hat sich gezeigt, dass die Fragestellung nach Rechtsschutz gegen Katastrophen ihre Berechtigung hat. Katastrophen betreffen Regelungen aller Rechtsgebiete und wirken sich auf verschiedene Weise und auf verschiedenen Ebenen aus. Sie können strafauslösende Ereignisse sein oder aber rechtfertigende Umstände hervorrufen. Die Gerichte und der Gesetzgeber haben sich insgesamt gut auf die Besonderheiten der Katastrophen eingestellt. Hierbei behilft man sich mit der Modifikation der allgemeinen Mechanismen. So wird regelmäßig nicht der Schadenseintritt an sich zum Anknüfungspunkt gewählt, sondern Maßnahmen im Vorfeld. Im Rahmen des Verschuldens wird dabei vermehrt auf verschuldensunabhängige Haftungsmaßstäbe (z.B. bei Öffnen eines Gewässers zur Schiffahrt) oder das

Organisationsverschulden (nicht bereitstellen einer Katastrophenschutzbehörde) zurückgegriffen. Katastrophenschäden werden nicht als hinnehmbare Schicksalsschläge akzeptiert. Dabei ist allerdings zu beobachten, dass eine absolute Vermeidung nicht möglich und eine Haftung in jedem Fall nicht gewollt ist. Hier sind leichte Ansätze einer ökonomischen Analyse des Rechts zu erkennen, wenn der BGH nur solche Maßnahmen verlangt, die in einem angemessenen Verhältnis zum Nutzen stehen und wirtschaftlich zumutbar sind.[52]

Es lässt sich ein durchaus ausgewogenes Bild der Möglichkeiten des Rechtsschutzes zeichnen. Jedoch ist negativ anzumerken, dass die Ebene des Primärschutzes nicht so stark wahrgenommen wird und auch strukturell schwächer ausgebaut ist (s.o). Neben den strukturellen Schwierigkeiten liegt dies aber auch am Verhalten der Bürger. Anstatt auf schadensmindernde Maßnahmen hinzuwirken, suchen sie die Gerichte erst nach Schadenseintritt auf. Hier ist zu überlegen, ob man den Bürger nicht vermehrt eine Aufsichtsfunktion zukommen lassen sollte. Dies wäre durch eine Weitung des Begriffs des subjektiv-öffentlichen Rechts zu erreichen. Dadurch würden mehr Klagen im präventivem Bereich zulässig und könnten zu einer verstärkten Kontrolle der Verwaltung führen.

---

50 Justiz 2003, 486; zum aktuellen Strafverfahren betreff des Einsturzes der Eissporthalle in Bad Reichenhall vgl. DIE ZEIT v. 06.03.2008.
51 OLGSt StGB § 222 Nr. 10 (Regenüberlaufbecken).

---

52 Ob wirklich eine ökonomische Analyse seiner Rechtsprechung durch den BGH vorgenommen wird, erscheint fragwürdig. Zur Bedeutung der ökonomischen Analyse bei der Rechtsprechung des BVerfG vgl. Heidenmüller, Effizienz als Rechtsprinzip, 2005.

Der Inneneinsatz der Bundeswehr
vom politischen Wollen und dem verfassungsrechtlichen Können

von **Dirk Müllmann**, Osnabrück

Nach dem Urteil des Bundesverfassungsgerichts zur Nichtigkeit des Luftsicherheitsgesetzes im Jahre 2006 rückte die Frage, ob und wie sich die Pläne der Bundesregierung verwirklichen lassen könnten, von Terroristen entführte Flugzeuge durch die Bundeswehr in ihrer Mission, das gekaperte Luftfahrzeug in ein möglichst belebtes Gebäude zu steuern, stoppen zu lassen. Hierbei wurde sowohl die Frage gestellt, die Verfassung unangetastet zu lassen als auch untersucht, wo und wie das Grundgesetz geändert werden könnte, um die bestehenden verfassungsrechtlichen Probleme dieses Vorhabens zu lösen. Im Zuge dieser Diskussion brach auch erneut die Frage auf, ob der Bundeswehr nicht weitergehende Aufgaben im Zuge einer möglichen Änderung des Grundgesetzes zugewiesen werden sollte. Der folgende Beitrag soll nicht noch eine Ansicht zu dieser aus juristischer Sicht sicher umfassend beleuchteten Frage bieten. Vielmehr soll ein Schritt, den die meisten Autoren übersehen haben, hier nachgeholt werden, indem die Frage beantwortet wird, welche Einsatzfelder der Bundeswehr unter der aktuellen Verfassungslage schon eröffnet sind somit ein Überblick über die aktuelle deutsche Wehrverfassung geboten werden.

A. Einleitung

Die Bundeswehr hält rund 250.000 Personen unter Waffen und beschäftigt weitere 125.000 zivile Angestellte.[1] Diese Männer und Frauen in oder ohne Uniform haben seit dem Ende des kalten Krieges ein grundsätzliches Problem. Sie wissen nicht mehr, wovor sie ihr Vaterland verteidigen sollen, sind wir doch spätestens seit der NATO Osterweiterung 1999 umringt von Freunden. Es fehlte ihnen also schlicht am Feindbild. Mit den Anschlägen vom 11. September 2001 zeigte jedoch ein neuer Feind, der internationale Terrorismus, seine hässliche Fratze in den Anschlägen von New York und Washington. Die Politik erklärte hiernach, dass die Sicherheit Deutschlands von nun an auch am Hindukusch verteidigt würde[2] und es entstanden Pläne, den bundesdeutschen Streitkräften neue Aufgaben, gerade auch im Inland, zuzuordnen. Der Reichweite dieser innerdeutschen Einsatzideen waren, in finanziell angespannten aber zugleich friedlichen Zeiten, in denen militärische Ausgaben oft nur schwer zu rechtfertigen sind, in der politischen Diskussion kaum Grenzen gesetzt. Sie gingen von dem Einsatz von Soldaten als Gebäudeschützer bis hin zur Übernahme originärer Polizeiaufgaben in Krisenzeiten. Doch heute, verheerende Anschläge in verschiedenen Staaten der Welt, eine Fußballweltmeisterschaft im eigenen Land und ein verfassungsrechtlich gescheitertes Luftsicherheitsgesetz später, müssen wir feststellen, dass die sicherheitsrelevanten Ereignisse der letzten Jahre die Debatte um Auslands- aber besonders auch Inneneinsätze der deutschen Streitkräfte zwar immer wieder angefacht hat, die Politik in der Sache aber nicht weitergekommen ist. Probleme zeigen sich gerade in der Diskrepanz zwischen dem politisch und gesellschaftlich nicht unumstrittenen Wollen und dem verfassungsrechtlichen Können bei der Realisierung dieser Pläne. Ziel der folgenden Ausführungen ist es daher, beschränkt auf die Verwendung der Bundeswehr im Inland, herauszuarbeiten, unter welchen Voraussetzungen das Militär im Inland überhaupt rechtmäßig tätig werden kann und daher im Kern, wo unsere Verfassung als gesetzlicher Dreh- und Angelpunkt in der Frage der Rechtmäßigkeit der Verwendung der Streitkräfte Grenzen setzt. In diesem Zusammenhang soll an den jeweils gegebenen Stellen auch auf die Realisierbarkeit einiger, wiederkehrend geäußerter politischer Pläne unter der aktuellen Verfassungslage eingegangen werden. Am Ende der Arbeit soll eine Roadmap stehen, in der Ansätze zur Beantwortung der Frage angeboten werden sollen, wie das weitere Vorgehen der politischen Debatte um den Inneneinsatz der Bundeswehr aussehen sollte und wie die Diskussion genutzt werden kann und soll, um Neuerungen durchzusetzen und eine eindeutige und befriedigende Gesetzeslage zu schaffen.

B. Die rechtmäßige Verwendung der Streitkräfte im Inland

Wie vorhergehend schon betont, finden sich die entscheidenden Regelungen für die Frage des Inneneinsatzes der Streitkräfte auf unterschiedliche Normen im Grundgesetz verteilt. Die Frage nach den Einsatzmöglichkeiten der Bundeswehr ist daher direkt an die Verfassung zu richten, sind doch, schon wegen der möglichen Auswirkungen eines Einsatzes der Armee, die Rahmenbedingungen hierfür traditionell Regelungsgebiet der staatlichen Grundordnung.[3] Die folgende Darstellung der einzelnen grundgesetzlichen Maßgaben kann dabei zugleich als eine Analyse der inhaltlichen Systematik der deutschen Wehrverfassung verstanden werden.

---

[1] Vgl. BT-Drs. 16/4700 vom 20.03.2007, S.22ff.
[2] so Verteidigungsminister *Peter Struck* am 05.12.2002 bei einer Pressekonferenz.

[3] *Fischer*, JZ 2004, 376, 378.

Keine Ausdehnung der Innenkompetenz der Streitkräfte?
Das Scheitern der Reform des Art. 35 GG und seine politischen Gründe

von **Dirk Müllmann**, Osnabrück

Die jahrelange politische Diskussion darüber, welchen Raum die Streitkräfte der deutschen Bundeswehr auch innerhalb der Bundesrepublik einnehmen könnten, endete als sich die Spitzen der Großen Koalition im Oktober 2008 auf einen Entwurf zur Änderung des Art. 35 GG einigten, der den Streitkräften erhebliche Aufgaben bei der Gefahrenabwehr im Inland zugebilligt hätte. Aufgrund des schnellen Scheiterns des Entwurfs, der auf erhebliche Widerstände in der SPD stieß, blieb aus wissenschaftlicher Sicht fast unbeachtet, welche wesentlichen Neuerungen sich für die Wehrverfassung des Grundgesetzes sowie für die Aufgabentrennung der Länderpolizeien und der Bundesarmee vorgesehen waren. Diese überfällige wissenschaftliche Betrachtung des Entwurfs soll im Folgenden nachgeholt werden, wobei ein besonderes Augenmerk auf die juristische Einordnung der verfassungsrechtlichen Neuerungen gelegt, jedoch auch die Gründe für das Scheitern dargelegt und abschließend Fragen aufgeworfen werden sollen, die klären sollen, inwieweit eine Einbindung der Bundeswehr in Fragen der inneren Sicherheit des Landes sinnvoll und wünschenswert sind. Der Artikel kann und soll aufgrund der thematischen Nähe als Fortsetzung und Ergänzung des Beitrags „Der Inneneinsatz der Bundeswehr – vom politischen Wollen und dem verfassungsrechtlichen Können" gesehen werden, indem er die aktuellen politischen Entwicklungen aufgreift, die ein gutes Bild dessen zeichnen, was von der Politik auf dem Feld der Inneneinsätze der Bundeswehr gewünscht wird und so, wenn auch nur fast, Realität in unserer Verfassung geworden wäre.

A. Einleitung

Nach jahrelanger politischer und gesellschaftlicher Diskussion, welcher Raum für die Streitkräfte im Inland angesichts gesteigerter Bedrohungspotentiale und geschärften Sicherheitsbewusstseins der Menschen vorhanden sein kann und darf, ohne dabei wohlbegründete Traditionen über Bord zu werfen, sich dem Vorwurf blinden Aktionismus ausgesetzt zu sehen und dem Sicherheitsstaat zu weiten und möglicherweise unseeligen Vorschub zu leisten, wurden die Bemühungen, auch neue politische Rahmenbedingungen für Inneneinsätze der Streitkräfte zu kreieren und die Möglichkeiten der Bundeswehrverwendung zu erweitern, forciert. Schon im ‚Weißbuch zur Sicherheitspolitik Deutschlands und zur Zukunft der Bundeswehr' aus dem Jahr 2006 wurde unter dem Eindruck des Bundesverfassungsgerichtsurteils zum Luftsicherheitsgesetz[1] festgestellt, dass

> *„die Bundesregierung die Notwenigkeit einer Erweiterung des verfassungsrechtlichen Rahmens für den Einsatz der Streitkräfte [sehe]. Infolge der neuartigen Qualität des internationalen Terrorismus sowie des gewachsenen und territorial weitgehend unbeschränkten Gewaltpotentials nichtstaatlicher Akteure [seien] heute auch in Deutschland Angriffe vorstellbar, die aufgrund ihrer Art, Zielsetzung sowie ihrer Auswirkungen den bestehenden tatsächlichen und rechtlichen Rahmen der klassischen Gefahrenabwehr [überschritten]. Eine vorausschauende und verantwortliche Sicherheitspolitik [müsse] derartige Extremsituationen in die Betrachtung mit einbeziehen."[2]*

Die Regierungsparteien einigten sich im Koalitionsausschuss in seiner Sitzung vom 5. August 2008 auf einen Entwurf, mit dem der Artikel 35 GG erweitert, die Verfassung somit geändert und der Bundeswehr mehr Kompetenzen im Inneren zugestanden werden sollte. Ohne dabei einen möglichen Spannungsbogen zerstören zu können oder das Ergebnis der folgenden Untersuchung vorwegnehmen zu wollen, muss schon jetzt gesagt werden, dass dieser Versuch schon wenige Tage später am Widerstand der SPD scheiterte. Der Entwurf ist von der juristischen Bewertung angesichts dieses Scheiterns nahezu unkommentiert geblieben. Das folgende Referat soll dies nun ändern und die Gründe für dieses Fehlschlagen der Regierungspolitik darlegen, zeigen, welche Änderungen mit der Reform einhergegangen wären sowie die Frage beantworten, wie Bevölkerung und Parteien zu Bundeswehrinneneinsätze stehen. Nicht zuletzt soll erneut die Frage aufgeworfen werden, ob eine Reform der deutschen Wehrverfassung zur Ermöglichung von Bundeswehreinsätzen im Inneren überhaupt notwenig ist oder ob die bestehenden Kompetenzen der Streitkräfte nicht möglicherweise ausreichend sind, um die Streitkräfte sowohl auszulasten als auch ausreichenden Schutz der Bevölkerung zu bieten, sodass keine relevanten Aufgaben dem Militär mehr zugeschlagen werden müssten.

B. Vorschlag zur Änderung des Art. 35 GG des

---

[1] Urteil des *BVerfG* vom 15.02.2006, 1BVR 357/05 = *BVerfGE* 115, 118.
[2] Weißbuch 2006 - zur Sicherheitspolitik Deutschlands und zur Zukunft der Bundeswehr, 2006, S.71.

Koalitionsausschusses vom 05.10.2008

I. Der Wortlaut des Änderungsvorschlages
Bevor eine Auseinandersetzung mit den möglichen Konsequenzen, die eine Verfassungsänderung gehabt haben könnte, stattfinden kann, sollte zunächst darauf geschaut werden, auf welche Änderungen sich der Koalitionsausschuss überhaupt geeinigt hat.
CDU/CSU und SPD planten, den Art. 35 GG um zwei weitere Absätze zu erweitern. Diese sollten folgenden Wortlaut haben:

> *„(4) Reichen zur Abwehr eines besonders schweren Unglücksfalles polizeiliche Mittel nicht aus, kann die Bundesregierung den Einsatz der Streitkräfte mit militärischen Mittel anordnen. Soweit es dabei zur wirksamen Bekämpfung erforderlich ist, kann die Bundesregierung den Landesregierungen Weisungen erteilen, Maßnahmen der Bundesregierung nach den Sätzen 1 und 2 sind jederzeit auf Verlangen des Bundesrates, im Übrigen unverzüglich nach Beseitigung der Gefahr aufzuheben.*
> *(5) Bei Gefahr in Verzug entscheidet der zuständige Bundesminister. Die Entscheidung der Bundesregierung ist unverzüglich nachzuholen."* [3]

Im Übrigen wären die die deutsche Wehrverfassung beinhaltenden Paragraphen unangetastet gelassen worden. Welche Reichweite diese Ergänzung des Art. 35GG aber tatsächlich gehabt hätte, soll in der Folge dargestellt werden.

II. Entstehende Spielräume und Auswirkungen der geplanten Änderung
Als ursächliches Element für die Änderung des Art. 35GG in der vorgeschlagenen Form führte die Bundesregierung das Luftsicherheitsurteil des Bundesverfassungsgerichts vom 15. Februar 2006[4] an, dass

> *„den Streitkräften im Rahmen der besonderen Amtshilfe nach Artikel 35 GG der Einsatz mit spezifischen militärischen Mitteln verwehrt [werde]. Zudem [stehe] nur der Bundesregierung die Entscheidung hierüber zu; Artikel 35GG verleiht dem Bundesminister der Verteidigung keine Eilkompetenz."* [5]

Ziel der Grundgesetzänderung sei,

> *„die Schaffung der verfassungsrechtlichen Rahmenbedingungen zur Sicher-*
> *stellung der Handlungsfähigkeit bei zielgerichteten Aggressionen gegen den Staat und seine Bevölkerung durch die Möglichkeit, in engen Grenzen die Streitkräfte mit spezifisch militärischen Mitteln im Rahmen von Artikel 35GG einzusetzen."* [6]

Der Entwurf wurde als alternativlose und in Bezug auf die öffentlichen Haushalte, Bürokratie und sonstige Gebiete kostenneutrale Lösung bezeichnet, die durch die Zulassung militärischer Mittel im Rahmen der besonderen Amtshilfe eine Entscheidungsbefugnis der Bundesregierung einschließlich einer ausdrücklichen Eilentscheidungskompetenz schafft.[7]
Es fällt schwer, den vorliegenden Entwurf zu bewerten, ohne dabei in die Gefahr zu geraten, als übermäßig pessimistisch zu gelten und zu wenig in den Bestand unserer 60-jährigen Demokratie zu vertrauen. Doch die Kritikpunkte sind eklatant und die Kompetenzerweiterungen bei genauem Hinsehen enorm, gehen sie doch weiter als die, in der Begründung der Regierung angeführten engen und sicher selbst noch für Kritiker nachvollziehbaren erweiterten Einsatzoptionen zu hehren Zielen erwarten lassen.
Die gesamte Konzeption des Gesetzesentwurfs zur Reform des Art. 35GG lehnt sich scheinbar an das gescheiterte Luftsicherheitsgesetz und dessen Nichtigkeitserklärung durch das Bundesverfassungsgericht an. Sowohl in der Problem- und Zielbeschreibung[8] als auch der Begründung zum Allgemeinen Teil des Gesetzes[9] wird der gescheiterte Versuch der Regierung aufgegriffen, der Deutschland gegen - erst seit dem 11. September 2001 in den Blickpunkt der Verteidigungsstruktur geratene - Angriffe aus der Luft oder auch gegebenenfalls von See sichern und den Einsatz militärischer Waffen als einziger wirksamer Abwehrmaßnahme gegen derartige Angriffe ermöglicht. Nahezu sklavisch hangelt sich der Gesetzgeber an den Bedenken des höchsten deutschen Gerichts entlang und versucht zu erklären, wieso die Verfassungsänderung das damals gescheiterte Gesetzesvorhaben heute in greifbare Nähe rücken lässt und arbeitet dabei dennoch nicht genau. Die Verfassungsänderung sehe nun eine Eilentscheidungskompetenz der Bundesregierung vor, die es verfassungsrechtlich bis dahin noch nicht gegeben habe[10], militärische Mittel würden durch die Verfassungsänderung für die Amtshilfe zulässig

---

[3] *Gesetzesentwurf der Bundesregierung*, Entwurf eines Gesetzes zur Änderung des Grundgesetzes (Artikel 35), Stand: 02.10.2008, S.2.
[4] Urteil des *BVerfG* vom 15.02.2006, 1BVR 357/05 = *BVerfGE* 115, 118.
[5] *Gesetzesentwurf der Bundesregierung*, Entwurf eines Gesetzes zur Änderung des Grundgesetzes (Artikel 35), Stand: 02.10.2008, S.1.

[6] *Gesetzesentwurf der Bundesregierung*, Entwurf eines Gesetzes zur Änderung des Grundgesetzes (Artikel 35), Stand: 02.10.2008, S.1.
[7] *Gesetzesentwurf der Bundesregierung*, Entwurf eines Gesetzes zur Änderung des Grundgesetzes (Artikel 35), Stand: 02.10.2008, S.1.
[8] *Gesetzesentwurf der Bundesregierung*, Entwurf eines Gesetzes zur Änderung des Grundgesetzes (Artikel 35), Stand: 02.10.2008, S.1.
[9] *Gesetzesentwurf der Bundesregierung*, Entwurf eines Gesetzes zur Änderung des Grundgesetzes (Artikel 35), Stand: 02.10.2008, S.3 Nr.1 und 2.
[10] *Gesetzesentwurf der Bundesregierung*, Entwurf eines Gesetzes zur Änderung des Grundgesetzes (Artikel 35), Stand: 02.10.2008, S.3 Nr.1 und 4.

gemacht[11] und es würde die grundgesetzliche Basis für einen Streitkräfteeinsatz im nichtkriegerischen Bereich geschaffen, wenn polizeiliche Mittel zur Bewältigung der Gefahrenlage nicht ausreichend sein würden.[12] Nicht zuletzt würde auch in einem vom Verfassungsgericht bisher offen gelassenen, Dritte betreffenden, Bereich Einwirkungen ermöglicht und könnten angesichts dessen vor der Gesamtheit des geschriebenen und ungeschriebenen Gesetzes Bestand haben.[13] Was für Situationen diese letzte Fallgruppe genau umfassen soll, bleibt aufgrund der ungenauen Formulierung im Unklaren. Sie steht im Zusammenhang mit weiteren, verfassungsrechtlich schon vor Entwurfsumsetzung möglichen, Bundeswehrtätigkeiten im Inneren auf der Basis der Amtshilfe im Rahmen des Art.35 GG und in syntaktischer Nähe zu den Worten „Beseitigung des Allgemeinwesens"[14] und „Vernichtung der staatlichen Rechts- und Freiheitsordnung"[15]. Es scheint daher so, als wolle die Regierung schon hier hervorheben, dass mit der Verfassungsänderung die alten Pläne des Luftsicherheitsgesetzes in voller Stärke wieder aufleben würden. Sie betont explizit die Möglichkeit, dass, unter Anwendung des Verhältnismäßigkeitsgrundsatzes, Maßnahmen, die sich ausschließlich gegen Täter richten und auf der Grundlage dieser Verfassungsänderung ermöglicht werden, auch deren Tod beinhalten können.[16] Dies erinnert stark an das nur von Terroristen besetzte Flugzeug, das auf ein von Menschen belebtes Hochhaus zusteuert, deren Evakuierung nicht mehr sichergestellt werden kann. Soweit ist dem Entwurf auch zuzustimmen, ihre Tötung wurde vom Bundesverfassungsgericht aus Sicht der Menschenwürde und der Garantie von Leben und körperlicher Unversehrtheit nicht beanstandet.[17] Doch wer sind die Dritten? Hat der Gesetzgeber nur das Wort ‚unbeteiligte' weggelassen, um offen zu lassen, ob man die Ausführungen der Verfassungshüter über die Objektivierung und mithin Aberkennung der menschlichen Würde sowohl der durch die staatliche Maßnahme unmittelbar betroffenen Personen[18], quasi der Passagiere im Flugzeug, als auch Dritter[19], also diejenigen gegen die sich der Angriff mit dem Flugzeug richten soll, folgen werde? Einen Hinweis gibt hier das Positionspapier der CDU/CSU zur Frage der Verfassungsänderung, in dem festgehalten wird, dass in den sog. „Renegade-Fällen", also die Tötung auch unbeteiligter Personen, schon unter geltendem Verfassungsrecht im Rahmen der

Verteidigung über Art. 87a oder als staatliches Notstandsrecht möglich sein würden.[20] Kein Wort findet sich zu den Ausführungen des Verfassungsgerichts, dass schwere Bedenken bezüglich der Wahrung der Würde dieser Opfer erhebt[21], kein Satz zu der Position des höchsten deutschen Gerichts, dass in den im Entwurf angeführten Rechtfertigungssituationen ein derartiges Handeln vielleicht nicht rechtmäßig sein könnte.[22] Dies kommt einem angekündigten Verfassungsbruch gleich, der auch sicher nicht durch die Ergänzung des Art.35 GG plötzlich gerechtfertigt sein würde, ist die Würde dieser mehr oder minder beteiligten Dritten doch auch nicht gegen Verfassungsrecht abwägbar.

Zugestanden werden muss dem Entwurf, dass er durch das ausdrückliche Vorsehen des Einsatzes militärischer Waffen einen verfassungsrechtlichen Mangel des alten Luftsicherheitsgesetzes beseitigt und eine grundgesetzliche Verankerung für die Amtshilfe mit militärischen Mitteln schafft[23], wie es im Grundgesetz bisher nicht bekannt war.[24] Auch schafft er eine verfassungsrechtliche Ermächtigung für die Eilkompetenz der Bundesregierung bzw. bei absoluter Eilfertigkeit des Ministers der Verteidigung, um geeignete Maßnahmen im Rahmen des Art. 35 IV, V GG zu ergreifen,[25] die angesichts der zu berücksichtigenden Situationen, in denen die geänderte Fassung Anwendung gefunden hätte, durchaus berechtigt und lebensnah erscheinen. Denn wie die Begründung korrekt erläutert, sind die Situationen, in denen das Reformvorhaben Bedeutung gewonnen hätte, keine, in denen „die jeweilige Entscheidung der Bundesregierung [geschweige denn des Bundestages] als Kollegialorgan rechtzeitig einzuholen ist."[26] Doch auch hier können Unkenrufe nicht unterbleiben. Denn so notwendig und lebensnah eine solche Entscheidung für eine Eilermächtigung auch ist, so missbrauchsanfällig kann sie sein. Sie verleiht dem Verteidigungsminister große Macht binnen kurzer Zeit eine weitreichende und unwiderrufliche Entscheidung zu treffen, die dieser ethisch, politisch, juristisch und menschlich zu verantworten hat. Eine solche Macht in den falschen Händen ist immer gefährlich. Auch wenn sich die Regierung in ihrem Entwurf in Widerspruch setzt, behauptet sie doch zunächst, eine solche Kompetenz werde dem Minister durch die Reform nicht verliehen[27] und dies nur zwei Seiten später widerruft[28] und seine Bedeutung

---

[11] *Gesetzesentwurf der Bundesregierung*, Entwurf eines Gesetzes zur Änderung des Grundgesetzes (Artikel 35), Stand: 02.10.2008, S.3 Nr.2 und 3.

[12] *Gesetzesentwurf der Bundesregierung*, Entwurf eines Gesetzes zur Änderung des Grundgesetzes (Artikel 35), Stand: 02.10.2008, S.3 Nr.5.

[13] *Gesetzesentwurf der Bundesregierung*, Entwurf eines Gesetzes zur Änderung des Grundgesetzes (Artikel 35), Stand: 02.10.2008, S.4 Nr.6.

[14] *Gesetzesentwurf der Bundesregierung*, Entwurf eines Gesetzes zur Änderung des Grundgesetzes (Artikel 35), Stand: 02.10.2008, S.4 Nr.6.

[15] *Gesetzesentwurf der Bundesregierung*, Entwurf eines Gesetzes zur Änderung des Grundgesetzes (Artikel 35), Stand: 02.10.2008, S.4 Nr.6.

[16] *Gesetzesentwurf der Bundesregierung*, Entwurf eines Gesetzes zur Änderung des Grundgesetzes (Artikel 35), Stand: 02.10.2008, S.5.

[17] Urteil des *BVerfG* vom 15.02.2006, 1BVR 357/05, Rn.149ff.

[18] Urteil des *BVerfG* vom 15.02.2006, 1BVR 357/05, Rn.118ff.

[19] Urteil des *BVerfG* vom 15.02.2006, 1BVR 357/05, Rn. 137ff.

[20] *CDU/CSU*, Sprachregelung zu Art. 35 GG vom 06.10.2008, S.1.

[21] Urteil des *BVerfG* vom 15.02.2006, 1BVR 357/05, Rn. 137ff.

[22] Urteil des *BVerfG* vom 15.02.2006, 1BVR 357/05, Rn. 118ff.

[23] Zum Sach- und Streitstand vgl. „Der Inneneinsatz der Bundeswehr – vom politischen Wollen und dem verfassungsrechtlichen Können" II, 4, e), S.17f.

[24] *Gesetzesentwurf der Bundesregierung*, Entwurf eines Gesetzes zur Änderung des Grundgesetzes (Artikel 35), Stand: 02.10.2008, S.3 Nr.2 und 3.

[25] *Gesetzesentwurf der Bundesregierung*, Entwurf eines Gesetzes zur Änderung des Grundgesetzes (Artikel 35), Stand: 02.10.2008, S.3 Nr.2 und 4.

[26] *Gesetzesentwurf der Bundesregierung*, Entwurf eines Gesetzes zur Änderung des Grundgesetzes (Artikel 35), Stand: 02.10.2008, S.5.

[27] *Gesetzesentwurf der Bundesregierung*, Entwurf eines Gesetzes zur Änderung des Grundgesetzes (Artikel 35), Stand: 02.10.2008, S.1, A, I a.E.

[28] *Gesetzesentwurf der Bundesregierung*, Entwurf eines Gesetzes zur Änderung des Grundgesetzes (Artikel 35), Stand: 02.10.2008, S.3 Nr.4.

herunterspielt, die Regelung hat eine weitere Tragweite als sie zu Beginn vermuten lässt. Ginge es nach dem Willen der Regierung, so sollte sich aufgrund der allgemein gehaltenen Formulierung die Eilentscheidungskompetenz auch auf die sonst unverändert gelassenen Absätze 2 und 3 des Art. 35 GG erstrecken.[29] Dies stellt eine unglaubliche Ausdehnung der Kompetenzen der Bundesregierung und gegebenenfalls der verantwortlichen Minister da, die von nun an über die Maßnahmen im Fall einer Katastrophe eine Art Erstzugriffsrecht begründen könnten, bis die in dem Entwurf ebenfalls vorgesehenen Kontrollmechanismen[30] greifen würden.

Und auch diese zuletzt genannten erscheinen ausgehöhlt und vergleichsweise machtlos angesichts der in der Begründung schon beschriebenen möglichen Vorgehensweise. So könnte ein Beschluss des Bundesrates, die von der Regierung ergriffenen Maßnahmen einzustellen, durch die Feststellung der Verschärfung der Lage aufgehoben werden und ein erneutes Eingreifen der Regierung erlauben bis ein weiterer Beschluss der Länderkammer auch dieses Tätigwerden wieder untersagt.[31] Von der oben noch berücksichtigten Situation, dass Kollegialorgane nicht immer zusammentreten können, um einen Beschluss zu fassen und enorme zeitliche Verzögerungen auftreten können, ist an dieser Stelle plötzlich nichts mehr zu lesen. Und diese Kompetenzen gehen noch weiter. Vorgesehen waren ferner umfassende Weisungsrechte und Anordnungsbefugnisse im Rahmen des Militär- und Polizeieinsatzes[32], und somit auch in originären Länderzuständigkeiten, die nicht nur den Einsatz an sich, sondern auch die Koordination und konkreten Maßnahmen betreffen sollten, unabhängig davon, ob nur ein oder mehrere Länder von dem Vorfall betroffen sein würden und zwar nicht nur aufgrund der Tatsache, dass Militär zum Einsatz kommen würde, sondern im Eilfall sogar für den Bundesinnenminister, zur Koordination und Ausführung von polizeilichen Aktivitäten. In der Erstreckung der Kompetenz[33] auf die Absätze 2 und 3 käme dies einer faktischen Aushebelung des Art. 35 III 2 GG gleich und eröffnet die bedenkliche Möglichkeit eines umfassenden Tätigwerdens des Bundes in nahezu allen Katastrophenfällen mit oder auch gerade ohne den Willen des betroffenen Landes und dessen originären Zuständigkeitsbereich, nämlich eben auch der Polizeiarbeit. Spätestens hier stellt sich die Frage, ob in Berlin überhaupt noch an die föderale Struktur und am Subsidiaritätsprinzip ausgerichtete Aufgabenteilung zwischen Bund und Ländern gedacht wird.

Angesichts dessen überrascht es kaum noch, dass auch im Rahmen des präventiven Handelns im originären Aufgabenbereich der Länder gewildert wird. Waren Präventionsaufgaben bisher eindeutig Ländersache, enthielt die Entwurfsfassung aufgrund ihrer Formulierung die Möglichkeit zu präventivem Tätigwerden der Bundeswehr[34], ein weiteres verfassungsrechtliches Novum. Sicher ist es besser, eine Katastrophe gar nicht erst entstehen zu lassen, denn ihre Folgen mit militärischen Mitteln bekämpfen und beseitigen zu müssen, doch ein nur geringfügig höherer Begründungsaufwand seitens der Entwurfsverfasser wäre in einer so sensiblem Frage sicher von Nöten gewesen. Denn es stellt sich zweifelsohne die Frage, ab wann der Eintritt eines Unglücksfalls so unmittelbar bevorsteht, dass der Einsatz des Militärs gerechtfertigt erscheint und welche Grenzen dem in dieser Formulierung innewohnenden Wortlaut für Bundeswehrinneneinsätze entnommen werden können. Denn ab wann ist die Polizei mit den ihr zur Verfügung stehenden Mitteln nicht mehr in der Lage, eine Situation wirksam zu beherrschen, erst wenn sie Mittel nutzen müsste, die ihr die Ländergesetze nicht zur Verfügung stellen oder auch schon in dem Moment, in dem zwar die landesgesetzlichen Befugnisse noch ausreichend sind, aber Sparmaßnahmen im Polizeibereich dazu führen, dass von den zur Verfügung gestellten Mitteln kein ausreichender Gebrauch mehr gemacht werden kann? Fakt allein ist, dass so manch eine Situation sich zu einem besonders schweren Unglücksfall entwickeln mag, wenn man sie nur unkontrolliert lässt. Zuletzt mag man dann sogar darüber hinwegsehen, dass mit Unglücksfällen eigentlich Großschadensereignisse gemeint sind, die auf menschlichem Fehlverhalten oder technischem Versagen beruhen[35], deren Prävention somit sinngemäß also entweder so kurzfristig erfolgen muss, dass nur noch von Schadensminderung die Rede sein kann oder aber so weit im Vorfeld liegt, dass ihre Entstehung auch langfristig unmöglich wird. Gerade letztere Auslegung würde eine neue und weitreichende Daueraufgabe für den Bund bedeuten.

Angesichts der vorliegenden Darstellung erscheint es nahezu höhnisch, wenn die Begründung des Entwurfs von einem Einsatz der Streitkräfte mit spezifisch militärischen Mitteln „engen Grenzen"[36] und „lediglich"[37] der Schaffung einer verfassungsrechtlichen Grundlage eines Streitkräfteeinsatzes in „einem nichtkriegerischen Kontext"[38] spricht. Denn was „zur Sicherstellung der Handlungsfähigkeit bei zielgerichteter Aggression gegen den Staat und seine Bevölkerung"[39] entwickelt wurde, ist sprachlich weiter gefasst, als jede vergleichbare bestehende

---

[29] *Gesetzesentwurf der Bundesregierung*, Entwurf eines Gesetzes zur Änderung des Grundgesetzes (Artikel 35), Stand: 02.10.2008, S.3 Nr.4.

[30] *Gesetzesentwurf der Bundesregierung*, Entwurf eines Gesetzes zur Änderung des Grundgesetzes (Artikel 35), Stand: 02.10.2008, S.5.

[31] *Gesetzesentwurf der Bundesregierung*, Entwurf eines Gesetzes zur Änderung des Grundgesetzes (Artikel 35), Stand: 02.10.2008, S.5.

[32] *Gesetzesentwurf der Bundesregierung*, Entwurf eines Gesetzes zur Änderung des Grundgesetzes (Artikel 35), Stand: 02.10.2008, S.4f.

[33] *Gesetzesentwurf der Bundesregierung*, Entwurf eines Gesetzes zur Änderung des Grundgesetzes (Artikel 35), Stand: 02.10.2008, S.3 Nr.4.

[34] Vgl. 35 IVGG: „(...) zur **Abwehr** eines besonders schweren Unglücksfalls (...)".

[35] *Fischer* JZ 2004, 376, 381; *Jarras/Pieroth*, Art.35, Rn.7; *Dreier-Bauer*, Art.35, Rn.24; *v.Münch/Kung-Gubelt*, Art.35, Rn.25.

[36] *Gesetzesentwurf der Bundesregierung*, Entwurf eines Gesetzes zur Änderung des Grundgesetzes (Artikel 35), Stand: 02.10.2008, S.1, A, II.

[37] *Gesetzesentwurf der Bundesregierung*, Entwurf eines Gesetzes zur Änderung des Grundgesetzes (Artikel 35), Stand: 02.10.2008, S.3 Nr.5.

[38] *Gesetzesentwurf der Bundesregierung*, Entwurf eines Gesetzes zur Änderung des Grundgesetzes (Artikel 35), Stand: 02.10.2008, S.5.

[39] *Gesetzesentwurf der Bundesregierung*, Entwurf eines Gesetzes zur Änderung des Grundgesetzes (Artikel 35), Stand: 02.10.2008, S.1, A, II.

Einsatzmöglichkeit der Bundeswehr im Inneren.[40] Nicht nur, dass ein föderaler Schutzmechanismus wie Art. 35 III 2 GG ausgehebelt wird, auch das, was unter Prävention eines besonders schweren Unglücksfalls sprachlich zu fassen ist, geht trotz des Gebotes der strikten Texttreue, gewollt oder ungewollt weit über den Anwendungsbereich des Luftsicherheitsgesetzes hinaus. Auch die Gefahr der Inbesitznahme einer chemischen Anlage durch Demonstranten kann die Polizei überfordern und in letzter Konsequenz in einem schweren Unglücksfall, der auch durch vorsätzliches Handeln herbeigeführt werden kann,[41] müden, den es mit den neuen grundgesetzlichen Möglichkeiten zu verhindern gelten würde. Nicht anders verhält es sich mit Krawallen zum 1.Mai in Kreuzberg oder den ehemaligen Chaostagen in Hannover, deren Beschreibung als Zustände wie im Bürgerkrieg mehrfach vorgenommen wurde, aber zuletzt nie in den Ruf gerieten, nicht polizeispezifischer Aufgabennatur zu sein. Sicher stellen diese Situationen eine extreme Auslegung des Wortlauts dar, aber umso erschreckender ist die tatsächliche Möglichkeit ihrer Subsumtion.

Es lässt sich somit feststellen, dass das, was als Reaktion auf das Luftsicherheitsgesetzurteil des Verfassungsgerichts und unter seinem Deckmantel begründet vorgestellt wurde, tatsächlich eine der am weitest gehenden Änderungen und Erweiterungen der Bundeswehrkompetenzen dargestellt hätte, die die Bundesrepublik jemals erlebt hätte. Durch sie und ihre äußerst allgemeine Formulierung wären dem Bund und seinen Streitkräften selbst in originären Länderzuständigkeiten Kompetenzen eingeräumt worden, die in extremen Notsituationslagen möglicherweise gerechtfertigt sein können, jedoch auch ein hohes Missbrauchspotential in sich bergen.

C. Die Stimmung in der Bevölkerung

Nachdem nun die Frage beantwortet wurde, welche Änderungen die Novelle des Art. 35 GG mit sich gebracht hätten, soll nun betrachtet werden, wie sich die Meinung in der Bevölkerung zu diesem Thema darstellt. Die Untersuchungen hierzu sind dünn gesiedelt. Es findet sich allein eine Umfrage der Forschungsgruppe Wahlen, die eine repräsentative Umfrage zu diesem Thema mit der Fragestellung:

> *„Sind Sie für oder gegen eine von der Bundesregierung geplante Grundgesetz-änderung nach der die Bundeswehr im Inneren nicht nur in Katastrophenfällen, sondern auch in Situationen eingesetzt werden darf, wenn die Mittel der Polizei nicht ausreichen?"* [42]

durchführte.
Mehr als zweidrittel der Befragten, nämlich 69%, sprachen sich für eine solche Verfassungsänderung aus,

nur 28% waren dagegen.[43] Auch in einer Aufschlüsselung nach politischer Zugehörigkeit der befragten Personen ergab sich ein durchaus überraschendes Bild. 80% der CDU/CSU Anhänger, zweidrittel der SPD-Wähler, 77% der FDP Anhänger, 54% der Wähler der Linkspartei, aber nur 42% der Grünen-Anhänger unterstützten das Vorhaben der Bundesregierung.[44] Damit fand das Vorhaben in allen politischen Lagern, aus dem der Grünen Wähler eine teilweise ebenso eindeutige wie überraschende mehrheitliche Zustimmung, die teilweise eklatant von den Positionen der unterstützten Parteien abweicht, wie sich in der Folge noch zeigen wird.

Auch wenn dies nur eine einzige Umfrage ist und sicher nur eine Momentaufnahme zum damaligen Zeitpunkt widerspiegelt, so ist sie doch repräsentativ und lässt Vermutungen über die Stimmungslage in Bezug auf dieses Thema in Deutschland zu.

Es kann sicher daraus geschlossen werden, dass die Mehrzahl der Menschen nicht verstehen könnte, warum, wenn doch die technischen Mittel bei der Bundeswehr zur Abwehr schwerer Unglücksfälle vorhanden sind, diese nicht auch eingesetzt werden können, wenn sie benötigt werden sollten. Es würde sicher kaum ein Bürger verstehen, warum ein Unglück mit möglicherweise vielen Todesopfern geschehen muss, nur weil unserer Wehrverfassung ein solches rettendes Tätigwerden zur Prävention durch die Streitkräfte nicht zulässt. Doch ob die Bürger sich über die Tragweite einer solchen Verfassungsänderung im Klaren sind und alle ihre Auswirkungen überblicken können, darf wohl angezweifelt werden, wenn die endgültige Beantwortung dieser Frage hier auch als offen dahinstehen muss.

D. Positionen der politischen Parteien

Nachdem nun das Stimmungsbild in der Bevölkerung zum Thema der Verfassungsänderung des Art. 35 GG zur Ermöglichung erweiterter Innenaufgaben der Bundeswehr kurz beleuchtet wurde, soll nun auf die am stärksten politisch beteiligten Akteure, nämlich die Parteien und ihre Positionen zu diesem Thema, eingegangen werden.

Zu diesem Zweck wurden alle Fraktionen der im Bundestag vertretenen Parteien angeschrieben, mit der Bitte ihre Position zum Thema der Bundeswehrinneneinsätze und einer Verfassungs-änderung darzustellen. Die Ergebnisse dieser Evaluation sollen in der Folge in der gebotenen Kürze aufgeführt werden und offenbaren zugleich einen erstaunlichen Gegensatz zwischen den Positionen der politischen Vertreter und der Position, die ihre Wähler befürworten.[45]

I. CDU/CSU
Die CDU/CSU steht einer Änderung der Verfassung zur Ermöglichung von erweiterten Einsatzoptionen der Bundeswehr im Inneren nicht nur positiv gegenüber, sie

---

[40] Vgl. die wesentlich engeren und spezifischeren Formulierungen der Bundeswehraufgaben und Einsatzmöglichkeiten in den Artt. 35 II 2, III, 87a I, III, IV GG.
[41] Statt vieler: *Jochum* JuS 2006, 511, 514 mwN.
[42] Veröffentlicht im *ZDF-Politbarometer* vom 10.10.2008.

---

[43] Ebd.
[44] Ebd.
[45] Vgl. III.

beabsichtigt sogar das Vorhaben mit wesentlichen Initiativen voranzutreiben. Es gehe dabei um „die Schließung einer gravierenden Schutzlücke"[46], nicht jedoch um die Schaffung einer „generelle[n] Ermächtigungsgrundlage für einen Einsatz der Bundeswehr im Inneren"[47].

> *„In besonderen Gefährdungslagen muss der Einsatz der Bundeswehr im Inneren mit ihren spezifischen Fähigkeiten im Katastrophenschutz sowie bei der Bewältigung terroristischer Gefahren ergänzend zur Landes- und Bundespolizei möglich sein. Wenn nur die Bundeswehr mit ihren spezifischen technischen Fähigkeiten in der Lage ist, einen terroristischen Angriff abzuwehren, (...) dann darf der Schutz der Bevölkerung nicht daran scheitern, dass ‚eigentlich' die Polizei zuständig wäre, auch wenn sie faktisch nicht schützen könnte. In einem solchen Fall müssen Fähigkeit und Kompetenz zur Gefahrenabwehr zusammengeführt werden."* [48]

Bei einem äußerst weiten Verständnis des Begriffes eines besonders schweren Unglücksfalls[49] wird die Regelungstätigkeit in diesem Bereich als sehr dringend angesehen. Sie scheitere jedoch an den politischen und koalitionsrealen Gegebenheiten, sodass die Ergreifung entsprechender Maßnahmen in Zukunft in Betracht gezogen werden müsse.[50]

II. SPD
In ihrer Antwort auf die gestellte Anfrage verweist die SPD darauf, dass es in der SPD-Bundestagsfraktion aktuell keine Bestrebungen gebe, kurzfristig die Verfassung zu ändern. Als eigene Position führt die Fraktion die Beteiligung verschiedener Abgeordneter, insbesondere die Beiträge des Abgeordneten Dr. Wiefelspütz, an. Im Übrigen seien jedoch Unterschiede innerhalb der Fraktion festzustellen, die es zu berücksichtigen gäbe. Diese Aussage verwundert nicht, waren doch die Meinungsverschiedenheit in der SPD der Grund für das parlamentarische Scheitern des Unternehmens Reform des Art.35 GG.[51] Angesichts dessen sei nur darauf verwiesen[52], dass Wiefelspütz eine vermittelnde Stellung einnahm. Es gebe keinen Änderungsbedarf im Bereich der Wehrverfassung und es sei fraglich,

> *„ob (...) extreme Ausnahmesituationen ausdrücklich gesetzlich [ge]regel[t] [werden] müssen."* [53]

Es zeigt sich hier deutlich, dass die SPD der Frage von Bundeswehrinneneinsätzen eher ablehnend gegenüber steht, jedoch in sich gespalten nicht mit einer Stimme spricht.

III. FDP
Schon 2006 brachten die Freien Demokraten einen Antrag in den Bundestag ein,[54] nachdem das Parlament beschließen solle, dass keine zusätzlichen Bundeswehreinsätze im Inneren ermöglicht werden sollen.[55] Die Trennung von Polizei und Bundeswehr müsse bewahrt werden, in welcher die Streitkräfte die äußere Sicherheit gewährleisteten, die Polizei sich jedoch um die Sicherheit nach Innen kümmere.[56] Die Bundeswehr sei für polizeiliche Aufgaben nicht ausgerüstet und ausgebildet, erfordere die moderne Polizeiarbeit doch eine hoch spezialisierte Ausbildung, die nicht ohne Weiteres durch den Einsatz anderer Berufsgruppen oder Wehrdienstleistender ersetzt werden könne.[57] Zudem könne die Polizei nach den bereits bestehenden verfassungsrechtlichen Instrumentarien zur Erfüllung ihrer Sicherheitsaufgaben auf die Hilfe der Bundeswehr zurückgreifen, sodass eine Änderung des Grundgesetzes unnötig sei.[58] Gegen eine Ausweitung der Kompetenzen bestünden nicht nur unter der damals aktuellen Verfassungslage, besonders auch angesichts der Positionserklärung des Bundesverfassungsgerichts, massive Bedenken.[59]
Nachdem die Pläne der Regierung bekannt geworden waren, im Zuge einer Verfassungsänderung den Art.35 GG und mit ihm die Kompetenzen der Streitkräfte im Inland zu erweitern, äußerte sich die FDP-Bundestagsfraktion im Rahmen einer Presseerklärung wie folgt:

> *„Nachdem die Union jahrelang versucht hat, jede sich bietende Gelegenheit zu nutzen, um einen generellen Bundeswehreinsatz im Inneren durchzusetzen, ist nicht zu erwarten, dass die Union in dieser Frage jetzt plötzlich klein beigegeben hat. Die FDP-Bundestagsfraktion lehnt weiterhin strikt jeden Versuch der so genannten Großen Koalition ab, den Weg für einen generellen Bundeswehreinsatz im Inneren zu eröffnen. Auch eine Einführung des generellen Bundeswehreinsatzes durch die Hintertür wird keine Zustimmung der FDP finden. Die Bundeswehr darf nicht*

---

[46] *CDU/CSU*, Sprachregelung zu Art. 35 GG vom 06.10.2008, S.2.
[47] *CDU/CSU*, Sprachregelung zu Art. 35 GG vom 06.10.2008, S.2.
[48] *CDU/CSU*, Sprachregelung zu Art. 35 GG vom 06.10.2008, S.2.
[49] *CDU/CSU*, Sprachregelung zu Art. 35 GG vom 06.10.2008, S.2.
[50] *CDU/CSU*, Sprachregelung zu Art. 35 GG vom 06.10.2008, S.2.
[51] Vgl. V.
[52] Eine Übersicht der verschiedenen Artikel von *Dr. Wiefelspütz* zu diesem Thema findet sich unter:
http://www.dieterwiefelspuetz.de/.net/QDPGZKPGQPPGVKZQGCG VPGKQ/html/15479/welcome.html.

[53]
http://www.dieterwiefelspuetz.de/.net/QDPGZKPGQPPGVKZQGCG VPGKQ/meldungen/15510/58949.html.
[54] BT-Drs. 16/563 vom 08.02.2006.
[55] BT-Drs. 16/563 vom 08.02.2006, S.1.
[56] BT-Drs. 16/563 vom 08.02.2006, S.1f.
[57] BT-Drs. 06/563 vom 08.02.2006, S.1.
[58] BT-Drs. 16/563 vom 08.02.2006, S.1.
[59] BT-Drs. 16/563 vom 08.02.2006, S.1.

zur militärischen Hilfspolizei werden, die nach Gutdünken jederzeit im eigenen Land eingesetzt werden darf."[60]

IV. Bündnis90/Grüne

Auch die Bündnis90/Grünen wenden sich in ihren Grundsätzen gegen die Übertragung weiterer Aufgaben an die Streitkräfte im Inland. Sie sind damit die einzige Partei, die das Thema ebenso behandelt wie ihre Wähler.[61] Schon 2006 sahen die Grünen in den Plänen der engeren Verknüpfung innerer und äußerer Sicherheit, letztlich also von Militär und Polizei, die Verschmelzung zum Aufbau einer Nationalgarde.[62] Sie forderten, dass die Bedrohungen durch Terrorismus gezielt und effizient, aber zugleich mit Besonnenheit und Augenmaß bekämpft werden müssten.[63]

> „Falls es klar erkennbare Lücken in der Gesetzgebung gibt, sind wir offen für verhältnismäßige, verfassungskonforme Änderungen. Jede Maßnahme ist aber gründlich darauf zu prüfen, ob sie erforderlich und geeignet ist, das angestrebte Ziel zu erreichen, und ob es bessere, schonendere Möglichkeiten gibt. Nicht zuletzt geht es um die Frage, ob die Einschränkungen der Freiheit in einem vertretbaren Verhältnis zum Gewinn an Sicherheit stehen."[64]

In Konsequenz dieser Ansicht äußerten sich die Grünen auch, als die Pläne der Bundesregierung bekannt wurden. Der Sprecher der Partei für innere Sicherheit, Wolfgang Wieland, nannte den Entwurf eine Folge der „verqueren Ansicht des Ministers [Schäuble], dass innere und äußere Sicherheit verschmelzen und im Zeitalter der asymmetrischen Bedrohung Krieg und Frieden nicht mehr klar zu trennen"[65] wären.

> „Terrorabwehr ist keine Landesverteidigung, sie ist Aufgabe der Polizei und nicht der Bundeswehr. Den Abschuss von Passagiermaschinen kann auch eine Grundgesetzänderung nicht ermöglichen. Das klare Verbot steht unter der Ewigkeitsgarantie von Art.1 des Grundgesetzes. (...)Die Pläne der Bundesregierung werden nicht zu mehr Sicherheit führen, dafür aber zu weniger Freiheit. Das lehnen wir ab und werden

in Bundestag und Bundesrat alles tun, um diese Grundgesetzänderung zu verhindern."[66]

V. Die Linke

Die Linke beschäftigt sich mit dem Thema nur randständig und äußert sich allgemein zum Thema der inneren Sicherheit. Sie fordert die Trennung der Aufgaben von Polizei und Bundeswehr, wie sie im Grundgesetz festgelegt ist, beizubehalten.[67]

> „Öffentliche Sicherheit bedeutet (...) Demokratie und Freiheitsrechte zu stärken statt sie unter bewusster Ausnutzung der Sorgen und Ängste der Menschen immer weiter einzuschränken. Dies gilt gerade für schwierige Zeiten oder sogar Krisen."[68]

Die Fraktion könne sich dabei auf eine ganze Reihe von Urteilen der höchsten deutschen Gerichte stützen, und dennoch könne nicht von einer Besinnung der Verantwortlichen in Politik und Sicherheitsbehörden gesprochen werden, da die Trennung zwischen Militär und Polizei immer mehr als Hindernis empfunden würde, und es sich in einer bedenklichen Entwicklung nur als Frage der Zeit darstelle, bis sie tatsächlich falle.[69]

E. Das Scheitern des Vorhabens zur Änderung des Grundgesetzes und seine Gründe

Die politischen Geschehnisse in der Zeit vom 05.Oktober bis zum 10.Oktober 2008 können schnell berichtet werden. Der Koalitionsausschuss hatte auf seiner Sitzung vom 05.Oktober 2008 Einigkeit über einen Entwurf zur Reform des Art.35 GG erzielt, die beide Parteien nach dem Luftsicherheitsurteil des Verfassungsgerichts für nötig gehalten hatten.[70] Das Thema war von Bundesaußenminister Steinmeier auf die Tagesordnung gesetzt worden. Der entwickelte Vorschlag fand jedoch keinen Rückhalt in der SPD-Bundestagsfraktion, die allein bereit war, eine kleine Lösung der Frage in Bezug auf Angriffe aus der Luft und zur See mit zu tragen, welche von einer Arbeitsgruppe der SPD entwickelt worden war, was wiederum von der Union abgelehnte wurde, die auf die Einigung im Koalitionsausschuss verwies.[71]

Schon kurz nach Bekanntwerden der Pläne waren zunächst in den Ländern Bedenken gegen den Vorschlag geäußert und mit der Ablehnung der

---

[60] *Homburger/Piltz*, Kein Einsatz der Bundeswehr im Inneren durch die Hintertür, Presseinformation Nr. 1254, 06.10.2008.

[61] Vgl. III.

[62] *Wieland*, Innere Sicherheit geht anders, profil:GRÜN, 29.Mai.2007, S.1.

[63] *Wieland*, Innere Sicherheit geht anders, profil:GRÜN, 29.Mai.2007, S.2.

[64] *Wieland*, Innere Sicherheit geht anders, profil:GRÜN, 29.Mai.2007, S.2.

[65] *Wieland*, Bundeswehr soll draußen bleiben!, Pressemitteilung vom 06.10.2008, Quelle: http://www.gruene-bundestag.de/cms/presse/dok/252/252656.bundeswehr_soll_draussen_bleiben.html.

[66] *Wieland*, Bundeswehr soll draußen bleiben!, Pressemitteilung vom 06.10.2008, Quelle: http://www.gruene-bundestag.de/cms/presse/dok/252/252656.bundeswehr_soll_draussen_bleiben.html.

[67] http://die-linke.de/wahlen/positionen/themen_az/ad/bundeswehr/.

[68] http://die-linke.de/wahlen/positionen/themen_az/pt/sicherheit_oeffentliche/.

[69] http://die-linke.de/wahlen/positionen/themen_az/pt/sicherheit_oeffentliche/.

[70] *CDU/CSU*, Sprachregelung zu Art. 35 GG vom 06.10.2008, S.1.

[71] *CDU/CSU*, Sprachregelung zu Art. 35 GG vom 06.10.2008, S.1.

Verfassungsänderung im Bundesrat gedroht worden. Neben Nordrhein-Westfalen und Berlin - beide von Koalitionen aus einer auf Bundesebene großen Regierungs- und einer kleineren Oppositionspartei, die den Änderungen besonders kritische gegenüberstanden und aufgrund dessen eine Enthaltung ihrer Landesregierung auf der Basis der Koalitionsvereinbarungen durchsetzen wollten[72], regiert – verweigerte auch Sachsen-Anhalt mit einer CDU/SPD-Regierung die Zustimmung in der Länderkammer.[73] Vertreter der Länder Niedersachsen und Hessen stimmten dem Vorschlag grundsätzlich zu, lehnten jedoch das vorgesehene Weisungsrecht des Bundes gegenüber den Bundesländern strikt ab.[74] Der Widerstand der SPD-Fraktion entzündete sich zum einen daran, dass, wie Dr. Wiefelspütz es gegenüber der dpa formulierte, der Vorschlag mit der SPD-Bundestagsfraktion nicht abgestimmt worden sei[75] und wie der rechtspolitische Sprecher der SPD-Fraktion bemängelte, die Vorschläge viel zu weit gefasst worden seien.[76] Es äußerten sich Bedenken, dass die Bundeswehr zukünftig auch bei Großveranstaltungen eingesetzt werden könnte.[77] Denn die Bundesjustizministerin Brigitte Zypries weigerte sich ebenso wie Bundesinnenminister Wolfgang Schäuble die Bedingungen für den Bundeswehreinsatz im Inneren enger zu fassen und klar zu definieren.[78] Als Gründe führten sie hierfür an, dass eine Liste mit genauen Einsatzoptionen kontraproduktiv für das Ziel sei, auch für unwahrscheinliche und bislang unvorstellbare Ereignisse gewappnet zu sein.[79] Minister Schäuble und Unions-Fraktionschef Kauder forderten die SPD dazu auf, sich an die ohne große Diskussionen im Koalitionsausschuss gebilligte Fassung zu halten und den Vorstoß mit zu tragen.[80] Die 25 SPD-Abgeordneten, die sich in einer Fraktionssitzung gegen den Entwurf gewandt hatten, verlangten jedoch, lediglich Polizeieinsätze mit militärischen Mitteln vorzusehen und keine Bundeswehreinsätze im Inland schlechthin.[81] Eine Abwehr von Terrorangriffen durch die Streitkräfte sei nur in Fällen von Angriffen aus der Luft und von See

denkbar.[82] Die Grundgesetzänderung scheiterte somit in erster Linie am Widerstand innerhalb der Koalitionspartei SPD. Der Entwurf hätte jedoch auch sicher nicht unverändert den Bundesrat passieren können, in dem die Oppositionsparteien, die an den Landesregierungen beteiligt sind, ihn abgelehnt hätten, sodass eine erforderliche Zweidrittelmehrheit wohl nicht erreicht worden wäre.

F. Perspektiven und Diskussionsfragen

Untersucht wurde ein Entwurfspapier der Koalitionsausschusses zur Änderung des Art.35 GG, dessen Lebensdauer kaum länger als zwei Wochen war. Doch die Bedeutung dieses Papiers wird hierdurch kaum geringer, zeigt es doch die Stimmungslage und politischen Ansätze, welche in Bezug auf einen Einsatz der Bundeswehr im Inland verfolgt werden. Um so mehr stellt sich die Frage, warum das Papier von der juristischen Literatur so wenig beachtet wurde.

Nach der durchgeführten Untersuchung und den aufgezeigten weitreichenden Einsatzmöglichkeiten, die dieser Entwurf für die Bundeswehr ermöglicht hätte, kann mit einer gewissen Erleichterung festgestellt werden, dass mit seiner Ablehnung Schlimmeres durch die Nichtumsetzung verhindert wurde. Doch auch wenn das Thema nun seit etwa einem halben Jahr nicht mehr auf der politischen Tagesordnung steht, haben die Anschläge vom 11.September 2001 und das Luftsicherheitsurteil des Bundesverfassungsgerichts einen dringenden rechtlichen Handlungsbedarf offenbart. Es ist zu erwarten, dass angesichts der Stimmung in der Bevölkerung und der auch weiterhin als angespannt empfundenen Bedrohungs- und Sicherheitslage in der Welt, die Frage spätestens in der nächsten Legislaturperiode wieder zur Sprache kommen wird und diese beginnt im Herbst 2009.

Es bleibt zu hoffen, dass die Politik mit ihrem dann unterbreiteten Vorschlägen in deutlicheren und begrenzenderen Worten mehr Augenmaß beweisen wird und sowohl den weitgehenden und teilweise diffizilen rechtlichen Bedenken des Verfassungsgerichts, gerade in Bezug auf die Menschwürdeproblematik der Opfer, mehr Aufmerksamkeit schenkt. Man kann nur wünschen, dass endlich ein Diskurs darüber geführt werden wird, welche Aufgaben wir der Bundeswehr im Inland wirklich übertragen wollen und müssen. Und es bleibt zu bitten, dass verfassungsrechtliche Schutzmechanismen erdacht werden, die diese geballte Macht, welche in Notfällen in den Händen einer Person liegt, im Rahmen der ,balance of powers' der demokratischen Kontrolle der Gewaltenteilung zuführt, um sie der Gefahr und des üblen Beigeschmacks des Missbrauchs zu entziehen.

Verfassungsrechtlich möglich ist viel, besonders dann, wenn die Grundlagen der Verfassung geändert werden und nur ungeschriebene und traditionell wie geschichtlich begründete Grundsätze aufgehoben werden. Dies will das Grundgesetz, welches in einem demokratischen Prozess offen für Änderungen und

---

[72] *Süddeutsche Zeitung* vom 10.10.2008, Quelle: http://www.sueddeutsche.de/politik/612/313519/text/; *Tagesschau* vom 08.10.2008; Quelle: http://www.tagesschau.de/inland/bundeswehreinsatz102.html.
[73] *Tagesschau* vom 08.10.2008; Quelle: http://www.tagesschau.de/inland/bundeswehreinsatz102.html.
[74] *Tagesschau* vom 08.10.2008; Quelle: http://www.tagesschau.de/inland/bundeswehreinsatz102.html.
[75] *Tagesschau* vom 14.10.2008; Quelle: http://www.tagesschau.de/inland/bundeswehreinsatz104.html.
[76] *Tagesschau* vom 14.10.2008; Quelle: http://www.tagesschau.de/inland/bundeswehreinsatz104.html.
[77] *Tagesschau* vom 14.10.2008; Quelle: http://www.tagesschau.de/inland/bundeswehreinsatz104.html.
[78] *Süddeutsche Zeitung* vom 10.10.2008, Quelle: http://www.sueddeutsche.de/politik/612/313519/text/.
[79] *Süddeutsche Zeitung* vom 10.10.2008, Quelle: http://www.sueddeutsche.de/politik/612/313519/text/.
[80] *Süddeutsche Zeitung* vom 10.10.2008, Quelle: http://www.sueddeutsche.de/politik/612/313519/text/; *Tagesschau* vom 14.10.2008; Quelle: http://www.tagesschau.de/inland/bundeswehreinsatz104.html.
[81] *Tagesschau* vom 08.10.2008; Quelle: http://www.tagesschau.de/inland/bundeswehreinsatz102.html.

[82] *Tagesschau* vom 08.10.2008; Quelle: http://www.tagesschau.de/inland/bundeswehreinsatz102.html.

wandelbar in den Anforderungen der jeweiligen Zeiten ist. Gerade hierin liegt auch seine Stärke, die es die letzten 60 Jahre hat überdauern lassen. Doch man bedenke auch, dass jüngste Studien[83] gezeigt haben, dass schon 5% der 15-jährigen sich zu rechtsextremen Gruppen bekennen und somit doppelt so viele Jugendliche wie zu allen demokratischen Parteien zusammen, was befürchten lässt und mahnt, dass diese Macht und Verantwortung nicht immer nur von überzeugten Demokraten ausgeübt werden könnte. Eine solche Entwicklung lässt Böses ahnen. Denn in undemokratischen Händen ist eine solche geballte Ansammlung von Eilkompetenz und Militärmacht sehr gefährlich, wenn nicht gar fatal für eine Demokratie.

---

[83] *Baier/Pfeiffer/Simonson/Rabold*, Jugendliche in Deutschland als Opfer und Täter von Gewalt : Erster Forschungsbericht zum gemeinsamen Forschungsprojekt des Bundesministeriums des Innern und des KFN, KFN-Forschungsbericht; Nr.: 107.

Strukturen des Katastrophenrechts in Deutschland
Die Suche nach der richtigen Handlungsebene

von **Christoph Schmidt**, Mainz

Werden Rechtsnormen von einer sachlich unzuständigen Körperschaft erlassen, sind sie formell verfassungs- bzw. rechtswidrig und nichtig[1], die auf ihrer Grundlage erfolgten Eingriffe rechtswidrig.[2] Nach h.M. gilt dies auch für die Gewähr staatlicher Leistungen.[3] Darüber hinaus führt der Erlass eines Verwaltungsakts durch eine sachlich unzuständige Behörde über § 44 Abs. 1 VwVfG zu dessen Nichtigkeit.[4] Aufgrund dieser einschneidenden Folgen erhält die Klärung der Zuständigkeiten im ebenso eingriffsintensiven wie verteilungsrelevanten Katastrophenrecht große Bedeutung. Hinzu kommt, dass die „Katastrophe" als juristische Kategorie von der Überforderung der an sich zuständigen Einheiten ausgeht und dadurch unmittelbaren Bezug zur Zuständigkeitsverteilung hat. Dieser Beitrag gibt einen Überblick über die originäre Kompetenzverteilung zwischen Bund und Ländern. Abweichend hiervon ist ein Tätigwerden nur im Rahmen der Rechts- und Amtshilfe gem. Art. 35 GG möglich.

A. „Katastrophe" und „Katastrophenrecht"

Der juristische Begriff der „Katastrophe"[5] meint ein Großschadensereignis, zu dessen Bewältigung die eigentlich vorgesehenen Kräfte nicht ausreichen.[6] Für diese Kategorisierung ist die Ursache des Ereignisses ebenso unerheblich wie eine eventuell vorhandene Verantwortlichkeit für dessen Herbeiführung durch menschliches (Fehl-)Verhalten.

Das Katastrophenrecht erhebt nicht den Anspruch, die Katastrophe selbst zu regeln, die als natürliches Ereignis grundsätzlich keiner Regulierung zugänglich ist. Restriktiv verstanden befasst es sich vielmehr mit der Regelung des *Katastrophenschutzes im engeren Sinne*, also der Katastrophenbekämpfung (Abwehr von Gefahren) und der Katastrophenvorsorge (Vorbereitung der Katastrophenbekämpfung durch Einsatzpläne, Beschaffung von Ausstattung etc.). Nach einem umfassenden, auch hier zugrunde gelegten Verständnis umfasst *Katastrophenrecht im weiteren Sinne* zusätzlich die Regelung des Zivilschutzes (Schutz im Kriegsfall) sowie der Katastrophenvermeidung (Maßnahmen, die bereits eine Entstehung von Katastrophen verhindern sollen) und Katastrophennachsorge (Maßnahmen zur Beseitigung bereits eingetretener Katastrophenfolgen).[7]

B. Gesetzgebungskompetenzen
I. Bundeskompetenzen

Der Struktur der Art. 30, 70 GG folgend, darf der Bund das Katastrophenrecht nur regeln, sofern ihm das GG entsprechende Befugnisse verleiht. Der Überblick in Anlage 1[8] zeigt, in welchen Bereichen dies erfolgt ist und welche Regelungen der Bund daraufhin erlassen hat. Wertet man die Übersicht aus, ergibt sich eindeutig ein Schwerpunkt der Bundeskompetenzen im Verteidigungs- bzw. Kriegsfall, d.h. für den Bereich des Zivilschutzes. Dies entspricht der Wertung des Art. 73 Abs. 1 Nr. 1 GG, der dem Bund den Zivilschutz als Gegenstand der ausschließlichen Gesetzgebung zuweist.

Zudem fällt auf, dass der Bund gesetzgeberisch tätig werden darf, um durch Verhaltensanforderungen das Entstehen einer Katastrophe zu verhindern. Beispiele sind seine Kompetenzen im Bereich des Umweltrechts.

Ferner soll er sich bei der Katastrophennachsorge beteiligen, was etwa in den Kompetenzen zur Beseitigung von Kriegsschäden zum Ausdruck kommt. Der Bund darf also überwiegend im Zivilschutz sowie der Katastrophenvermeidung und -nachsorge, mithin im Bereich des Katastrophenschutzrechts im weiteren Sinne tätig werden. Dieser Grundsatz wird nur sehr punktuell im Bereich der Katastrophenbekämpfung (etwa im Bereich der Terrorabwehr oder des Seuchenschutzes) bzw. der Katastrophenvorsorge (etwa bei der Ernährungssicherstellung) durchbrochen.[9]

II. Landeskompetenzen

Im Umkehrschluss sind die Länder weitgehend für das Katastrophenschutzrecht im engeren Sinne zuständig.[10] Ihre Zuständigkeit besteht strukturell für solche Bereiche, die den Eintritt einer Katastrophe voraussetzen. Alle Länder haben ihre Kompetenzen genutzt, um etwa allgemeine Polizeigesetze, Gesetze zum Brand- und Katastrophenschutz etc. zu erlassen.[11]

Das in Art. 104a GG verankerte Konnexitätsprinzip hat zur Folge, dass die Länder grundsätzlich die durch die Katastrophe verursachten Kosten selbst tragen. Hierdurch wird die prinzipielle Zuständigkeit des Bundes für die Katastrophennachsorge stark eingeschränkt.[12]

---

[1] *Ipsen*, Staatsrecht I, Rn 535; *Maurer*, VerwR AT, § 13, Rn 17.

[2] BVerwGE 41, 251 (266); BVerfGE 51, 268 (287).

[3] v.Mangoldt/Klein/Starck/*Sommermann*, Art. 20, Rn. 271; Jarass/*Pieroth*, Art. 20, Rn 49; *Maurer*, VerwR AT, § 8, Rn 9.

[4] *Maurer*, VerwR AT, § 10, Rn 32.

[5] Typisierend: *Unger* in Kloepfer (Hrsg.), Katastrophenrecht – Grundlagen und Perspektiven (Katastrophenrecht), 89 (91).

[6] *Musil/Kirchner*, Verw. 39 (2006), 373 (375); *Kloepfer*, VerwArch 2007, 163 (167 f.); *Kloepfer* in Kloepfer (Hrsg.), Katastrophenrecht, 1 (2); *Ekhardt* in Kloepfer (Hrsg.), Katastrophenrecht, 59 (59).

[7] Zur Begrifflichkeit: *Kloepfer*, VerwArch 2007, 163 (168 f.).

[8] Die Übersicht enthält nur spezifisch den Katastrophenfall betreffende Regelungen. Die Geltung allgemein anwendbarer Regelungen bleibt im Katastrophenrecht in der Regel unberührt.

[9] So im Ergebnis auch: *Kloepfer*, VerwArch 2007, 163 (178); *Musil/Kirchner*, Verw. 39 (2006), 373 (375).

[10] *Kloepfer*, VerwArch 2007, 163 (173 und 179) m.w.N.; im Ergebnis auch: *Stober* in Kloepfer (Hrsg.), Katastrophenrecht, 39 (41 f.); *Stober/Eisenmenger*, NVwZ 2005, 121 (124).

[11] Vgl. *Kloepfer*, VerwArch 2007, 163 (166, Fn. 5) m.w.N.

[12] *Musil/Kirchner*, Verw. 39 (2006), 373 (387 ff.); *Kloepfer*, VerwArch 2007, 163 (175).

III. Keine Möglichkeit zur Abweichung

Diese Zuordnung ist zwingend.[13] Sie verhindert eine Übertragung von Kompetenzen auch dann, wenn dies einvernehmlich erfolgen soll.[14] Wenngleich es wünschenswert sein mag, dem Bund im Interesse eines optimalen Katastrophenschutzes eine stärkere Rolle vor allem bei der Katastrophenbekämpfung zuzuweisen, steht die Kompetenzverteilung dem bislang entgegen. Eine Abweichung hiervon lässt sich auch nicht über die Bundestreue herleiten, selbst wenn eine Katastrophe den Bestand eines Landes oder des Bundes gefährdet:

Zwar lässt sich aus der Bundestreue etwa die Pflicht zur gegenseitigen Kooperation, Abstimmung, Information und Konsultation ableiten.[15] Zweck der Bundestreue ist die verstärkte Bindung von Bund und Länder als Teile des Bundesstaats.[16] Sie erreicht dies aber nicht, indem sie selbständig und unmittelbar Rechte und Pflichten gegenüber anderen Teilen des Bundesstaates begründet.[17] Vielmehr knüpft sie an bereits im GG begründete Rechtsverhältnisse an[18] und kann diese allenfalls ergänzen oder korrigieren.[19] Die Bundestreue kann die Kompetenzordnung also nicht verschieben[20], gesetzlich angeordnete Hilfe darf nur im Rahmen der geltenden Verfassungslage – maßgeblich im Wege der Rechts- und Amtshilfe nach Art. 35 GG – erfolgen.

Der Aufbau von Informationseinrichtungen und -angeboten des Bundes wie die Errichtung des BBK zur bloßen Sammlung und Weitergabe erforderlicher Informationen ist daher unbedenklich. Sobald damit aber neue Zuständigkeiten begründet werden sollen, ist dies verfassungswidrig, vor allem sofern sich der Bund sich des Bevölkerungsschutzes annimmt: Dieser Begriff meint die „Summe aller nichtpolizeilichen und nichtmilitärischen Maßnahmen, die erforderlich sind, um die Bevölkerung und ihre Lebensgrundlagen bei Katastrophen, in Notlagen und im Falle bewaffneter Konflikte zu schützen sowie zur Verhinderung, Begrenzung und Bewältigung von Schadensereignissen beizutragen".[21] Gerade für den Katastrophenschutz im engeren Sinne fehlt dem Bund derzeit eine Kompetenz.[22]

C. Verwaltungszuständigkeiten

Die Verwaltungszuständigkeiten erfordern ebenfalls eine klare Abgrenzung. Dies gilt umso mehr, als Art. 30 und 83 GG eine gemeinsame oder gemischte Verwaltung untersagen.[23] Zudem ist das Selbstverwaltungsrecht der Kommunen nach Art. 28 Abs. 2 GG zu beachten und den Kommunen bei der Ausführung des Katastrophenrechts ein eigener Spielraum zu belassen.

I. Bundeszuständigkeit

Art. 83 GG sieht die Ausführung von Bundesgesetzen als eigene Angelegenheiten der Länder an, sofern das Grundgesetz nichts anderes bestimmt oder zulässt.

1. Bundeseigene Verwaltung

Ist dies der Fall, so besteht zum einen die Möglichkeit, dass der Bund seine Gesetze im Rahmen der bundeseigenen Verwaltung (Art. 86 GG) selbst ausführt, soweit ihn das Grundgesetz dazu ermächtigt.

a) Bundesunmittelbare Verwaltung

Er kann dies mit Hilfe rechtlich unselbständiger Behörden tun, die einer umfassenden Steuerung durch Ministerien unterliegen (sog. bundesunmittelbare Verwaltung).[24] Verfügen diese unselbständigen Behörden über einen eigenen Verwaltungsunterbau, so bestehen für ihre einzelnen Einheiten regionale Zuständigkeiten. Fehlt ihnen ein Verwaltungsunterbau, so sind sie für das gesamte Bundesgebiet zuständig und werden als Bundesoberbehörden bzw. Zentralstellen (bei rein koordinierender Tätigkeit) bezeichnet.[25]

Anlage 2 enthält einen Überblick darüber, wann das GG die bundeseigene Ausführung von Katastrophenrecht bestimmt oder zugelassen hat und durch welche Behörden mit eigenem Verwaltungsunterbau dies erfolgt. Die genannten Behörden sind grundsätzlich an ihre regionale Zuständigkeit gebunden.

Anlage 3 fasst die Fälle zusammen, in denen Katastrophenrecht bundesunmittelbar durch Behörden ohne eigenen Verwaltungsunterbau ausgeführt wird. Die hier aufgeführten Behörden haben grundsätzlich eine Zuständigkeit für das gesamte Bundesgebiet.

b) Mittelbare Bundesverwaltung

Führt der Bund seine Gesetze über rechtlich selbständige Verwaltungsträger (Anstalten/Körperschaften/Stiftungen des öffentlichen Rechts) aus, so verwaltet er mittelbar.[26]

In Anlage 4 sind die im Katastrophenrecht relevanten Fälle der mittelbaren Bundesverwaltung gesammelt. Sie erhalten Bedeutung beim Rechtsschutz gegen Maßnahmen, die ein Angehöriger eines dort genannten Verwaltungsträgers getroffen hat: Eine Klage ist gemäß § 78 Abs. 1 Nr. 1 VwGO nicht gegen den Bund, sondern gegen den jeweiligen Verwaltungsträger zu richten.

---

[13] *BVerfGE* 26, 281 (296); *BVerfGE* 32, 145 (156); *BVerfGE* 63, 1 (39); Jarass/*Pieroth*, Art. 20, Rn 8.

[14] *BVerfGE* 1, 14 (35); *BVerfGE* 4, 115 (139); *BVerfGE* 55, 274 (301); *Pietzcker*, Handbuch des Staatsrechts IV, § 99, Rn 18.

[15] *BVerfGE* 43, 291 (348 f.); *BVerfGE* 73, 118 (197); Jarass/*Pieroth*, Art. 20, Rn, 21; Dreier/*Bauer*, Art. 20 (Bundesstaat), Rn 14 und 42; *Zippelius/Würtenberger*, Deutsches Staatsrecht, S. 132; z.B. *BVerfGE* 12, 205 (256) bei Belangen, die alle Länder betreffen; *BVerfGE* 8, 122 (138); *BVerfGE* 56,298 (322) in Fällen, in denen eine Seite von der Mitwirkung der jeweils anderen angewiesen ist; *BVerfGE* 72, 330 (402) bei bereits begonnener Zusammenarbeit.

[16] *BVerfGE* 8, 122 (140).

[17] *Isensee*, Handbuch des Staatsrechts IV, § 98, Rn 157; *Doerfert*, JuS 1996, L 89 (91).

[18] *BVerfGE* 103, 81 (88); *BVerfGE* 104, 238 (247 f.); *BVerfGE* 110, 33 (52); *Isensee*, Handbuch des Staatsrechts IV, § 98, Rn 157; *Vogel* in Benda u.a., Handbuch des Verfassungsrechts, § 22, Rn 48; *Zippelius/Würtenberger*, Deutsches Staatsrecht, S. 133; a.A.: Dreier/*Bauer*, Art. 20 (Bundesstaat), Rn 41.

[19] Jarass/*Pieroth*, Art. 20, Rn 20 f.; *Degenhart*, Staatsrecht I, Rn. 482 und 488.

[20] *Isensee*, Handbuch des Staatsrechts IV, § 98, Rn 156 f.

[21] *Cronenburg* in Kloepfer (Hrsg.), Katastrophenrecht, 13 (16)

[22] So auch *Meyer-Teschendorf*, FS Rupert Scholz, 799 (806); *ders*. in Kloepfer (Hrsg.), Katastrophenrecht, 23 (29 ff.).

[23] *BVerfGE* 41, 291 (311); *BVerfGE* 63, 1 (39 ff.); *BVerfGE* 108, 169 (182); Jarass/*Pieroth*, Art. 30, Rn 10; *Degenhart*, Staatsrecht I, Rn 516; *Vogel* in Benda u.a., Handbuch des Verfassungsrechts, § 22, Rn 104; a.A.: *Isensee*, Handbuch des Staatsrechts IV, § 98, Rn 179 ff.; *Blümel*, Handbuch des Staatsrechts IV, § 101, Rn 120 ff.

[24] Dreier/*Hermes*, Art. 86, Rn 25.

[25] Jarass/*Pieroth*, Art. 87, Rn 5; *Maurer*, VerwR AT, § 22, Rn 38.

[26] Dreier/*Hermes*, Art. 86, Rn 31; *Ipsen*, Staatsrecht I, Rn 567; *Maurer*, VerwR AT, § 21, Rn 12.

2. Bundesauftragsverwaltung

Zum anderen gewährt Art. 85 GG die Möglichkeit, Bundesgesetze abweichend von Art. 83 GG im Wege der Bundesauftragsverwaltung auszuführen. Die Verwaltung liegt dabei zwar grundsätzlich in der Hand der Länder, die gem. Art. 85 Abs. 1 S. 1 GG über die Errichtung entsprechender Behörden entscheiden können. Die Länder unterstehen nach Art. 85 Abs. 3 S. 1 GG jedoch den Weisungen der zuständigen obersten Bundesbehörden, d.h. der Bundesministerien.

Eine Bundesauftragsverwaltung des Katastrophenrechts erfolgt im Zivilschutz (§ 2 Abs. 1 ZSG), im Atomrecht (Art. 87c GG i.V.m. § 24 Abs. 1 S. 1 AtG) sowie bei der Verkehrssicherstellung (§ 19 Abs. 1 Nr. 2 VerkSiG), soweit der Bund jeweils nicht selbst tätig wird. Sie gilt zudem beim vorsorgenden Bevölkerungsschutz gegen Strahlenbelastungen (§ 10 Abs. 1 S. 1 StrVG) und der Sicherstellung der Wasserversorgung (§ 16 Abs. 1 WasSiG) sowie der Wirtschaft (§ 8 Abs. 1 WiSiG).

3. Zwischenergebnis

Ebenso wie bei der Auswertung der Gesetzgebungszuständigkeiten lässt sich auch hier feststellen, dass die Verwaltungskompetenzen des Bundes vor allem den Zivilschutz sowie die Vermeidung und Beseitigung von Katastrophen, also auch hier wieder den Bereich des Katastrophenrechts im weiteren Sinne betreffen. Verwaltungszuständigkeiten für das Katastrophenrecht im engeren Sinne bestehen nur punktuell (z.B. im Rahmen des BKA), maßgeblich in Fällen von Katastrophen, die auf einer vorsätzlichen oder fahrlässigen menschlichen (Mit-)Verursachung beruhen.

II. Landeszuständigkeit

Eine Länderzuständigkeit zur Ausführung von Katastrophenrecht kann sich zum einen daraus ergeben, dass sie gemäß Art. 83 GG katastrophenschutzrechtliche Regelungen des Bundes als eigene Angelegenheiten ausführen. Zum anderen führen die Länder das von ihnen erlassene katastrophenspezifische Landesrecht selbst aus. Die Ausführung des Katastrophenrechts liegt also überwiegend in ihrer Hand.

Auf die jeweiligen Behörden, Verwaltungsstrukturen und speziellen Verwaltungsverfahren kann an dieser Stelle aufgrund der in den 16 Ländern teils stark divergierenden Rechtslage nicht eingegangen werden. Es lässt sich jedoch die Tendenz feststellen, dass Verwaltungszuständigkeiten mit wachsendem Umfang des Schadens auf höhere Verwaltungsebenen wechseln.[27]

III. Kommunale Zuständigkeit

Bei der Feststellung von Verwaltungszuständigkeiten im Bereich des Katastrophenrechts Rücksicht ist besondere Rücksicht auf das Selbstverwaltungsrecht der Kommunen aus Art. 28 Abs. 2 GG zu nehmen:

1. Ausgangslage

Dieses gewährleistet den Gemeinden und Gemeindeverbänden (im Folgenden: Gemeinde), die Angelegenheiten der örtlichen Gemeinschaft eigenverantwortlich zu regeln. Darunter fallen *alle*[28] Aufgaben, die in der örtlichen Gemeinschaft wurzeln oder zu dieser einen spezifischen Bezug haben, also den Einwohnern der Gemeinde gerade als solchen gemeinsam sind, indem sie ihr Zusammenleben in der Gemeinde betreffen.[29] Gedanke dieses Systems ist neben dem Element vertikaler Gewaltenteilung und der Stärkung demokratischer Strukturen eine Effizienzsteigerung durch Dezentralisierung.[30]

In einem ersten Schritt ist zu bestimmen, ob eine Aufgabe eine Angelegenheit der örtlichen Gemeinschaft ist. Was als solche anzusehen ist, ist im konkreten Einzelfall und abhängig von Größe, Struktur, Lage etc. der Gemeinde zu bewerten.[31] Ein allgemeinpolitisches Mandat zur Ergreifung jeder denkbaren Aufgabe besteht allerdings nicht.[32] Bei Abgrenzungsschwierigkeiten besteht nur dann eine Zuständigkeit der Gemeinde, wenn sie die entsprechende Aufgabe sachangemessen, in einer für ihre Bürger förderlichen Weise und unter Berücksichtigung all ihrer sonstigen Aufgaben erfüllen kann.[33] Fällt eine Aufgabe der Gemeinde zu, so hat sie die Kompetenz, die Angelegenheit in eigener Verantwortung, d.h. ermessens-, gestaltungs- und weisungsfrei zu entscheiden.[34] Dies konkretisiert sich als Kompetenz zur allgemeinen Planung, zur Raumplanung (d.h. zur Entscheidung über die Bodennutzung), zu einem autonomen Finanz- und Personalwesen, zur allgemeinen Organisation sowie zur Rechtssetzung.[35]

In einem zweiten Schritt ist zu prüfen, ob auf die Rechte der Selbstverwaltungskörperschaften eingewirkt wurde. Im Extremfall kann eine Entziehung der Aufgabe und eine Übertragung auf andere Hoheitsträger durch Gesetze, Verordnungen oder Satzungen anderer Hoheitsträger[36] erfolgen. Dies verlangt, dass die ordnungsgemäße Aufgabenerfüllung ansonsten nicht sicherzustellen wäre, bloße Wirtschaftlichkeits- oder Verwaltungsvereinfachungsgründe genügen jedoch nicht.[37] Zudem ist eine gesetzliche Zuweisung von Aufgaben an die Gemeinden denkbar.[38]

---

[27] z.B. Übertragung von Kompetenzen der Feuerwehren auf Katastrophenschutzbehörden, vgl. § 1 II LKatSG [BW], Art. 1 f. BayKSG [BAY], § 1 II BbgBKG [BBG], § 2 I HBKG [HES], § 2 I LKatSG M-V [MV], § 2 I NKatSG, § 2 I LBKG [RLP], § 2 II SBKG [SL], § 2 KatSG-LSA [SA], § 2 I LKatSG [SH], Ausnahme: § 2 f. KatSG [BLN], § 2 HbgKatSG [HBG].

[28] sog. „*Universalität*": *BVerfGE* 1, 167 (175), *BVerfGE* 50, 195 (201); Schmidt-Bleibtreu/Klein/*Sannwald*, Art. 28, Rn 46.

[29] *BVerfGE* 8, 122 (134); *BVerfGE* 50, 195 (201); *BVerfGE* 79,127 (151); *BVerfGE* 110, 270 (400).

[30] Dreier/*Dreier*, Art. 28, Rn 85.

[31] *BVerfGE* 110, 370 (401); Schmidt-Bleibtreu/Klein/*Sannwald*, Art. 28, Rn 49; Schmidt-Aßmann/*Schmidt-Aßmann/Röhl*, VerwR BT, Kap. 1, Rn 15 f.

[32] *BVerfGE* 79, 127 (147).

[33] *BVerfGE* 91, 228 (236 f.).

[34] Dreier/*Dreier*, Art. 28, Rn 114; Jarass/*Pieroth*, Art. 28, Rn 16.

[35] Schmidt-Bleibtreu/Klein/*Sannwald*, Art. 28, Rn 57 ff.; Jarass/*Pieroth*, Art. 28, Rn 13 ff.; Schmidt-Aßmann/*Schmidt-Aßmann/Röhl*, VerwR BT, Kap. 1, Rn 23.

[36] *BVerfGE* 26, 228 (237); *BVerfGE* 56, 298 (309); Schmidt-Aßmann/*Schmidt-Aßmann/Röhl*, VerwR BT, Kap. 1, Rn 20.

[37] *BVerfGE* 79, 127 (154); *BVerfGE* 107, 1 (14); *BVerfGE* 110, 370 (401); Schmidt-Bleibtreu/Klein/*Sannwald*, Art. 28, Rn 74; Schmidt-Aßmann/*Schmidt-Aßmann/Röhl*, VerwR BT, Kap. 1, Rn 22.

[38] *VerfGH RLP*, NVwZ 2001, 912; *Petz*, DÖV 1991, 320 (320 ff.); *Schoch*, Jura 2001, 121 (129), *Schwarz*, NVwZ 1997, 237 (237 ff.).

2. Katastrophenschutz als eigene Angelegenheit?
a) Katastrophenbekämpfung
Hat die Katastrophe keinen Bezug zur örtlichen Gemeinschaft und dem Zusammenleben ihrer Bewohner (z.B. Katastrophe in Nachbargemeinde ohne Gefahr für das eigene Gebiet), dann fällt ihre Bekämpfung nicht in den gemeindlichen Aufgabenbereich, sondern ist eine verbotene allgemeinpolitische Betätigung.[39] Dies ist umso eher der Fall, je kleiner das Gebiet einer Gemeinde oder ihre Einwohnerzahl ist und je eher die Folgen einer Katastrophe (deshalb) nicht auf das Gebiet einer Gemeinde beschränkt sind. Besteht ein örtlicher Zusammenhang, gehört die Bekämpfung der Katastrophe zu den gemeindlichen Aufgaben. Im Interesse einer dezentralen, schnellen Hilfe im Katastrophenfall unter Ausnutzung vorhandener Ortskenntnis entspricht dies dem Sinn und Zweck des Katastrophenrechts. Aus diesem Grund zählt etwa das Feuerwehrwesen zum Kern gemeindlicher Aufgaben.

Allerdings impliziert die Definition der Katastrophe eine Überforderung der für ihre Bewältigung eigentlich zuständigen Kräfte. Ist eine Gemeinde mit der Katastrophenbekämpfung überfordert, so kann sie die Gefahrenabwehr nicht mehr wirksam vornehmen, ein Entzug der Zuständigkeit wird möglich. Regelungen in den Katastrophenschutzgesetzen der Länder, die Zuständigkeiten übergeordneter Stellen begründen, stellen die erforderlichen Eingriffsgrundlagen für entsprechende Kompetenzverlagerungen dar. Dabei ist die Überforderung separat für jede Gebietskörperschaft zu prüfen. Insbesondere kann ein Gemeindeverband seine Zuständigkeit nicht allein dadurch verlieren, dass eine ihm angehörende Gemeinde mit der Katastrophe überfordert ist, wenn der Verband noch in der Lage ist, die Katastrophe wirksam einzudämmen.
Durch den Entzug der Zuständigkeit scheidet eine Gemeinde nicht aus der Bekämpfung aus. Sie bleibt weiter tätig, soweit sie dadurch nicht überfordert wird. Aufgrund der erforderlichen übergeordneten Leitung ist sie lediglich nicht mehr unabhängig in ihrem Vorgehen.

b) Katastrophenvorsorge
Die Materialbeschaffung zur Katastrophenbekämpfung stellt einen Fall der Organisationshoheit, die Planung für den Katastrophenfall einen Fall der Planungshoheit, die Bereitstellung von Personal einen Fall der Personalhoheit dar. Die Gemeinden haben damit grundsätzlich verfassungsrechtlich gesicherte Kompetenzen im Bereich der Katastrophenvorsorge. Dabei dürfen sie jedoch nicht finanziell, personell oder in sonstiger Weise überfordert werden. Sofern Gründe dazu führen, dass die Gemeinden zur effektiven Vorsorge für Katastrophen außer Stande sind, können sie ihre Zuständigkeit verlieren. Dem tragen auch die Katastrophenschutzgesetze der Länder Rechnung, wenn sie besonders aufwendige Maßnahmen dem Zuständigkeitsbereich übergeordneter Ebenen zuordnen (z.B. Einrichtung eines kostspieligen Schulungszentrums nur auf Landesebene).

c) Zivilschutz
Der Zivilschutz betrifft den Verteidigungsfall als Angriff auf das Bundesgebiet (Art. 115a I GG). Der ausschließliche Bezug zur örtlichen Gemeinschaft fehlt, der Zivilschutz ist keine eigene Aufgabe der Gemeinden.

d) Katastrophenvermeidung
Soweit sich die Entstehung von Katastrophen durch Maßnahmen verhindern lässt, die einen Bezug zur örtlichen Gemeinschaft haben und auf die Gemeinde beschränkbar sind, sodass sie nicht zu einer allgemeinpolitischen Handlung werden, darf die Gemeinde bei der Katastrophenvermeidung tätig werden.[40] Je größer eine Gemeinde ist, desto umfangreicher können tendenziell auch die Maßnahmen sein, die im Rahmen der Katastrophenvermeidung noch zu den örtlichen Angelegenheiten zählen können. Große Bedeutung kommt dabei der Bauleitplanung zu.[41]

e) Katastrophennachsorge
Hatte eine Katastrophe ausschließlich Auswirkungen auf eine Gemeinde und ihre Einwohner, ist die Katastrophennachsorge eine Angelegenheit der örtlichen Gemeinschaft, sofern sie die Gemeinde nicht überfordert.

3. Übertragung / Entziehung von Aufgaben
Ob und in welchem Umfang katastrophenschutzrelevante Kompetenzen auf die Gemeinden übertragen oder ihnen entzogen sind, bedarf einer Untersuchung im Einzelfall. Im Fall der Zuweisung von Aufgaben werden die Gemeinden im Rahmen des Art. 83 GG als Teil der mittelbaren Landesverwaltung tätig.[42]

D. Fazit
Das deutsche Katastrophenrecht ist zweigeteilt[43]:
Der Bund wird vor allem im Katastrophenrecht im weiteren Sinne tätig. Gerade seine Kompetenzen im Bereich der Katastrophenvermeidung lassen sich mit vielfach im Bundesgebiet gleichen Gefahrenpotentialen erklären und ermöglichen einen ebenso gleichartigen wie flächendeckenden Schutz vor Katastrophen.
Länder und Gemeinden sind für den Erlass und die Ausführung von Regelungen zum Katastrophenrecht im engeren Sinne zuständig. Dies ermöglicht einerseits eine schnelle und effektive Katastrophenbekämpfung unter Nutzung vorhandener Orts- und Strukturkenntnisse und gewährleistet andererseits ein Mindestmaß an (vertikaler) Gewaltenteilung im Katastrophenfall trotz der Konzentration von Befugnissen bei der Exekutive, maßgeblich auf deren höheren Ebenen. So wird das Risiko reduziert, dass Freiheit zugleich durch die Katastrophe wie durch deren Bekämpfung gefährdet wird (sog. „doppelte Freiheitsgefährdung"[44]).

---

[39] Etwa Entwicklungszusammenarbeit mit der „Dritten Welt": *Schmidt-Jorzig*, DÖV 1989, 142 (142 ff.).

[40] Jarass/*Pieroth*, Art. 28, Rn 15; *Schoch*, JuS 1991, 728 (728 ff.).
[41] z.B. durch Ausweis von Flutungsräumen, der Beschilderung, bei Fragen der Verkehrsführung etc.
[42] *Maurer*, VerwR AT, § 22, Rn 11.
[43] Vgl. auch: *Musil/Kirchner*, Verw. 39 (2006), 373 (375 f.); *Meyer-Teschendorf* in Kloepfer (Hrsg.), Katastrophenrecht, 23 (25); *ders.*, FS Rupert Scholz, 799 (799).
[44] *Ekhardt* in Kloepfer (Hrsg.), Katastrophenrecht, 59 (61).

104

Anlage 1: Gesetzgebungskompetenzen des Bundes im Bereich des Katastrophenrechts

Art. 73 I Nr. 1 (Auswärtiges, Verteidigung, Zivilschutz)
– Zivilschutzgesetz (*ZSG*)*
– Gesetz zur Regelung der Rechtsverhältnisse der Helfer der Bundesanstalt Technisches Hilfswerk – THW-Helferrechtsgesetz (*THW-HelfRG*)
o Verordnung über die Mitwirkung der Helfer und Helferinnen im Technischen Hilfswerk (THW-Mitwirkungsverordnung, *THW-MitwV*)
o Verordnung über die Gewährung von Unfallfürsorge für hauptamtliche Angehörige und Helfer der Bundesanstalt Technisches Hilfswerk bei Leistung technischer Hilfe im Ausland (THW-Auslandsunfallfürsorgeverordnung, *THW-AuslUFV*)
– Gesetz über den Bundesnachrichtendienst (BND-Gesetz, *BNDG*)
– Gesetz zur Errichtung des Bundesamtes für Bevölkerungsschutz und Katastrophenhilfe (*BBKG*)
– Gesetz über den militärischen Abschirmdienst (MAD-Gesetz, *MADG*)
– Wehrpflichtgesetz (*WPflG*)
– § 79 Gesetz über den Zivildienst der Kriegsdienstverweigerer (Zivildienstgesetz, *ZDG*)
– Gesetz über bauliche Maßnahmen zum Schutz der Zivilbevölkerung (Schutzbaugesetz, *SchBauG*)
– Gesetz über die Landbeschaffung für Aufgaben der Verteidigung (Landbeschaffungsgesetz, *LBG*)*
– Gesetz über die Beschränkung von Grundeigentum für die militärische Verteidigung (Schutzbereichgesetz, *SchBerG*)*
– Gesetz über die Sicherstellung der Versorgung mit Erzeugnissen der Ernährungs- und Landwirtschaft sowie der Forst- und Holzwirtschaft (Ernährungssicherstellungsgesetz, *ESG*)*
– Gesetz zur Sicherstellung des Verkehrs (Verkehrssicherstellungsgesetz, *VerkSiG*)*
o Verordnung zur Sicherstellung des Luftverkehrs (*LuftVerkSiV*)
o Verordnung über Verkehrsleistungen der Eisenbahnen für die Streitkräfte (*StrKrVerkLeistV*)
– Gesetz über die Sicherstellung von Leistungen auf dem Gebiet der Wasserwirtschaft für Zwecke der Verteidigung (Wassersicherstellungsgesetz, *WasSiG*)*
– Gesetz zur Sicherstellung von Arbeitsleistungen für Zwecke der Verteidigung einschließlich des Schutzes der Zivilbevölkerung (Arbeitssicherstellungsgesetz, *ASG*)*
– Gesetz über die Sicherstellung von Leistungen auf dem Gebiet der gewerblichen Wirtschaft sowie des Geld- und Kapitalverkehrs (Wirtschaftssicherstellungsgesetz, *WiSiG 1965*)*
o Verordnung über die Sicherstellung von Leistungen auf dem Gebiet der gewerblichen Wirtschaft (Wirtschaftssicherstellungsverordnung, *WiSiV*)
– Gesetz zu der Konvention vom 14. Mai 1954 zum Schutz von Kulturgut bei bewaffneten Konflikten (*KultgSchKonvG*) i.V.m. dem Gesetz zur Ausführung der Konvention vom 14. Mai 1954 zum Schutz von Kulturgut bei bewaffneten Konflikten (*KultgSchKonvAG*)*
Art. 73 I Nr. 3 i.V.m. Art. 11 II (Freizügigkeit)
– § 10 Zivilschutzgesetz (*ZSG*)
Art. 73 I Nr. 5 (Grenzschutz, Zollwesen)
– Gesetz über die Bundespolizei (Bundespolizeigesetz, *BPolG*)
– Zollverwaltungsgesetz (*ZollVG*)
Art. 73 I Nr. 6 und 6a (Luftverkehr, Eisenbahnverkehr)
– §§ 9 ff. Gesetz zur Sicherstellung des Verkehrs (Verkehrssicherstellungsgesetz, *VerkSiG*)
o Verordnung zur Sicherstellung des Luftverkehrs (*LuftVerkSiV*)
o Verordnung über Verkehrsleistungen der Eisenbahnen für die Streitkräfte (*StrKrVerkLeistV*)
– Luftsicherheitsgesetz (*LuftSiG*)
Art. 73 I Nr. 7 (Postwesen, Telekommunikation)
– Gesetz zur Sicherstellung des Postwesens und der Telekommunikation (Post- und Telekommunikationssicherstellungsgesetz, *PTSG*)
o Verordnung zur Sicherstellung der Post- und Telekommunikationsversorgung durch Schutzvorkehrungen und Maßnahmen des Zivilschutzes (*PTZSV*)
o Verordnung zur Sicherstellung des Postwesens (Postsicherstellungsverordnung, *PSV*)
o Verordnung zur Sicherstellung von Telekommunikationsdienstleistungen sowie zur Einräumung von Vorrechten bei deren Inanspruchnahme (Telekommunikations-Sicherstellungs-Verordnung, *TKSiV*)
– §§ 108 ff. Telekommunikationsgesetz (*TKG*)
– Gesetz über die Errichtung des Bundesamtes für Sicherheit in der Informationstechnik (BSI-Errichtungsgesetz, *BSIG*)
Art. 73 I Nr. 9a (Terrorismusabwehr)
– Gesetz zur Bekämpfung des internationalen Terrorismus (Terrorismusbekämpfungsgesetz, *TerrorBekämpfG*)
Art. 73 I Nr. 10 (Kriminalpolizei, Verfassungsschutz)
– Gesetz über das Bundeskriminalamt und die Zusammenarbeit des Bundes und der Länder in kriminalpolizeilichen Angelegenheiten (Bundeskriminalamtgesetz, *BKAG*)
– Gesetz über die Zusammenarbeit des Bundes und der Länder in Angelegenheiten des Verfassungsschutzes und über das Bundesamt für Verfassungsschutz (Bundesverfassungsschutzgesetz, *BVerfSchG*)
Art. 73 I Nr. 12 (Waffenrecht, Sprengstoffrecht)
– Waffengesetz (*WaffG*)
– Gesetz über explosionsgefährliche Stoffe (Sprengstoffgesetz, *SprengG*)
– Gesetz über die Prüfung und Zulassung von Feuerwaffen, Böllern, Geräten, bei denen zum Antrieb Munition verwendet wird, sowie von Munition und sonstigen Waffen (Beschussgesetz, *BeschG*)
Art. 73 I Nr. 13 (Versorgung von Kriegsgeschädigten, Hinterbliebenenversorgung)
– Gesetz über die Versorgung für die ehemaligen Soldaten der Bundeswehr und ihre Hinterbliebenen (Soldatenversorgungsgesetz, *SVG*)
– Gesetz über die Versorgung der Opfer des Krieges (Bundesversorgungsgesetz, *BVG*)
– Gesetz zur Sammlung von Nachrichten über Kriegsgefangene, festgehaltene oder verschleppte Zivilpersonen und Vermisste (*VermSammlG*)
Art. 73 I Nr. 14 (Kernenergie)
– Gesetz über die friedliche Verwendung der Kernenergie und den Schutz gegen ihre Gefahren (Atomgesetz, *AtG*)
o Verordnung über die Gewährleistung von Atomsicherheit und Strahlenschutz (*AtStrlSV*)
– Gesetz zum vorsorgenden Schutz der Bevölkerung gegen Strahlenbelastung (Strahlenvorsorgegesetz, *StrVG*)
o Verordnung über den Schutz vor Schäden durch ionisierende Strahlen (*StrlSchV*)
– Gesetz zu den IAEO-Übereinkommen vom 26. September 1986 über die frühzeitige Benachrichtigung bei nuklearen Unfällen sowie über Hilfeleistung bei nuklearen Unfällen oder radiologischen Notfällen (Gesetz zu dem IAEO-Benachrichtigungsübereinkommen und zu dem IAEO-Hilfeleistungsübereinkommen, *IAEOBen/IAEOHiLÜbkG*) i.V.m. dem Übereinkommen über die frühzeitige Benachrichtigung bei nuklearen Unfällen (*IAEOBenÜbk*) und i.V.m. dem Übereinkommen über Hilfeleistung bei nuklearen Unfällen oder radiologischen Notfällen (*IAEOHiLÜbk*)
Art. 74 I Nr. 9 und 10 (Kriegsschäden, Wiedergutmachung, Kriegsgräber)
– Gesetz zur allgemeinen Regelung durch den Krieg und den Zusammenbruch des Deutschen Reiches entstandener Schäden (Allgemeines

Kriegsfolgengesetz, *AKG*)
- Bundesgesetz zur Entschädigung für Opfer der nationalsozialistischen Verfolgung (Bundesentschädigungsgesetz, *BEG*)
- Gesetz über die Angelegenheiten der Vertriebenen und Flüchtlinge (Bundesvertriebenengesetz, BVFG)
- NS-Verfolgtenentschädigungsgesetz (*NS-VEntschG*)
- Bundesgesetz zur Wiedergutmachung nationalsozialistischen Unrechts in der Kriegsopferversorgung für Berechtigte im Ausland (*BWKAusl*)
- Gesetz über den Lastenausgleich (Lastenausgleichsgesetz, *LAG*)
- Gesetz über die Erhaltung der Gräber der Opfer von Krieg und Gewaltherrschaft (Gräbergesetz, *GräbG*)
- Gesetz über das Verwaltungsverfahren der Kriegsopferversorgung (*KOVVfG*)
- Gesetz zur Bereinigung von Kriegsfolgengesetzen (Kriegsfolgenbereinigungsgesetz, *KfbG*)

Art. 74 I Nr. 11 und 12 (Recht der Wirtschaft, Arbeitsrecht)
- Gesetz über die Erweiterung des Katastrophenschutzes (*KatSchErwG*)
- Gesetz zur Sicherung der Energieversorgung (Energiesicherungsgesetz, *EnSiG*)
  o Verordnung über Lieferbeschränkungen für Kraftstoff in einer Versorgungskrise (Kraftstoff-Lieferbeschränkungs-Verordnung, *KraftstoffLBV*)
- Gesetz über die Sicherstellung von Leistungen auf dem Gebiet der gewerblichen Wirtschaft sowie des Geld- und Kapitalverkehrs (Wirtschaftssicherstellungsgesetz, *WiSiG 1965*)
  o Verordnung über die Sicherstellung von Leistungen auf dem Gebiet der gewerblichen Wirtschaft (Wirtschaftssicherstellungsverordnung, *WiSiV*)
- Gesetz zur Sicherstellung von Arbeitsleistungen für Zwecke der Verteidigung einschließlich des Schutzes der Zivilbevölkerung (Arbeitssicherstellungsgesetz, *ASG*)*
- Gesetz zur Regelung der Weiterverwendung nach Einsatzunfällen (Einsatz-Weiterverwendungsgesetz, *EinsatzWVG*)
- Gesetz über den Schutz des Arbeitsplatzes bei Einberufung zum Wehrdienst (Arbeitsplatzschutzgesetz, *ArbPlSchG*)

Art. 74 I Nr. 14 (Enteignung)
- Gesetz über die Landbeschaffung für Aufgaben der Verteidigung (Landbeschaffungsgesetz, *LBG*)

Art. 74 I Nr. 17 (Landwirtschaft, Ernährung)
- Gesetz über die Sicherstellung der Versorgung mit Erzeugnissen der Ernährungs- und Landwirtschaft sowie der Forst- und Holzwirtschaft (Ernährungssicherstellungsgesetz, *ESG*)*
- Gesetz zur Ernährungsvorsorge (*EVG*)

Art. 74 I Nr. 19 und 20 (Seuchenschutz)
- Gesetz zur Verhütung und Bekämpfung von Infektionskrankheiten beim Menschen (Infektionsschutzgesetz, *IfSG*)
- Tierseuchengesetz (*TierSG*)
  o Verordnung über meldepflichtige Tierkrankheiten (*TKrMeldpflV 1983*)

Art. 74 I Nr. 21 – 23 (Verkehr)
- Gesetz zur Sicherstellung des Verkehrs (Verkehrssicherstellungsgesetz, *VerkSiG*)*
  o Verordnung über Zuständigkeiten nach dem Verkehrssicherstellungsgesetz (Verkehrssicherstellungsgesetz-Zuständigkeitsverordnung, *VSGZustV*)
- Gesetz zur Sicherstellung von Verkehrsleistungen (Verkehrsleistungsgesetz, *VerkLG*)
  o Verordnung über Verkehrsleistungen der Eisenbahnen für die Streitkräfte (*StrKrVerkLeistV*)
- Gesetz über die Sicherstellung von Leistungen auf dem Gebiet der Wasserwirtschaft für Zwecke der Verteidigung (Wassersicherstellungsgesetz, *WasSiG*)*
  o Verordnung zur Übertragung der Ermächtigung zum Erlass von Rechtsverordnungen nach § 13 des Wassersicherstellungsgesetzes (*WasSiG§13V*)
- Schiffssicherheitsgesetz (*SchSG*)
- Gesetz über die Aufgaben des Bundes auf dem Gebiet der Seeschifffahrt (Seeaufgabengesetz, *SeeAufgG*)
- Gesetz zu dem Europäischen Übereinkommen vom 30. September 1957 über die internationale Beförderung gefährlicher Güter auf der Straße (*ADRG*)
- Gesetz über die Beförderung gefährlicher Güter (Gefahrgutbeförderungsgesetz, GGBefG)
  o Verordnung über die Kontrollen von Gefahrguttransporten auf der Straße und in den Unternehmen (*GGKontrollV*)
  o Verordnung über Ausnahmen von den Vorschriften über die Beförderung gefährlicher Güter (Gefahrgut-Ausnahmeverordnung - *GGAV 2002*)
  o Verordnung über die Beförderung gefährlicher Güter auf Binnengewässern (Gefahrgutverordnung Binnenschifffahrt - *GGVBinSch*)
  o Verordnung über die innerstaatliche und grenzüberschreitende Beförderung gefährlicher Güter auf der Straße und mit Eisenbahnen (Gefahrgutverordnung Straße und Eisenbahn - *GGVSE*)
  o Verordnung über die Beförderung gefährlicher Güter mit Seeschiffen (Gefahrgutverordnung See - *GGVSee*)

Art. 74 I Nr. 24 und 28-32 (Umwelt, Naturschutz)
- §§ 31a ff. Gesetz zur Ordnung des Wasserhaushalts (*WHG*)
- §§ 58a ff. Gesetz zum Schutz vor schädlichen Umweltauswirkungen durch Liftverunreinigungen, Geräusche, Erschütterungen und ähnliche Vorgänge (Bundes-Immissionsschutzgesetz, *BImSchG*)
  o 5. Verordnung zur Durchführung des Bundes-Immissionsschutzgesetzes: Verordnung über Immissionsschutz- und Störfallbeauftragte (*5. MImSchV*)
  o 12. Verordnung zur Durchführung des Bundes-Immissionsschutzgesetzes: Störfall-Verordnung (*12. MImSchV*)
- Gesetz zum Schutz vor schädlichen Bodenveränderungen und zur Sanierung von Altlasten (Bundes-Bodenschutzgesetz, *BBodSchG*)
- Gesetz über Naturschutz und Landschaftspflege (Bundesnaturschutzgesetz, *BNatSchG*)
- Gesetz zur Erhaltung des Waldes und zur Förderung der Forstwirtschaft (Bundeswaldgesetz, *BWaldG*)
- Gesetz über die Beförderung gefährlicher Güter (Gefahrgutbeförderungsgesetz, *GGBefG*)
- Gesetz zum Schutz vor gefährlichen Stoffen (Chemikaliengesetz, *ChemG*)
  o Verordnung zum Schutz vor Gefahrstoffen (Gefahrstoffverordnung, *GefStoffV*)
- Gesetz zu den Internationalen Übereinkommen vom 29. November 1969 über die zivilrechtliche Haftung für Ölverschmutzungsschäden und vom 18. Dezember 1971 über die Errichtung eines Internationalen Fonds zur Entschädigung für Ölverschmutzungsschäden (*ÖlHaftG*)
- Gesetz über die Haftung und Entschädigung für Ölverschmutzungsschäden durch Seeschiffe (Ölschadengesetz, *ÖlSG*)
- Gesetz zu dem Protokoll von 1973 über Maßnahmen auf Hoher See bei Fällen von Verschmutzung durch andere Stoffe als Öl (*SeeVerschmProtG*)
- Gesetz über die Vermeidung und Sanierung von Umweltschäden (Umweltschadensgesetz, *USchadG*)

Mit * gekennzeichnete Gesetze finden zumindest unmittelbar *ausschließlich* für den Kriegsfall / Verteidigungsfall (Terminologie nicht einheitlich) Anwendung. Inwiefern sie jeweils analogiefähig sind, bedarf einer separaten Prüfung.

Anlage 2: Im Katastrophenrecht relevante Behörden des Bundes *mit* eigenem Verwaltungsunterbau

Einrichtung – Rechtsgrundlage – Zuordnung zum Geschäftsbereich des Ministeriums	Katastrophenrechtlich relevante Aufgaben
Bundespolizei – BPol – Art. 87 I 2 GG, §§ 1 I 1 i.V.m. 57 BpolG – BMI (§ 1 I 1 BPolG)	– Schutz der Grenzen (§ 2 BPolG) – Abwehr von Gefahren für die öffentliche Sicherheit und Ordnung bei Bahnanlagen des Bundes (§ 3 BPolG) – Schutz des Luftverkehrs (§ 4 f. BPolG) – Schutz von Bundesorganen (§ 5 BPolG) – Wahrnehmung der Aufgaben des Bundes auf hoher See (§ 6 BPolG) – Unterstützung anderer Behörden / der Bundesländer (§§ 9 ff. BPolG) – Verfolgung bestimmter Straftaten und Ordnungswidrigkeiten (§§ 12 f. BPolG)
Bundeswehrverwaltung – Art. 87b I 1 GG[45] – BMVg[46]	– Maßnahmen innerhalb der vom Verteidigungsministerium ausgerufenen Schutzbereiche (§§ 9 II i.V.m. III SchBerG) – Beschädigtenverwaltung (Art. 87b I 3 GG, §§ 87 I 1, 88 I 1 SVG) – Wehrersatzwesen (Art. 87b II 1 GG, § 14 WPflG)

Streitkräfte
– Art. 87a I 1 GG
– BMVg[47]
– Oberbefehl: Bundesminister für Verteidigung (Art. 65a GG)
	– Militärische Verbände unter dem Kommando des Bundesverteidigungsministers
	– Amt für den Militärischen Abschirmdienst – MAD[48]
	  o Abwehr von Bestrebungen gegen die freiheitlich-demokratische Grundordnung, den Bestand und die Sicherheit von Bund oder Land mit Bezug zum Bereich des BMVg (§ 1 I 1 Nr. 1 MADG)
	  o Abwehr von Spionage und Sabotage mit Bezug zum Bereich des BMVg (§ 1 I 1 Nr. 1 MADG)
	  o Beurteilung der Sicherheit von Einrichtungen im Bereich des BMVg (§ 1 II MADG)
	  o Sicherheitsüberprüfungen von Personen mit Bezug zum BMVg (§ 1 III MADG)
	  o Diesbezüglicher Einsatz bei Auslandsverwendung der Bundeswehr (§ 14 MADG)

Wasser- und Schifffahrtsverwaltung des Bundes – WSV – Art. 87 I 1 i.V.m. 89 GG – BMVBS[49]	– Maßnahmen im Bereich des Verkehrsleistungsgesetzes (§ 7 II Nr. 2 VerkLG)
Zollverwaltung – Zoll – Art. 108 I GG, § 1 FVG, ZollVG – BMF (§ 1 FVG)	– Ausführung von Verordnungen zur beschränkten Abgabe von Heizöl (§ 4 IV EnSiG i.V.m. § 1 IV ZollVG)

Anlage 3: Im Katastrophenrecht relevante Behörden des Bundes *ohne* eigenem Verwaltungsunterbau

Einrichtung – Rechtsgrundlage – Zuordnung zum Geschäftsbereich des Ministeriums	Katastrophenrechtlich relevante Aufgaben
Bundesamt für Bevölkerungsschutz und Katastrophenhilfe – BBK – Art. 87b II GG, § 1 S.1 BBKG – BMI (§ 1 S.2 BBKG)	– Wahrnehmung der Verwaltungskompetenzen des Bundes im Bereich des Bevölkerungsschutzes und der Katastrophenhilfe (§ 2 I BBKG), v.a. des Zivilschutzes (§ 4 ZSG) – Unterstützung des BMI und anderer Einrichtungen bei dieser Aufgabe (§ 2 II BBKG)
Bundesnetzagentur für Elektrizität, Gas, Telekommunikation, Post und Eisenbahnen – Art. 87f II 2 i.V.m. III GG, § 1 S. 2 BEGTPG – BMWi (§ 1 S.2 BEGTPG)	– Überwachung und Durchsetzung der Einhaltung der §§ 108 ff. TKG (§ 115 TKG) – Ausführungen der Verordnungen im Rahmen des EnSiG (§ 4 I – III EnSiG)
Bundesamt für Güterverkehr – BAG – Art. 87 III 1 GG, § 10 I 1 GüKG – BMVBS (§ 10 I 1 GüKG)	– Maßnahmen im Bereich des Verkehrsleistungsgesetzes (§ 7 II Nr. 1 VerkLG) – Regelungen zu Gefahrguttransporten per Straße (§§ 5 I 1 i.V.m. 3 I GGBefG)
Bundesamt für Sicherheit in der Informationstechnik – BSI – Art. 87 III 1 GG[50], § 1 S. 2 BSIG – BMI (§ 1 S. 2 BSIG)	– Untersuchung von Sicherheitsrisiken im Bereich der Informationstechnik (§ 3 I Nr. 1 BSIG) – Zulassung informationstechnischer Systeme (§ 3 I Nr. 3 BSIG) – Unterstützung anderer Stellen (§ 3 I Nr. 5 und 6 BSIG)

---

[45] Von den eigentlichen Streitkräften strikt zu trennen, vgl. Jarass/*Pieroth*, Art. 87a, Rn 2.
[46] Sachs/*Kokott*, Art. 87b, Rn 3.
[47] Dreier/*Heun*, Art. 87a, Rn 9.
[48] Dreier/*Hermes*, Art. 87, Rn 31.
[49] http://www.wsv.de/Wir_ueber_uns/index.html

Bundesamt für Strahlenschutz – BfS – Art. 87 III 1 GG[51], § 1 I BAStrlSchG – BMU (§ 1 I BAStrlSchG)	– Wahrnehmung der Verwaltungskompetenzen des Bundes im Bereich des Strahlenschutzes (§ 2 I BAStrlSchG i.V.m. § 23 AtG) – Unterstützung des BMU und anderer Einrichtung bei Fragen bezüglich des Strahlenschutzes (§ 2 II und V BAStrlSchG) – Forschung im Bereich des Strahlenschutzes (§ 2 III BAStrlSchG)

Bundesamt für Verfassungsschutz – BfV
– Art. 87 I 2 GG, § 2 I BVerfSchG
– BMI (§ 2 I 2 BVerfSchG)
	– Sammlung und Auswertung von Informationen (§ 3 BVErfSchG) über eventuelle
	  o Bestrebungen gegen die freiheitlich-demokratische Grundordnung, den Bestand und die Sicherheit des Bundes oder der Länder
	  o Bestrebungen zur ungesetzlichen Beeinträchtigung der Arbeit der Verfassungsorgane
	  o Spionage oder Sabotage
	  o Gefährdung der auswärtigen Belange der Bundesrepublik
	– Sicherheitsüberprüfungen (§ 3 II BVerfSchG)

Bundesamt für zentral Dienste und offene Vermögensfragen – BADV – Art. 87 III 1 GG – BMF[52]	– Entscheidung über Ansprüche nachdem NS-VerfolgtenentschädigungsG (§ 4 NS-VEntsch)
Bundesausgleichsamt - BAA – Art. 87 III 1 GG, § 307 LAG – BMI / BMF[53]	– Treffen grundlegender Entscheidungen im Bereich des Lastenausgleichs, d.h. der Abgeltung von Schäden und Verlusten aus der Kriegs- und Nachkriegszeit
Bundeskriminalamt – BKA – Art. 87 I 2 GG, § 1 I i.V.m. § 2 BPolG, Zentralstelle – BMI (vgl. §§ 3 II 2, 4 I 3, 5 II, 7 VI, 9a VI 2, 10 VII BKAG)	– Unterstützung der Bundes- und Landespolizei (§ 2 I- IV BKAG) – Unterhaltung eines polizeilichen Informationssystems (§ 2 III BPolG), Führung der Antiterrordatei (§ 1 I ATDG) – Unterstützung der Länder bei der Datenverarbeitung (§ 2 V BKAG) – Unterhaltung kriminaltechnischer Einrichtungen (§ 2 VI Nr. 1 BKAG) – Erstellung der polizeilichen Kriminalstatistik (§ 2 VI Nr. 2 BKAG) – Kriminaltechnische Forschung und Weiterbildung (§ 2 VI Nr. 3 und 4 BKAG) – Koordination bei internationalen Sachverhalten (§ 3 BKAG) – Verfolgung bestimmter Straftaten (§ 4 BKAG)
Bundesnachrichtendienst - BND – Art. 87 I 2 GG, § 1 I 1 BNDG – Bundeskanzleramt (§ 1 I 1 BNDG)	– Sammlung und Auswertung von Informationen für Erkenntnissen über das Ausland mit außen- und sicherheitspolitischer Relevanz für die Bundesrepublik (§ 1 II BNDG)
Bundesverwaltungsamt – BVA – Art. 87 III 1 GG, § 1 I BVwAG – BMI (§ 1 I BVwAG)	– Waffenrechtliche Maßnahmen mit Auslandsbezug (§ 48 II WaffG) – Aufnahme vertriebener/geflohener Spätaussiedler (§ 28 BVFG)
Eisenbahn-Bundesamt – EBA – Art. 87e I 1 GG, § 1 I BEVVG – BMVBS (§ 1 I BEVVG)	– Regelungen zu Gefahrguttransporten per Bahn (§§ 5 I 1 i.V.m. 3 I GGBefG) – Maßnahmen im Bereich des Verkehrsleistungsgesetzes (§ 7 II Nr. 4 VerkLG)
Friedrich-Loeffler-Institut – FLI (Bundesforschungsinstitut für Tiergesundheit) – Art. 87 III 1, § 4 I TierSG – BMI (§ 4 I TierSG)	– Untersuchung zur Ausfuhr bestimmter Tiere (§ 4 II 2 TierSG) – Untersuchung von Tierseuchen (§ 4 II 3 TierSG) – Forschung zu Tierseuchen … (§ 4 II 3 Nr. 1 TierSG) – Referenzlabor für Tierseuchen (§ 4 II 3 Nr. 2 TierSG) – Sammlung / Auswertung / Veröffentlichung von Tierseuchenmeldungen (§ 4 III, IV TierSG)
Luftfahrt-Bundesamt – LBA – Art. 87d I 1 GG, § 1 I LFBAG – BMVBS (§ 1 I LFBAG)	– Regelungen zu Gefahrguttransporten per Luft (§§ 5 I 1 i.V.m. 3 I GGBefG) – Maßnahmen im Bereich des Verkehrsleistungsgesetzes (§ 7 II Nr. 3 VerkLG)
Paul-Ehrlich-Institut – PEI (Bundesamt für Sera und Impfstoffe) – Art. 87 III 1 GG, § 1 I 1 BASIG – BMG (§ 1 I 2 BASIG)	– Prüfung und Zulassung von Sera und Impfstoffen
Robert-Koch-Institut – RKI – Art. 87 III 1 GG, § 2 I BGA-NAchfG – BMG (2 I BGA-NAchfG)	Erkennung, Verhütung und Bekämpfung übertragbarer und nicht übertragbarer Krankheiten (§ 2 III Nr. 1 BGA-NachfG) durch: – Entwicklung von Konzepten und Empfehlungen zur Vorbeugung, frühzeitigen Erkennung und Eindämmung von Infektionen (§ 4 I 1, II Nr. 1 IfSG) – Entwicklung von Analyseverfahren (§ 4 I 2, 1. Alt. IfSG) – Forschung zu Ursachen, Diagnostik und Prävention übertragbarer Krankheiten (§ 4 I 2, 2. Alt. IfSG) – Sammlung, Auswertung und Veröffentlichung ipidemiologischer Meldungen i.S.d. IfSG (§ 4 II Nr. 3 und 4 IfSG)

---

[50] Dreier/*Hermes*, Art. 87, Rn 91.

[51] *str.*, dafür: Sachs/*Windthorst*, Art. 87c, Rn 31; Jarass/*Pieroth*, GG, Art. 87c, Rn 1; a.A.: Dreier/*Hermes*, Art. 87c, Rn 20.

[52] http://www.badv.bund.de/003_menue_links/a1_ueber_uns/index.html

[53] http://www.badv.bund.de/003_menue_links/g0_Bundesausgleichsamt/index.html

Anlage 4: Im Katastrophenrecht relevante selbständige Verwaltungsträger des Bundes

Einrichtung – Rechtsform – Rechtsgrundlage – Geschäftsbereich	Katastrophenrechtlich relevante Aufgaben
Bundesagentur für Arbeit – BA – Anstalt – Art. 87 II 1 GG[54], § 367 I SGB III – BMAS (§ 393 I SGB III)	– Zustimmung bei Beendigung von Arbeitsverhältnissen (§ 7 I 1 ASG) – Verpflichtung von Personen zur Arbeitsleistung (§ 11 I 1 ASG)
Bundesanstalt für Ernährung und Landwirtschaft – BEL – Anstalt – Art. 87 III 1 GG, § 1 I 1 BELG – BMELV (§ 1 I 1 BELG)	– § 2 I 2 Nr. 3 BELG i.V.m. Durchführung der ihr per VO übertragenen Aufgaben (§ 2 I 2 Nr. 3 BELG i.V.m. § 12 Nr. 1 ESG, § 4 I EVG) – Beteiligung an der Planung der Ernährungssicherstellung (§ 2 I 2 Nr. 3 BELG i.V.m. § 12 Nr. 2 ESG) – Feststellung der relevanten bevorrateten, erzeugten und verbrauchten Gütern (§ 2 I 2 Nr. 3 BELG i.V.m. § 12 Nr. 3 ESG) – Aufstellung von Versorgungs- und Bevorratungsplänen (§ 2 I 2 Nr. 3 BELG i.V.m. § 6 Nr. 2 EVG, § 12 Nr. 4 ESG)
Bundesanstalt Technisches Hilfswerk – THW – Anstalt – Art. 87 III 1 GG, § 1 II THW-HelfRG – BMI (§ 1 II THW-HelfRG)	Technische Hilfe (§ 1 II 2 HW-HelfRG): – im Zivilschutz – außerhalb des THW-HelfRG (im Auftrag der Bundesregierung) – bei Katastrophen, öffentlichen Notständen, Unglücksfällen größeren Ausmaßes (auf Anforderung)
Bundesinstitut für Risikobewertung – BfR – Anstalt – Art. 87 III 1 GG, § 1 BfRG – BMELV (§ 1 BfRG)	– Untersuchungen und Forschung zur Lebensmittelsicherheit (§ 2 I Nr. 1 und 4 BfRG) – Unterstützung des Ministeriums und anderer Einrichtungen (§ 2 I Nr. 2 BfRG) – Bewertung der Gefährlichkeit von Gefahrguttransporten und Chemikalien, Dokumentation der Gefahren (§ 2 I Nr. 5 u. 8 BfRG) – Referenzlabor (§ 2 I Nr. 10 und 11 BfRG) – Veröffentlichungen über Gesundheitsgefahren (§ 2 I Nr. 12 BfRG)
Deutscher Wetterdienst - DWD – Anstalt – Art. 87 III 1 GG, § 1 I DWDG – BMVBS (§ 1 I DWDG)	– Meteorologische Sicherung der See- und Luftfahrt (§4 I Nr.2 DWDG) – Warnung vor meteorologischen Ereignissen mit Gefahren für die öffentliche Sicherheit und Ordnung, v.a. Unwetter- und Hochwasserwarnungen (§ 4 I Nr. 3 DWDG) – Überwachung der Atmosphäre bzgl. radioaktiver Spuren und Vorhersagen über deren Verbreitung (§ 4 I Nr. 7 DWDG) – Unterstützung der Länder im Katastrophenschutz (§ 1 IV DWDG)
Physikalisch-technische Bundesanstalt – PTB – Anstalt – Art. 87 III 1 GG – BMWi[55]	– Genehmigung von Transporten für die Beförderung radioaktiver Stoffe (Art. 4 I Nr. 2 ADRG) – Zulassung von Schusswaffen (§ 20 III 1 BeschG)

Dreier/*Hermes*, Art. 87, Rn 56.
http://www.bmwi.de/BMWi/Navigation/ministerium,did=10388.html

Ausgabeneffizienz im Katastrophenschutz
Zusammenarbeit mit Privaten, Zentralisierung und Korruptionsbekämpfung

von **Gregor Semieniuk**, Dresden

A. Einleitung

„Sie haben Griechenland brennen lassen". So lautete das Motto einer Demonstration im Herbst 2007 in Griechenland, auf der das misslungene Katastrophenmanagement der griechischen Regierung angeprangert wurde[1]. Immer wieder wird die öffentliche Verwaltung der Ineffizienz und unzureichender Aufgabenerledigung bezichtigt. Dies trifft auch für den Katastrophenschutz in Deutschland zu. Deshalb wird auf breiter Basis diskutiert, wie man den Katastrophenschutz effizienter gestalten kann und wie dabei gleichzeitig die Erreichung seiner Ziele gewährleistet bleibt[2].

In der vorliegenden Seminararbeit soll untersucht werden, inwiefern einerseits die aktuellen staatlichen Ausgaben und Maßnahmen für den Katastrophenschutz (KatS) in Deutschland effizient sind und ob andererseits die Privatisierung oder sonstige Modifizierungen und Rationalisierungen von KatS die Effizienz desselben erhöhen können.

Um die Effizienz von KatS zu begutachten, wird zunächst eine Kategorisierung von Effizienz vorgenommen, an der sich die zu untersuchenden Einrichtungen und Maßnahmen messen lassen. In einem zweiten Schritt wird der *Status quo* der Effizienz von Katastrophenschutz im Hinblick auf derzeitige KatS-Strukturen und Korruption analysiert. Zuletzt werden Vorschläge zur Verbesserung genannt und auf ihren Nutzen hin bewertet. Dabei wird vor allem Privatisierung in anderen Bereichen des öffentlichen Sektors betrachtet und versucht, dadurch Rückschlüsse auf den KatS zu ziehen. Ferner werden, Public Private Partnerships, Zentralisierungsmöglichkeiten auf EU-Ebene und Korruptionsprävention begutachtet.

Anzumerken ist, dass diese Betrachtung der Effizienz von Katastrophenschutz nur ein Streiflicht sein kann und keinen Anspruch auf Vollständigkeit oder Repräsentativität hat.

B. Kategorisierung von Effizienz in der öffentlichen Verwaltung

Um in den nachfolgenden Abschnitten beurteilen zu können, ob die staatliche Bereitstellung von KatS in ihrer jetzigen Form effizient ist und ob sich diese Effizienz durch Maßnahmen wie Privatisierung erhöhen lässt, ist eine Definition und Kategorisierung von Effizienz vonnöten.

I. Effizienzanalyse

Zunächst sei Effizienz definiert als die Fähigkeit „einen Erfolg erzielen zu können bzw. umschreibt die Fähigkeit, zur Realisierung eines angestrebten Zieles beizutragen"[3].

Dabei stellt sich die Frage, worin der Erfolg besteht. Es können einerseits quantitativ messbare Faktoren zur Messung herangezogen werden, z.B. eine Kostenreduktion der Durchführung einer Aktivität. Problematisch ist hierbei zu erkennen, ob alle Inputfaktoren berücksichtigt werden, die an der Kostenreduktion beteiligt sind[4]. Eine solche Effizienzsteigerung lässt sich im Vergleich zum sogleich folgenden zweiten Effizienzaspekt gut mit volkswirtschaftlichen Analyseinstrumenten messen.

Andererseits kann die Qualität der erreichten Verbesserung beurteilt werden. Dazu ist es notwendig, eine Wertschätzungsordnung der Bürger, die von dem zu realisierenden Ziel profitieren sollen, zu definieren. Beispielsweise könnten die gesamten staatlichen Mittel in den Ausbau der deutschen Deichanlagen gelenkt werden, womit das Ziel, eine Überschwemmung zu verhindern, sicherlich erreicht würde. Dabei entstünden aber Opportunitätskosten in Form von Nichterreichbarkeit anderer Ziele, für die das Geld fehlt, das in die Deichanlagen investiert wurde.

Hierbei geht es also darum zu erkennen, welcher Wert einer Ausgabe zugemessen wird, und ob sie im Vergleich zu den anderen möglichen Ausgaben zur Erreichung anderer Ziele angemessen ist.

II. Effizienzkategorien für die weitere Analyse

Damit begibt sich die Effizienzanalyse auf einen zweigleisigen Weg: die Messung von sowohl quantitativer als auch qualitativer Erreichung von Zielen. Im Folgenden soll das von Kurt Reding entwickelte

Effizienztypen:	Merkmal:	Motto:
Effizienz 1	Messung des Programmerfolgs unter Berücksichtigung der monetären Kosten/Arbeitsstunden	Wirtschaftlichkeit
Effizienz 2	Messung des Programmerfolgs unter Berücksichtigung der Qualität des Outputs	Zielerreichung

Effizienzschema verwendet werden, das Effizienz in eine Effizienz 1 und Effizienz 2 teilt.
Adaptiert von Reding, Kurt, 1981.[5]

---

[1] *FAZ.NET*, „Stummer Zorn– ohrenbetäubendes Schweigen", in: FAZ.NET, 29.08.2007.
[2] Vgl. *Proll*, Newsletter Netzwerke Sicherheit, S. 10f.

[3] Vgl. *Reding*, Effizienz staatlicher Ausgaben, S. 26.
[4] Vgl. *Schmidt*, Wirtschaftlichkeit, S. 20.
[5] *Reding*, Effizienz staatlicher Ausgaben, S. 36ff.

Hierbei zu berücksichtigen ist die bereits erwähnte Unmöglichkeit, den Einfluss aller Inputfaktoren auf das Ergebnis zu messen[6]. Ferner ist es sinnvoll, den Wirkungsbereich, in dem die Effizienz betrachtet wird, einzuschränken. So kann man betrachten, ob beispielsweise eine privatisierte Feuerwehr schneller Brände löscht, dabei aber außer Acht lassen, ob die Familien der Feuerwehrleute durch die Privatisierung zufriedener geworden sind[7].

III. Exkurs: Effizienz in der Volkswirtschaftslehre
In der mikroökonomischen Theorie der Staatsausgaben lässt sich genau bestimmen, wie viel Geld der Staat für öffentliche Güter zur Verfügung stellen sollte. Letztere sind Güter, die durch Konsum eines Verbrauchers nicht aufgebraucht werden (z.B. der Anblick eines Kunstwerks) und zu denen Verbrauchern der Zugang nicht verwehrt werden kann (z.B. Landesverteidigung durch die Bundeswehr). KatS wird als öffentliches Gut betrachtet, da z.B. ein Deich nicht durch den „Konsum" seines Schutzes durch einen Bürger aufgebraucht wird und ferner niemand von seinem Schutz ausgeschlossen werden kann.

Für ein solches Gut sollte der Staat genau soviel ausgeben, dass die Grenzkosten für eine weitere „Einheit" KatS exakt der Summe der marginalen Zahlungsbereitschaft der Konsumenten für diese Einheit entspricht[8] (Grenzkosten gleich Grenznutzen). Werden die Ausgaben in dieser Höhe getätigt, sind sie effizient im Sinne von Effizienz 1.

Das unüberwindbare Problem in der Praxis stellt hierbei die Nichtmessbarkeit der marginalen Zahlungsbereitschaft der Bürger dar. In der Forschung wird jedoch daran gearbeitet, indem stattdessen indirekte Zahlungsbereitschaft ermittelt wird. So wird untersucht, wie viel Geld Bürger einer Ortschaft für schalldämmende Fensterscheiben ausgeben, um dann zu schätzen, wie viel ihnen eine Umgehungsstraße, die den Fahrzeuglärm verringern würde, wert ist[9]. Ob dieses Schätzverfahren akkurat ist, sei dahingestellt, müsste man doch auch z.B. die Umweltzerstörung (und dessen Geldwert für die Bürger) die der Straßenbau verursachen würde, mit in die Rechnung einbeziehen.

Im Katastrophenschutz könnte man möglicherweise anhand von Beiträgen für Feuerversicherungen feststellen, wie viel eine Feuerwehr den Bürgern bedeutet. Doch bleibt hier zu fragen, ob nicht Bürger, die eine besonders umfassende und teure Versicherung abschließen, gerade sehr wenig Zahlungsbereitschaft für die Feuerwehr aufbringen, da sie ja anderweitig abgesichert sind. Dies könnte z.B. auf mangelndem Vertrauen in die Fähigkeiten der Feuerwehr beruhen.

Nach der vorangegangenen Kategorisierung von Effizienz in Effizienz 1 und 2, werden im Folgenden diese Kategorien auf die Analyse der Effizienz im KatS angewandt.

C. *Status quo* der Effizienz von Ausgaben für den Katastrophenschutz
I. Vorgedanke
Zunächst stellt sich beim KatS die Frage, ob er überhaupt einer Effizienzanalyse unterzogen werden darf. Ist es nicht ein essentielles Bedürfnis der Bevölkerung, vor Katastrophen geschützt zu werden und im Falle ihres Eintretens best- und schnellstmögliche Hilfe zu erhalten? Art. 2 Abs. 2 S. 1 GG gewährt ein Recht auf Leben. Der Staat ist verpflichtet, dieses Grundrecht wegen seiner objektiv-rechtlichen Schutzpflicht zu verteidigen[10]. Ist es somit überhaupt gerechtfertigt, von Verschwendung im KatS zu sprechen, und sollte man nicht eher froh sein, dass so viel Geld und Einsatz auf dieses Gebiet verwandt wird?

Eine Analyse der Effizienz ist aber dennoch gerechtfertigt. Denn erstens könnte mit einer Effizienzsteigerung im Sinne von Effizienz 2 die Zielerreichung bei gleichem Input erreicht werden. Zweitens könnten, wenn Effizienz 2 konstant gehalten wird, mit Steigerung von Effizienz 1 Mittel frei werden, die anschließend der Bevölkerung anderweitig zur Verfügung gestellt werden[11]. Somit ist durch Effizienzsteigerung eine Verbesserung des Schutzes der Bevölkerung vor Katastrophen möglich.

II. Betrachtung des Status quo der Effizienz im Katastrophenschutz
1. Strukturelle Aufstellung: Bund und Länder: Nach den Terroranschlägen von 2001 in Amerika wurde der Katastrophenschutz in Deutschland unter dem Konzept „Neue Strategie zum Schutz der Bevölkerung in Deutschland" neu gegliedert. In diesem Rahmen wurde das Bundesamt für Bevölkerungsschutz und Katastrophenhilfe (BBK) geschaffen, um die Kompetenzen für ein effizientes Katastrophenmanagement zu bündeln. Dies geschah bereits bei gekürzten KatS-Etats, die im Zuge der Entspannung des Ost-West-Konflikts beschnitten worden waren[12]. Im Sinne von Effizienz 1 ist diese Neuordnung wünschenswert, falls gleichzeitig nunmehr 16-fach redundante Kapazitäten auf Landesebene abgebaut werden können. Im Hinblick auf Effizienz 2 stellt sich die Frage, ob das BBK tatsächlich zu besseren Ergebnissen führt, das heißt, ob es einen qualitativ hochwertigeren Katastrophenschutz gewährleistet. Durch die Singularität sowie das sporadische Auftreten von Katastrophen ist es hier, wie auch bei allen anderen Maßnahmen schwierig, Vergleiche zwischen Vorher und Nachher zu ziehen. Am ehesten würden sich womöglich Überflutungen für eine Effizienzsteigerungsmessung eignen, die mit einiger Regelmäßigkeit größere deutsche Städte bedrohen.

---

[6] Für eine ausführliche Analyse der Problematik der Effizienzmessung im öffentlichen Sektor siehe *Backhaus*, Performance of Public Enterprises, in: European Journal of Law and Economics (4/1994), S. 275-287.
[7] Zu einer umfassenderen Herleitung der Effizienz und ihrer Reduktion auf bestimmte Inputfaktoren sowie Wirkungsbereiche siehe *Reding*, Effizienz staatlicher Ausgaben, S. 18-73.
[8] Vgl. *Corneo*, Öffentliche Finanzen, S. 23ff.
[9] Vgl. *Corneo*, Öffentliche Finanzen, S. 31.

[10] Vgl. *Schmidt*, Grundrechte, S. 13.
[11] Zu der Rechtfertigung und Notwendigkeit der Wirtschaftlichkeit in der Verwaltung siehe *Timmermann*, Wirtschaftliches Handeln, in: von Arnim und Lüder (Hg.), S. 44.
[12] Vgl. *Meyer-Teschendorf*, Neuordnung des Zivil- und Katastrophenschutzes, in: Kloepfer (Hg.), S. 23ff.

Dem gegenüberzustellen ist allerdings die Kritik an zu großer Zentralisierung von Staatsaufgaben, die dem Bundesstaatsprinzip entgegensteht und, praktisch gesehen, die Behebung von lokalen Katastrophen verschlechtern könnte, weil keine nahe und mit Ortskenntnis ausgestattete Entscheidungsinstanz mehr existiert[13]. Zu prüfen wäre also, ob durch die Neuordnung Effizienzsteigerungen bewirkt wurden. Neben diesen innerdeutschen Entwicklungen gibt es Zentralisierungsansätze auf der supranationalen Ebene, in der EU.

2. Strukturelle Aufstellung: Europäische Union: Der Rat der EU verabschiedete bereits 2001 die Entscheidung 2001/792/EG, Euratom, die eine engere Zusammenarbeit bei Katastrophenfällen anmahnte[14]. Wenn damit vornehmlich auch grenzüberschreitende Großkatastrophen gemeint waren, so ist es jedoch auch das Ziel der EU, neben der Koordination eine bessere Vernetzung und Ausbildung der Verantwortlichen für den KatS in den einzelnen Ländern herzustellen, um ihnen eine effizientere Arbeit zu ermöglichen[15]. 2002 wurde ein Solidaritätsfonds eingerichtet (wobei freiwillige Beiträge immer weniger effizient sind, da sie zum Trittbrettfahren, *free riding*, einladen[16]) und 2006 reichte die Kommission einen Vorschlag über ein Gemeinschaftsverfahren für den KatS beim Rat ein, die oben genannte Entscheidung auszubauen[17]. So sollen vor allem die zentralen KatS-Einheiten besser an den Einsatzort gelangen können[18]. Letzteres deutet darauf hin, dass die momentane Situation nicht effizient ist, da anscheinend die bereitgestellten Hilfskräfte nicht einsatzfähig, weil zu zentralisiert, sind.

Die steigende Wichtigkeit, welche die EU dem KatS beimisst, zeigt sich ferner darin, dass er seit 2005 mit einem eigenen Unterkapitel im jährlichen Gesamtbericht der EU bedacht ist[19]. Zusammenfassend bleibt jedoch unklar, ob die Zentralisierung auf EU Ebene effizient ist. Um den *Status quo* der Effizienz zu analysieren, ist ferner (und hier abschließend) eine Betrachtung von Korruption sinnvoll.

3. Korruption: Korruption ist ein Effizienz hemmender Faktor, insofern als dass er Wettbewerb unterbindet und, im Falle von Auftragsvergabe, nicht jene zum Zuge kommen lässt, die am besten für eine Aufgabe geeignet sind, sondern jene, die am besten bestechen können. Deutschland befand sich im Jahre 2000 auf Platz 17 des Corruption Perception Index (CPI) von Transparency International, mit 7,6 von 10 möglichen Punkten, wobei

10 Punkte wenig Wahrnehmung von Korruption bedeutet[20]. Im Jahre 2007 war Deutschland auf Platz 16 mit 7,8 Punkten geklettert[21]. Zum Vergleich seien hier Dänemark auf Platz 1 mit 9,4 Punkten und Italien auf Platz 41 mit 5,2 Punkten genannt[22]. Der gute Platz Deutschlands dürfte sich jedoch spätestens mit dem Korruptionsskandal bei Siemes 2007 zum schlechteren geändert haben.

Im Strafgesetzbuch sind der Korruption die §§ 331–335 StGB gewidmet, die Freiheitsstrafen bis zu 5 Jahren beinhalten, bei Subventionsbetrug sogar 10 Jahre[23]. In einschlägiger Literatur über Korruptionsbekämpfung findet sich der KatS nicht als gesonderter Bereich, wiewohl es hier sicherlich Korruptionsdelikte gibt. Deshalb kann hier nur spekuliert werden, inwiefern sich Korruption negativ auf den KatS auswirkt.

In einer Studie wurden im Zeitraum von 10 Jahren 509 Verfahren in Korruptionsfällen festgestellt, dabei waren mehrheitlich Bund und Länder die Betroffenen. 45,9% der Fälle bestanden in Umgehung staatlicher Aufsichtsmaßnahmen und 7,4% der Fälle in Abrechnung von nicht erbrachten Leistungen[24].

Wenn man diese Prozentzahlen (unabhängig von der absoluten Zahl) auf Korruption im KatS überträgt, folgen notwendig Effizienzeinbußen. Dabei ist vor allem die Umgehung staatlicher Aufsichtsmaßnahmen bedenklich, weil darunter Effizienz 2 ganz erheblich leiden kann. So könnten beispielsweise Bauunternehmen minderwertige Brandschutzvorrichtungen in Gebäuden installieren, die vom Gesetz vorgeschrieben werden. Mit der Bestechung der zuständigen Baukontrolleure würde die staatliche Aufsicht umgangen. Auf diese Weise wird aber gleichzeitig die Effizienz 2 von Katastrophenvermeidung und letztlich auch ihre Bekämpfung beeinträchtigt. Problematisch ist es, eine solche Bestechung im Nachhinein, also nach Eintritt einer Katastrophe, nachzuweisen.

Ein konkretes Beispiel liegt für die Abrechnung von nicht erbrachten Leistungen vor. Beim Elbehochwasser von 2002 betraute der damalige Bürgermeister Dresdens einen Freund mit der Flutkoordinierung und bezahlte ihm dafür ein überhöhtes Honorar aus der Stadtkasse. Das Landgericht Dresden befand ihn 2006 schuldig, damit einen Schaden von 75.000 € verursacht zu haben[25] und verurteilte ihn zu 14 Monaten Haft auf Bewährung. Sein Freund wurde wegen Bestechlichkeit zu zwei Jahren Haft auf Bewährung verurteilt. Bei diesem Fall ist Effizienz 1 betroffen, was sich auf Effizienz 2 insofern auswirkt, als die überhöhten Zahlungen dazu führen,

---

[13] Zum Bundesstaatsprinzip siehe *Pötzsch*, Die deutsche Demokratie, S. 18f. Für eine Diskussion des Föderalismus und der Nachteile von Zentralisierung siehe *Benda*, Kernaufgaben des Staates, S. 4f.
[14] Vgl. *Europäische Kommission*, Gesamtbericht über die Tätigkeiten der Europäischen Union 2006, S. 159.
[15] Vgl. *Europäische Kommission*, EU Brennpunkt – Katastrophenschutz, S. 6.
[16] Vgl. *Corneo*, Öffentliche Finanzen, S. 34f.
[17] Vgl. *Europäische Kommission*, Gesamtbericht über die Tätigkeiten der Europäischen Union 2006, S. 159.
[18] Vgl. *Europäische Kommission*, Verfahren bei Katastrophenschutzeinsätzen.
[19] Vgl. *Europäische Kommission*, Gesamtbericht über die Tätigkeiten der Europäischen Union 2005, S. 148.

[20] Siehe *Bannenberg*, Korruption, in: Bundeskriminalamt, S. 40ff.
[21] Zur Bedeutung der Skala: Eine Bewegung eines Landes auf der Skala um 1 Punkt nach oben, ist gleich einem Zuwachs von 4% des Bruttoinlandsprodukts dieses Landes laut *Lambsdorff*, How corruption affects economic development, in: Dabrowski, Martin und Auerheide, Detlef (Hg.), S. 11.
[22] Vgl. *Transparency International*, TI Corruption Perception Index 2007.
[23] Vgl. *Comfort*, Korruption in dern Mitgliedstaaten der EU, S. 11.
[24] Vgl. *Liebl*, Ausmaß der Korruption, in: Benz, Arthur und Seibel, Wolfgang (Hg.), S. 283-294.
[25] Vgl. *SZ-online*, „Politisch nicht mehr tragbar", in: Sächsische Zeitung vom 5.10.2006.

dass andere Maßnahmen (für den KatS) nicht finanziert werden können.

Aufgrund der mageren Datenlage sind, wenn überhaupt, nur Schätzungen des Effizienzverlusts durch Korruption möglich. Es bleibt festzuhalten, dass Korruption in der Verwaltung zu Effizienzverlust führt.

III. Zusammenschau des Status quo
Zusammenfassend kann man im Hinblick auf das fehlende empirische Fundamente der oben getroffenen Aussagen nur vorsichtig vermuten, dass der KatS in Deutschland trotz der oben illustrierten, möglichen Effizienzeinbußen zum jetzigen Zeitpunkt mehrheitlich effizient auf konventionelle Katastrophenlagen reagieren kann[26]. Es gibt keine Beispiele von einem großflächigen Versagen des KatS wie bei dem Hurrikan Katrina in den USA im Jahre 2005. Nicht außer Acht gelassen werden darf dabei, dass bisher eine Katastrophe vom Ausmaß eines Hurrikans wie Katrina oder eines Tsunamis wie der im indischen Ozean im Dezember 2004 in Deutschland ausgeblieben sind. Die Feuerprobe steht also noch aus – und dies wird sich hoffentlich auch nicht ändern.

Nach dieser eher positiven Bilanz des gegenwärtigen Zustands der Effizienz des KatS wird im letzten Teil der Frage nachgegangen, ob durch geeignete Maßnahmen trotz der akzeptablen Lage die Effizienz des KatS erhöht werden kann.

D. Effizienzsteigerungsmöglichkeiten
Als Möglichkeit der Effizienzsteigerung werden im Folgenden Privatisierung, Public Private Partnerships, weitere Zentralisierung auf der EU-Ebene und Korruptionsprävention betrachtet.

I. Privatisierung
Die Privatisierung der Produktion einer staatlichen Leistung, die weiter durch den öffentlichen Sektor aus dem Steueraufkommen finanziert wird, wird damit begründet, dass so die Effizienz der staatlichen Güterbereitstellung erhöht werden kann. Um die Leistungsstandards aufrecht zu erhalten, die bei öffentlicher Zuständigkeit eingehalten wurden, sind Auflagen und dementsprechend formulierte Verträge erforderlich[27].

Besonders wenn Ineffizienz institutionell begründet ist (z.B. unzureichende interne Anreizsysteme, fehlendes Gewinnmotiv, fehlender Wettbewerb und Einfluss von Interessengruppen), kann Privatisierung Abhilfe schaffen, also die Institutionen ändern. Selbst hierbei können aber zu hohe Transaktionskosten von der Privatisierung abhalten[28], d.h. die Kosten, die einmalig durch die Privatisierung entstehen, überwiegen die dauerhaften Kosteneinsparungen. Beispielhaft seien dafür Pensionsfortzahlungen an Beamte aus einer privatisierten Einrichtung genannt.

Vor diesem Hintergrund sind zunächst drei Beispiele von Privatisierung öffentlicher Aufgaben skizziert. Im

Anschluss daran wird die Übertragbarkeit auf KatS betrachtet.

1. Lufthansa: Die Privatisierung der Lufthansa in den 90er Jahren erwies sich als Kosten sparend für die Kunden, wenn auch der Staat zunächst wenige Vorteile aus den Verkaufserlösen zog, weil er Pensionen weiterzahlen musste[29]. Die Lufthansa gliederte wenig später die Bereiche Luftfracht, Technik und IT in eigenständige Unternehmen aus[30] - ein weiterer Schritt zur Effizienz durch Dezentralisierung, der in staatlichem Besitz möglicherweise nicht so stattgefunden hätte. Dieses Beispiel zeigt sowohl Steigerung von Effizienz 1 (geringere Transportkosten) als auch Effizienz 2 (eine Ausweitung des Angebots infolge der Kostensenkungen).

2. Darmstädter Abwasserreinigung: In Darmstadt wurde die Abwasserreinigung privatisiert und der Südhessischen Energie AG überantwortet. Letztere erhöhte den Preis für die Abwasserreinigung, was sie als Monopolist beinahe ungehindert tun kann. Die daraufhin in der Abwassersatzung der Stadt erhöhten Gebühren mussten die Bürger bezahlen. Erst eine Normenkontrollklage gab den Bürgern im Jahre 2001 Recht, die Gebühren seien überhöht[31]. Mit dieser Privatisierung wurde demnach kein Effizienzgewinn erzielt, vielmehr stiegen die Kosten für die Kunden aufgrund der Privatisierung.

3. Dresdner WOBA GmbH: Ein weiteres Beispiel ist die Privatisierung der Dresdner Wohnbau (WOBA) GmbH. Diese wurde von der Stadt Dresden für über 900 Mio. € an eine amerikanische Investmentgesellschaft veräußert und mit den Einnahmen die Schulden der Stadt getilgt. Bisher sind keine negativen Auswirkungen der Veräußerung bekannt, jedoch zeigt dieses Beispiel, dass Privatisierung nicht nur Selbstzweck ist, sondern vielmehr oft durch andere Interessen geleitet wird, die durch Politikversagen ausgelöst werden[32]. Vom Kontrollverlust des Staats sei hier ganz zu schweigen.

4. Privatisierungen im Katastrophenschutz: Allokative Effizienz wird wirtschaftstheoretisch im Allgemeinen durch Dezentralisierung und Privatisierung erreicht[33]. Fraglich ist aber, ob bei der Privatisierung nicht lediglich Umverteilung von staatlichen Aufgaben ohne reale Kosteneinsparung vorliegt.

Außerdem, und in diesem Rahmen interessanter zu betrachten, gehört Katastrophenschutz zu den Kernaufgaben oder „ständigen Aufgaben" des Staates, die nicht an Dritte veräußert werden dürfen[34], sowie um

---

[26] Vgl. *Cronenburg*, Katastrophenschutz, in: Kloepfer, Michael (Hg.), S. 21.
[27] Siehe *Brümmerhof*, Finanzwissenschaft, S. 226.
[28] Siehe *Brümmerhof*, Finanzwissenschaft, S. 228.

[29] Vgl. *Meier* und *Warneke*, Privatisierung öffentlicher Bereiche, S. 1.
[30] Vgl. *Lufthansa*: 50 Jahre Lufthansa.
[31] Vgl. *Magistrat der Stadt Darmstadt* (Hg.), Debatte um die Abwassergebühren, in: Wissenschaftsstadt Darmstadt.
[32] Politikversagen kann durch Fehlinformation öffentlicher Entscheidungsträger aber auch durch Nichtorientierung der Entscheidungsträger am Allgemeininteresse entstehen. Für eine ausführlichere, volkswirtschaftliche Betrachtung von Politikversagen und seinen Konsequenzen siehe *Corneo*, Öffentliche Finanzen, S. 21f.
[33] Vgl. *Brümmerhof*, Finanzwissenschaft, S. 228.
[34] *Battis*, Der Staat, in: Orientierungen zur Wirtschafts- und

eine hoheitliche Befugnis, die laut Art. 33 Abs. 4 GG nicht dauerhaft an Dritte abgegeben werden dürfen[35]. Umso mehr gilt dies für den KatS, als es sich dabei – im Gegensatz zur Bereitstellung einer Bundesbahn – um lebenserhaltende Maßnahmen für die Bevölkerung handelt und folglich vom Art. 2 Abs. 2 S. 1 GG betroffen ist. Privatisierte Unternehmungen sind regelmäßig effizienter im Sinne von Effizienz 1, aber dadurch notwendigerweise auch „schlanker" und womöglich krisenanfälliger. Als Beispiel sei hier nur die Krise der Bahn in Großbritannien genannt, die nach ihrer Privatisierung in ernsthafte finanzielle Schwierigkeiten geriet und den Schienentransport nicht mehr zu den gleichen Preisen wie vorher unter staatlicher Ägide leisten konnte. Gleiches könnte theoretisch bei einer Privatisierung des KatS passieren, wenngleich er nicht von den Zahlungen individueller Bürger sondern von staatlichen Zuwendungen abhängig wäre (wobei auch das in Ansätzen denkbar wäre – eine Feuerwehr wird nur von Zahlungen ansässiger Bürger finanziert), da der KatS ein öffentliches Gut ist. Die österreichische Industriellenvereinigung beispielsweise kommt in einer Studie über eine Reform der Staatstätigkeit zu dem Schluss, der KatS sei eine Kernaufgabe der österreichischen Regierung und somit nicht zu privatisieren[36].

Vor diesem Hintergrund muss also sorgfältig abgewogen werden, ob die Privatisierung von Teilen des KatS nicht nur Effizienz fördernd sondern auch verfassungsgemäß und sicherheitstechnisch sinnvoll ist.

Nichtsdestotrotz gibt es Bemühungen gerade bei bereits privaten Hilfsorganisationen mehr Wettbewerb zu schaffen und diesen einen größeren Anteil an der Katastrophenbekämpfung zu gewähren. Beispielhaft sei hier eine Änderung des brandenburgischen Gesetz zur „Neuregelung des Landesorganisationsrechts und zur Umsetzung des Haushaltssicherungsgesetzes", das im § 6 Privatisierung ausdrücklich fordert – soweit sie nicht Kernkompetenzen der Landesverwaltung betrifft[37]. Auf internationaler Ebene nehmen zudem mehr und mehr Nichtregierungsorganisationen am Katastrophenschutz teil. Dies könnte zu Effizienzsteigerungen führen, trägt aber immer die Gefahr in sich, dass nur medienwirksame Katastrophen ausreichend berücksichtigt werden[38].

Zuletzt sei hier auf die potenzielle Unverantwortlichkeit von Privaten hingewiesen, die ja, anders als der nach Effizienz strebende Staat, nicht dem Wohl der Gemeinschaft, sondern ihrem Gewinn verpflichtet sind[39]. Dabei kann demnach das Ziel der Gewinnmaximierung dem Ziel des Rettens von Menschenleben entgegenstehen und Effizienz 2 würde massiv darunter leiden. Diese Problematik wird im Abschnitt Korruptionsprävention noch einmal von einer anderen Seite beleuchtet.

II. Public Private Partnerships

Unproblematischer und im KatS bereits vielfach angewendet stellen sich Public Private Partnerships (PPP) dar[40]. Dabei handelt es sich um eine vertraglich geregelte Aufgabenteilung zwischen Staat und Privaten, in denen normalerweise der Staat Private dafür bezahlt, dass sie bei der Zielerreichung mithelfen[41].

So vermittelte das BBK im Saarland den Einsatz privater Helikopter bei zukünftigen Katastropheneinsätzen, die neben den Helikoptern von Bundeswehr und Polizei eingesetzt werden können. Dies ist Kosten sparend (Effizienz 1), weil so die teuer zu beschaffenden Maschinen nur im Bedarfsfall angefordert und nicht dauerhaft unterhalten werden müssen[42]. Ein anderes Beispiel ist der Bau einer Feuerwache in Hanau, die als PPP-Projekt läuft. Ein Privater baut die Wache und übernimmt das Gebäudemanagement, während die Kommune das Gebäude mietet und nach und nach in Ratenzahlungen kauft. So spart die Kommune laut eigenen Angaben 10% der Kosten im Vergleich zu einem eigenen Bauvorhaben und außerdem verringert sich die Bauzeit um vier Monate[43]. Die Leistung der Feuerwehr sollte dadurch hingegen nicht beeinträchtigt werden. Die Wache kann stattdessen sogar vier Monate früher die Einrichtungen nutzen, was einem Effizienzgewinn 1 & 2 entspricht.

Ähnliche Nachteile bestehen wie bei kompletten Privatisierungen in der höheren Risikoträchtigkeit von PPP. So könnte z.B. das Bauunternehmen, das die Wache bauen soll, Insolvenz anmelden. Außerdem verfolgt das Bauunternehmen als vorrangiges Ziel möglicherweise nicht den Bevölkerungsschutz sondern Gewinnmaximierung. Weiterhin ergeben sich Schwierigkeiten durch Mangel an Akzeptanz seitens der Mitarbeiter, die mit dem PPP-Vorhaben in Berührung kommen. Privaten wird außerdem oft zu wenig Freiheit bei der Konzeption von Projekten gelassen, wodurch Effizienz 1 erheblich eingeschränkt werden kann[44]. Gerade aber im KatS existieren strenge Richtlinien für die Ausführung von Maßnahmen, die nicht unbedingt mit Blick auf Wirtschaftlichkeitsfaktoren erlassen worden sind.

Grundsätzlich scheinen aber PPP-Projekte aufgrund der zahlreichen bereits unternommenen Realisierungen ein wirksames Instrument zur Effizienzsteigerung des KatS zu sein.

III. Zentralisierung auf EU-Ebene

Konträr zum Privatisierungstrend und einhergehenden Effizienzsteigerung durch Dezentralisierung gibt es auch eine gegenläufigen Strömung, nämlich die Zentralisierung von Kompetenzen bei der Europäischen Union.

Die oben bereits erwähnten Maßnahmen zur Koordinierung von Katastropheneinsätzen sollen laut Vorschlag der Kommission durch ein Krisenreaktions-

---

Gesellschaftspolitik 97 (3/2003), S. 8 ff.

[35] Zu weiteren verfassungsrechtlichen Einschränkungen vgl. *Battis*, Stellungnahme zum Fragenkatalog, S. 13.

[36] Vgl. *Höllerer* und *Mara*, Staatsaufgaben, S. 14.

[37] Siehe *Präsident des Landtages Brandenburg* (Hg.), Gesetz- und Verordnungsblatt für das Land Brandenburg, S 188.

[38] Siehe *Deichman*, Die Macht der NGOs, in: Cicero (1/2008), S. 105.

[39] Siehe zu dieser Problematik *Timmermann*, Wirtschaftliches Handeln, in: von Arnim, H.H. und Lüder K. (Hg.), S. 53ff.

---

[40] Zu den einfachgesetzlichen Regelungen von PPP siehe *Battis*, Stellungnahme zum Fragenkatalog, S. 15f.

[41] Vgl. *Meier* und *Warneke*, Privatisierung öffentlicher Bereiche, S. 4.

[42] Vgl. *Fuchs*, BBK.

[43] Siehe *Dölle*, Feuerwache Hanau.

[44] Vgl. *Battis*, Stellungnahme zum Fragenkatalog, S. 17.

instrument verstärkt werden[45]. Inwiefern ein solches Instrument zumindest in Deutschland für eine Effizienzsteigerung sorgen würde, ist fraglich. Entweder würden deutsche und europäische Katastrophenschützer in Konkurrenz zueinander auftreten oder die Hilfskräfte auf EU-Ebene würden sich gemäß Subsidiaritätsprinzip zurückhalten, was einer *de facto* Nichtexistenz des Krisenreaktionsinstruments gleich käme, mithin aber weiter Kosten verursachen würde (Senkung der Effizienz 1). Vor diesem Hintergrund ist kritisch zu betrachten, dass die Mittel für den europäischen KatS von derzeit 7 Mio. € auf 31 Mio. € im Jahre 2013 aufgestockt werden sollen[46].

Bei bisherigen Einsätzen bei Waldbränden in Spanien und zuletzt in Griechenland wurde der EU ein eher schlechtes Zeugnis ausgestellt, es fehle vor allem an Kapazitäten[47]. Abgesehen von der zweifelsohne erfreulichen Integrationswirkung eines vergrößerten EU-KatS (EU-Eingreiftruppe) scheint es hier aber effizienter sowohl im Sinne von Effizienz 1 als auch 2 zu sein, mit EU-Geldern nationale KatS-Kapazitäten vor Ort zu fördern statt eine zentrale und damit of ferne, immobile Eingreiftruppe zu unterhalten. Die weitere Zentralisierung von KatS auf EU-Ebene mutet daher im Hinblick auf Effizienz als ein wenig fruchtbarer Weg an.

Der Solidaritätsfonds läuft eher in diese Richtung, nimmt er doch lediglich eine Umverteilung von Finanzen vor. Im Herbst 2007 z.B. schlug die EU-Kommission vor, Deutschland mit 166,9 Mio. € bei der Behebung von Sturmschäden zu unterstützen. Dafür beteiligt sich Deutschland aber auch an den 1 Mrd. €, die jedes Jahr von den Mitgliedsländern für den Fonds zur Verfügung gestellt werden[48].

Abschließend bleibt die Betrachtung der Korruptionsminderung

IV. Korruptionsprävention
Bei der Bekämpfung von Korruption wird immer mehr vor allem auf die Prävention gesetzt[49]. Dies ist sinnvoll, weil eine hohe Dunkelziffer bei Korruptionsdelikten wahrscheinlich ist, demnach punitive Maßnahmen wenig Wirkung zeigen, und weil es bei Korruptionsdelikten keine direkten Opfer gibt[50]. Präventive Maßnahmen beinhalten Rotation von Amtsinhabern, Risikoanalysen (Identifikation besonders gefährdeter Arbeitsgebiete) und das Mehr-Augen-Prinzip (Vertragsabschlüsse mit mehr als einer Person), um hier nur einige zu nennen[51]. Diese relativ einleuchtenden Konzepte bereiten in ihrer Umsetzung jedoch regelmäßig Probleme[52].

Weiterhin werden negative Anreize gesetzt. So sollen beispielsweise strikte Anzeigepflichten Anreize für so

genannte *whistleblower* – organisationsinterne Personen, die von Korruption wissen und dies kundtun – setzen, ihre Kenntnisse öfter an die Öffentlichkeit zu tragen und dadurch die Anreize für Korruption senken. Bei Unterlassung des *whistleblowing* führt dies in Nordrhein-Westfalen nach einer Gesetzesänderung neuerdings zu einer Strafbarkeit wegen Strafvereitelung nach §§ 258, 258a StGB wegen Unterlassen[53].

Kurz soll noch darauf aufmerksam gemacht werden, dass mit zunehmender Privatisierung und Wettbewerbsförderung im KatS auch die Gefahr der Korruption bei der Auftragsvergabe zunehmen kann.

V. Zusammenschau der betrachteten Maßnahmen
Von den hier betrachteten Maßnahmen erhalten PPP die besten Noten, was die Effizienzsteigerung betrifft. Die Konzentration auf EU-Ebene birgt Gefahren für zu starke Zentralisierung und Kompetenzüberschneidungen in sich, während komplette Privatisierungen verfassungsrechtlich bedenklich sind. Korruptionsbekämpfung ist nicht nur im Hinblick auf KatS wünschenswert, jedoch bleibt unklar, inwiefern sie zur Effizienzsteigerung beiträgt.

E. Fazit
Die Effizienzsteigerung von Katastrophenschutz hängt zum einen von den möglichen Verbesserungen durch Aufgabenverlagerung, Bündelung von Kompetenzen bei gleichzeitiger Nähe zum Geschehen und (teilweisen) Privatisierungen ab. Zum anderen finden aber diese Maßnahmen, vor allem die Privatisierung ihre berechtigten Grenzen in der Verfassung, die den Katastrophenschutz zu den Kernkompetenzen des Staates zählt. Die vorangegangenen Betrachtungen führten zu dem Schluss, dass der derzeitige Katastrophenschutz in Deutschland bereits gut aufgestellt ist, es aber verschiedene Verbesserungsmöglichkeiten gibt, die teilweise betriebswirtschaftlich (Effizienz 1), teilweise mit ihrer Qualitätsverbesserung (Effizienz 2) begründet sind. Zu prüfen ist aber in jedem einzelnen Fall, ob die jeweilige Maßnahme tatsächlich zu einer Erhöhung der Effizienz beiträgt, was sich besonders im Fall von Effizienz 2 und der seltenen Häufigkeit von Katastrophen als schwierig erweist.

Abschließend sei darauf hingewiesen, dass die Entwicklung von neuen Technologien vor allem im Bereich der Koordinierung und Kommunikation des Katastrophenschutz zu Effizienzgewinnen sowie einer effizienteren Katastrophenvermeidung führen können[54]. Im Lichte solcher Innovationen sollte der Staat offen für die Nutzung von Neuerungen im Katastrophenschutz sein. Bei der zügigen Anwendung dieser Innovationen kann er sicherlich von den Privaten lernen, die im Wettbewerb untereinander zur Einführung gezwungen sind. – Der Staat steht hier stattdessen im Wettbewerb zu Katastrophen.

---

[45] Siehe *Europäische Kommission*, Gesamtbericht über die Tätigkeiten der Europäischen Union 2005, S. 148
[46] Siehe *Europäische Kommission*, Fragen und Antworten zum EU-Verfahren für den Katastrophenschutz.
[47] Vgl. *Asendorpf*, Der Kampf gegen die Feuerteufel, in: Die ZEIT (36/2007), S. 37.
[48] Vgl. *EU Aktuell*, Hilfe für Sturmschäden in Deutschland, Europäische Gemeinschaften.
[49] Siehe *Nagel*, Maßnahmen zur Korruptionsbekämpfung, S. 240.
[50] Vgl. *Bannenberg*, Korruption, in: Bundeskriminalamt, 447f.
[51] Vgl. *Korte*, Korruptionsprävention, in: Dölling (Hg.), S. 296f.
[52] Siehe *Bannenberg*, Korruption, in: Bundeskriminalamt, 460ff.

[53] Vgl. *Korte*, Korruptionsprävention, in: Dölling (Hg.), S. 324.
[54] Siehe dazu umfassend beispielsweise *Barth*, Weltraumtechnik für die Umwelt.

Ethik im Katastrophenfall
Utilitaristische Betrachtungen am Beispiel der Luftsicherheitsgesetzproblematik

von **Alexander Steinforth**, Münster/Oxford

Die beachtliche Menge an juristischen Publikationen, die seit dem 15. Februar 2006, dem Tag des Luftsicherheitsgesetzurteils des Bundesverfassungsgerichts, zu selbigem Thema hervorgebracht wurden, sind ein Indiz für die juristische Brisanz und Streitbarkeit der damit verbundenen Thematik.

Einer der Schwerpunkte der Diskussion liegt hierbei auf der Vereinbarkeit des Abschusses von besetzten Passagierflugzeugen mit den grundgesetzlich verankerten Normen zum Recht auf Leben und zur Würde des Menschen.

In ihrer Urteilsbegründung verweisen die Verfassungsrichter bezüglich dieser Problematik auf einen – aus ihrer Sicht – einschlägigen moralischen Grundsatz, der einen solchen Abschuss verböte: Der Staat dürfe nicht das Leben eines Unschuldigen gegen das Leben eines oder mehrerer anderer Unschuldiger eintauschen.

Der vorliegende Beitrag beschäftigt sich mit der Angreifbarkeit dieser Argumentation des Bundesverfassungsgerichts aus philosophischer Sicht und möchte alternative Denkansätze aufzeigen, vornehmlich aus dem Bereich der ethischen Theorien des Utilitarismus.

A. Ethik und Katastrophen

Seit den Tagen Ciceros steht der Begriff „Ethik" für eines der zentralen Felder der Philosophie: Die Lehre der Moral.[1] Was *gut* und was *richtig*, was *schlecht* und was *falsch* ist – dies zu entscheiden soll uns mit Hilfe ethischer Grundsätze erleichtert werden. Die Ethik als Teil der praktischen Philosophie befasst sich dabei vornehmlich mit dem menschlichen Handeln, um uns Antworten auf die Frage, wie man sich in einer gegebenen Situation richtigerweise verhalten solle, zu liefern.[2]

Die Berührungspunkte zwischen der philosophischen Disziplin der Ethik und Katastrophenfällen, also Großschadensereignissen, die eine gegenwärtige Gefahr für eine Vielzahl von bedeutenden Rechtsgütern darstellen[3], sind vielfältig: In Katastrophensituationen, die eine Bedrohung für die körperlichen Unversehrtheit oder gar das Leben mehrerer potentieller Schadensopfer darstellen, können sich die verantwortlichen Behörden und die beteiligten Hilfskräfte in Extremfällen etwa vor die Wahl gestellt sehen, dass aufgrund von Zeit- oder Ressourcenknappheit nur einer bestimmten Opfergruppe rechtzeitig geholfen werden kann, für eine andere Gruppe damit jedoch jede Hilfe zu spät kommt. Hier hätten sich die Verantwortlichen somit die Frage zu stellen, welcher Gruppe tatsächlich die realisierbare

Hilfe zu Gute kommen sollte: Sind es diejenigen Opfer mit den größten Überlebenschancen, die zuerst versorgt, geborgen oder gerettet werden sollten? Oder im Gegensatz dazu gerade die Schwächsten oder am schwersten Verwundeten? Wie und in welchem Umfang darf die Anzahl der möglicherweise zu rettenden Personen die Entscheidung beeinflussen? Dies sind beispielhafte Fragen, die sich in einer solchen Extremsituation tatsächlich stellen können und bei deren Beantwortung auch ethisch-moralische Überlegungen einbezogen werden sollten.

Ein noch extremeres, jedoch aufgrund leidvoller Erfahrungen aus der Vergangenheit nicht auszuschließendes Katastrophenszenario, in dem sich die zuständigen Entscheidungsträgern einem vergleichbaren philosophischen Dilemma ausgesetzt sähen, ist das Folgende: Terroristen kapern ein voll besetztes Passagierflugzeug und drohen damit, es als Waffe gegen ein ziviles Ziel einzusetzen. Für die Regierung des betroffenen Staates, über dessen Territorium sich die Flugzeugentführung ereignet, bieten sich grundsätzlich zwei Handlungsalternativen, nämlich: a) die Terroristen gewähren zu lassen und damit nicht nur den sicheren Tod der Flugzeuginsassen in Kauf zu nehmen, sondern auch ein möglicherweise Vielfaches an Opfern zu riskieren, sollte das zivile Ziel etwa ein voll besetztes Sportstadion sein; oder b) der Versuch, das Flugzeug über möglichst dünn besiedeltem Gebiet abzuschießen, um so die Zahl der Opfer auf ein Minimum zu reduzieren.

Eben diese Überlegungen (sowie der Versuch, einen gesetzlich normierten Ausweg aus dieser Situation zu finden) liegen der so genannten Luftsicherheitsgesetzdebatte zu Grunde.

B. Das Luftsicherheitsgesetz und seine Hintergründe
I. Hintergrund

Nachdem die Terroranschläge vom 11. September 2001 in den USA zum ersten Mal das von zu Waffen umfunktionierten Flugzeugen ausgehende Gefahrenpotential in das öffentliche Bewusstsein rückten, bildete in Deutschland vor allem der im Januar 2003 stattgefundene Irrflug eines Sportflugzeugs durch die Frankfurter Innenstadt, bei dem der geistig verwirrte Pilot damit drohte, sich in eines der örtlichen Hochhäuser zu stürzen, den Anlass für diesbezügliches gesetzgeberisches Handeln:[4] Um zukünftig eine gesetzliche Grundlage für das Handeln der zuständigen Stellen in ähnlich gelagerten Bedrohungssituation zu haben (aber auch um allgemeine Sicherheitsfragen im Flugverkehr neu zu regeln), verabschiedete der Bundestag deshalb am 11. Januar 2005 das Gesetz zur Neuregelung von Luftsicherheitsaufgaben. Artikel 1

---

[1] *G.E. Moore*, Elements of Ethics (überarbietet durch Tom Regan), 1991, Philadelphia, S.7 ff.
[2] *R. B. Brandt*, Ethical Theory, 1959, Englewood Cliffs, 1959, S. 1 ff.
[3] So etwa § 2 Abs. I des Gesetzes über die Gefahrenabwehr bei Katastrophen (KatSG) des Landes Berlin.
[4] *BVerfGE* 115, 118 (119 f.)

dieses Gesetzes behandelt dabei das Herzstück der Neuregelung, das so genannte Luftsicherheitsgesetz (LuftSiG).[5]

Inhaltlich befasst sich das Luftsicherheitsgesetz mit einem breiten Spektrum von Sicherheitsfragen im Luftverkehr, so z.B. mit nicht zulässigen Gegenständen an Bord eines Flugzeuges oder der Zuverlässigkeitsprüfung von Bediensteten im Flugsektor.[6] Den Stein des öffentlichen Anstoßes bildeten dabei die §§ 13 bis 15 LuftSiG, die den möglichen Einsatz der Bundeswehr in bestimmten Gefahrensituationen des Luftverkehrs regeln sollten. Die gesetzlich geregelte Möglichkeit des obrigkeitlichen Abschusses einer besetzten Passagiermaschine erregte die Gemüter schließlich dermaßen, dass sich das Bundesverfassungsgericht mit einer hiergegen gerichteten Klage befassen musste. Die Klageführer konzentrierten sich dabei vornehmlich auf § 14 III LuftSiG, der den Abschuss von besetzten Passagiermaschinen als ultima ratio zur Vermeidung noch schwerwiegenderer Katastrophen erlaubte. Sie führten dabei an, der Staat legitimiere hiermit das vorsätzliche Töten von Menschen, die „nicht Täter, sondern Opfer eines Verbrechens geworden sind"[7]. Dies verstöße gegen Art. 1 I GG (Würde des Menschen) und Art. 2 II 1 GG (Recht auf Leben) verstöße. Die dem § 14 III LuftSiG inhärente Regelung degradiere potentiell unschuldige Insassen eines entführten Flugzeuges zu reinen Objekten staatlichen Handelns, deren Leben im Ernstfall durch den zuständigen Minister geopfert würde, sofern hierdurch eine mengenmäßig größere Opferzahl verhindert werden könne. Eine Abwägung „Leben gegen Leben" sei jedoch unzulässig, der Staat dürfe nicht in der Hoffnung auf Rettung einer Gruppe von Unschuldigen andere Unschuldige töten.[8] (Darüber hinaus verwiesen die Beschwerdeführer in ihrer Klage auf die nicht erfolgte Zustimmung des Bundesrates zu dem in ihren Augen zustimmungsbedürftigen Gesetzesentwurf sowie auf die angeblich ungeklärten Rechtsfragen bzgl. eines Einsatzes der Bundeswehr im Inneren[9].)[10]

II. Urteilsspruch

Mit seinem Urteilsspruch vom 15. Februar 2006 erklärte das BVerfG den § 14 III LuftSiG für unvereinbar mit dem Grundgesetz und deshalb für nichtig. In der Urteilbegründung heißt es hierzu, der Abschuss eines von Terroristen entführten Flugzeug sei zwar nicht grundsätzlich verfassungswidrig, ein Verstoß läge jedoch unmittelbar dann vor, wenn dies den Tod unschuldiger, sich an Bord des abgeschossenen Flugzeugs befindenden Personen zur Folge hätte.[11] Dem Staat sei es untersagt, die grundgesetzlich garantierte Menschenwürde (Art. 1 I GG) und das ebenso geschützte Recht auf Leben (Art. 2 II 1 GG) durch eigene Maßnahmen – wie den Abschuss

unschuldiger Personen an Bord eines entführten Flugzeugs – zu verletzten. Die beiden Grundrechtsartikel seien Normen, deren persönlicher Schutzbereich jedermann umfasse – unabhängig von dessen gesundheitlichen oder sozialen Status, ja selbst unabhängig von der noch zu erwartenden Lebensdauer der einzelnen Person. Im Widerspruch zu der hierdurch aufgetragen Verpflichtung, das Leben der unschuldigen Flugzeuginsassen bis zuletzt zu schützen, mache der Staat sie jedoch im Falle einer auf § 14 III LuftSiG gestützten Abwehrmaßnahme zu reinen *Objekten* seines Handelns. Die Insassen seien dem staatlichen Handeln somit wehr- und hilflos ausgeliefert, was bei einem tatsächlich erfolgten Abschuss den mit an Sicherheit grenzender Wahrscheinlichkeit resultierenden Tod selbiger zur Folge hätte. Diese Vorgehensweise missachte jedoch die *Subjekt*eigenschaft der Betroffenen, die sie mit Würde und unveräußerlichen Rechten ausstatte. Eine Tötung zur Rettung des Lebens Dritter führe jedoch zu einer Verdinglichung und Entrechtlichung dieser Insassen.[12] Auch der Rechtfertigungsversuch einer Abschussermächtigung mit Verweis auf die staatliche Schutzpflicht zugunsten derjenigen Personen, gegen die das entführte Flugzeug in seiner Eigenschaft als umfunktionierte Waffe eingesetzt wird, sei nicht zulässig.[13]

C. Urteilsanalyse aus ethischer Sichtweise

I. Einführung in die Problematik

Den Gegenstand der nachfolgenden Analyse bildet die dem Luftsicherheitsgesetzurteil innewohnende Ablehnung der Verfassungsrichter, durch das Opfern von gewisser Anzahl von unschuldigen, ohnehin dem Tod geweihten Menschen (unschuldige Insassen des Flugzeugs) das Leben einer anderen Gruppe von Menschen (unschuldige Dritten, die durch das zielgerichtete Nutzen des Flugzeugs als Waffe von den Terroristen getötet werden würden) zu retten sowie die philosophische Begründung dieser Ablehnung. Untersucht werden soll, ob es tatsächlich – wie von den Verfassungsrichtern angeführt – ethisch nicht zu vertreten sei, in einem Flugzeugentführungsfall das Leben einer Gruppe von unschuldigen, jedoch bereits verlorenen Menschen zu opfern, um das Leben einer weiteren, durch entsprechendes Handeln noch zu rettenden Personengruppe zu bewahren. Aus Vereinfachungsgründen werden dabei Unsicherheitsfaktoren wie die Möglichkeiten, dass die Terroristen das Flugzeug doch im letzten Moment noch vom Anschlagsziel fortsteuern könnten oder dass etwa bei einem tatsächlich erfolgten Abschuss die Anzahl der am Boden durch herabstürzende Flugzeugteile getöteten Menschen die der bei einem Einschlag im ursprünglichen Ziel umgekommenen Personen übersteigen würde, ausgeklammert.

II. Unterschiedliche Wege der philosophischen Annäherung

1. Die Argumentation des BVerfG: Ausgangslage der Untersuchung ist somit das auf die Kernproblematik

---

[5] *BVerfGE* 115, 118 (121 f).

[6] *Giemulla/van Schyndel*, Luftsicherheitsgesetz, 2006, Luchterhand, S. 1 ff.

[7] *BVerfGE* 115, 118 (126).

[8] *BVerfGE* 115, 118 (127).

[9] *Schenke*, Die Verfassungswidrigkeit des § 14 III LuftSiG, NJW 2006, 736 (736ff.).

[10] Die folgende Untersuchung wird sich jedoch auf eine Analyse des zuerst genannten Beschwerdegrundes beschränken.

[11] *BVerfGE* 115, 118 (151 f.).

[12] *BVerfGE* 115, 118 (154).

[13] *BVerfGE* 115, 118 (159 f.).

beschränkte (und so auch vom BVerfG in seinen elementaren Überlegungen zugrunde gelegte) Szenario, das dem Staat zwei Handlungsmöglichkeiten offen lässt: Zum einen die „passive" Variante, in der kein Abschuss des entführten Flugzeugs erfolgt und die Terroristen somit zumindest nicht mit militärischen Mitteln an ihrem Vorhaben gehindert werden; zum anderen die „aktive" Variante, in der das Flugzeug über möglichst unbewohntem Gebiet abgeschossen wird.

Die Artikel 1 und 2 des Grundgesetzes auslegend, verweisen die zuständigen Richter bei ihrer Ablehnung eines Abschusses auf der philosophischen Ebene schwerpunktmäßig auf die Subjektfähigkeit eines jeden Individuums – mit allen an diesen Status geknüpften Konsequenzen. Zentraler Begriff ihrer Ausführungen ist dabei die Menschenwürde, an der sich die Argumentationskette der Richter im Wesentlichen orientiert. Im Zentrum ihrer Überlegung, ob ein Abschuss erlaubt werden sollte oder nicht, steht deshalb die Frage der Vereinbarkeit solchen Handelns mit der Würde jedes der unschuldigen Flugzeuginsassen. Basierend auf ihrer Interpretation, dass ein auf § 14 III LuftSiG gestütztes Handeln die Insassen zusätzlich zu ihrer wehrlosen Position gegenüber den Terroristen zu bloßen Objekten des staatlicher Willkür werden ließe, verneinen die Richter dies. Ein Ausweichen vor dem staatlichen Vorgehen sei für die Betroffenen nicht mehr möglich, sie seien der Obrigkeit demnach „wehr- und hilflos ausgeliefert". Dies missachte die „Betroffenen als Subjekte mit Würde und unveräußerlichen Rechten". Sie würden als reine *Mittel* zur Rettung anderer Menschen benutzt („verdinglicht") und ihnen würde „der Wert abgesprochen, der dem Menschen um seiner selbst willen zukommt."[14]

Die rechtlich-philosophische Grundlage dieser Argumentation bildet dabei eine in der Rechtssprechung des Bundesverfassungsgerichts mehrfach verwendete Leitlinie: Die so genannte Objektformel.[15] Gemäß dieser Entscheidungshilfe ist die positiv nicht zu definierende Menschenwürde jedenfalls dann verletzt, wenn der Mensch zum „reinen Objekt staatlichen Handelns" gemacht werde.[16] Jedes Handeln, das die gebotene Achtung vor demjenigen Wert missachte, der jeder Person kraft ihres „Personseins" zustehe, sei unzulässig.[17]

In der philosophischen Rechtfertigung der Objektformel berufen sich ihre Unterstützer auf die Überlegungen Immanuel Kants.[18] Die diesbezügliche Kernaussage findet sich dabei in Kants „Grundlegung zur Metaphysik der Sitten": „Was einen Preis hat, an dessen Stelle kann auch etwa anderes, als Äquivalent gesetzt werden; was dagegen über allen Preis erhaben ist, mithin kein Äquivalent verstattet, das hat eine Würde."[19] Für die

Begründer der Objektformel folgte hieraus, dass der über „allen Preis erhabene" Mensch niemals zu einem bloßen Mittel, also einer „vertretbaren Größe" herabgewürdigt werden dürfe[20].

Die Treue des Bundesverfassungsgerichts zur kantianischen Objektformel, das seit Beginn der 1950er-Jahre in Fragen der Menschenwürde stetig denselben, hierauf begründeten Standpunkt vertrat, darf verwundern, bedenkt man, dass der philosophische Gehalt der Objektformel keineswegs unumstritten ist. Lässt man hierzu etwa Arthur Schoppenhauer zu Wort kommen, so bezeichnet dieser Kants Würdedefinition im Spannungsfeld zwischen Zweck und Mittel zwar als einen zunächst bedeutend klingenden Satz, der jedoch besonders für diejenigen geeignet sei, „welche gern eine Formel haben mögen, die sie alles fernern Denkens überhebt." Bei genauerer Betrachtung fiele auf, dass die Formel Kants „höchst vage", „unbestimmt", „wenig sagend und noch dazu problematisch" sei[21]. Dieser in der Philosophie durchaus weit verbreitete Standpunkt wurde für die vorliegenden Zwecke wohl am prägnantesten von Schönecker / Wood kommentiert, die anführen, dass Kant in seinen Schriften an keiner Stelle begründe, *weshalb* „vernünftige Wesen" (Menschen) denn überhaupt den von ihm proklamierten absoluten Wert haben sollten. Das Fehlen einer klar ausgearbeiteten Werttheorie mache jedoch auch das Ableiten konkreter Pflichten unmöglich[22].

Dies deutet an, dass Teile der Kant'schen Würdedefinition auf philosophischer Ebene mehr Ablehnung denn Unterstützung hervorrufen und steigert nur das Erstaunen über das doch scheinbar unreflektierte Übernehmen eben dieser Passagen in die ständige Rechtssprechung des Bundesverfassungsgericht. *Weshalb* nämlich die Würde des Menschen grundsätzlich unantastbar sei, wird von Kant tatsächlich nicht näher ausgeführt, sondern als gegeben dargestellt.

Einer auf solch angreifbarer Argumentationsgrundlage beruhenden Formel als unumstößlicher und absoluter Wahrheit in einer brisanten Thematik wie der Menschenwürde über Jahrzehnte kritiklos zu folgen, legt geradezu die Vermutung nahe, dass unbequeme und unpopuläre, jedoch inhaltlich notwendige Diskussionen bisweilen mit einfachem Verweis auf vorangegangene höchstrichterliche Rechtssprechung vermieden wurden. Berechtigterweise wurden als Reaktion hierauf jedoch in jüngster Vergangenheit Stimmen laut, die von der rein Kant'schen Bestimmung des Würdebegriffs abrückten und vorschlugen, bei der Frage, welches staatliche Verhalten gegen die Würde des Menschen verstöße, zu Einzelfallabwägungen überzugehen[23]. Es bleibt zu hoffen, dass dies den Weg für ein kritisches Hinterfragen der Objektformel ebnen möge.

---

[14] *BVerfGE* 115, 118 (154).

[15] *Schenke*, Die Verfassungswidrigkeit des § 14 III LuftSiG, NJW 2006, 736 (738).

[16] Zuerst bei: *J. Wintrich*, FS Laforet, 1952, S. 227, 235f; siehe auch: *BVerfGE* 27, 1 (6); *BVerfGE* 45, 187 (228 f.), *BVerfGE* 96, 357 (399).

[17] Siehe etwa: *BVerfGE* 30, 1 (25 f.); *BVerfGE* 109, 279 (311 f.).

[18] *Schenke*, Die Verfassungswidrigkeit des § 14 III LuftSiG, NJW 2006, 736 (738).

[19] *Kant*, Grundlegung zur Metaphysik der Sitten, 2. Abschnitt, RdNr 434.

[20] *Dürig*, in: *Maunz/Dürig*, Grundgesetz, Art. 1 Abs. 1, RdNr 28, 1958, München.

[21] *Schopenhauer*, Die Welt als Wille und Vorstellung, Erster Band, 3 Auflage, 1859, Leipzig, S, 489 ff.

[22] *Schönecker/Wood*, Kants „Grundlegung zur Metaphysik der Sitten" – Ein einführender Kommentar, 3. Auflage, 2004, Stuttgart.

[23] So etwa: *Herdegen*, in: *Maunz/Dürig*, Grundgesetz, Art. 1 Abs. 1, RdNr 45, 2002, München.

2. Utilitaristische Analyse: Im Zuge eines Hinterfragens der Objektformel wäre die Suche nach ergänzenden oder alternativen Orientierungshilfen eröffnet, die der Staat bei der ethischen Beurteilung seines eigenen Handelns anlegen sollte. Bei unvoreingenommener Herangehensweise müssten in diesem Zusammenhang auch die Ideen des Utilitarismus Beachtung finden, die zwar ebenfalls nicht unumstritten sind, jedoch nicht nur eine der einflussreichsten Schulen ethischen Denkens widerspiegeln, sondern im Einzelfall auch zu zeitgemäßeren, problemorientierteren und letztlich gerechteren Ergebnissen führen könnten.

a) *Einführung in den Utilitarismus*: Maßgeblich von den beiden britischen Philosophen Jeremy Bentham und John Stuart Mill geprägt, gilt vor allen Dingen Mills Werk gleichen Titels als einflussreichste Schrift auf dem Gebiet der utilitaristischen Ethikbetrachtung. In *„Utilitarianism"* erläutert Mill seine auf Benthams Überlegungen[24] basierende, jedoch leicht adaptierte Theorie, deren Anwendung valide Antworten auf die häufig auftretende Frage, welche Handlungsweise in einer gegebenen Situation aus ethischer Sicht als richtig, welches als falsch zu gelten habe, liefern soll[25].

Den Kern von Mills in *„Utilitarianism"* ausgedrückten Überlegungen bildet dabei die Kombination zweier philosophischer Grundprinzipien, dem *konsequentialistischen* Prinzip und dem *hedonistischen* Prinzip: Nach dem konsequentialistischen Prinzip wird die Richtigkeit bzw. Unrichtigkeit einer bestimmten Handlung nach den aus ihr resultierenden Auswirkungen bzw. Konsequenzen beurteilt. Gemäß dem hedonistischen Prinzip ist die einzig (in sich selbst) gute Sache auf der Welt Glück, die einzig (in sich selbst) schlechte Sache auf der Welt Schmerz bzw. Unglück. Die Kombination dieser beiden Prinzipien, die in ähnlicher Form auch von Bentham als „Maximum-Happiness-Principle" entwickelt wurde und die Grundlage allen ultilitaristischen Denkens bildet, könnte wie folgt formuliert werden: *Die Richtigkeit einer Handlung wird immer anhand des aus ihr resultierenden Glücks aller beteiligten Personen bestimmt.* Oder aber einfacher ausgedrückt: *Eine Handlung ist nur dann richtig bzw. rechtens, wenn in der gegebenen Situation keine alternative Handlungsmöglichkeit besteht, deren Realisierung eine größere Summe absoluten Glücks in der Welt zur Folge hätte.*[26]

Wollte man aus dieser Grundüberlegung eine allgemein gültige Handlungsanweisung für die Menschheit ableiten, etwa *„Handle in jeder gegebenen Situation so, dass Dein Tun das größtmögliche Maß an Glück zur Folge hat!"*, so stellt sich zu allererst die Frage, was genau in diesem Zusammenhang mit Glück gemeint ist. Mill definierte Glück ganz allgemein als „intended pleasure and the absence of pain"[27], also bezweckte

Freude und das Nichtvorhandensein von Schmerz. Zum genaueren Verständnis muss and dieser Stelle zunächst jedoch eine dem Utilitarismus zugrunde liegende Vorüberlegung erläutert werden: Mill, wie auch Bentham, waren davon überzeugt, dass sich jedes empfindende Wesen zu jeder Zeit auf einem gewissen, ganz individuellen Wohlfühl- bzw. Glückslevel bewegt. Dieses Glückslevel kann besonders hoch sein, wie beispielsweise beim Vater der gerade die Geburt seines ersten Kindes erlebt hat, oder aber auch sehr viel niedriger, etwa nach dem Tod eines geliebten Menschen. Jedes Ereignis des Alltags, jede Handlung und jedes Empfinden kann Einfluss auf dieses Level haben, es also steigen oder sinken lassen. Habe ich etwa Hunger und kaufe mir als Reaktion darauf ein Brötchen, das ich umgehend verspeise, so fühle ich mich trotz des Verlusts eines geringen Geldbetrags sehr viel besser als zuvor, der Kauf und das anschließende Verspeisen des Brötchens haben somit mein Glückslevel gesteigert. Genau diese Überlegungen sind es dann auch, die der utilitaristischen Bewertung bestimmter Handlungen zugrunde liegen: Fühlt es sich (nach Ausführung der Handlung) besser an als vor einer Minute? Fühlt es sich etwa gleich an? Oder gar schlechter?[28] Dies ist Entscheidungsgrundlage bei der Beantwortung der Frage, ob eine Handlung aus utilitaristischer Sicht richtig oder falsch ist. Steigert sie das Glückslevel ist sie richtig, senkt sie es hingegen, ist sie falsch. Was jedoch bei diesem hedonistischen Utilitarismus[29] unbedingt bedacht werden muss ist, dass das relevante Kriterium für die Richtigkeit einer Handlung nicht bloß das resultierende Glück des ausführenden Individuums ist, sondern die Summe des Glücks aller direkt und indirekt beteiligten Personen[30]. Verkaufe ich also beispielsweise als Großhändler bewusst verdorbene Lebensmittel, um meinen Profit zu steigern, so mag mein Glückslevel aufgrund der Mehreinnahmen zwar im Vergleich zu dem vorangegangen Zustand gestiegen sein; die Handlung wäre aus utilitaristischer Sicht jedoch dennoch als falsch zu betrachten, da das Glückslevel all meiner Kunden, die sich an der verfallenen Ware den Magen verderben, aufgrund meiner Vorgehensweise deutlich sinkt und so die Glückslevelrechnung aller beteiligten Personen (inklusive mir) deutlich negativ ausfallen würde. So können also von mir verübte Handlungen, die mein Glückslevel steigern, dennoch aus utilitaristischer Sichtweise falsch sein, da sie das aggregierte Glückslevel aller beteiligten Personen senken (Gleiches gilt für die umgekehrte Situation).

b) *Utilitaristische Betrachtung der Luftsicherheitsproblematik:* Möchte man den Utilitarismus nun auf die Situation eines potentiellen Abschusses eines Passagierflugzeugs anwenden, um die Frage zu klären,

---

[24] Vgl. hierzu *Jeremy Bentham*, Introduction to the Principles of Morals and Legislation, 1. Kapitel.

[25] *Quinton*. Utilitarian Ethics, 2. Auflage, 1989, London, S.1.

[26] *Tännsjö*, Understanding Ethics, 2002, Edinburgh, S. 19.

[27] *Mill*, Utilitarianism, Kapitel 2; siehe auch: *Pazos*, Die Moralphilosophie John Stuart Mills: Utilitarismus, 2001, Marburg, S. 95 f.

[28] *Tännsjö*, Understanding Ethics, 2002, Edinburgh, S. 19.

[29] Dies gilt gleichfalls für alle weiteren, hier nicht näher zu untersuchenden Formen des Utilitarismus.

[30] Die nicht nur von *Peter Singer* geäußerte Forderung, Tiere als ebenfalls empfindende Wesen müssten prinzipiell dieselben Rechte haben (so also auch das Recht, Teil der Gesamtglücksberechnung zu sein), wird an dieser Stelle bewusst ausgeklammert, da sie für den Flugzeugabschussfall nahezu irrelevant ist.

ob ein solches Verhalten aus philosophischer Sicht vertretbar wäre, so muss eingangs Folgendes festgestellt werden: Der Adressatenkreis der utilitaristischen Handlungsempfehlungen beschränkt sich keinesfalls auf Individuen, sondern schließt auch etwa Staaten bzw. Regierungen ein. Dies gilt umso mehr, als in vorliegendem Fall der letztendliche Abschuss eines Flugzeugs ohnehin durch den Befehl einzelner Personen, etwa des Bundesverteidigungsministers[31], befohlen werden müsste.

Würden nun also tatsächlich Terroristen ein Passagierflugzeug entführen und damit drohen, es über deutschem Luftraum abstürzen zu lassen, um hierdurch eine noch größere Anzahl unschuldiger Opfer zu verursachen, so müsste aus utilitaristischer Sicht zunächst ein bestimmter Entscheidungsfindungsprozess durchlaufen werden, bevor tatsächlich gehandelt werden dürfte. Im ersten Schritt müssten zunächst alle denkbaren und tatsächlich realisierbaren Handlungsalternativen herausgearbeitet werden. Als zweiter Schritt folgte hierauf eine Einschätzung, was die möglichen und wahrscheinlichen Konsequenzen der einzelnen Alternativen wären, bevor im dritten Schritt bewertet werden müsste, wie wahrscheinlich die jeweilige Konsequenz wäre (unter der Annahme, dass die entsprechende Alternative tatsächlich ausgeführt werden würde). Im letzten Schritt müssten nun einfach diejenige Handlungsmöglichkeit ausgewählt werden, die das vorhergesagte Glück bzw. Wohlbefinden maximieren würde.[32]

Beginnend beim ersten Schritt, gilt es also, alle denkbaren Handlungsoptionen, die im Falle einer Flugzeugsentführung den zuständigen Stellen offen stünden, aufzuzählen. Da wir nachfolgend den Fokus auf die eigentliche Kernfrage, nämlich die ethische Vertretbarkeit eines Abschusses, legen wollen, belassen wir es bei den grundsätzlichen zwei Handlungs-alternativen: Zum einen wäre es möglich, das Flugzeug über möglichst dünn besiedeltem Gebiet abzuschießen. Zum anderen wäre es möglich, nicht einzugreifen und die Terroristen gewähren zu lassen. Im zweiten Schritt gilt es nun, alle möglichen Konsequenzen aufzuzählen. Für Handlungsalternative 1 wären die offensichtlich denkbaren Auswirkungen eines Abschusses nicht nur der Tod der sich an Bord befindenden Terroristen, sondern auch das Ableben aller unbeteiligten Passagiere. Des Weiteren wäre es möglich, dass am Boden bspw. durch herumfliegende Flugzeugteile weitere unschuldige Menschen getötet werden. Andere mögliche Auswirkungen wären etwa das Überleben aller Insassen der Maschine oder das Überleben nur einiger Insassen.[33] Für Handlungsalternative 2 wären mögliche Konsequenzen die Durchführung des Plans der Terroristen, nämlich das Benutzen des gekidnappten Flugzeugs als eine Waffe. Dies könnte zum Tod aller sich an Bord befindenden Personen (Terroristen und unschuldige Passagiere)

führen sowie zum Tod einer u.U. noch weit größeren Personengruppe, die sich am Bestimmungsort des terroristischen Angriffs aufhält. Eine weitere, zumindest theoretisch mögliche Konsequenz wäre das Abdrehen des Flugzeugs in letzter Sekunde, sei es dadurch, dass die Terroristen kurz vor dessen Realisierung ihren ursprünglichen Plan ändern, sie in Wirklichkeit nie vorhatten, das Flugzeug als Waffe zu benutzen oder weil Passagiere an Bord die Terroristen vor dem Einschlag überwältigen und das Flugzeug in ihre Gewalt bringen können. Bevor zu Schritt 3 übergegangen werden kann, müssen jedoch zunächst noch die jeweiligen Effekte der möglichen Konsequenzen auf das Glückniveau aller beteiligten Personen evaluiert werden:

Ausgenommen diejenigen Konstellationen, in denen das Flugzeug in letzter Sekunde abdreht, es also nicht zu einem Einschlag kommt, oder ein durchgeführter Abschuss keine Todesopfer fordert und somit das aggregierte Glücksniveau aller Beteiligten höchstens durch den erlittenen Schock oder Verletzungen der Passagiere leicht gesenkt werden würde, ist es offensichtlich, dass in jedem Szenario, das den Tod durch Abschuss oder Einschlag auch nur eines Teils der Flugzeugpassagiere beinhaltet, das summierte Glücksniveau aller Beteiligten deutlich negativ belastet werden würde. Zwar spielen die tatsächlich Getöteten nicht mehr in dieses ex post Summespiel hinein, da ihnen im Todeszustand zwangsläufig kein Glücksniveau mehr zugeordnet werden kann, doch genügt schon die Untersuchung der weiteren Beteiligten, um ein klares Bild der Situation zu zeichnen: Bei Handlungsalternative 1, dem Abschuss des Flugzeugs, würde das Glücksniveau der Angehörigen der Insassen[34] (sowie evtl. der Angehörigen der Terroristen) stark negativ beeinflusst werden, sind doch größere negative Beeinflussungen des Wohlbefindens einer Person, als sie durch den Tod eines geliebten Menschen hervorgerufen werden, kaum vorzustellen. Hinzu käme eine Unzahl weiterer, jedoch deutlich schwächerer negativer Auswirkungen auf individuelle Glückslevels, wie beispielsweise die des Sanitäters, der als erster am Absturzort eintrifft und nur noch Leichen bergen kann, oder die des Jetpiloten, der auf Befehl des Ministers den Abschuss ausführt und im Nachhinein von Selbstzweifeln geplagt wird, ob er den Befehl evtl. hätte verweigern sollen. An dieser Stelle muss den Kritikern des Utilitarismus[35] insofern Recht gegeben werden, als es tatsächlich unmöglich sein dürfte, a) die Glücksniveaus der Beteiligten überhaupt in validen absoluten Zahlen auszudrücken und b) alle tatsächlich direkt und indirekt Beteiligten in das notwendige Summenspiel zu integrieren. Dennoch verliert die Theorie des Utilitarismus hierdurch nichts an ihrer grundsätzlichen Plausibilität, sondern einzig an Genauigkeit. Aus diesem Grund soll in unserem Vergleich mit der Situation des Nichttätigwerdens auch kein in absoluten Zahlen ausgedrückter, sondern nur ein relativer Vergleich zwischen den beiden relevanten

---

[31] § 14 IV der ursprünglichen Fassung des LuftSiG sah die Befugnis zur Abschusserlaubniserteilung beim Bundesminister der Verteidigung.
[32] *Tännsjö*, Understanding Ethics, 2002, Edinburgh, S. 26 ff.
[33] Die Wahrscheinlichkeit, dass jemand den Flugzeugabschuss überleben würde, dürfte äußerst niedrig sein. Dies ist jedoch ausdrücklich erst in Schritt 3 zu bewerten.

[34] Außerdem: Freunde, Bekannte etc., die nachfolgend jedoch nicht jedes Mal gesondert erwähnt werden sollen.
[35] *Tännsjö*, Understanding Ethics, 2002, Edinburgh, S. 28.

Handlungsalternativen erfolgen. Betrachten wir also die Situation, in der die zuständige Stelle nicht tätig wird, die Terroristen ihr Flugzeug demnach ungehindert in ihr Anschlagsziel steuern können und die Zahl der durch ihr Handeln Getöteten so um ein Vielfaches erhöht wird (wie wir jedoch im Folgenden sehen werden, ist es irrelevant, ob hierdurch ein oder 1000 zusätzliche Opfer entstehen): Wie schon bei Handlungsalternative 1 wird das Glücksniveau aller Angehöriger – oder korrekterweise das derjenigen, für die der Tod des jeweiligen anverwandten Passagiers tatsächlich ein Verlust darstellt – massiv negativ beeinflusst. Der einzige Unterschied ist, dass im Falle einer staatlichen Untätigkeit das Wohlbefinden nicht nur der Angehörigen der verstorbenen Insassen, sondern auch das Wohlbefinden derjenigen Angehöriger, die den Opfern am Einschlagsort des Flugzeugs familiär verbunden waren, erheblich negativ beeinträchtigt wird. Geht man also davon aus, dass sich die Niveaus der ansonsten indirekt beteiligten Personen in den Handlungsalternativen 1 und 2 nicht erheblich unterscheiden (so sollte auch das negative Empfinden der Öffentlichkeit in beiden Fällen etwa gleich stark ausgeprägt sein), so wird klar, dass bei Vollendung des terroristischen Plans das aggregierte Wohlbefinden aller Beteiligten – je nach zusätzlicher Opferzahl – sehr viel niedriger sein wird als dies bei einem Abschuss der Fall wäre.

Im dritten Schritt, der eine Wahrscheinlichkeitsbewertung der möglichen Konsequenzen verlangt, soll an dieser Stelle nur kurz angemerkt werden, dass in der hier angestellten Überlegung aufgrund ihrer grundsätzlichen Natur ausschließlich diejenige Situation, in der die staatliche Untätigkeit mit absoluter Sicherheit eine größere Menge an zivilen Opfern zur Folge hat, untersucht werden soll. Somit muss die Wahrscheinlichkeitsbewertung nicht vertieft behandelt werden.

Bereits aus den vorangegangenen Gedankenschritten ist deshalb ersichtlich, dass der vierte Schritt, die Auswahl der Glücksmaximierenden Handlungsoption, aus utilitaristischer Sicht nur eine Antwort zulässt: Der Abschuss des Flugzeugs ist gegenüber dem Gewährlenlassen der Terroristen die zu bevorzugende Alternative. Dies gilt in jedem Fall dann, wenn im Moment der Befehlserteilung des Abschusses davon auszugehen ist, dass durch den Abschuss das aggregierte Glücksniveau aller Beteiligten auf einem höheren Level gehalten werden kann als dies bei staatlicher Untätigkeit der Fall wäre. Diese Voraussetzung sollte erfüllt sein, sofern die durch den Abschuss hervorgerufene geschätzte Gesamtopferzahl um mindestens eins kleiner ist als die Opferzahl, die beim Einschlag des Flugzeugs in das Terroristenziel entstünde.

Noch eindeutiger kann die Frage, welche Vorgehensweise im vorliegenden Fall zu bevorzugen wäre, beantwortet werden, wenn man sie aus Sicht des so genannten *negativen Utilitarismus* betrachtet. Diese von Sir Karl Popper entwickelte Variation[36] des

hedonistischen Utilitarismus verkehrt das „Maximum-Happiness"-Prinzip dabei in sein Gegenteil, indem sie festschreibt, dass die eigentlich relevante Größe nicht Glück sei, was maximiert werden müsse, sondern Leid, das minimiert werden müsse. Es sei also von zwei Handlungsalternativen immer diejenige zu bevorzugen, welche unter den gegebenen Umständen bei den beteiligten Personen (aggregiert) das geringste Leid hervorrufe.[37] Angewandt auf unseren Fall bedeutete dies, dass auch unter Zugrundelegung des negativen Utilitarismus der Abschuss die zu bevorzugende Handlungsoption wäre. Würde das Flugzeug nämlich abgeschossen werden, so würde sich zwar– analog dem Argumentationsmusters beim positiven (klassisch-hedonistischen) Utilitarismus – ein ausgeprägtes Leid bei allen Angehörigen der getöteten Passagiere einstellen, dies würde jedoch von dem addierten Leid der Angehörigen der umgekommenen Personen in der Maschine sowie am Boden übertroffen werden, sollten die Terroristen ihren Plan realisieren. Da also eine größtmögliche Minimierung des allgemeinen Leids durch einen Abschuss des Flugzeugs erreicht werden kann, empfiehlt der negative Utilitarismus diese Vorgehensweise.

Die Frage, ob in der Abschussdebatte jedoch dem positiven (klassisch-hedonistischen) oder negativen Utilitarismus gefolgt werden sollte, erübrigt sich, da beide Theorien – wie ausgeführt – zu demselben Ergebnis führen.

c) *Kritik an der utilitaristischen Betrachtung*: Die vorangegangenen Überlegungen legen nahe, dass aus utilitaristischer Sicht der Abschuss eines Flugzeugs grundsätzlich nicht zu beanstanden wäre, sondern im Gegenteil sogar als einzig vertretbare Handlung gelten muss.

Dieser Aussage wird jedoch nicht nur von Teilen der juristischen und philosophischen Fachliteratur, sondern auch von der breiten Bevölkerung mit Misstrauen begegnet. Zu einprägsam und scheinbar logisch sind die von der Gegnerschaft einer solchen Vorgehensweise vorgebrachten Argumente. Die zwei am häufigsten geäußerten Einwände gegen die utilitaristische Rechtfertigung eines Flugzeugabschusses sollen nachfolgend dargelegt werden – verbunden mit dem Versuch sie zu entkräften.

aa) *Einwand 1: Ein auf utilitaristische Ethik begründetes Vorgehen verstößt grundsätzlich gegen geltende Moralvorstellungen und die Menschenwürde!*
Der wohl größte Teil der gegen eine praktische Anwendung des Utilitarismus im Flugzeugfall gerichteten Kritik verweist auf angebliche Unvereinbarkeit dieser ethischen Theorie mit geltenden Moralvorstellungen und der Würde des Menschen. Der Utilitarismus, der das Glück als einzige und absolute philosophische Größe gelten ließe, missachte andere ethische Güter, wie etwa Freiheit, Gleichheit,

---

[36] *Popper*, The Open Society and ist Enemies, 5. Auflage, 1966, London, Band 1, Kapitel 5, Nummer 6.

[37] Siehe hierzu auch: *Smart/Williams*, Utilitarianism – for and against, 1973, Cambridge, S.28 ff.

Gerechtigkeit oder die Menschenwürde. Diese Güter bildeten unzweifelhaft die Säulen jeder modernen Gesellschaft und würden im Konstrukt des Utilitarismus hingegen nicht berücksichtigt. Im Gegenteil könnten Verstöße gegen die genannten Werte sogar durch den Utilitarismus vorgeschrieben werden, wenn dies die jeweilige Situation erfordere.

Zunächst einmal muss an dieser Stelle eingeräumt werden, dass der Utilitarismus theoretisch tatsächlich in wesentlichen Punkten mit den eben genannten ethischen Werten kollidieren kann. Stellen wir uns z.B. die – in philosophischen Kreisen mehrfach ähnlich zitierte – Situation vor, dass sich zwei Patienten, denen jeweils ein lebensnotwendiges Organ fehlt, auf dem OP-Tisch eines Krankenhauses befinden. Wird dem einen Patienten nicht innerhalb der nächsten Stunde ein Herz, dem anderen eine Niere implantiert, so werden beide umkommen. Deshalb lockt der Arzt einen zufällig den OP passierenden Besucher des Krankenhauses unter einem Vorwand ebenfalls in den OP, betäubt ihn gegen dessen Willen und entnimmt ihm die fehlenden Organe, die er daraufhin den beiden anderen Personen einpflanzt. Diese beiden Personen überleben erwartungsgemäß; ebenfalls erwartungsgemäß verstirbt die dritte Person umgehend. Die Vorgehensweise des Arztes würde zweifelsohne gegen das allgemeine Verständnis der Menschenwürde (konkret: die Würde des verstorbenen Besuchers) verstoßen, dennoch wäre sie – zumindest oberflächlich betrachtet – aus utilitaristischer Sicht vertretbar. Durch das Weiterleben zweier Personen würde ganz einfach gegenüber dem Überleben der dritten Person bei ansonsten vergleichbaren Umständen das höhere Maß an aggregiertem Glück erreicht. Dass der Utilitarismus also – wie gerade gezeigt – nicht in allen Situationen zu einer überzeugenden Handlungsempfehlung[38] kommt, soll nicht bestritten werden. Vielmehr soll darauf hingewiesen werden, dass es vorliegend nicht darum geht, eine Lanze für den Utilitarismus im Allgemeinen zu brechen, sondern die Praktikabilität des Utilitarismus in einer konkreten Situation, nämlich der eines etwaigen staatlichen Flugzeugsabschusses zu untersuchen. Doch selbst unter dieser Prämisse stellen sich ähnliche Fragen: Verstößt es nicht gegen die Würde der Passagiere an Bord des Flugzeugs, wenn der Staat durch einen Abschuss willkürlich deren Leben auslöscht? Liegt ein Verstoß gegen ihre Freiheit vor, die doch wohl auch umfasst, als unschuldiger Bürger nicht vom Staat getötet zu werden? Und werden die Flugzeugpassagiere bei einem Abschuss vom Staat nicht anders (und somit ungleich) behandelt als die weiteren, potentiellen Opfer im zivilen Ziel?

Bei der Beantwortung dieser Fragen sollte man sich die Außergewöhnlichkeit der tatsächlich vorliegenden Situation vergegenwärtigen: Der einzige Zeitpunkt, zu dem ein staatlicher Abschuss überhaupt in den Bereich des Möglichen rücken würde, träte ein, wenn mit an Sicherheit grenzender Wahrscheinlichkeit davon auszugehen wäre, dass die Kidnapper das Flugzeug

wahrhaftig als Waffe nutzen werden und hiermit zwangsläufig nicht nur der Tod der Insassen, sondern auch weiterer Menschen am Boden verbunden wäre. Das einzige, wessen der Staat also die Flugzeuginsassen beraubt, sind einige Sekunden oder Minuten ihres unausweichlich dem unmittelbaren Tode geweihten Lebens. Was der Staat jedoch im Falle eigener Untätigkeit den dann ebenfalls zum Tode verurteilten Menschen am Boden vorenthält, ist ein vielleicht noch Jahrzehnte dauerndes Leben – und dies u.U. tausendfach. Deshalb kann auf die soeben aufgeworfenen Fragen durchaus mit einer Gegenfrage reagiert werden: Wird der Menschenwürde tatsächlich gedient, wenn mutwillig der Tod von vielleicht Tausenden Menschen in Kauf genommen wird, obwohl dies verhindert werden könnte, ohne dass eine Person ihr Leben ließe, die dies nicht ohnehin einige Sekunden später tun müsste? Kritiker verweisen an dieser Stelle berechtigterweise auf den individuellen Charakter der Menschenwürde, die allen Flugzeuginsassen bis zur letzten Sekunde ihres Lebens unverletzlich zustünde. Doch die Frage muss erlaubt sein, wieso in den Analysen solcher Kritiker dann so selten von der Menschenwürde der Opfer am Boden die Rede ist – eine Menschenwürde, die durch einen Abschuss noch jahrelang erhalten bleiben könnte und deshalb umso schützenswerter erscheint. Solange also ein Abschuss für die Flugzeuginsassen nur eine unerhebliche Verkürzung ihres Weges in den Tod darstellt, eine Zeitspanne die sich auf nicht mehr als einige Minuten bezieht, scheint eine Unvereinbarkeit der utilitaristischen Herangehensweise mit der Menschenwürde nicht gegeben. Vielmehr bewahrt ein hierauf fußendes Handeln tendenziell ein größeres Maß an Menschenwürde. Ähnliche Anmerkungen ließen sich auch in Bezug auf die anderen ethischen Größen tätigen: Natürlich werden die Passagiere des Flugzeugs bei einem Abschuss ihrer Freiheit beraubt, natürlich werden sie auch im Vergleich mit den potentiellen weiteren Opfern am Boden ungleich behandelt. Doch auch in diesem Fall wäre die utilitaristische Vorgehensweise mit einem Verweis auf den bereits sicher bevorstehenden Tod zu rechtfertigen.

bb) Einwand 2: Die Zahl der potentiell zu rettenden Personen zum Entscheidungskriterium zu machen ist unzulässig!

Ein Teil der an der Anwendung des Utilitarismus im Falle eine Flugzeugabschusses getätigten Kritik richtet sich gegen die dabei implizit getätigten Aussage, dass der Tod von einer kleineren Menschengruppe (ausschließlich die Insassen des Flugzeugs) besser sei als der Tod einer relativ größeren Menschengruppe (die Insassen des Flugzeugs plus die Opfer im zivilen Ziel). Diese Kritik, die eigentlich einen Unterpunkt zu Einwand 1 bildet, wird anschaulich von Jonathan Glover in seinem Werk „Causing Death and Saving Lives" unter der Überschrift „Numbers" thematisiert[39]: Kern dieses Einwands gegen eine utilitaristische Beurteilung des Flugzeugabschussfalls ist die Annahme, dass die durch einen Einschlag im zivilen Ziel entstehende Erhöhung

---

[38] Hierbei muss angemerkt werden, dass es durchaus Stimmen gibt, die das erwähnte OP-Beispiel aus utilitaristischer Sicht anders bewerten, also bspw. ein Einbeziehen der dritten Person nicht rechtfertigen.

[39] *Glover*, Causing Death and Saving Lives, 1990, London, S. 203 ff.

der Opferzahl, unabhängig davon wie viele zusätzliche Leben dies kosten würde, irrelevant für die Situationsbeurteilung sein *muss*, da für eine vermeintliche Abschussrechtfertigung nur Argumente im Innenverhältnis zwischen den Flugzeugsinsassen und dem Staat bzw. dem Schussbefehligenden zählen dürften. Externe Faktoren, wie z.B. die mögliche Rettung von tausenden Menschenleben, könnten nicht als Kriterium dienen.

Am treffendsten kann diesem Einwand wohl mit einem Verweis auf eine reale Begebenheit vom Beginn des 20. Jahrhunderts begegnet werden: Am 5. Mai 1902 erging vom Heiligen Stuhl ein Dekret, das die offizielle Sicht der katholischen Kirche zum Thema „Schwangerschaftsabbruch" verkünden sollte. Darin hieß es, dass die katholische Kirche jegliche Art von Abtreibung aufs schärfste verurteile, selbst für Fälle, in denen der Fötus außerhalb des Uterus wachse, bspw. im Eileiter. Dies geschah in dem Bewusstsein, dass ein Nichtabtreiben bei einer Eileiterschwangerschaft sehr wahrscheinlich zum zweifachen Tod führt, dem des Fötus und dem der Mutter. Heutzutage hat sich selbst die katholische Kirche seit langem von ihrem ehemaligen Standpunkt distanziert, einen solchen Schwangerschaftsabbruch öffentlich zu verurteilen, scheint es doch gesellschaftlicher Konsens zu sein, dass zumindest das Leben der Mutter gerettet werden muss, wenn schon das Leben des ungeborenen Kindes sicher verloren ist. Legt man diesen Konsens zugrunde, erscheint es umso erstaunlicher, dass bei der Diskussion eines Abschusses im beinahe identisch gelagerten Flugzeugfall so häufig das Wort „unmoralisch" fällt. Wie bei einer Eileiterschwangerschaft geht es auch hier darum, ein bereits verlorenes Leben (den Fötus bzw. das eines Flugzeuginsassen) zu opfern, um ein anderes (das der Mutter bzw. eines Menschen im zivilen Ziel) sicher zu erhalten. Ob es dabei um die Opferung *eines* Lebens, das nicht mehr zu retten ist, oder *mehrerer* geht, ist dabei irrelevant, sofern ein Abschuss das Leben mindestens einer ansonsten ebenfalls sterbenden Person rettet. Welch absurde Folgen die Ignorierung von Zahlen bei der Abwägung von Handlungsalternativen in vergleichbaren Situationen hätte, illustriert auch das folgende, von Glover angebrachte Beispiel:[40] Man stelle sich ein Flugzeug vor, das aufgrund eines technischen Defekts innerhalb der nächsten Minuten über einem dicht besiedelten Gebiet abstürzen wird. Der Pilot ist sich dessen bewusst und kann das Flugzeug aber noch soweit lenken, dass er kontrollieren kann, in was für ein Gebäude es stürzen wird. Aus Sicht der Befürworter des Einwands, dass die Zahl der potentiell zu rettenden Personen nicht als Entscheidungskriterium dienen darf, würde es keinen Unterschied machen, ob der Pilot das Flugzeug in eine Lagerhalle, in der sich nur eine Person befindet, oder ein voll belegte Krankenhaus mit tausenden Patienten lenken würde. So lange auch beim Einschlag in die Lagerhalle mindestens eine Person am Boden umkommen würde, könnte man dem Piloten selbst beim gezielten Einschlag im Krankenhaus keinen Vorwurf machen.

Somit ist klar, dass dieser Einwand nicht einmal einer oberflächlichen Untersuchung standhält.

3. Fazit

Zweifellos soll die obig angedachte utilitaristische Sichtweise auf den Kern der Luftsicherheitsgesetzproblematik nicht zu der Annahme verleiten, der Utilitarismus sei die ausschließlich relevante philosophische Theorie in Bezug auf die untersuchte Thematik. Dennoch dürfte die Analyse gezeigt haben, dass der Utilitarismus als gewichtiges Konzept der ethischen Philosophie interessante Sichtweisen auf eben jenen Problemfall eröffnet und damit zumindest als ethische Rechtfertigung einer juristischen Entscheidung dem unscharfen Kant'schen Objektverständnis vorzuziehen ist. Bei näherer Betrachtung erscheint der philosophische Kern der Objektformel nicht fundiert genug, als dass er Grundlage einer Vielzahl an Entscheidungen des höchsten deutschen Gerichts sein sollte. Bei der notwendigen Suche nach alternativen Beurteilungsmaßstäben sollte der Utilitarismus zumindest einer vorurteilsfreien Betrachtung unterzogen werden, auch wenn er mit seiner Abschussempfehlung eine allgemein eher unpopuläre Handlungsoption nahe legt.

Und selbst wenn einige Kritiker darauf beharren, Grundrechte seien explizit antiutilitaristisch, da sie nicht die größtmögliche, summierte Würde schützten, sondern die Würde jedes Individuums;[41] so stellt sich doch die Frage, wie diese Kritiker denn dann die Würde jedes einzelnen Individuums, das im zivilen Ziel getötet wird, beim Ausbleiben eines Abschusses geschützt sehen.

---

[40] *Glover*, Causing Death and Saving Lives, 1990, London, S. 208.

[41] *Giemulla/van Schyndel*, Luftsicherheitsgesetz, 2006, Luchterhand, § 14, RdNr 102 f.

Internationale Katastrophenhilfe

von **Christoph Tometten**, Köln/Paris

Katastrophen sind seit jeher beliebter Gegenstand der Medienberichterstattung. Die Anschläge in New York, Madrid, London, Bali, Bombay, Istanbul, Bagdad, Tel Aviv und anderswo haben den Terrorismus zum meistbehandelten Thema der medialen Öffentlichkeit gemacht. Auch Naturkatastrophen, wie der Tsunami im Indischen Ozean, interessieren das Weltpublikum. Doch nicht alle Katastrophen sind Medienereignisse: viele werden trotz verheerender Folgen von der Öffentlichkeit kaum beachtet. Die unausgeglichene Wahrnehmung von Katastrophen bringt schwere Folgen mit sich – vor allem auf internationaler Ebene. Der Aufsatz beleuchtet die Funktionsweisen internationaler Katastrophenhilfe, stellt ihre Akteure vor und wirft die Frage auf, inwiefern internationale Katastrophenhilfe problematisch ist.

A. Zum Begriff der internationalen Katastrophenhilfe

Der Einfachheit halber soll die Katastrophe für unsere Zwecke gemäß der im Rahmen der Vereinten Nationen gängigen Definition von *disaster* als *„a serious disruption of the functioning of a community or a society causing widespread human, material, economic or environmental losses which exceed the ability of the affected community or society to cope using its own ressources"*[1] verstanden werden. Unter diese Definition können Großschadensereignisse[2] ganz unterschiedlicher Art subsumiert werden: menschenverursachte Katastrophen wie Terroranschläge, Naturkatastrophen, sowie Katastrophen gemischten Ursprungs wie Epidemien oder Hungersnöte.

Da also die Katastrophe eine akute Bedrohung des Gemeinwesens darstellt und wesensgemäß dessen Fähigkeit, ohne fremde Hilfe mit ihren Konsequenzen umzugehen in Frage stellt, ist internationale Hilfe zur Schadensbegrenzung, die aufgrund der möglichen Auswirkungen einer Katastrophe jenseits nationaler Grenzen grundsätzlich im internationalen Interesse liegt, erforderlich, gleichzeitig aber abzugrenzen von unterschiedlichen Formen der internationalen Entwicklungszusammenarbeit. Zielsetzung der Katastrophenhilfe ist, laut den *Principles and Good Practice of Humanitarian Donorship*, die 2003 auf einer Konferenz der größten Gebernationen angenommen wurden, *"to save lives, alleviate suffering and maintain human dignity during and in the aftermath of man-made crises and natural disasters, as well as to prevent and strengthen preparedness for the occurrence of such situations"*[3]. Katastrophenhilfe solle vier Prinzipien genügen, die an anderer Stelle auch unter dem Stichwort des humanitären Imperativs zusammengefasst werden[4]: *„humanity, meaning the centrality of saving human lives and alleviating suffering wherever it is found; impartiality, meaning the implementation of actions solely on the basis of need, without discrimination between or within affected populations; neutrality, meaning that humanitarian action must not favour any side in an armed conflict or other dispute where such action is carried out; and independence, meaning the autonomy of humanitarian objectives from the political, economic, military or other objectives that any actor may hold with regard to areas where humanitarian action is being implemented"*[5]. Dazu kommt, dass trotz der Unterscheidung zwischen Katastrophenhilfe und Entwicklungszusammenarbeit, auch Katastrophenhilfe Nachhaltigkeitskriterien entsprechen soll, soweit dies möglich ist[6].

In der Bundesrepublik Deutschland will die Politik den Unterschied zwischen Katastrophenhilfe und Entwicklungszusammenarbeit durch eine differenzierte Kompetenzverteilung deutlich machen: während das Auswärtige Amt federführend für die humanitäre Soforthilfe der Bundesregierung ist, greift in einer zweiten, sogenannten Überbrückungsphase das Bundesministerium für wirtschaftliche Zusammenarbeit und Entwicklung (BMZ) mit Maßnahmen einer sogenannten entwicklungsorientierten Nothilfe ein, welche die Aufnahme längerfristig angelegter Entwicklungszusammenarbeit vorbereiten soll[7].

Es liegt also im Wesen der Katastrophe, dass sie internationale Hilfe erforderlich macht. Im grenzüberschreitenden Hilfsverkehr jedweder Art, sei es in der Bereitstellung von Geldern, Sachmitteln, Kompetenzen oder Informationen, treten unterschiedliche internationale Akteure auf: staatliche Institutionen, zwischenstaatliche Organisationen, ausländische, bzw. internationale Nichtregierungsorganisationen. Hierauf soll nun spezifischer eingegangen werden.

I. Bilaterale Katastrophenhilfe

Die Gewährung finanzieller Beihilfen für einen von einer Katastrophe betroffenen Staat durch einen anderen Staat hat lange Tradition. Ein historisches Beispiel dafür ist die Bewilligung von hunderttausend Pfund Sterling durch das englische Parlament für die Unterstützung der

---

[1] *Inter-Agency Secretariat of the International Strategy for Disaster Reduction (UNISDR) (Hrsg.)*, Living with Risk: A global review of disaster reduction initiatives, Genf 2004, S. 17.
[2] Vgl. *Kloepfer, Michael*, Katastrophenschutzrecht: Strukturen und Grundfragen in: Verwaltungs-Archiv – Zeitschrift für Verwaltungslehre, Verwaltungsrecht und Verwaltungspolitik, April 2007, S. 163, 167.
[3] www.goodhumanitariandonorship.org.
[4] vgl. www.auswaertiges-amt.de.
[5] www.goodhumanitariandonorship.org.
[6] vgl *Oxfam Deutschland*, Jahresbericht 2005, S. 9; *Oxfam International*, Ein Jahr nach dem Tsunami: Bilanz von Oxfam International, Dezember 2005, S. 4.
[7] www.auswaertiges-amt.de,

vom Erdbeben von 1755 betroffenen Bevölkerung von Lissabon, eine Summe, die durch persönliche Zuwendungen des englischen Monarchen aufgestockt wurde[8]. *Emer de Vattel* sah in diesen Geldhilfen keinen Ausdruck staatlicher Wohltätigkeit, sondern die Erfüllung einer naturrechtlich begründeten völkerrechtlichen Beistandspflicht jeder Nation gegenüber jeder anderen Nation in Not, die auf der „gemeinsamen Zugehörigkeit zum Menschengeschlecht" beruhe[9]. Wenn auch die Überlegungen *Vattel*s ein Gebot zur zwischenstaatlichen Unterstützung darstellen, so ist dem der im Laufe des 19. und 20. Jahrhunderts immer weiter ausdifferenzierte und an Bedeutung gewinnende Souveränitätsanspruch der Staaten gegenläufig[10]. Einen Ausgleich zwischen dieser Souveränität und der heute unter anderem im Rahmen der völkerrechtlichen Menschenrechtsdogmatik fortentwickelten Verpflichtung der Völkerrechtssubjekte zur Mitwirkung an der Schaffung eines weltumfassenden Wohls des Individuums zu finden hat sich das moderne Völkerrecht spätestens mit der Satzung der Vereinten Nationen aufgetragen[11]. Konkretisiert wird dieser Auftrag auf bilateraler Ebene durch zahlreiche Abkommen[12], vor allem aber durch die Selbstverpflichtung der Staaten.

An dieser Stelle soll exemplarisch das System der internationalen Katastrophenhilfe des Auswärtigen Amts der Bundesrepublik Deutschland dargestellt werden. Das Auswärtige Amt versteht Katastrophenhilfe als „Überlebenshilfe für Menschen, die in eine akute Notlage geraten sind, die sie aus eigener Kraft nicht überwinden können"[13]. Sein Etat für solche Fälle betrug im Jahre 2006 nach eigenen Angaben 50,5 Millionen Euro, die in 253 Projekten der humanitären Hilfe (davon 12 Millionen Euro alleine für die Region Darfur im Sudan und 2,5 Millionen Euro im Bereich der Katastrophenvorsorge) verwendet wurden, sowie 14 Millionen Euro für 50 Projekte des humanitären Minenräumens. Dazu kommen 10 Millionen freiwillige zweckungebundene Leistungen an die Spezialorganisationen der Vereinten Nationen *Office of the United Nations High Commissioner for Refugees (UNHCR), United Nations Relief and Works Agency for Palestine Refugees in the Near East* und *Office for the Coordination of Humanitarian Affairs (OCHA)*. Das Auswärtige Amt gibt außerdem im Rahmen seiner Katastrophenhilfeprogramme einen Etat von 3,3 Millionen Euro für Hilfe im Rahmen des *Stabilitätspakts für Südosteuropa* an[14]. Bei der Mittelzuwendung hält sich das Auswärtige Amt grundsätzlich an einen Subsidiaritätsgrundsatz in zweierlei Hinsicht: Soforthilfe wird nur dort geleistet, wo die betroffene Staatsgewalt

nicht im Stande ist, selbst Hilfe zu leisten (ein Grundsatz, der bereits aus der bereits erörterten Definition von Katastrophe folgt); und Soforthilfe wird in aller Regel nicht direkt vom Auswärtigen Amt geleistet – vielmehr werden Programme von deutschen und internationalen Nichtregierungsorganisationen, sowie von Hilfsorganisationen der Vereinten Nationen und der Internationalen Rotkreuz- und Rothalbmond-Bewegung finanziell gefördert[15]. So wird deutlich, dass die Kooperation mit der Zivilgesellschaft von herausragender Relevanz ist. Um staatliche Maßnahmen mit den Aktivitäten der Zivilgesellschaft abzustimmen, wurde unter der Ägide des auswärtigen Amtes 1994 ein *Koordinierungsausschuss Humanitäre Hilfe* eingerichtet, der die wichtigsten Akteure in dem Bereich zusammenbringt, alle zwei Monate regelmäßig tagt, sowie in Krisenfällen ad hoc zusammentritt. Ein derartiger Koordinierungsausschuss auf nationaler Ebene ist in Europa einzigartig. Mitglieder des Ausschusses sind neben Vertretern des Auswärtigen Amtes und anderer Ministerien (BMZ, Bundesministerium des Inneren, Bundesministerium der Verteidigung), zwei Vertretern aus Wissenschaft und Forschung der *Verband Entwicklungspolitischer Nichtregierungsorganisationen (VENRO)*, sowie 18 Vertreter deutscher Nichtregierungsorganisationen[16]. Im Koordinierungsausschuss wurden grundlegende Regeln internationaler humanitärer Hilfe festgelegt, die den internationalen Einsatz deutscher Akteure in Katastrophenfällen bestimmen sollen. Diese Regeln stellen fest, dass die Linderung menschlicher Not Ziel humanitärer Hilfe ist und dass jedem Menschen ein Recht auf humanitäre Hilfe „ohne Ansehen von Rasse, Religion, Staatsangehörigkeit, politischer Überzeugung oder sonstigen Unterscheidungsmerkmalen" zusteht. Sie verpflichten alle humanitären Akteure zur Achtung des im Einsatzland geltenden Rechts und Brauchtums, zur Kooperation mit anderen Akteuren, insbesondere den lokalen Einrichtungen und den Betroffenen, sowie zur umfassenden Rechenschaft bezüglich ihrer Aktivitäten gegenüber den Spendern, den Betroffenen und der Öffentlichkeit. Hinsichtlich einer größtmöglichen Nachhaltigkeit der Hilfe wird festgehalten, dass eingesetzte „Hilfsgüter (...) bedarfsgerecht eingesetzt werden [müssen] und (...) den lokalen Standards entsprechen [sollen]" und dass „ausschlaggebend für Auswahl und Sendung von Hilfsgütern (...) allein die aktuelle Notlage sein [darf]". Bei der Beschaffung von Hilfsgütern sei außerdem dem Einkauf in der von der Notlage betroffenen Region der Vorzug zu geben[17]. Diese Grundregeln wollen somit weitestgehend sicherstellen, dass unter dem Kennzeichen der humanitären Hilfe, keine anderweitigen Interessen verfolgt werden und stellen somit einen Schritt in Richtung Transparenz sowohl staatlichen als auch zivilgesellschaftlichen Handelns dar. Sie sollen Leitgedanken der Soforthilfepolitik der Bundesregierung sein.

---

[8] *Fassbender, Bardo*, „Wo aber Gefahr ist, wächst das Rettende auch"? – Die Internationalisierung von Risiken und die Entwicklung des völkerrechtlichen Katastrophenschutzrechts, in: Kritische Vierteljahresschrift für Gesetzgebung und Rechtswissenschaft, Bd. 88 (2005), S. 375, 379.
[9] *Ebda.*, S. 375, 378-379.
[10] *Ebda.*, S. 375, 377-379.
[11] Vgl. Präambel der Satzung der Vereinten Nationen.
[12] *Fassbender*, „Wo aber Gefahr ist, wächst das Rettende auch"?, S. 384-387.
[13] www.auswaertiges-amt.de.
[14] Ebda.

---

[15] Ebda.
[16] Ebda.
[17] Ebda.

II. Multilaterale Katastrophenhilfe

Neben der bilateralen Hilfe, spielt die multilaterale Katastrophenhilfe eine bedeutende Rolle im internationalen Kontext. An dieser Stelle sollen exemplarisch Einrichtungen der Europäischen Gemeinschaften und der Vereinten Nationen vorgestellt werden.

Die Europäische Kommission hat 1992 ein direkt der Kommission untergeordnetes *Europäisches Amt für humanitäre Hilfe* eingerichtet, um die Einbeziehung der Europäischen Gemeinschaft in Hilfsmaßnahmen in einer wachsenden Anzahl von Fällen effektiver zu gestalten und den Stellenwert internationaler humanitärer Hilfe in der europäischen Politik sichtbarer zu machen[18]. Sein Mandat umfasst die Leistung von humanitärer Nothilfe in Nichtmitgliedsstaaten, inklusive Nahrungs- und Flüchtlingshilfe, die Mobilisierung von Hilfsgütern und Personal, die Ausführung von Studien zu Katastrophenprävention und –vorsorge, die Übernahme von Koordinierungs- und Informationsaufgaben, beispielsweise in rechtlicher Hinsicht oder im Rahmen von Programmen für Öffentlichkeitsaufklärung, sowie die Finanzierung von Networking- und Weiterbildungsmaßnahmen im humanitären Bereich[19]. Jährlich werden von dem Amt mehr als 700 Millionen Euro über etwa 200 Partner (Nichtregierungsorganisation, die Internationale Rotkreuz- und Rothalbmond-Bewegung und Einrichtungen der Vereinten Nationen wie UNHCR oder das *World Food Programme (WFP)*) an humanitäre Projekte geleitet[20]. Somit ist der finanzielle Umfang seiner Zuwendungen mittlerweile vergleichbar zu der Summe aller bilateralen Nothilfemitteln der Mitgliedsstaaten der Europäischen Gemeinschaften, sowie der bilateralen Nothilfemitteln der Vereinigten Staaten von Amerika[21].

An der Vergabepraxis von finanziellen Mitteln der Europäischen Gemeinschaften wird bereits erkennbar, dass die Vereinten Nationen eine vorrangige Rolle in der internationalen Katastrophenhilfe spielen.

Im Dezember 1991 hat die Generalversammlung der Vereinten Nationen in Resolution 46/182 beschlossen, ein *Department for Humanitarian Affairs* einzurichten, das 1998 als *Office for the Coordination of Humanitarian Affairs (OCHA)* neu organisiert wurde. OCHA, an dessen Spitze der *Emergency Relief Coordinator (ERC)*, gleichzeitig *Untergeneralsekretär der Vereinten Nationen für humanitäre Angelegenheiten*, steht, bündelt Katastrophenhilfeaktivitäten der Vereinten Nationen in enger Zusammenarbeit mit ortsansässigen Büros. Dem ERC kommt zudem die Aufgabe zu, dem *Inter-Agency Standing Committee (IASC)* vorzustehen, das ebenfalls durch Resolution 46/182 eingerichtet wurde[22]. IASC soll eine Plattform für die bessere Abstimmung humanitärer Einsätze sein und vereint neben OCHA als Vollmitglieder die Nebenorgane und Sonderorganisationen der Vereinten Nationen *United Nations International Children's Emergency Fund, United Nations Development Programme, Food and Agriculture Organization*, WFP, *World Health Organization, United Nations for Population Activities* und UNHCR. Regelmäßige Gäste sind einerseits Spezialorganisationen der Vereinten Nationen (die *International Organization for Migration*, das *Office of the Special Representative of the Secretary General on the Human Rights of Internally Displaced Persons* und das *Office of the High Commissioner on Human Rights*) und die Weltbank; andererseits das *Internationale Komitee des Roten Kreuzes (IKRK)* und die *Internationale Föderation der Rotkreuz- und Rothalbmond-Gesellschaften*; sowie Dachverbände von Nichtregierungsorganisationen: das *Steering Committee for Humanitarian Response (SCHR)*, *InterAction* und der *International Council of Voluntary Agencies (ICVA)*[23]. Der ERC kann, in Absprache mit den Mitgliedern des IASC, in Katastrophenfällen einen *Humanitarian Coordinator (HC)* ernennen, der dann vor Ort höchster Repräsentant der Vereinten Nationen wird und direkt dem ERC untersteht. Voraussetzungen für die Ernennung eines HC sind, dass *„there is a need for intensive and extensive political management, mediation and coordination to enable the delivery of humanitarian response, including negotiated access to affected populations; massive humanitarian assistance requiring action by a range of participants beyond a single national authority; [and] a high degree of external political support, often from the Security Council"*[24]. Das Budget von OCHA beträgt im Jahr 2007 bei Zusammenrechnung aller Posten 159,079,639 US Dollar.[25]

Während OCHA vorrangig Aufgaben der Koordination, Planung und Finanzierung, sowie die Kommunikation mit anderen Akteuren und die Erstellung von Studien zukommen, ist an der Diversität der weiteren in dem Bereich aktiven Spezialorganisationen der Vereinten Nationen[26] erkennbar, dass die Katastrophenhilfe der Vereinten Nationen ganz unterschiedliche Aspekte haben kann: Nahrungsmittelhilfe, Errichtung von Flüchtlingscamps usw. Die spezifische Arbeit dieser Spezialorganisationen kann an dieser Stelle nicht eingehend behandelt werden.

III. Zivilgesellschaftliche Katastrophenhilfe

Wie im Rahmen der Darstellung des IASC deutlich wurde, ist eine effiziente Katastrophenhilfe ohne Beteiligung nicht-staatlicher Akteure kaum denkbar. An dieser Stelle sollen daher die drei in die Arbeit des IASC eingebundenen Dachverbände von Nichtregierungsorganisationen, sowie die Internationale Rotkreuz- und Rothalbmond-Bewegung dargestellt werden. Auf eine weitergehende Behandlung der großen Einzelorganisationen, die im Bereich der Katastrophenhilfe tätig sind, muss verzichtet werden.

SCHR, mit Sitz in Genf, wurde 1972 gegründet und vereinigt acht große Organisationen und Netzwerke, die in der humanitären Hilfe tätig sind: *Care International,*

---

[18] http://ec.europa.eu/echo/presentation/background_en.htm,
[19] Ebda.
[20] Ebda.
[21] Ebda.
[22] Zu OCHA: http://ochaonline.un.org/.

[23] www.humanitarianinfo.org.
[24] http://ochaonline.un.org/.
[25] Ebda.
[26] Siehe exemplarisch die Auflistung der Mitgliedsorganisationen des IASC, weiter oben.

Caritas Internationalis, das IKRK, *Internationale Föderation der Rotkreuz- und Rothalbmond-Gesellschaften*, *International Save the Children Alliance*, *Lutheran World Federation*, *Oxfam* und den Weltkirchenrat. Das Komitee hat sich zur Aufgabe gemacht, eine intensive Kooperation und einen regen Informationsaustausch zwischen seinen Mitgliedern zu fördern, um auf diese Weise effektiver handeln zu können und möglichst mit gemeinsamen Positionen wirkungsvoll in der Öffentlichkeit aufzutreten, wobei die Vereinten Nationen von SCHR als bevorzugtes Forum angesehen werden[27].

InterAction ist der größte Verband US-amerikanischer internationaler Nichtregierungsorganisationen mit rund 165 Mitgliedsorganisationen, die in jedem sogenannten Entwicklungsland tätig sind. Der Verband wurde 1984 von 22 Organisationen gegründet und hat seinen Sitz in Washington, D.C.[28] Ziel des Verbandes ist erstens *"[to] promote a bold agenda to focus U.S. development and humanitarian assistance on improving the conditions of the world's poor and most vulnerable; [to] engage with the USG to advance poverty alleviation and humanitarian relief as major independent US foreign assistance priorities; [and to] advocate for the creation of a Cabinet-level US Department of Development and Humanitarian Assistance"*; zweitens *"[to] demonstrate and enhance NGO accountability and impact in development and humanitarian action [and to] focus on aggregating the contributions of the NGO community towards achieving the Millennium Development Goals, on broadening compliance with the Sphere Project's Minimum Standards in Disaster Response, and on aligning with other key global frameworks that advance development efforts and enable humanitarian action"*; drittens *"[to] be the voice and prime representative of US international NGOs in building alliances and common agendas with NGO networks around the world and with other strategic partners"*[29].

ICVA wurde 1962 als globales Netzwerk von Nichtregierungsorganisationen, die im Bereich Menschrechte, humanitäre Hilfe und Entwicklung tätig sind, gegründet und hat seinen Sitz in Genf. Schwerpunkt der Arbeit von ICVA sind politische Fragen, die die Bereiche der humanitären Hilfe und des Flüchtlingsschutzes betreffen. In seinen Statuten und seinem Mission statement beschreibt sich ICVA als *"a global NGO network that works as a collective body to promote and advocate for human rights and a humanitarian perspective in global debates and responses... Through its cooperative and catalytic nature, it gathers and exchanges information and raises awareness on the most vital matters of humanitarian concern before policy-making bodies"*. Ziele von ICVA sind *"[to] enhance the ability of NGOs to follow and influence current themes and practice in the humanitarian sector; [to] bring field-based perspectives into international policy and decision-making bodies and forums; [to] ensure that international policy and discussions inform field practice through the translation of those discussions into practical relevance; [to] enhance the capacities of members by having them work together; and [to] ensure full transparency and accountability of the functioning of the Secretariat"*[30]. Um diesen Zielen gerecht zu werden, hat sich ICVA fünf Funktionen gegeben: Informationsaustausch, Advocacy (insbesondere durch den Versuch, bestimmte Themen auf die internationale Agenda zu platzieren), Stärkung der Beziehungen zu den Vereinten Nationen und anderen internationalen Organisationen, sowie Stärkung der Sichtbarkeit der Arbeit von Nichtregierungsorganisationen und ihrer Kooperation[31].

Die Internationale Rotkreuz- und Rothalbmond-Bewegung umfasst das *Internationale Komitee vom Roten Kreuz (IKRK)*, die *Internationale Föderation der Rotkreuz- und Rothalbmond-Gesellschaften* sowie nationale Rotkreuz- und Rothalbmond-Gesellschaften in fast allen Staaten der Welt, Organisationen, die durch gemeinsame Grundsätze, Ziele, Symbole, Statuten und Organe miteinander verbunden sind. Die Mission der Bewegung geht auf die vom Schweizer Geschäftsmann *Henry Dunant* angeregten internationalen Bestrebungen in der Mitte des 19. Jahrhunderts zurück, Krisenopfern Schutz und Hilfe zukommen zu lassen, unabhängig von Nationalität, Abstammung, religiösen, weltanschaulichen oder politischen Ansichten der Betroffenen und Hilfeleistenden[32]. Das IKRK ist die einzige Organisation, die im konventionellen humanitären Völkerrecht genannt ist und gilt daher als originäres Völkerrechtssubjekt[33]. Während sich das IKRK Opfern von bewaffneten Konflikten zuwendet[34], ist die *Internationale Föderation der Rotkreuz- und Rothalbmond-Gesellschaften* in Zusammenarbeit mit den nationalen Rotkreuz- und Rothalbmond-Gesellschaften, für Hilfsmissionen in nicht kriegsbedingten Notsituationen zuständig. Sie ist somit der wohl prominenteste nicht-staatliche Akteur der internationalen Katastrophenhilfe und derzeit in mehr als 150 Ländern aktiv. Im Jahr 2006 hat sie 200,8 Millionen Schweizer Franken für Katastrophenhilfe (von 364,7 Millionen Schweizer Franken Gesamtbudget) aufgebracht. Hauptgeber waren im Bereich Katastrophenhilfe die Vereinigten Staaten, Schweden, Japan, die Niederlande und das Vereinigte Königreich[35].

C. Problematik internationaler Katastrophenhilfe

Nach dieser Darstellung der Akteure in der internationalen Katastrophenhilfe, ihrer Arbeitansätze und Überzeugungen, soll schließlich nicht unerwähnt bleiben, dass trotz aller scheinbaren Lobwürdigkeit die internationale Katastrophenhilfe auch unterschiedlichen Kritiken ausgesetzt ist. Zwei Kritikpunkte sollen hier angerissen werden.

---

[27] www.humanitarianinfo.org.
[28] www.interaction.org.
[29] Ebda.

[30] www.icva.ch.
[31] Ebda.
[32] www.icrc.org.
[33] Vgl. Genfer Konventionen I, Art. 3, 10 und 53; II, Art. 11; III, Art. 3, 9 und 11; IV, Art. 10, 12, 14 und 143, sowie Zusatzprotokoll zu den Genfer Abkommen vom 12. August 1949 über den Schutz der Opfer internationaler bewaffneter Konflikte, § 81.
[34] www.icrc.org.
[35] www.ifrc.org.

I. Katastrophenhilfe als Durchsetzungsmittel politischer Zwecke

Wenn auch die hilfeleistenden Staaten betonen, dass sie Katastrophenhilfe alleine aufgrund des aus der Menschenwürde sich ergebenden Rechts jedes Menschen auf Beistand in Katastrophenfällen leisten (wie es im Rahmen der Darstellung der Regeln für humanitäre Hilfe, die der Koordinierungsausschuss in der Bundesrepublik erarbeitet hat, angesprochen wurde), so erscheinen manche Posten in der offiziellen Statistik der Mittelverwendung doch auf fragwürdige Weise unter den Katastrophenhilfebegriff subsumiert worden zu sein; so erscheint auch die Verfolgung bestimmter internationaler politischer Ziele mancher Staaten „zufällig" mit großen Hilfeleistungen an bestimmte andere Staaten ihrerseits zusammenzutreffen. Wenn das deutsche Auswärtige Amt beispielsweise die Mittelaufwendung für den *Stabilitätspakt für Südosteuropa* und den Nothilfebegriff subsumiert[36], so kann dennoch nicht die Rede davon sein, dass dieser Stabilitätspakt alleine dem Menschenwürdeanspruch der Opfer der Konflikte in Gegenwart und jüngster Vergangenheit in der Region auf Sicherheit dienlich ist. Vielmehr haben auch die Staaten der Europäischen Gemeinschaft ein eigenes Interesse an Stabilität in der Region, nicht zuletzt in wirtschaftlicher Hinsicht und aufgrund ihrer (fragwürdigen) Migrationspolitik[37]. Damit soll dem Stabilitätspakt nicht abgesprochen werden, dass er durchaus einen wesentlichen Beitrag für sinnvolle Entwicklung in Südosteuropa darstellt – doch ist gerade die selbstauferlegte Uneigennützigkeit der Nothilfe, die alleine die Not von Katastrophenopfern lindern soll, nicht mehr vollends in dieser politischen Maßnahme wiederzufinden. Wenn andererseits Milliarden von Euro gerade von den zu der Zeit einen ständigen Sitz im Sicherheitsrat der Vereinten Nationen anstrebenden Staaten Deutschland und Japan[38], sowie dem auf eine Besserung der Beziehungen zu Indonesien nach dem Engagement im Rahmen der Mission der Vereinten Nationen in Timor-Leste bedachten Australien[39], als Nothilfe für die Opfer des Tsunamis vom 26. Dezember 2004 aufgewandt wurden – der nicht zuletzt auch mehr als 500 deutsche Opfer gefordert hat[40] –, andere Katastrophen verheerenden Ausmaßes allerdings finanzielle Hilfe nach ganz anderen Maßstäben erhalten haben, so kann durchaus auch hier die Frage gestellt werden, inwiefern nicht auch dabei politische Erwägungen, die über die Erfüllung eines Anspruchs auf Notlinderung hinausgingen, eine Rolle gespielt haben[41].

II. Mediatisierung von Katastrophen

Die Höhe der Spenden nach dem Tsunami im Indischen Ozean war beispiellos, zeigt daher aber auch, dass Katastrophenhilfe nicht (immer) gerecht verteilt wird,

vielleicht auch nicht gerecht verteilt werden kann. Die aufgebrachten Mittel hängen in erheblichem Maße von der Mediatisierung des Ereignisses, von politischen Einflussnahmen ab. Im Falle des Tsunamis hat dies zum ersten Mal in der Geschichte der Katastrophenhilfe dazu geführt, dass namhafte Organisationen (z.b. Ärzte ohne Grenzen), weitaus mehr zweckgebundene Spendengelder erhalten haben, als sie verwenden konnten und daher um Freistellung der Spendengelder für andere Projekte bitten mussten[42]. *Munz* charakterisiert die Medienberichterstattung während und nach dem Tsunami als Medienorgie[43] und stellt fest, dass die Medien bedeutende Akteure der internationalen Katastrophenhilfe geworden sind, die die Höhe der internationalen Unterstützungsmittel maßgeblich beeinflussen[44]. Damit werde nicht nur eine Flut unprofessioneller und daher unbrauchbarer Helfer mobilisiert[45], sondern auch die Aufmerksamkeit von sogenannten „vergessenen Katastrophen" abgelenkt: die Spendengelder, die Anfang 2005 für Hilfsprojekte im Irak aufgebracht wurden, trotz vergleichbar großer Opferzahl der durch die seit 1990 gegen das Land verhängten Sanktionen verursachten und durch die Invasion der amerikanischen Armee verschärften katastrophalen Lage in dem Land, waren beispielsweise in keinem Verhältnis zu den im Falle des Tsunamis zur Verfügung stehenden Mittel[46]. Ebenfalls bemerkbar war im Falle des Tsunamis, dass viele Organisationen, die langfristig angelegte soziale Projekte in den betroffenen Ländern unterstützten und somit einen Beitrag für nachhaltige Entwicklung leisteten, ihre Bemühungen auf Tsunamihilfe umgeschwenkt haben[47] und dass somit bei etlichen Sozialprojekten die finanziellen Ressourcen knapp wurden. Ob es im Sinne trotz allem auf Nachhaltigkeit ausgerichteter Katastrophenhilfe ist, nachhaltige Entwicklungsarbeit zu vernachlässigen, um punktuell Katastrophenhilfe zu leisten, muss hinterfragt werden.

D. Zusammenfassende Betrachtung

Es erscheint einerseits sinnvoll, dass sich die Staatengemeinschaft auf Grundlage der Menschenrechte zur Linderung katastrophenbedingter Not verpflichtet hat, jedenfalls dann, wenn Hilfe in dieser Not nicht von den Staaten, die von einer Katastrophe direkt betroffen sind, geleistet werden kann. Dass in derartigen Katastrophenfällen ein Subsidiaritätsprinzip in dem Sinne gelten soll, dass zunächst Akteure der Zivilgesellschaft zum Einsatz vor Ort kommen, deren Tätigkeit von staatlichen Stellen gefördert wird, erscheint sinnvoll, da diese Akteure in den meisten Fällen auf örtliche Kontakte und Vertrauensstrukturen zurückgreifen können, die staatlichen Akteuren verschlossen bleiben, und sie daher in der Regel eine adäquatere Hilfe leisten können.

---

[36] www.auswaertiges-amt.de.

[37] Siehe nur die Kritik von Pro Asyl: ww.proasyl.de.

[38] Vgl. sogenannter „Resolutionsentwurf der G4" auf www.auswaertiges-amt.de.

[39] www.auswaertiges-amt.de.

[40] www.welt.de.

[41] Vgl. *Munz, Richard*, Im Zentrum der Katastrophe, Frankfurt 2007, S. 229-230, 236-240; *Zollmann, Florian*, Tsunamis und das Mitgefühl, in: provo, Februar 2005, S. 11.

[42] www.aerzte-ohne-grenzen.de,

[43] *Munz*, Im Zentrum der Katastrophe, S. 227.

[44] *Munz*, Im Zentrum der Katastrophe, S. 227-228.

[45] Vgl. *Munz, Richard*, Die Stunde der Dilettanten, in: Süddeutsche Zeitung, 14./15. August 2007.

[46] *Munz*, Im Zentrum der Katastrophe, S. 228, 236-240; *Zollmann*, Tsunamis und das Mitgefühl.

[47] Vgl. nur www.balseva.de.

Es bleibt andererseits unverzichtbar, dass Katastrophenhilfe eine Nothilfe bleibt, die als allen anderen Zielsetzungen überlegenes Ziel die Rettung menschlichen Lebens hat und sich insofern von Entwicklungszusammenarbeit unterscheidet, die den Auftrag hat, Nachhaltigkeit zu fördern. Das bedeutet nicht, dass Katastrophenhilfe Nachhaltigkeitsüberlegungen außer Acht lassen soll. Da Entwicklungszusammenarbeit und Katastrophenhilfe grundsätzlich nicht gleichgesetzt werden können, sollten die im einen oder anderen Bereich tätigen Akteure sich auf ihre eigenen Kompetenzen besinnen und nicht aufgrund von aufmerksamkeitsheischenden Medienberichten punktuell den einen Arbeitsbereich für den anderen austauschen. Auf Seite der Medien ist es notwendig, eine differenzierte Sicht der Dinge zu ermöglichen und die Aufmerksamkeit der Öffentlichkeit auch und gerade auf sogenannte vergessene Katastrophen zu richten. Die staatlichen Akteure sollten schließlich ihren auf Menschenrechts- und Menschenwürdeüberlegungen gründenden Politiken gerecht werden und auf den Einsatz von Hilfsmitteln zu politischen, nicht-humanitären Zwecken verzichten. Katastrophenhilfe ist kein Politikbereich, den man um des guten Gewissens willen mit einer Banküberweisung abhaken kann – und darf niemals zu einem solchen werden.

Bibliographie der Katastrophe und des Katastrophenrechts

Rechtsgrundlagen

A. Katastrophenschutz

I. Bücher und Zeitschriften

v. Arnauld, Andreas, Völkerrechtliche Informationspflichten bei Naturkatastrophen, AVR 2005, S. 279 ff.

Bornheim, Gaby, Haftung für grenzüberschreitende Umweltbeeinträchtigung im Völkerrecht und im internationalen Privatrecht, 1995.

Cronenburg, Ulrich, Katastrophenschutz: Gesellschaftliche oder staatliche Aufgabe, in: Kloepfer, Michael, Katastrophenrecht – Grundlagen und Perspektiven, 2007, S. 13 ff.

Ehrenberg, Frank, Internationale Katastrophenhilfe, Diss. Osnabrück, 2006.

Eichhorn, Peter, Besondere Formen der Zusammenarbeit von Bund und Ländern im Katastrophenfall und zur Aufrechterhaltung der inneren Sicherheit, 1998.

Ekardt, Felix, Katastrophenvermeidung und Katastrophenvorsorge: Möglichkeiten, Grenzen und Vorgaben – unter besonderer Berücksichtigung des Klimawandels und des Konflikts um das Luftsicherheitsgesetz, in Kloepfer, Michael (Hrsg.), Katastrophenrecht. Grundlagen und Perspektiven, 2007, S. 59 ff.

Farber, Daniel A. / *Chen*, Jim, Disasters And the Law: Katrina And Beyond, 2006.

Fassbender, Bardo, „Wo aber Gefahr ist, wächst das Rettende auch?" – Die Internationalisierung von Risiken und die Entwicklung des völkerrechtlichen Katastrophenschutzrechts, KritV 2005, S. 375 ff.

Haaser, Heinz ‚Haftungsfragen bei Überschwemmungsschäden, UTR 1995, S. 269 ff.

Kloepfer, Michael, Katastrophenschutzrecht. Strukturen und Grundfragen, VerwArch 2007, S. 163 ff.

Kolb, Peter Paul, Die Pflicht des Staates zum Schutz von Leben und Gesundheit des einzelnen im Rahmen der Gesundheitsvorsorge für den Katastrophenfall, 1992.

Lorse, Jürgen, Streitkräftefunktion und Katastrophenschutz, Die Verwaltung 38 (2005), S. 471 ff.

Meyer-Teschendorf, Klaus-Georg, Neuordnung des Zivil- und Katastrophenschutzes, Gibt es verfassungsrechtlichen Handlungsbedarf?, in: FS-Scholz, 2007, S. 799 ff.

Meyer-Teschendorf, Klaus-Georg, Stand der Diskussion um eine „Neuordnung" des Zivil- und Katastrophenschutzes, in: Kloepfer, Michael (Hrsg.), Katastrophenschutzrecht. Grundlagen und Perspektiven, 2007, S. 23 ff.

Miska, Horst, Das Gemeinschaftsverfahren zur Verbesserung der Zusammenarbeit im Zivilschutz und das Melde- und Informationszentrum der Europäischen Kommission, Zivilschutz-Forschung Neue Folge Band 55, S.105 f.

Plaggenborg, Jürgen, Sächsisches Gesetz über den Brandschutz, Rettungsdienst und Katastrophenschutz. Kommentar mit ergänzenden Vorschriften, 2007.

Randelzhofer, Albrecht/*Simma*, Bruno, Das Kernkraftwerk an der Grenze, in: FS-Berber, 1973, S. 397 ff.

Sattler, Henriette, Gefahrenabwehr im Katastrophenfall. Verfassungsrechtliche Vorgaben für die Gefahrenabwehr bei Naturkatastrophen und ihre einfachgesetzliche Umsetzung, 2008.

Stober, Rolf / *Eisenmenger*, Sven, Katastrophenverwaltungsrecht – Zur Renaissance eines vernachlässigten Rechtsgebietes, NVwZ 2005, S. 121 ff.

Stober, Rolf, Befugnisse und Kontrolle in Katastrophenschutzrecht. Rechtsgrundlagen und rechtspolitische Vorschläge, in: Kloepfer, Michael (Hrsg.), Katastrophenrecht. Grundlagen und Perspektiven, 2007, S. 39 ff.

Stüer, Bernhard, Hochwasserschutz im Spannungsverhältnis zum übrigen Fachplanungsrecht, Raumordnungsrecht und zur Bauleitplanung, Natur und Recht 2004, S. 415 ff.

Trute, Hans-Heinrich, Katastrophenschutzrecht – Besichtigung eines verdrängten Rechtsgebiets, KritV 88 (2005), S. 342 ff.

Wien, Andreas, Katastrophenschutz und Katastrophenhilfe im Lichte des Grundgesetzes, 2000.

Wolf, Rainer, Vom Katastrophenverwaltungsrecht zu Thomas Hobbes – Vier Szenarien über Gesellschaft, Staat und Recht bei der Katastrophenfolgenbewältigung, KritV 2005, S. 399 ff.

II. Onlinepublikationen

Bundesamt für Bevölkerungsschutz und Katastrophenhilfe (BBK), Schutz und Hilfe für die Bevölkerung, 2007 abrufbar unter:
http://www.bbk.bund.de/cln_007/nn_398010/DE/05 __Publikationen/01__Broschueren/Broschueren__n ode.html__nnn=true

Dölle, Michael, Public Private Partnership bei der Feuerwache Hanau, 2008, abrufbar unter:
http://lfv.feuerwehr-hessen.de/ppp/ .

Fidler, David, The Indian Ocean Tsunami and International Law, abrufbar unter:
http://www.asil.org/insight050118.cfm.

http://europa.eu/scadplus/leg/de/s15007.htm .

http://ec.europa.eu/environment/civil/prote/cp02_en.htm
.

http://europa.eu/scadplus/leg/de/lvb/l21215.htm .

http://ec.europa.eu/environment/civil/prote/mechanism.h tm .

http://ec.europa.eu/dgs/jrc/index.cfm?id=1670&lang=en
.

http://www.gmes.info/ .

B. Terrorismus und allgemeines Notstandsrecht

Arndt, Claus, Bundeswehr und Polizei im Notstand, BVBl 1968, S. 720 ff.

Böckenförde, Ernst-Wolfgang, Der verdrängte Ausnahmezustand. Zum Handeln der Staatsgewalt in außergewöhnlichen Lagen, NJW 1978, S. 1881 ff.

Böhme, Ralf, Innere Einsätze der Streitkräfte beim Katastrophenschutz im Frieden, 2007.

Depenheuer, Otto, Selbstbehauptung des Rechtsstaats, 2007.

Depenheuer, Otto, Zwischen polizeilicher Gefahrenabwehr und militärischer Verteidigung. Gesetzgeberischer Handlungsbedarf nach dem Urteil des Bundesverfassungsgerichts zum Luftsicherheitsgesetz?, ZG 2008, S. 1 ff.

Fischer, Matthias, Terrorismusbekämpfung durch die Bundeswehr im Inneren Deutschlands? – Einsatzmöglichkeiten und ihre verfassungsrechtlichen Voraussetzungen, JZ 2004, S. 276 ff. .

Giemulla, Elmar/van Schyndel, Heiko, Luftsicherheitsgesetz, 2006.

Hall, Karl-Heinrich, Ausgewählte Probleme des geltenden Notstandsrechts, dargestellt an Hand von ausgewählter Literatur, JZ 1970, S. 353 ff.

Hetzer, Wolfgang, Rechtsstaat oder Ausnahmezustand? – Souveränität und Terror, 2008.

Hillgruber, Christian / *Hoffmann*, Jeannine, Mehr, als die Polizei erlaubt? Kann die Bundeswehr in NRW gegen terroristische Angriffe aus der Luft eingesetzt werden?, NWVBL 18 (2004), S. 176 ff.

Hillgruber, Christian, Der Staat des Grundgesetzes – nur bedingt abwehrbereit? Plädoyer für eine wehrhafte Verfassungsinterpretation, JZ 2007, S. 209 ff.

Hochhuth, Martin, Militärische Bundesintervention bei inländischem Terrorakt – Verfassungsänderungspläne aus Anlaß des 11. September 2001, NZWehrR 2002, S. 154 ff.

Karpinski, Peter, Öffentlich-rechtliche Grundsätze für den Einsatz der Streitkräfte im Staatsnotstand, 1974.

Krings, Günter / *Burkiczak*, Christian, Bedingt abwehrbereit? – Verfassungs- und Völkerrechtliche Aspekte des Einsatzes der Bundeswehr zur Bekämpfung neuer terroristischer Gefahren im In- und Ausland, BÖV 2002, S. 501 ff.

Manin, Bernard, The Emergency Paradigm and the New Terrorism, in : Baume, Sandrine / Fontana, Biancamaria (Hrsg.), Les Usages de la Séparation des Pouvoirs, 2008, S. 135 ff.

Sattler, Henriette, Terrorabwehr durch die Streitkräfte nicht ohne Grundgesetzänderung. Zur Vereinbarkeit des Einsatzes der Streitkräfte nach dem Luftsicherheitsgesetz mit dem Grundgesetz, NVwZ 2004, 1286 – 1291.

Schenke, Wolf-Rüdiger, Die Verfassungswidrigkeit des § 14 III LuftSiG, NJW 2006, S. 736ff.

Schily, Otto, Das Notstandsrecht des Grundgesetzes und die Herausforderungen der Zeit, EuGRZ 2005, S. 290 ff.

Speth, Wolfgang, Rechtsfragen des Einsatzes der Bundeswehr unter besonderer Berücksichtigung sekundärer Verwendungen, 1995.

Wiefelspütz, Dieter, Der Einsatz der Streitkräfte und die konstitutive Beteiligung des Deutschen Bundestages, NZWehrR 2003, S. 133 ff.

Wiefelspütz, Dieter, Die Abwehr terroristischer Anschläge und das Grundgesetz. Polizei und Streitkräfte im Spannungsfeld neuer Herausforderungen, 2007.

Wilkesmann, Peter, Terroristische Angriffe auf die Sicherheit des Luftverkehrs, NVwZ 2002, S. 1316 ff.

Katastrophenspezifische Literatur

A. Allgemeines

I. Bücher und Zeitschriften

Armbrüster, Christian, Katastrophenschäden, insbesondere Versicherbarkeit und andere Ersatzmöglichkeiten, KritV 2005, S. 318 ff.

Böhret, Carl, Folgen – Entwurf für eine aktive Politik gegen schleichende Katastrophen, 1990.

Bundesministerium des Innern (Hrsg.), Schutz Kritischer Infrastrukturen – Risiko- und Krisenmanagement. Leitfaden für Unternehmen und Behörden, 2007.

Clausen, Lars, Sind Katastrophen beherrschbar?, in: Kloepfer, Michael (Hrsg.), Katastrophenrecht: Grundlagen und Perspektiven, 2008, S. 15 ff.

Deutsches Komitee für Katastrophenvorsorge e.V., Journalisten-Handbuch zum Katastrophenmanagement, 2002.

Europäische Kommission, Fragen und Antworten zum EU-Verfahren für den Katastrophenschutz, 2006.

Gloger, Stefan/ *Klinke*, Andreas / *Renn*, Ortwin, Kommunikation über Umweltrisiken zwischen Verharmlosung und Dramatisierung, in: Symposium „Kommunikation über Umweltrisiken zwischen Verharmlosung und Dramatisierung, 2002.

Hanisch, Rolf, Katastrophen und ihre Opfer, in: Hanisch/Moßmann (Hrsg.), Katastrophen und ihre Bewältigung in Ländern des Südens, 1996, S. 23 ff.

Munz, Richard, Im Zentrum der Katastrophe, 2007.

Unger, Christoph, Ist Deutschland auf Katastrophen vorbereitet?, in: Kloepfer, Michael (Hrsg.), Katastrophenrecht: Grundlagen und Perspektiven, 2008, S. 89 ff.

II. Onlinepublikationen

Bundesamt für Bevölkerungsschutz und Katastrophenhilfe, Betriebliche Pandemieplanung – Kurzinformation der Bund-Länder-Arbeitsgruppe „Influenzapandemieplanung in Unternehmen", 2007, abrufbar unter: http://www.bbk.bund.de/cln_027/nn_402322/Shared Docs/Publikationen/Publikation_20Kat-Med/Betr-Pande-miepla,templateId=raw,property=publicationFile.pdf /Betr-Pandemiepla.pdf.

Dombrowsky, Wolf R., Aus Katastrophen lernen? Zur Unterscheidung zwischen „Sündenbock" und „Überlebensgemeinschaft", Vortrag zur interdisziplinären Ringvorlesung "Zum Umgang mit Vielfalt: Von Ausgrenzung zu Integration", CAU Kiel, 02.06.2004, abrufbar unter: http://kfs008.soziologie.uni-kiel.de/~kfs/?page_id=47.

Ständige Konferenz für Katastrophenvorsorge und Katastrophenschutz, Wörterbuch des Zivil- und Katastrophenschutzes, abrufbar unter: http://www.katastrophenvorsorge.de/pub/publication s/wbuch-SKK.pdf.

B. Naturkatastrophen

I. Bücher und Zeitschriften

Asendorpf, Dirk et al., Der Kampf gegen die Feuerteufel, in: Die ZEIT 36, 2007, S. 37.

Bannenberg, Britta, Korruption in Deutschland und ihre strafrechtliche Kontrolle. Eine kriminologisch-strafrechtliche Untersuchung, Reihe: Polizei und Forschung, Band 18, Bundeskriminalamt, 2002.

Cochrane, Harold C., Indirect Losses from Natural Disasters: Measurement and Myth, in: Okuyama/Chang, Modeling Spatial and Economic Impacts of Disasters, 2004.

Dobler, Richard, Regionale Entwicklungschancen nach einer Katastrophe, in: Geipel/Hartke/Heinritz, Münchener Geographische Hefte, Nr. 45 (1980).

Jacob, Klaus, Entfesselte Gewalten: Stürme, Erdbeben und andere Naturkatastrophen, 1995.

Jankrift, Kay Peter, Brände, Stürme, Hungersnöte – Katastrophen in der mittelalterlichen Lebenswelt, 2003.

Magniny, Véronique, Les réfugiés de l'environnement – Hypothèse juridique à propos d'une menace écologique, 1999.

Niedek, Inge/ *Frater*, Harald (Hrsg.), Naturkatastrophen, 2003.

Olshausen, Eckert; Sonnabend, Holger (Hrsg.), Naturkatastrophen in der antiken Welt, Stuttgarter Kolloquium zur historischen Geographie des Altertums, 1998.

Wallat, Kurt, Sequitur clades – Die Vigiles im antiken Rom, 2004.

II. Onlinepublikationen

EU Aktuell, Hilfe für Sturmschäden in Deutschland, 2007, abrufbar unter: http://ec.europa.eu/deutschland/press/pr_releases/ind ex_7294_de.htm.

Europäische Kommission, Verfahren bei Katastrophenschutzeinsätzen, 2008, abrufbar unter: http://europa.eu/scadplus/leg/de/lvb/l28003.htm.

Europäische Kommission, EU Brennpunkt – Katastrophenschutz, 2002, abrufbar unter: http://europa.eu/rapid/pressReleasesAction.do?refere nce=MEMO/06/50&format=HTML&aged=1&langu age=DE&guiLanguage=en.

Proll, Uwe, Newsletter Netzwerk Sicherheit, in: Behörden Spiegel Online 51/52, 2006, abrufbar unter: http://www.euro-police.com/pdf/polizei_nl51_52.pdf.

C. Technische Katastrophen

Lapierre, Dominique, Moro, Javier, Il était minuit cinq à Bhopal, 2001

Sambeth, Jörg, Zwischenfall in Seveso, 2004

D. Terrorismus

Bigo, Didier, Bonelli, Laurent (Hrsg.), Au nom du 11 septembre... - Les démocraties à l'épreuve de l'anti-terrorisme, 2008.

Mucchielli, Laurent (Hrsg.), La frénésie sécuritaire - Retour à l'ordre et nouveau contrôle social, 2008.

Grundlegendes

Dupuy, Jean-Pierre, Pour un catastrophisme éclairé. Quand l'impossible est certain, 2002.

Posner, Richard A., Catastrophe. Risk and Response, 2004.

Sunstein, Cass R., Laws of Fear – Beyond the Precautionary Principle, 2005

www.ingramcontent.com/pod-product-compliance
Lightning Source LLC
Chambersburg PA
CBHW081053170526
45165CB00006B/2257